W0041847

Über dieses Buch

Das bisher unbekannte Kriegstagebuch und die weitgehend unveröffentlichten Briefe der Krankenschwester Agnes von Kurowsky entwerfen ein unmittelbares und sehr persönliches Bild jener selbstbewußten, fröhlichen Frau, in die sich Ernest Hemingway im Sommer 1918 verliebt.

Die Aufzeichnungen und Fotos der Agnes von Kurowsky dokumentieren eine intensive Freundschaft und Liebe, die vielleicht wichtigste in Hemingways Leben. Während die Briefe des Schriftstellers an Agnes von Kurowsky nie gefunden wurden, belegen die Schreiben an seine Familie in Amerika, daß er sich in Italien verliebt hat. In seinem Roman «In einem andern Land» hat Hemingway die Liebe zu Agnes von Kurowsky verarbeitet.

Zu den Autoren

Henry Serrano Villard unterbrach sein Harvard-Studium 1918 und meldete sich freiwillig beim amerikanischen Roten Kreuz, um als Ambulanzfahrer an der italienischen Front zu dienen. Als er an Gelbsucht erkrankt, wird Villard in das Mailänder Militärkrankenhaus eingeliefert und freundet sich mit Agnes von Kurowsky und Hemingway an. Villards persönliche Aufzeichnungen aus jener Zeit umfassen das erste Kapitel dieses Buches.

Nach seiner Promotion in Oxford 1928 tritt Villard in den amerikanischen Staatsdienst und arbeitet zeitweilig als Botschafter. Henry Serrano Villard starb im Februar 1996 im Alter von 96 Jahren.

James Nagel ist Professor für Amerikanische Literatur an der Universität von Georgia. Er veröffentlichte mehrere Studien zu Hemingways Werk und war Präsident der Ernest Hemingway Society. Im letzten Kapitel des vorliegenden Buches betrachtet James Nagel Hemingways Italien-Erlebnis im Licht der neuen Unterlagen und verwandter Zeugnisse.

HENRY SERRANO VILLARD / JAMES NAGEL

Hemingway in Love and War

Die verschollenen Tagebücher der Agnes von Kurowsky

DAS BUCH ZUM FILM

Deutsch von
Thomas Gunkel,
Petra Hrabak und
Barbara Steckhan

rororo

Rowohlt

Deutsche Erstausgabe
Veröffentlicht im Rowohlt Taschenbuch Verlag GmbH,
Reinbek bei Hamburg, Juni 1997
Copyright © 1997 by Rowohlt Taschenbuch Verlag GmbH,
Reinbek bei Hamburg
Lektorat Boris Heczko
Fachlicher Rat Otto Schreiner
Die Originalausgabe erschien unter dem Titel
«Hemingway in Love and War» 1996
bei Hyperion, New York
«Hemingway in Love and War» Copyright © 1989,
Henry Villard and James Nagel
Alle deutschen Rechte vorbehalten
Umschlag Copyright © 1996
by Constantin Filmproduktion München
Satz Sabon (Linotronic 500)
Gesamtherstellung Clausen & Bosse, Leck
Printed in Germany
1490-ISBN 3 499 13888 3

Suche in der Vergangenheit nicht die Asche,
sondern das Feuer
Anonymus

Inhalt

Danksagung
9

Vorwort
11

1
Henry Serrano Villard
Als Ambulanzfahrer in Italien
17

2
Das Tagebuch der
Agnes von Kurowsky
69

3
Agnes von Kurowsky
Briefe an Ernest Hemingway
113

4
Ernest Hemingway
Briefe aus Italien, 1918
203

5
James Nagel
Hemingway und das italienische Erbe
233

Anmerkungen
311

Bibliographie
337

Register
341

Danksagung

Dieses Buch ist aus einer umfassenden Zusammenarbeit entstanden. Mein tiefempfundener Dank gilt Henry Villard, der mir das Vertrauen entgegenbrachte, mich in dieses Projekt einzubeziehen. Zugleich danke ich ihm für die grenzenlose Großzügigkeit, mit der er mich an seinen persönlichen Erinnerungen an Ernest Hemingway und den Ersten Weltkrieg teilhaben ließ. Wir beide danken Mr. William Stanfield für die Genehmigung, Agnes' Tagebuch und ihre Briefe gemeinsam mit den Bildern aus ihrem Fotoalbum veröffentlichen zu dürfen. Außerdem gilt unser Dank Jack Hemingway, Patrick Hemingway, Robert W. Lewis und der Ernest Hemingway Foundation, deren Erlaubnis es uns ermöglichte, Hemingways Briefe und Fotos aus der John F. Kennedy Foundation einem breiten Publikum zugänglich zu machen. Dank des Entgegenkommens von Waring Jones konnten wir acht bisher unbekannte Briefe von Agnes in dieses Werk aufnehmen. Maurice Neville verhalf uns zu den Röntgenaufnahmen von Hemingways Beinen und der Fotografie von Hemingway mit Theodore Brumback. Mein besonderer Dank gilt Sondra Taylor und dem Handschriftenarchiv der Lilly Library in der Indiana University für ihre Hilfe beim Übertragen von Hemingways Briefen. Ohne die Unterstützung der Mitarbeiterinnen des Büros für *Studies in American Fiction* – Mary Armato, Amanda Roberts und Heather Stone – wäre mein Beitrag zu diesem Buch nicht möglich gewesen. Megan Desnoyers, die Kuratorin der Hemingway Collection der Kennedy Library, und ihre Mitarbeiterin Lisa Middents gewährten mir bei meinen Recherchen zu diesem Buch freundliche Unterstützung. Alan Spector, M. D., war so liebenswürdig, uns mit einer Interpretation der Röntgenaufnahmen von Hemingways Beinen zur Seite zu stehen. Besonders danken wir William Frohlich, dem Leiter der Northeastern University Press, für sein Entgegenkommen und seinen professionellen Rat in jeder Entstehungsphase des Projekts. Schließlich gilt mein tiefster Dank Gwen L. Nagel für ihr sachkundiges Urteil, ihr Einfühlungsvermögen und für die Unterstützung in Liebe und Krieg, die nur sie geben kann.

April 1989 James Nagel

Vorwort

Als Henry Villard mich bat, an diesem Buch mitzuarbeiten, habe ich mich sehr gefreut. Ich hatte seine Artikel im *Yankee* und *Horizon* gelesen; von daher wußte ich, daß er mit Ernest Hemingway im Ersten Weltkrieg zusammengetroffen war. Außerdem hatte ich das Foto gesehen, das Henry mit Agnes von Kurowsky in Italien in der Kutsche zeigt. Somit lag es auf der Hand, daß er sie ebenfalls kannte. Bei seinem ersten Anruf berichtete Henry, daß Agnes in der Zeit ihrer Beziehung zu Hemingway Tagebuch geführt hatte. Er hatte es gerade zu Ende gelesen und erzählte mir den Inhalt. Nun beschäftigte ihn die Frage, ob sich meiner Einschätzung nach ein größeres Publikum dafür interessieren könnte. Das glaubte ich durchaus.

Bei unserem ersten Treffen erzählte Henry, daß er den Kontakt zu Agnes über Jahre hinweg aufrechterhalten und sich mit ihr und ihrem Mann, William Stanfield, in Florida getroffen hatte. Später, als sich ihr Gesundheitszustand verschlechterte, hatte Agnes ihn gebeten, ihr zu der Genehmigung zu verhelfen, auf dem Soldiers' Home National Cemetery in Washington, D. C., begraben zu werden. Henry, der sein Leben lang im Staatsdienst gestanden hatte, erklärte sich sofort dazu bereit, und durch seine Hilfe gelangte sie in den Besitz der erforderlichen Unterlagen. Nach ihrem Tod am 25. November 1984 schickte ihr Gatte zum Dank das «verschollene» Tagebuch der Agnes von Kurowsky an Henry Villard.

Henry bat mich um meine Mitarbeit an einem Buch, in dem das neue Dokument enthalten sein sollte. Er selbst wollte seine persönlichen Erfahrungen als Ambulanzfahrer im Ersten Weltkrieg an der italienischen Front sowie sein eigenes Tagebuch, seine Briefe an die Familie wie auch Akten aus dem Jahre 1918 beisteuern. Ich sollte die Übertragung anfertigen, jede nur mögliche ergänzende Information sammeln und einen Essay schreiben, der das Material in einen biographisch korrekten, wissenschaftlichen Zusammenhang stellte. Henry war einverstanden, seinen früheren Artikel «Als Ambulanzfahrer in Italien: Eine Erinnerung» auszuweiten, so daß auch sein Kontakt zu Agnes bis zu ihrem Tod miteinbezogen war. Außerdem wollte er mir seine Erinnerungen an die Zeit in Italien mitteilen. Sein Bemühen findet nicht nur in seinem Essay Ausdruck, sondern auch in den Anmerkungen. Darüber hinaus hatte er zu dem Treffen eine Schachtel mit Fotografien aus dem Jahre 1918 mitgebracht, die zum Teil in diesen Band aufgenommen wurden.

Es ist uns gelungen, acht bisher unbekannte Briefe von Agnes an Hemingway einzufügen, unter ihnen den Trennungsbrief vom 7. März 1919, der als unauffindbar galt und von zentraler Bedeutung ist, will man verstehen, wie die wichtigste Beziehung in Hemingways Leben endete. Ebenso bedeutsam sind die Röntgenaufnahmen von Hemingways Beinen, denn sie untermauern die Behauptung, daß er nicht nur von Schrapnellen, sondern auch von einer Maschinengewehrgarbe getroffen wurde. Das Foto der Kugel hingegen, die in Hemingways Geldbörse aus dem Ersten Weltkrieg gefunden wurde, eröffnet weniger medizinische Erkenntnisse als einen Einblick in den Wahrheitsgehalt von Hemingways Schilderungen und in seinen Charakter. Die gleichzeitig aufgefundenen Auszeichnungen belegen eine andere, bisher angezweifelte Episode der Abenteuer des jungen Hemingway in Italien.

Wir ergänzen das Material durch eine Anzahl Fotos und Kopien sowie die Urkunden zu Hemingways Auszeichnungen. Bei unseren Recherchen stießen wir zudem auf amtliche Unterlagen, Mitteilungen des amerikanischen Roten Kreuzes in Italien, das *Red Cross Bulletin* (eine Ausgabe aus dem Jahre 1918 hatte Villard aufgehoben). Wir sammelten Hintergrundinformationen über den Sanitätsdienst, die Feldkücheneinheit, der Hemingway zugewiesen war, als er verwundet wurde, das Lazarett, in dem man ihn behandelt hatte, und eine Reihe damit verknüpfter Dinge. Auf diese Weise ist uns die umfassendste Zusammenstellung von Originaldokumenten gelungen, die bisher über Hemingways Militärdienstzeit im Ersten Weltkrieg, seine Romanze mit Agnes von Kurowsky und den biographischen Hintergrund zu etlichen seiner Kurzgeschichten und seinem besten Roman, *In einem andern Land*, veröffentlicht wurde.

Es war nicht leicht, aus all dem, was über Hemingways Erlebnisse geschrieben worden ist, den Wahrheitsgehalt herauszufiltern. Über fünf Jahrzehnte hatte sein Herausgeber im Klappentext der Paperback-Ausgaben behauptet, Hemingway habe im Ersten Weltkrieg als «Ambulanzfahrer und Infanterist in der italienischen Armee» gedient, was nicht den Tatsachen entspricht. Die Dokumente im vorliegenden Buch geben Aufschluß darüber, was sich in Italien wirklich abgespielt hat. Agnes von Kurowskys Tagebuch, in dem sich der wichtigste Abschnitt ihrer Beziehung zu Hemingway widerspiegelt, wirft ein neues Licht auf den Charakter dieser beiden Menschen und ihrer Romanze. Da Agnes ihre Überlegungen und Erlebnisse täglich notierte, erhalten wir Einblick in ihre Gedanken und erfahren überdies in chronologischer Folge Einzelheiten über Hemingways Operation, seine Genesung, seinen Kontakt zu den Mitpatienten und sein emotionales Engagement in der ersten Liebesbeziehung seines Lebens.

Das Tagebuch eröffnet einen unmittelbaren, persönlichen Blick auf das Verhalten und Denken der Frau, die Ernest Hemingways Liebe gewinnt. Diese Zuneigung mündet in eine Beziehung, die Hemingway anfangs fesselt und am Ende tief verletzt. Abgesehen von seinen Romanen, die zwar in gewissem Rahmen auf autobiographischen Begebenheiten fußen, aber als frei erfunden zu betrachten sind, ist das Tagebuch die einzige Quelle, die uns einen Blick auf die Geschehnisse und die Romanze vermittelt, welche Hemingway zu seinem Roman *In einem andern Land* inspirierten. Das Tagebuch wurde bisher weder veröffentlicht noch Hemingway-Forschern in irgendeiner Form zugänglich gemacht.

Agnes' Briefe an Hemingway, 52 an der Zahl, von denen viele bisher nicht im Druck erschienen sind, enthalten eine Menge zusätzlicher Informationen, wobei dem Trennungsbrief besondere Bedeutung zuzumessen ist. Wir haben hier nicht nur Agnes' Liebesbriefe vor uns, sondern erhalten auch implizite Hinweise auf Hemingways Zeilen an sie – über seine Genesung, seine Arbeit als Journalist (offensichtlich hatte er nie erwähnt, daß er Romane schreiben will) und seine Vorbereitungen auf die Aufgabe als Ehemann. Hemingways Briefe an Agnes konnten nicht wieder aufgefunden werden – falls sie überhaupt noch existieren. Dafür erfahren wir aus seinem Briefwechsel mit den Eltern viel über seinen trotz der erlittenen Verwundungen ungebrochenen jugendlichen Enthusiasmus und die Gedanken, die er und seine Altersgenossen sich über den Krieg machten. Bisher sind nur vier dieser Briefe veröffentlicht worden. Darüber hinaus vermitteln die Erinnerungen von Henry Villard, der im Lazarett in Mailand als Patient im Zimmer neben Hemingway lag, wertvollen Einblick in das Leben eines Ambulanzfahrers des Roten Kreuzes an der italienischen Front, in den Alltag eines Lazaretts, in den Charakter von Agnes von Kurowsky und die Persönlichkeit des jungen Mannes, der einer der gefeiertsten Schriftsteller des 20. Jahrhunderts werden sollte.

Mein Essay im letzten Kapitel des vorliegenden Buches ist weniger ein Resumé als eine nochmalige Betrachtung dieser Phase von Hemingways Leben im Licht der neuen Unterlagen und verwandter Zeugnisse. Unter diesem Blickwinkel bemühe ich mich um eine neue Einschätzung von Hemingways Erfahrungen beim Roten Kreuz, seinen Verwundungen und Auszeichnungen, von der Frage, ob er in der italienischen Armee gedient hat, in welchem Lazarett er lag und welchen Charakter seine Romanze mit Agnes tatsächlich hatte. Dabei wollte ich meinen Überlegungen keine Vermutungen und psychologischen Theorien zugrunde legen, sondern stütze mich auf persönliche Tagebuchnotizen, Briefe, Fotos, Röntgenaufnahmen und amtliche Dokumente. Im Gegensatz zu einer verbreiteten Praxis betrachte ich Hemingways Literatur nicht als biographisches «Zeugnis», wenngleich ich ein so großer Bewunderer seiner Werke bin, daß ich die Wahrheit über ihren biographischen Hintergrund aufdecken möchte.

Für redaktionelle Fehler in diesem Buch bin leider ich allein verantwortlich, doch ich danke Henry Villard für die großzügige Unterstützung, die er mir durch den Einblick in sein persönliches Tagebuch, seine Briefe an seine Eltern und seine unveröffentlichten Erinnerungen gewährt hat. Letztgenannten Erinnerungen, die sich jetzt in der John F. Kennedy Library in Boston und der Hoover Institution for War, Revolution, and Peace an der Stanford University befinden, entstammen Villards Zitate in den Anmerkungen. Henry stellte außerdem viele der Fotos zur Verfügung, andere stammen aus Agnes' Fotoalbum, dem umfangreichen Archiv der Kennedy Library und aus privaten Sammlungen. Villards Erinnerungen waren außerordentlich hilfreich bei der Formulierung der Bildunterschriften und vermitteln Einblick in den Charakter von Agnes und Ernest sowie die Situation im Italien des Ersten Weltkriegs. Henry ist der letzte Zeitzeuge, der seine persönlichen Erinnerungen an die Menschen und Begebenheiten im amerikanischen Rotkreuzlazarett mit uns teilen kann.

James Nagel

1

Henry Serrano Villard

Als Ambulanzfahrer in Italien

Es war schon fast Mitternacht, als ich in der verrußten Halle des Bahnhofs von Mailand eintraf. Nach der langen Fahrt von meinem Stützpunkt in dem knapp 70 Kilometer nordwestlich von Venedig gelegenen Bassano, zu Füßen des hochaufragenden, befestigten Monte Grappa [1] war ich erschöpft. Draußen, auf dem nur schwach erleuchteten Platz, erkundigte ich mich bei zwei *carabinieri* nach dem Weg. Vier Straßenzüge weiter lag der Giardino Pubblici, der Stadtpark. Von dort führte die Via Alessandro Manzoni, eine Hauptstraße, geradewegs zur Piazza del Duomo; ich konnte es also gar nicht verfehlen. Ein *Ospedale Americana* kannten sie zwar nicht, aber das *Croce Rossa*, wo ich mich melden sollte, befand sich ganz in der Nähe des berühmten Doms. Müde, schmutzig und krank, wie ich mich fühlte, beschloß ich, zu Fuß zu gehen, nachdem ich den ganzen Tag im Zug gesessen hatte.

Erfüllt von patriotischen Gefühlen und fest entschlossen, der Demokratie zum Sieg zu verhelfen, hatte ich trotz der massiven Einwände meiner Eltern noch im Anfängerjahr mein Studium in Harvard unterbrochen. Jetzt diente ich als Sanitätswagenfahrer beim amerikanischen Roten Kreuz (American Red Cross, ARC) und war der italienischen Armee angegliedert, wo ich einen Rang bekleidete, der dem des *sotto tenente* (Second Lieutenant) vergleichbar war. Am 6. April 1917 hatten die Vereinigten Staaten Deutschland den Krieg erklärt, und zuhauf verließen Studenten, die noch nicht zum Wehrdienst herangezogen werden konnten, die Hörsäle, um ihrem Land auf jede erdenkliche Weise zu dienen. Die gesamte Studentenschaft hatte es sich zum Ziel gesetzt, den

«Kaiser» das Fürchten zu lehren. Wer konnte sich da noch auf so langweilige Fächer wie Wirtschaftskunde, Mathematik oder Geschichte des Altertums konzentrieren, wenn die Welt in Flammen stand und die Schlagzeilen täglich verkündeten, daß gerade Geschichte geschrieben wurde? Da hatte es auch keinen Sinn, daß besorgte Pädagogen versuchten, den Exodus aufzuhalten.

Die Geißeln des Krieges ein für allemal zu bannen war für die jungen Collegestudenten, die sich Wilsons Idealen verschrieben hatten, keineswegs eine naive Vorstellung, sondern ein realistisches Ziel und jedes Opfer, jedes Risiko und jede Mühe wert. Schließlich sollte dieser Krieg allen Kriegen ein Ende setzen – einen weiteren würde es nie geben. Unmöglich, diesem Kreuzzug fernzubleiben und als «Weichling» abgestempelt zu werden. Wie Ernest Hemingway nach Kriegsende in einem Interview mit seiner Heimatzeitung beschrieb: «Ich ging, weil ich gehen wollte ... Mein Land brauchte mich, und ich ging und tat, was man mich hieß.»[2] So einfach war das.

Doch ebenso wie für Hemingway und andere aus unserer Generation gab es auch für mich noch einen weiteren Grund, mich freiwillig zu melden. Um nichts in der Welt hätte ich mir die Gelegenheit entgehen lassen, mir einen umfassenden Überblick über das wohl größte Spektakel unserer Epoche zu verschaffen. Viele von uns sahen den Krieg in Europa als eine gigantische Bühne, auf der sich das größte Drama abspielte, das je inszeniert worden war. Der Dichter Archibald MacLeish beschrieb es als etwas, was man «besuchte», wenn man gerade in Paris war – so als handle es sich um ein populäres Theaterstück. Also faßte ich den unverrückbaren Entschluß, hinzufahren und mir die Vorstellung mit eigenen Augen anzusehen, bevor der Vorhang fiel. Meine Chance war gekommen, als das Rote Kreuz Freiwillige suchte, um einige ihrer Fahrer im italienischen Sektor abzulösen, deren Dienstzeit abgelaufen war. Von da war es nur noch ein kurzes Stück zur Front, ein Freibrief für ein Abenteuer in einem fremden, romantischen Land, die Gelegenheit des Lebens – und ich zögerte nicht lange, sie zu ergreifen.

Die Zentrale des Roten Kreuzes in der Via Alessandro Manzoni Nr. 10 war über Nacht geschlossen und das angegliederte Lazarett – das nicht weit entfernt in der Via Cesare Cantù Nr. 4 lag – hatte nicht die geringste Ähnlichkeit mit einem Lazarett. Das stuckverzierte Gebäude mittlerer Größe mit seinen hohen, rechteckigen Fenstern hatte früher als *pensione* gedient. Abgesehen von dem vertrauten Emblem über der Eingangstür deutete nichts an der altmodischen Villa darauf hin, daß sie die erste medizinisch-chirurgische Einrichtung beherbergte, die von Amerikanern auf italienischem Boden in Betrieb genommen worden war. Im blassen Schein der Straßenlampe erinnerte sie mich an die Ära der Pferdekutschen und Opernbesucher, der wohlhabenden Bankiers und Geschäftsleute aus der Lombardei, einer vornehmen Gesellschaft, der ohne die Greuel des Krieges ein friedliches Leben beschieden wäre. Ein Portier war nicht in Sicht, doch einem polierten Messingschild neben der Gittertür des Aufzugs entnahm ich, daß sich das Lazarett im dritten Stock befand. Ich drückte auf den Knopf und fuhr in gemächlichem Tempo nach oben.

«Oh, hallo! Wir haben Sie schon erwartet.» Die bezaubernde Nachtschwester, die auf mein Klingeln öffnete, lächelte munter. «Kommen Sie herein. Ihr Zimmer ist schon fertig.»

Ich ließ mich nicht zweimal bitten. Es war die erste weibliche Stimme mit amerikanischem Akzent seit meiner Abreise, und sie gehörte einem großen, schlanken Mädchen mit haselnußbraunem Haar und freundlichen blaugrauen Augen, in dem sich fachliches Können mit außergewöhnlichem Charme zu vereinigen schienen. Trotz meines angeschlagenen Zustands zog sie mich mit ihrer freundlichen Begrüßung sogleich in ihren Bann. Welch ein Glück, dachte ich, daß ich hier vor solch einem attraktiven Wesen stehe und nicht vor einer grimmigen Matrone mit Haaren auf den Zähnen! Ihre weite, knöchellange, frische weiße Uniform mit der Rotkreuz-Armbinde stand am Hals offen und auf ihrem Hinterkopf wippte eine gestärkte weiße Haube.

Sie schob mich in einen geräumigen Flur mit Medizinschränken auf der einen und einem Schreibtisch, Stuhl und Aktenschrank auf der anderen Seite. Die grüne Nachtlampe warf ein helles Viereck auf ihre langen, beweglichen Finger, als sie einen Stapel Papiere durchblätterte, während ich die Umgebung betrachtete. Offensichtlich waren die Räume frisch renoviert. Der Geruch nach dem obligatorischen Desinfektionsmittel wurde überlagert von dem der frischen weißen Farbe, die an den Wänden schimmerte. Der Fußboden glänzte und buntgemusterte Vorhänge hingen vor den Fenstern. Das alles unterschied sich so sehr von dem kahlen, unpersönlichen Empfangsraum, den ich erwartet hatte, es wirkte so sauber, so ordentlich, so ungezwungen und anheimelnd, als hätte ich die Vereinigten Staaten nie verlassen.

«Ja, hier ist es. Villard, Henry S., Second Lieutenant aus der Sektion 1 der Sanitätseinheiten. Man hat angerufen, daß Sie kommen. Hübsch, nicht wahr?» Sie folgte meinem Blick. «Eine schreckliche Zeit mit den Malern und Installateuren. Aber jetzt ist alles tipptopp.»

«Ja, wirklich hübsch», stimmte ich ihr zu.

Mit einem aufmunternden Lächeln nahm sie ein Krankenblatt und sagte heiter: «Kommen Sie bitte mit. Die anderen schlafen schon. Wir sollten deshalb so leise wie möglich sein.»

Auf Zehenspitzen durchquerten wir einen von Glastüren und Fenstern gesäumten Flur – offensichtlich eine Sonnenveranda –, bis wir ein freundliches, luftiges, pastellfarben gestrichenes Zimmer mit nur einem Bett erreichten. Flügeltüren führten auf einen kleinen Balkon. Vorhänge aus hellem Kretonne, ein Eichenschrank, ein Waschbecken mit fließend heißem und kaltem Wasser, ein Nachtschrank und ein paar Sessel rundeten das Bild von Ruhe und Ungestörtheit ab.

Mein Blick fiel auf mein Spiegelbild in dem schmalen, körperhohen Rahmen neben dem Schrank, und ich erschrak. Fieber glänzte in meinen Augen und mein Gesicht hatte eine gespenstische gelbgrüne Färbung. Plötzlich wurde mir bewußt, wie müde ich war.

«Die Räume sind alle miteinander verbunden. Man kann von einem in den anderen gehen, wie in einem richtigen Krankenhaus. Aber man kann auch für sich bleiben, wenn man möchte. Ziehen

Sie sich bitte aus, ich lasse Ihnen währenddessen ein heißes Bad ein. Sie können einen Eierpunsch haben, wenn Sie hungrig sind.» Und zu meinem Erstaunen fügte sie hinzu: «Welchen Cocktail möchten Sie?» Sie warf mir einen schelmischen Blick zu, während sie mir ein Fieberthermometer in den Mund steckte.

Ich war mir nicht sicher, ob ich richtig gehört hatte, aber für alle Fälle durchstöberte ich mein Gedächtnis nach annehmbaren Möglichkeiten – Drinks, mit denen ich im College experimentiert hatte. Orange Blossom, Bronx, Alexander, Stinger ... Schließlich entschied ich mich für einen trockenen Martini. Und genau den brachte mir mein hilfreicher Engel dann auch, keinen dieser faden europäischen Wermuts mit einem Hauch von Gin, sondern einen klaren, kalten amerikanischen Cocktail mit nur einem Zugeständnis: An Stelle der Olive schwamm unten im Glas ein dicker Klumpen Rizinusöl. Ich brachte ein grimmiges Lächeln zustande und kippte das Ganze in einem Zug hinunter. Das Bad bot die nächste Überraschung: Moderne Installationen und eine Badewanne – ein wahrer Luxus nach meiner ständigen Katzenwäsche in den kalten, wirbelnden Fluten der Brenta bei Bassano.

In der brütenden Hitze des Hochsommers Mitte Juli war ich krank geworden – es mag an fragwürdigen Nahrungsmitteln (zum Beispiel hegten wir den Verdacht, daß es sich bei unseren «Steaks» um Maultierfleisch handelte), an zuviel schwarzem Kaffee und Schokoriegeln, Zigaretten und Erdnußbutter oder auch an ungewaschenem Obst gelegen haben. Was auch immer der Grund war, ich bekam hohes Fieber, begleitet von einer Reizung des Magens, woraufhin ich nichts anderes mehr bei mir behalten konnte als dünne Suppe oder Tee. Beim allmorgendlichen Blick in meinen Taschenspiegel über dem Waschbecken, wo ich mir kaltes Wasser über den Oberkörper spritzte, stellte ich fest, daß meine Augen gelb waren und mein Gesicht eine unnatürliche Sonnenbräune zeigte. Nachdem ich eine Zeitlang vergeblich gehofft hatte, daß sich die ärgerlichen Symptome von allein verflüchtigen würden, fiel ich eines Tages ohnmächtig zu Boden. Damit war klar, daß mir ein Aufenthalt im Krankenhaus nicht erspart bleiben würde, so ungern ich auch meinen Dienst gegen die

Ungewißheit einer medizinischen Behandlung in einer fremden, fernen Stadt eintauschte.

Zur Zeit meiner Abreise nach Mailand hatte ich die meisten Erfahrungen hinter mir, die zum Dasein eines Ambulanzfahrers im Gebiet des Monte Grappa gehören – jenem Achsnagel in der Linie der Schützengräben entlang der Piave, bevor sie sich in die bergigen Regionen der Alpen hineinschwang. Der Grappa war «der Riegel an der Pforte, der die Eindringlinge fernhält», wie der italienische General Cardona es ausdrückte. «Einmal geöffnet, gibt er das Land der Eroberung preis.» Um die Verwundeten über die tückischen Wege aus den Bergen ins Tal zu bringen, benutzte das Rote Kreuz vierzylindrige Sanitätswagen der Marke Fiat, große graue Ungetüme, die neben den käferbraunen, im Tal und in der Ebene eingesetzten Fords wie Elefanten aussahen.

Hinter mir lag nicht nur die italienische Gegenoffensive, die den letzten verzweifelten Durchbruchsversuch der Österreicher vereitelt hatte, sondern auch 48 Stunden Einsatz ohne Pause und die Minuten der Angst, als ich während eines Gewitters hinter einem österreichischen Brückenkopf abgeschnitten war. Ich hatte meinen ersten großen, mitternächtlichen Luftangriff miterlebt, eine grandiose, beeindruckende Zurschaustellung der Luftmacht, und war mit meinem Ford zum Ziel eines feindlichen Tieffliegers geworden, der die Straße bombardierte, auf der ich mit einer Ladung Verwundeter entlangfuhr. Schließlich war ich in den Genuß einer «Feindberührung» gekommen, als ich in einer dunklen Nacht übermüdet in der Nähe einer Kreuzung am Steuer eingeschlafen war und gerade noch rechtzeitig aufwachte, um einen gegnerischen Transportkonvoi die Straße überqueren zu sehen. Zu unserem Alltag gehörten Fahrten, bei denen wir blind, Staub schluckend oder durchnäßt vom strömenden Regen (die Autos hatten keine Windschutzscheibe) den Wagen über Straßen voller Granattrichter steuerten. Was immer mir später auch begegnete, es bot nichts Neues mehr: Ich war zu einem routinierten Kriegsteilnehmer geworden.

Kein römischer Adliger hätte den Thermen von Caracalla mehr Genuß abgewinnen können als ich der luxuriösen Ausstattung des Lazaretts. Ich wusch mir Schmutz und Läuse ab und aalte mich so lange wie möglich im warmen Wasser. Anschließend zog ich einen sauberen Schlafanzug an, ging durch die Halle und meldete mich fertig zum Schlafengehen. Als ich mich zwischen kühlen, frischen Laken auf der weichen Matratze ausstreckte, war der Nachhall der Kanonenschüsse in meinen Ohren plötzlich verstummt, und ich wußte, zum erstenmal seit Monaten würde ich wieder richtig tief schlafen.

Bevor ich das Licht löschte, fragte ich den Engel, der mich in dieses kleine Paradies eingelassen hatte, nach seinem Namen. «Agnes von Kurowsky», sagte sie, «aus Washington, D.C.» Beim Einschlafen dachte ich daran, wie sympathisch und hübsch sie war – so fern von der Heimat schien sie mir doppelt anziehend. Nun gut, sie war ein paar Jahre älter als ich, aber ältere Mädchen wirken auf junge Männer von gerade eben achtzehn Jahren[3] oft ausgesprochen reizvoll.

Als ich am nächsten Morgen aufwachte, hatte eine andere Schwester den Platz der flinken Agnes eingenommen. Elsie MacDonald, ebenso schottisch wie ihr Name, war weder so hübsch und so jung wie Agnes noch konnte man sie als hochgewachsen und schlank bezeichnen, aber auf Anhieb nahm sie mich durch ihre Freundlichkeit und ihre gute Laune für sich ein. «Nennen Sie mich ruhig Mac», sagte sie in mütterlichem Ton, während sie mein Kopfkissen aufschüttelte. «Zum Frühstück kriegen Sie ein Glas Milch. Mehr gibt es nicht, bis der Arzt Sie gesehen hat.» Auf der Stelle fühlte ich mich bei ihr gut aufgehoben.

Dr. Sabatini, ein kleiner Mann mit rotem Gesicht, war dem Mailänder Ospedale Maggiore im Rang eines *capitano* zugeteilt und immer gern bereit, bei einer Einrichtung auszuhelfen, deren Chefarzt im Norden des Landes Flüchtlinge behandelte. Ohne die obligatorische schwarze Arzttasche heranzuziehen, diagnostizierte er meine Krankheit als Gelbsucht. «Vielleicht auch noch ein bißchen Malaria», stellte er fest, während er abwägend den Kopf schieflegte. «Nicht weiter gefährlich. Aber für die gelbe Krankheit gilt: Du mußt ruhen, Vorschriften einhalten, Medizin schlucken. Wenn nicht –» ein Zwinkern seiner von dunklen

Wimpern umrandeten Augen strafte seine ernste Miene Lügen – « wasche ich meine Hände in Unschuld. » Er unterstrich seine Worte mit einer entsprechenden Geste.

Nachdem der Arzt gegangen war, fühlte ich mich schwach und benommen. Aber Mac war der Meinung, daß ich jetzt den Patienten im Zimmer nebenan kennenlernen sollte. Schließlich würde ich noch oft mit ihm zu tun haben, sagte sie, mit dem Second Lieutenant Hemingway. Ebenfalls ein Sanitätswagenfahrer. Aus der 4. Sektion. Der erste Patient, der nach der Inbetriebnahme des Lazaretts eingeliefert wurde und schwer verwundet war, wie ich gleich selbst sehen würde. Sie klopfte und öffnete, ohne eine Antwort abzuwarten, die Tür zu einem Zimmer, das meinem in jeder Hinsicht ähnelte, außer daß es größer war. « Ernie », sagte sie ohne Umschweife, « ich möchte Ihnen einen neuen Patienten vorstellen. Lieutenant Villard von der 1. Sektion ist gestern abend angekommen. »

Ein verdammt gutaussehender Kerl, dieser Hemingway, dachte ich, wie er da so sauber und frischrasiert in seinem weißgestrichenen Metallbett lag. Offensichtlich auch ein sonniges Gemüt, wenn man bedachte, daß er anscheinend nicht aufstehen konnte. Er hatte ein ausgeprägtes Kinn und ein breites, jungenhaftes Grinsen, das eine Reihe erstaunlich weißer, gleichmäßiger Zähne entblößte. Sein pechschwarzes Haar und die dunklen Augen hoben sich kraß von dem weißen Federkissen ab, das seine breiten Schultern stützte. Er lag ausgestreckt da, ein Bein in Gips, das andere dick bandagiert. Ich schätzte ihn auf mein Alter oder nur wenig darüber. Trotz seiner wie auch immer gearteten Verletzungen bestand an seiner Ausstrahlung und geistigen Wachheit kein Zweifel. « Hier wird es Ihnen gefallen », sagte er herzlich, während er mir kräftig die Hand drückte. « Sie behandeln uns hier wie die Könige. »

« Sie » hatten 227 Granatsplitter in seinen Beinen gezählt, erklärte Mac. « Aber er macht sich gut. Er ist der erste unserer Jungs, der in Italien verwundet wurde, und wir sind sehr stolz auf ihn. » Das war kein gewöhnlicher Patient, stellte ich fest. Aus Macs anbetenden Blicken schloß ich, daß er ihr Liebling war –

und wohl auch der der anderen Schwestern. Das Musterbeispiel eines verwundeten Helden.

«Sieht ganz so aus», antwortete ich. «Phantastisch, dieses Lazarett.» Und das meinte ich ernst; es hatte meine Erwartungen weit übertroffen. «Wie lange liegen Sie schon flach?»

«Seit dem achten Juli, dem Tag meiner Verwundung.» Er zog eine Grimasse. «Und am siebzehnten wurde ich hier eingeliefert. Woher stammen Sie?»

«Aus New York», erwiderte ich. «Aus der Großstadt. Und Sie?»

«Aus Oak Park, Illinois – wahrscheinlich haben Sie noch nie davon gehört.» Er lachte auf wie ein Junge. «Liegt in der Nähe von Chicago. Da, wo der Mittlere Westen beginnt. Vielleicht sollte ich besser sagen, aus Kansas City, denn da habe ich bei einer Zeitung gearbeitet.» Er war auf einem Schiff der französischen Linie, das zufällig *Chicago* hieß, herübergekommen. «Und wann sind Sie in Europa eingetroffen?»

«Mitte Mai», sagte ich. «War dann etwa eine Woche in Paris. Am dreißigsten – am Heldengedenktag – bin ich nach Bassano gekommen. Also rechtzeitig, um das große Feuerwerk am 15. Juni mitzuerleben.»

«Ich auch. Habe meine paar freien Tage in Schio verbracht. Im ‹Schio Country Club›, wie wir ihn nennen.» Ich merkte, daß er mich mit seinen lebendigen, durchdringenden dunklen Augen von oben bis unten musterte, froh über die Gelegenheit, mit einem Schicksalsgenossen sprechen zu können. «Bin am 23. Mai aus New York abgefahren, aber erst am 10. Juni in der 4. Sektion eingetroffen. Paris und Alarmstufe Rot, ein vorübergehender Einsatz hier in Mailand. Ein verrücktes Theater, das die Österreicher da veranstaltet haben. Aber ihr Kerle am Grappa habt weitaus mehr mitgekriegt als wir am Monte Pasubio. Ich mußte zur Piave runterfahren, um zu sehen, was hier vor sich geht – und da hat es mich dann erwischt», erklärte er mit einem Blick auf seine Beine.

Ich wollte unsere erste Begegnung nicht allzusehr in die Länge ziehen, weil mir schwindlig war.

«Kommen Sie wieder, wenn's Ihnen bessergeht, Villard. Weit haben Sie's ja nicht.» Seine kräftige Stimme hallte durch den Raum, sein Grinsen war herzlich und ansteckend. Ich hatte den Eindruck, daß er sich über Besuche freute und immer zu einem Schwätzchen aufgelegt war.

Mit dem Domizil in Sichtweite des Doms, diesem prächtig mit Türmchen und Gitterwerk geschmückten Meisterwerk italienischer Baukunst, hatte das Rote Kreuz Glück gehabt. Räume und Einrichtung der früheren *pensione* waren wie geschaffen für ein Lazarett, und unter Einsatz aller Kräfte war es gelungen, rechtzeitig zur offiziellen Inbetriebnahme am 17. Juni 1918 die beiden obersten Stockwerke in ein kleines Stück Amerika umzuwandeln. Großzügig hatte man Kalkfarbe auf Wände und Decken der Räume aufgetragen, vorhandene Möbelstücke waren restauriert oder mit Kretonne bedeckt worden, und gutes Mobiliar aus den Vereinigten Staaten fügte sich harmonisch in das Ganze ein. Für einen Nachmittagsempfang war es mit Blumen und Flaggen der Alliierten geschmückt worden, und die gut hundert geladenen Gäste – unter ihnen berühmte italienische Ärzte und der Oberkommandeur der französischen und englischen Truppen in Italien, General Angelotti – waren des Lobes voll gewesen.

Das eigentliche Lazarett in der obersten Etage der Villa, das mir so vertraut werden sollte, bestand aus sechzehn Zimmern für ebenso viele Patienten, deren Anzahl zur Not auch verdoppelt werden konnte. Daß die einzelnen Räume miteinander verbunden waren, galt unter den Schwestern als besondere Annehmlichkeit, aber in der Sommerhitze (elektrische Ventilatoren waren damals noch unbekannt) ermöglichte dieser Umstand auch eine bessere Lüftung. Es gab zwei Toiletten und mehrere Badezimmer, alle ebenso modern eingerichtet wie jenes, das ich am Abend meiner Ankunft benutzt hatte. Zudem verfügte das Lazarett über einen kleinen, aber gut ausgestatteten Operationssaal mit ausgezeichneten Lichtverhältnissen, ein Sterilisationsgerät, Becken und die Waschmöglichkeit für die Ärzte im Nebenzimmer sowie einen separaten Anästhesieraum und eine elegante Diätküche. Die Küche war zu recht der ganze Stolz der Organisation: Das

Red Cross Bulletin rühmte, sie enthalte «eine Sammlung schöner Gerätschaften mit so viel Kupfer, daß der deutsche Oberkommandeur vor Neid kupfergrün würde», und dazu einen Kessel, «so groß, daß sein gesamter Neid hineinpassen» würde. Was uns aus diesem blitzsauberen Ambiente dreimal am Tag serviert wurde, erinnerte uns «Exilamerikaner» – zumindest die, deren Verdauung es zuließ – an das, was daheim bei Mutter auf den Tisch kam.

Auf der Etage darunter lagen Schwesternheim und Verwaltung mit zehn Schlafzimmern, einem Speisesaal, einem kleinen Büro, einem Salon und einer warmen, gemütlichen Bibliothek, die auch Musikzimmer genannt wurde, weil sich darin ein Klavier, ein großes Grammophon und die beiden sangeslustigen Kanarienvögel Martha und George Washington befanden. Letzteres war für Schwestern und Patienten gemeinsam gedacht. Unter normalen Bedingungen bestand das Pflegepersonal aus fünf in Amerika ausgebildeten, diplomierten Krankenschwestern sowie ihrer Oberschwester. «Ziemlich jung und robust müssen sie sein, denn das Klima ist nicht jedermanns Sache», hatte Sara Shaw, die Leiterin des amerikanischen Roten Kreuzes, von den Schwestern gefordert, die nach Italien geschickt werden sollten. Zusätzlich gab es nach Bedarf eine oder mehrere italienische Schwestern, die unter Leitung der Amerikanerinnen als Hilfen eingesetzt wurden, und zwei Sanitäter. Sieben Personen arbeiteten als Haushilfen für die beiden Stockwerke: ein Koch, zwei Zimmermädchen, zwei Putzfrauen, ein Küchenmädchen und ein Heizer. Von meiner bequemen Warte aus gesehen glich das Ganze eher einem exklusiven Erholungsheim oder einem Country Club als einem Lazarett. Eines jedenfalls war gewiß: Keiner der verwöhnten Patienten hat sich je über die Einrichtung, das Essen oder die Pflege beklagt.

Was das kleine Lazarett für uns Kranke so ungeheuer angenehm machte war die Tatsache, daß die eine Hälfte der Zimmer über einen Balkon verfügte und die andere Hälfte auf eine geräumige Terrasse führte. Wie das *Red Cross Bulletin* schrieb, konnten «die Genesenden, die viel Sonne und frische Luft brauchten» (beides in Italien reichlich vorhanden), auf der Terrasse ruhen, die um zwei Seiten des Hauses lief. Unter gestreiften, je nach Sonnenstand auf- und einrollbaren Markisen vertrieben sich die Patienten – zum Teil im Rollstuhl – die Zeit und ließen sich sogar das Essen dort servieren: Es gab große Korbsessel, eine Chaiselongue, grüne Topfpflanzen; die Balustrade schmückten Blumenkästen. Auf einem niedrigen Tischchen lag in Reichweite ein Stapel Zeitschriften und daneben stand das Kurbelgrammophon mit den neuesten Schlagern: «Keep the Home Fires Burning», «Tipperary», «There's a Long, Long Trail» und so weiter.

Ein ganzes Stück über dem lärmenden Getriebe der Straßen war das oberste Stockwerk von einem Meer roter Ziegeldächer umfangen, über das der *duomo* mit seinen zierlichen Turmspitzen hinausragte. Von ihrem nahegelegenen Stützpunkt Taliedo zogen immer wieder Flugzeuge über die Stadt, während ein Luftschiff wie ein silberner Fisch in einem Meer von Blau behäbig seine Stellung hielt. Nachts bot sich uns am Himmel ein besonderes Schauspiel: Gebündelte Lichtstrahlen erfaßten die Maschinen und verwandelten sie in gigantische goldene Insekten, deren grün und rot blinkende Augen in der Dunkelheit geheime Botschaften an ihresgleichen schickten.

Wie das *Red Cross Bulletin* in einer seiner ersten Ausgaben festhielt, «mußten zu Beginn nur wenige Patienten versorgt werden». Doch angesichts der bevorstehenden Ankunft der amerikanischen Einheiten in Italien waren die Schwestern «auf ein umfangreiches Arbeitspensum vorbereitet, sollte es nötig werden». Bis zu diesem Zeitpunkt waren die jungen Frauen, wenn sie nicht gerade die erste Handvoll Patienten betreuten, in einem besonderen Schulungsraum beschäftigt, wo sie italienische Krankenschwestern an weißen Modellbetten und mit lebensgroßen Puppen in den neuesten amerikanischen Techniken der Krankenpflege, dem Gebrauch medizinischer Geräte und in Säuglingspflege und Hygiene unterwiesen. Die meisten Lazarettbetten waren nicht belegt, wie ich bald herausfand, bereit für die Verwundeten unter den amerikanischen Soldaten, die da kommen sollten. Mir war das egal. Ich würde meine Zeit an diesem angenehmen Zufluchtsort genießen, solange sie andauerte.

Und das war die reale Vorlage für die ersten Kapitel von *In einem andern Land* – Ernest Hemingways ungeheuer erfolgreichem Roman über den Ersten Weltkrieg. Vor dem Hintergrund dieses Lazaretts, dessen Räume eine, gelinde gesagt, außerordentliche Intimität erlaubten, entwickelte er die bewegende Liebesgeschichte, deren Vorbild seine Liebesaffäre mit Agnes von Kurowsky, der bezauberndsten unserer Schwestern, war. Lieutenant Frederic Henry, der Held der Geschichte, berichtet:

> Jetzt waren noch drei Patienten im Lazarett, ein magerer Junge mit Malaria, vom Roten Kreuz aus Georgia, ein netter Junge, auch dünn, mit Malaria und Gelbsucht, und ein famoser Junge, der versucht hatte, den Zeitzünder eines Schrapnells als Andenken abzuschrauben.[4]

Für den Jungen aus Georgia finde ich in meiner Erinnerung keine Entsprechung; vielleicht ist er ja erfunden. Der Andenkenjäger war Coles van B. Seeley, ein hochaufgeschossener, strammer Bursche aus Newark, New Jersey, mit einem buschigen Schnauzbart, der bei seinem törichten Versuch das Augenlicht verloren hatte – außerdem wären ihm beinahe beide Hände abgerissen worden. Ich war der dünne Junge mit Gelbsucht und Malaria aus New York. Ich empfand es als Ironie des Schicksals, daß ich die letzte Offensive gegen Österreich-Ungarn unbeschadet überstanden hatte, nur um dann Opfer dieser ausgesprochen unheroischen Krankheit zu werden.

In den ersten Tagen fühlte ich mich so krank, daß ich nur döste oder gelegentlich mit den Karten, die Agnes mir besorgt hatte, eine Patience legte. Zu meinem Bedauern sah ich nicht so viel von ihr, wie mir lieb gewesen wäre, denn sie übernahm bereitwillig die Nachtdienste, denen sich die anderen Schwestern gern entzogen. Tagsüber war sie selten auf der Station. Dafür steckte die runde, warmherzige Elsie MacDonald immer wieder den Kopf durch die Tür, um zu sehen, ob ich Fortschritte machte. Wenn Agnes tatsächlich einmal erschien, wirkte der Raum gleich heller. Abgesehen davon, daß sie das «gewisse Etwas» hatte, wie die Jungen es nannten, war sie freundlich, flink, intelligent und konnte sich gut in die Stimmung ihrer Patienten hineinversetzen. Darüber hinaus war sie mit einem Humor gesegnet, der selbst die Übelgelauntesten wieder zum Schmunzeln brachte. Sie trat resolut auf, ohne herrisch zu wirken, sie gab sich ungezwungen, aber nicht auf Kosten ihrer Professionalität. Insgesamt also die ideale Persönlichkeit für eine Krankenschwester.

Jeden Tag beobachtete ich durch die halboffene Tür, wie Hemingway Hof hielt, während sie und die anderen ins Zimmer geschneit kamen und Witze über seine unzähligen Wunden rissen. «Wird jetzt nur ein Bein amputiert oder kommen gleich alle beide dran?»

Agnes oder Mac lachten und gingen auf die Späße ein. «Beide natürlich. Was sollst du mit einem Bein denn noch groß anfangen?»

«Gut, dann alle beide. Wann geht's los?»

«Vielleicht heute, vielleicht auch morgen. Oder erst nächste Woche. Wir warten noch darauf, daß die Knochensägen geschärft werden.»

«Herrgott, ich kann es kaum noch erwarten.»

Ich wußte, es war gespielt, denn daß Hemingway sich die Beine amputieren ließ, schien mir schlichtweg unmöglich – mochte es auch noch so lange dauern, ihm die winzigen, bösartigen Metallsplitter einzeln aus dem Fleisch herauszuoperieren. In einer freien Minute hatte Agnes mir genauer berichtet, wie er durch die Explosion eines österreichischen Granatwerfers verletzt worden war. Die unter Soldaten «Aschentonnen» genannten Granaten zerbarsten beim Aufprall und schleuderten ihre Stahlsplitter in alle Himmelsrichtungen. Zu allem Überfluß hatte ihn dann noch eine Maschinengewehrkugel am rechten Knie verletzt. Zwar waren seine Verletzungen, abgesehen von zehn Wunden, vom Roten Kreuz als ungefährlich eingestuft worden, doch ich konnte nicht umhin, die innere Kraft zu bewundern, mit der er die Schmerzen ertrug – ganz zu schweigen von der unerschütterlichen Geduld, die man braucht, um über Wochen still zu liegen. Aber trotz seiner zur Schau getragenen Zuversicht schien die Möglichkeit einer Amputation keineswegs ausgeschlossen, sollte sich sein Zustand verschlechtern.

Sobald mein Fieber sank und der schreckliche Gelbton meiner Haut durch eine Diät aus Milch und Ei allmählich verschwand, durfte ich die wenigen Schritte durch die Verbindungstür gehen und im Morgenmantel bei Hemingway am Bett sitzen. Ich freute mich auf dieses Ritual ebenso wie auf seine Gesellschaft, denn wie die anderen wollte ich dem verwundeten Krieger, der soviel schlechter dran war als ich, dabei helfen, die Schmerzen zu vergessen, und ihm ein wenig Abwechslung verschaffen. Er geizte nicht mit seiner Zeit (er hatte ja auch reichlich davon) und wollte mit einer geradezu unersättlichen Neugier hören, was an der Front geschah. «Sie sind der erste, den ich aus der Sektion 1 kennenlerne», bemerkte er an einem glutheißen Nachmittag, als ich nach dem Mittagsschlaf meinen Stuhl an sein Bett zog. Wie war es in Bassano? Wie oft standen wir unter Granatenbeschuß? Wie viele *feriti* transportierte ich pro Woche? Und wie viele *malati*? Welches Auto fuhr ich? Wie war das Essen? Und wie machten sich die *arditi*, die von ihm so bewunderten Stoßtruppen, da oben in den Bergen? Er wollte jede Einzelheit hören: Namen, Orte, Daten. Sein Gedächtnis war bemerkenswert. Mir kam es vor, als würde ich von einem Anklagevertreter bei Gericht ins Kreuzverhör genommen. Erst Jahre später begriff ich, daß diese Wißbegierde dazu diente, den Instinkt des geborenen Erzählers zu befriedigen. Andererseits war er höflich und hörte aufmerksam zu. Er zog alles, was man sagte, in sich auf wie ein Schwamm und flocht nur hin und wieder ein «Warum?» oder «Wozu?» oder eine persönliche Bemerkung ein, die jedoch fast immer mit Blasphemie gewürzt war. Die Kriegserzählungen von uns Jungs, die im Einsatz für die Demokratie in Europa mit einemmal zu Männern wurden, waren oft mit Flüchen durchsetzt, doch Hemingway leistete in dieser Hinsicht mehr als seinen Beitrag.

Schon bald nannten wir einander beim Vornamen; es war nicht schwer, mit Ernie Freundschaft zu schließen. So jedenfalls riefen ihn die meisten, während ich das männlichere «Hem» vorzog. Ich mochte diesen Bären von einem Kerl von Anfang an, und ich glaube, das beruhte auf Gegenseitigkeit. Ans Bett gefesselt hatte er am 21. Juli seinen neunzehnten Geburtstag gefeiert – wenn man es so nennen will –, und nun war ich mit mehr als acht Monaten Abstand der jüngste Patient des Lazaretts. Wir hatten vieles gemeinsam. Beide hatten wir uns freiwillig zum Sanitätsdienst gemeldet; beide lagen wir in einem fremden Land fern unserer Heimat im Lazarett; beide waren wir dank unserer Jugend noch nie zuvor im Krankenhaus gewesen. Das alles schuf zwischen uns eine Vertrautheit, die wir spürten, auch wenn wir nicht darüber sprachen. Außerdem verband uns die Aufgabe des Roten Kreuzes, das von den Vereinigten Staaten dazu auserkoren war, die Kampfbereitschaft Italiens aufrechtzuerhalten. Die vernichtende Niederlage der Italiener beim Überraschungsangriff der Österreicher und Deutschen am 24. Oktober 1917 bei Caporetto* hatte zu Massendesertationen geführt und die Moral in alarmierendem Maße untergraben. Da Washington noch nicht in der Lage war, Unterstützung in Form von Truppen zu schicken, hatte man sich entschlossen, der gebeutelten Nation mit einem umfangreichen Hilfs- und Wiederaufbauprogramm zur Seite zu stehen. Sichtbarer Beweis für diese Absicht waren die vom Roten Kreuz hastig zusammengestellten Sanitätskorps, die die Botschaft verkünden sollten: «Haltet durch, bis die Amis kommen!»

Für uns hatte das einen besonderen Reiz: Der Auftritt dieser Einheiten gemeinsam mit den Helfern des Rotes Kreuzes zielte darauf ab, daß der Mann auf der Straße und sein Bruder im Schützengraben neuen Mut faßten und entsprechend handelten. Ernie und ich konnten bestätigen, daß diese Rechnung aufgegangen war. Wo immer unsere Fahrzeuge auftauchten, weckten sie bei den Soldaten Hoffnung und Begeisterung. Wir Fahrer hatten das Gefühl, dazu beizutragen, daß die Moral der kämpfenden Männer gestärkt wurde, um dem Feind Paroli zu bieten, bis aus

* Im deutschen Sprachraum als Durchbruch bei Flitsch-Tolmein bekannt (A. d. Ü.)

Übersee Hilfe eintraf – so klein unser Anteil auch sein mochte. Außerdem machten wir die gleiche einzigartige Erfahrung: Wir waren zwar einer fremden Armee angegliedert, konnten aber trotzdem der amerikanischen Flagge uneingeschränkt die Treue halten. Wir sahen den Krieg mit amerikanischen Augen und wußten, nichts würde unseren Stolz und unsere Ergebenheit gegenüber unserem Land erschüttern. Amerika, einzig Amerika konnte der Welt zeigen, was getan werden mußte, um die teutonischen Horden in die Flucht zu schlagen und den Kaiser gefügig zu machen. Wir schüttelten die Köpfe und stöhnten vereint, wenn wir vom Geist der Niederlage sprachen, der die italienische Armee seit der vernichtenden Schlappe bei Caporetto im vorigen Jahr lähmte.

Außerdem waren wir durch und durch Amerikaner, wenn es um das prächtige Spiel Baseball ging. Wie die fanatischen Fans schlüpften wir rasch in den entsprechenden Jargon. Hem war ein unerschütterlicher Anhänger der Chicago Cubs, die in diesem Jahr die National League gewinnen sollten, während ich John J. McGraws New York Giants anhing. Baseball-Ergebnisse aus den USA waren kaum zu erfahren, und wir stürzten uns begierig auf jedes Bröckchen Information über den Tabellenrang der gegnerischen Teams. Einer von uns, ich weiß nicht mehr wer, brachte einen Knittelvers auf, an dem wir uns immer wieder ergötzten:

Here lies the body of Mary Jones
For her life held no terrors;
She lived a maid and died a maid –
No hits, no runs, no errors.*

Die letzte Zeile diente uns in den heißen, ereignislosen Sommertagen als stereotype Entgegnung, wenn sich jemand nach dem Stand der Dinge erkundigte: «No hits, no runs, no errors.» Und während unserer Debatten, bei denen wir uns als Amateurstrate-

* hit = Treffer/run = erfolgreicher Lauf/error = Fehler (A. d. Ü.)

gen hervortaten, formulierten wir die Berichte von der Front in Baseball-Ergebnisse um, als würden wir unsere Heimmannschaft gegen Gegner aus einer anderen Stadt anfeuern.

Besonders beeindruckte mich, was Ernie über den Journalismus zu erzählen wußte, da ich selbst auf diesem Gebiet Ambitionen hegte. Seine kurze Karriere als Jungreporter beim Kansas City Star, wo er mit Hilfe eines Onkels untergekommen war, erregte meine Bewunderung. Dank dieser sechs Monate, in denen er aus dem Polizeihauptquartier, der Leichenhalle, dem Rathaus und vom Bahnhof berichtet hatte, wurde er für mich zu einem abgebrühten Routinier und einem Experten in einem Bereich, in dem ich womöglich selbst gern einmal tätig sein wollte. Um eigenständig denken zu lernen, sagte er gern, gibt es nichts Besseres, als einen Krieg mitzuverfolgen oder bei einer Zeitung zu arbeiten. Und schreiben lernt man, indem man über das schreibt, was man selbst *sieht* und *fühlt*. Als ich berichtete, daß einer meiner Onkel Redakteur und Herausgeber der liberalen *New York Evening Post* war, begrüßte er mich prompt als Anwärter der schreibenden Zunft: «Mein Gott, Harry, wir sprechen dieselbe Sprache!» Vielleicht hätte es ihn gefreut, zu hören, daß er mich nicht umsonst ermutigt hatte: Ein Jahr später arbeitete ich als Reporter und Redakteur für die Tageszeitung meines College, den *Harvard Crimson*.

Für mich stand außer Frage, daß Ernie nach dem Krieg mit dem Schreiben fortfahren würde, obwohl er nie konkret sagte, welche Form er dafür wählen würde. Ein Collegestudium schien ihn nicht zu interessieren. Erfahrungen aus erster Hand in einem Bereich wie dem Journalismus waren ihm Ausbildung genug. Er hatte eine Reihe von Beiträgen für die Zeitung und das Magazin seiner High School verfaßt (was gleichfalls meinen Respekt weckte), und er deutete an, welche Genugtuung es ihm bereitete, seine Geschichten gedruckt zu sehen, doch er sprach nie von der Absicht, einen Roman zu schreiben. Nichts wies darauf hin, daß er eines Tages seine Erfahrungen im Krieg und im Lazarett als Hintergrund für ein Buch verwenden oder sich überhaupt für die literarische Variante des Schreibens entscheiden würde. Er war in erster Linie Reporter, und das genügte ihm.

Meine Bewunderung für Hems journalistische Fähigkeiten wuchs ins Unermeßliche, als er mir eine Ausgabe eines Nachrichtenblatts namens *Ciao* zeigte, das in unregelmäßigen Abständen von einer Gruppe Gleichgesinnter aus der Sektion 4 herausgegeben wurde. Hem hatte darin eine intelligente Parodie auf Ring Lardners bekannte Episteln «You know me, Al» («Du kennst mich, Al») veröffentlicht. Das Vorbild für *Ciao* war wahrscheinlich ein Blatt der britischen Truppen in Frankreich gewesen, das zum erstenmal am 15. August 1917 erschien und für einen Franc verkauft wurde. Die Seiten der *British Expeditionary Forces Times* waren mit gutem, sauberem, moralförderndem Humor gefüllt: Sketche, harmlose Glossen, Verse, satirische Artikel und kurze Fortsetzungsgeschichten wie «The Bound of the Baskervilles: Another Herlock Sholmes Episode» [Das Schicksal der Baskervilles: Ein neues Abenteuer mit Herlock Sholmes]. Wenngleich der Anspruch von *Ciao* weitaus bescheidener und die Auflage nicht annähernd so hoch war, verfolgte das Blatt doch das gleiche Ziel: dem unverwüstlichen angelsächsischen Humor ein Sprachrohr zu verschaffen und durch sanftes Kitzeln des Zwerchfells die Eintönigkeit des Alltags an der Front ein wenig aufzulockern.

«Na schön Al wir sind hier im guten alten Italien», begann Hemingways Glanzstück mit dem Titel «Noch ein Brief an Al».[5]

> Und da ich nun mal hier bin werde ich nicht so bald wieder abreisen. Um nichts in der Welt. Und das ist kein guter Vorsatz zum Neuen Jahr Al sondern die Wahrheit. Ja Al ich bin jetzt Offizier und wenn du mir über den Weg liefest müßtest du salutieren. Ich bin nämlich Second Lieutenant aber das Dumme ist die anderen sind es auch. Es gibt keine gemeinen Soldaten in unserer Armee Al und den Captain nennt man *chef*. Dabei sieht er nicht so aus, als könnte er nur das geringste bißchen kochen. Der Offizier im Rang unter ihm heißt *sous chef*. Und der wird so genannt weil er der *chef* der Droschkenkutscher ist und für die aus der 4. kochen muß. Aber er schiebt eine ruhige Kugel Al weil von der 4. kaum noch jemand übrig ist.

In anderen Passagen ging es um *Jenahvark* (Joan of Arc – die heilige Johanna), um *Garry Baldy* (Garibaldi) oder darum, «die Welt für die Demokraten sicher zu machen» (gemeint war die Demokratische Partei der Vereinigten Staaten). All dies zu jener Zeit ebenso erheiternd wie die Originaltexte von Lardner, die wir beide außerordentlich bewunderten. Ernie hatte sich Lardners Stil mit der typischen falschen Schreibweise von Begriffen, dem Fehlen der Interpunktion und dem sardonischen Humor auf kongeniale Weise zu eigen gemacht, und ich drängte ihn, so rasch wie möglich einen weiteren Beitrag zu verfassen. Doch er tat den Vorschlag mit einem Achselzucken ab: Das Lazarett sei nicht der richtige Ort zum Schreiben, meinte er lachend, man werde zu oft gestört.

Es gab einen weiteren Punkt, der uns verband, und das war unsere unbändige Liebe zum Leben in der freien Natur, eine Liebe, der wir beide unser Leben lang treu bleiben sollten. Hem wurde nie müde, vom Sommerhaus seiner Familie am Michigan-See zu erzählen, der für junge Männer unseres Alters so viele Reize bot: zelten, angeln, jagen, schwimmen, Kanu fahren und durch die grünen Felder und Wälder wandern. «Das ist das Leben!» rief er immer wieder aus. Er hatte ein Gewehr vom Kaliber 12 besessen («ein Prachtexemplar») und demonstrierte mit seinen muskulösen, behaarten Armen, wie er es angelegt hatte. Im Gegenzug berichtete ich von meinen beiden Feriencamps an einem See in den Hügeln von New Hampshire und im weit rauheren Norden von Maine, wo ich mich mit den gleichen Sportarten beschäftigt hatte.

Wir erzählten uns – natürlich ausgeschmückte – Geschichten über die Forellen, die wir gefangen und dann mit Schinkenstreifen über dem offenen Feuer gebraten hatten; wir riefen uns die langen Tage ins Gedächtnis, an denen wir bei Regen im Zelt gelegen hatten; wir erinnerten uns daran, welche Freude es machte, stundenlang über stille Seen zu paddeln, fernab von jeglicher «Zivilisation». Hem lauschte aufmerksam, als ich ihm die Ranch am südlichen Arm des Shoshone River in Wyoming beschrieb, wo ich im letzten Sommer meinen Urlaub verbracht hatte – ein Geschenk meiner Eltern zur bestandenen Abschlußprüfung an der High School. Obwohl nicht so wild und rauh wie erwartet, hatte mich der Westen in seinen Bann gezogen. Ich konnte mir nichts Schöneres vorstellen, als mich in einen Westernsattel zu schwingen, in einem Bergbach zu angeln oder «Meilen von jeglicher Zivilisation entfernt» ein Zelt aufzuschlagen. Ernie besaß keinerlei Erfahrungen als Reiter und mochte Pferde nicht besonders, doch ihm gefiel die Vorstellung, im besten Hollywood-Stil hoch zu Roß in Lederhosen wie ein Cowboy durch die Beifußbüsche zu galoppieren und mit einer 22er Winchester auf Kojoten oder Präriehunde zu schießen. «Dort draußen werde ich leben, Hem», erklärte ich großspurig. «In Wyoming, Arizona, Montana, in dem weiten, offenen Land. Ganz egal wo, das brauche ich zum Leben.»

«Klar, ich weiß, was du empfindest», stimmte er mir zu. «Ein gutes Gefühl. Zum Teufel, eines Tages fahre ich selbst dorthin. Ich wünschte bei Gott, ich hätte jetzt eine Angelrute oder ein Gewehr in der Hand. Aber das muß warten, wie alles andere auch. *Dopo la guerra.*»

Wir sprachen über die Welt im allgemeinen und über Fischen und Jagen im besonderen; vor allem aber redeten wir über den Verlauf des Krieges und die scheinbare Unfähigkeit der italienischen Soldaten. Schließlich waren wir des Krieges wegen hier, und das Vordringen der Alliierten beschäftigte uns mehr als alles andere. Was an der Front geschah, war nicht so leicht in Erfahrung zu bringen, denn in jenen Tagen konnten wir weder auf stündliche Radionachrichten noch auf das Farbfernsehen zurückgreifen, geschweige denn auf die wöchentlichen Kommentare und Analysen der Printmedien. Wir waren auf mündliche Berichte und Gerüchte angewiesen, auf die offiziellen Verlautbarungen im Mailänder *Corriere della Sera* und auf alte Zeitungen aus Rom (die jedoch ausschließlich von Erfolgen der italienischen Armee berichteten) oder auf das, was wir in den Briefen unserer Freunde zwischen den Zeilen lesen konnten. Einmal gelangte ein wahrer Schatz in unseren Besitz, eine unvollständige Karte der österreichisch-italienischen Front, ausgeschnitten aus einer zerfetzten Ausgabe der *New York Times*. Jeden Tag beugten wir uns über das kostbare Dokument mit seiner Legende in englischer Sprache und versuchten, die Ereignisse, von denen wir gehört hatten, mit den Namen und Orten auf der Karte in Einklang zu bringen.

Gleich zu Beginn unserer Beziehung fiel mir auf, daß Hemingway sein Durchhaltevermögen mit einer Flasche Cognac oder anderen hochprozentigen Spirituosen unterstützte, die er unter dem Kopfkissen versteckte (was natürlich streng verboten war). Hin und wieder bekam auch ich heimlich einen Schluck ab. Meine eigene Krankheit, so unangenehm sie auch war, schien mir unbedeutend im Vergleich zu den körperlichen Beschwerden, die Hemingway ertragen mußte. Daher konnte man ihm schlecht einen Vorwurf daraus machen, daß er die «Funktionen seiner Organe stärkte» (wie eine kubanische Rumdestillerie die Wirkung ihres Erzeugnisses auf dem Flaschenetikett beschrieb), um den Durchhaltewillen zu stärken, um den Schock des schrecklichen Augenblicks der Verwundung zu überwinden und die Heilung zu beschleunigen. «Hier, trink einen Schluck!» sagte er dann, wischte den Flaschenhals mit dem Bettuch ab, und ich ließ mir die unverschnittene, warme Flüssigkeit wie eine Medizin, die ich immer mehr zu schätzen lernte, durch die Kehle rinnen.

Hem scheute sich nicht, voller Stolz auf sein Heer der «Gefallenen», wie er es nannte, zu weisen – leere Flaschen Weinbrand, Wermut, Cointreau oder simple «rote Tinte». Er hielt sie in dem großen Eichenschrank versteckt, bis sich eine Gelegenheit ergab und der Pförtner die Flaschen, die er ihm gegen ein kleines Trinkgeld besorgt hatte, wieder hinausschmuggelte. Wenngleich die Schwestern im Gegensatz zu seinen Freunden seinen Alkoholkonsum nicht guthießen, so duldeten sie doch seine Angewohnheit; solange er sie unter Kontrolle hatte und keine Anzeichen von Trunkenheit zeigte. Anders Miss Katherine C. DeLong, die kleine, würdige, grauhaarige Oberschwester des Lazaretts, mit der Ernie mehr als einen heftigen Zusammenstoß wegen seines Alkoholgenusses hatte. Er besaß eine nahezu unbeschränkte Fähigkeit, den Inhalt der Flaschen in sich hineinzukippen, ohne daß man ihm etwas anmerkte. Aber seine Fahne konnte er nicht verbergen, und Miss DeLong war durchaus in der Lage, dieses verräterische Anzeichen zu bemerken.

Unter dem Einfluß dieser immer wiederkehrenden Gelage steigerte sich Hem in endlose Tiraden über den Verlauf des Krieges, das Leben in den Wäldern oder die offensichtlichen Unzulänglichkeiten der italienischen Soldaten hinein, wobei nur das Erscheinen eines neuen Zuhörers oder einer Schwester seinen Redefluß unterbrechen konnte. In solchen Augenblicken rief er: «Herr im Himmel! Was ist denn nun schon wieder?» oder: «Hereinspaziert, verdammt noch mal! Hört es euch an!» Trotz seines gelegentlich überschäumenden Humors, seines entwaffnenden Lächelns, mit dem er so viele Freunde – Männer wie Frauen – gewann, konnte er herrisch und sogar jähzornig sein. Als Patient war er alles andere als pflegeleicht. Eine der Schwestern, Mrs. Charlotte M. Heilman, bemerkte später in einem Brief an die Zentrale des Roten Kreuzes, er sei «aufbrausend, sehr grob, ‹besserwisserisch› und unkooperativ» gewesen, so daß man meinen konnte, er sei furchtbar verwöhnt. Er habe immer «über reichlich Geld verfügt, das er großzügig für italienischen Wein und den Pförtner, der ihn besorgte, ausgab».[6] Doch wegen seiner aufsehenerregenden Verwundung – dem vorrangigen Gesprächsthema im Lazarett – und seiner ungewöhnlichen Ausstrahlung sah man ihm seine Launen nach. Er war nicht nur bei Männern beliebt, sondern wirkte – vor allem dank seines guten Aussehens – ausgesprochen anziehend auf Frauen, die angesichts seines jugendlichen, impulsiven und ungekünstelten Charmes dahinschmolzen.

Entgegen der weitverbreiteten Meinung zog sich Hemingway seine Verletzungen nicht im Einsatz als Sanitätswagenfahrer zu. Vielmehr war er eher zufällig in die Rolle eines Kriegsteilnehmers geschlüpft. «Man kann sagen, daß mich das tägliche Einerlei gelangweilt hat», vertraute er mir eines Tages grinsend an. «Gut, ich hatte keine Ruhe mehr.» Während der österreichischen Offensive von Anfang Juni war es in seinem Abschnitt relativ friedlich geblieben, und er beschloß, sich den Krieg anderswo anzusehen. An der Piave, da ging es rund, und seine Chance kam, als man Freiwillige für einige neue Feldküchen in diesem Bereich suchte. «Nur vorübergehend, weißt du. Ich dachte, das wäre eine nette Abwechslung, anstatt immer nur diese *blessés* herumzukutschieren.» Mit ein paar anderen, die man entbehren konnte, beantragte er seine Versetzung aus der Ambulanzsektion 4 und wurde nach Fossalta verlegt, einem kleinen, zerschossenen Dorf an einer Biegung der träge dahinströmenden Piave. Fossalta lag in der Nähe von San Bernardo, bekanntermaßen ein umkämpfter Ort, wo Rotkreuzlieutenant Edward Michael McKey (ein begabter New Yorker Porträtmaler, der lange in Frankreich und Italien gelebt hatte und wegen seines schlechten Gesundheitszustands nicht für den Militärdienst in Frage gekommen war) am 16. Juni von einer österreichischen Granate getötet wurde, als er seine rollende Kantine Nr. 1 in Betrieb nahm.

Es war kein Geheimnis, daß der Einsatz von rollenden Kantinen oder Feldküchen neben der Arbeit der Sanitätsdienste zu den gefährlichsten Aufgaben des Roten Kreuzes in Italien gehörte. Nachdem sie ursprünglich als fahrende Marketenderwagen geplant waren, die hinter den Kampflinien dahinzogen und an die Soldaten heißen Kaffee, kalte Getränke, Zigaretten und Schokolade austeilten, wurden die meisten angesichts der unpassierbaren Straßen schon bald einem bestimmten Regiment mit festem Standort zugeteilt. Es lag in der Natur der Sache, daß diese *cucinas* oder «amerikanischen Bars», wie sie bei den Soldaten hießen (das Rote Kreuz betrieb insgesamt siebenundzwanzig), in der Gefahrenzone nahe den Schützengräben an der Front oder an strategisch wichtigen Kreuzungen der Truppenwege stationiert waren. Einige von ihnen – wie die *cucina*, die ein liebenswerter New Yorker namens Beverly Myles in den Bergen bei Bassano betrieb – wurden bald zu soliden Holzbaracken mit allen Annehmlichkeiten einer Kantine ausgebaut. Die kämpfenden Soldaten konnten dort Erfrischungen holen, sich ihr graues Kommißbrot mit Marmelade oder Zucker versüßen oder in Ruhe einen Brief nach Hause schreiben. Fast zwangsläufig kamen dann bald ein Phonograph mit einer Sammlung klassischer und populärer Schallplatten sowie eine Gitarre, eine Mandoline oder ein Akkordeon hinzu.

Bestenfalls dienten diese mit patriotischen Plakaten und gekreuzten Fahnen oder Flaggen geschmückten *posti di ristoro* als sichtbarer Appell an die Zuversicht, daß die Amis kommen würden, daß Amerika unbesiegbar und seine Freundschaft unerschütterlich war. Wie uns ständig vor Augen gehalten wurde, sollte das Rote Kreuz den Italienern Mut machen und die Kampfbereitschaft unserer schwankenden Verbündeten stärken helfen. Ein Rotkreuzoffizier, der eine *cucina* betrieb und gleich nebenan sein Quartier hatte, mußte also Propagandaoffizier, Pfadfinderführer, Herbergs- und Beichtvater in einer Person sein. Er mußte mit den Offizieren wie auch gemeinen Infanteriesoldaten auskommen, ebenso taktvoll wie gewandt auftreten und – wie die Ambulanzfahrer – unter Beschuß Mut und Nerven behalten.

Lieutenant McKey, der erste Offizier des Roten Kreuzes, der in Italien gefallen war, entsprach diesen Anforderungen in jeder Hinsicht: Er war von unwandelbarer Freundlichkeit und blieb in seiner Einzelkämpferrolle stets Mensch. Wenn nötig, zog er selbst zu Fuß durch die Schützengräben und teilte Vorräte aus. Mit einem Nicken, einem Lächeln oder einem sorgfältig auswendig gelernten Brocken Italienisch verbreitete er unter den Verteidigern der Linien neue Zuversicht. Aber auch dem herzlichen, extrovertierten, geselligen Temperament von Ernest Hemingway kam diese Rolle sehr entgegen, und es kümmerte ihn nicht, daß Fossalta kaum mehr als ein primitiver Außenposten ohne die Vorzüge manch anderer Stützpunkte war.

«Zigaretten und Schokolade auszuteilen war die beste Möglichkeit, die vorgezogenen Posten kennenzulernen», erklärte Ernie mit breitem Grinsen. «Nur hätte ich nicht gedacht, daß die Österreicher so rasch zuschlagen würden.» Und tatsächlich war er nur wenige Tage im Einsatz gewesen, als ihm die Granatsplitter in die Beine drangen. Ein Italiener in seiner Nähe wurde getötet, ein anderer verlor beide Beine, und ein dritter erlitt schwere Verletzungen. Hem brachte es fertig – obwohl ihm nie klar wurde, wie –, sich diesen Mann auf den Rücken zu laden. Als er ihn nach hinten schleppte, wurde er von einer Maschinengewehrsalve im Bein getroffen. Er hatte keine Ahnung, wie er es zum Verbandsplatz geschafft hatte. «Ich weiß nur noch, daß ich ohnmächtig wurde. Sie brachten mich zu den Sanitätern nach Treviso und dann mit dem Verwundetentransport per Bahn, mit Fliegen und Blutgestank und allem Drum und Dran, nach Mailand und in dieses Lazarett. Herr im Himmel, sie waren noch nicht auf Kundschaft eingestellt, als ich ankam, so neu war es hier. Aber glaub mir, mein Junge, seitdem haben sie aufgeholt.»

Wie war es, wenn man auf dem Schlachtfeld dem Tod ins Auge sah? «Es war wie ein heißer Luftzug aus dem Ofen. Ein ohrenbetäubendes Donnern ... mein Knie fühlte sich warm und feucht an. Ich war über und über mit Blut bedeckt, meinem und dem des Italieners. Ich versuchte zu atmen, konnte es aber nicht.» Das beängstigende Gefühl der Atemnot, wie bei einem Schlag gegen den Solarplexus, ist oft und auf vielfältige Weise beschrieben worden, aber hätte ich damals schon den legendären persischen Dichter Hadschi Baba gekannt, wären mir seine plastischen Worte eingefallen: «Meine Seele fuhr mir in den Mund.» Aber Hemingway drückte sich anschaulich genug aus. «Ich wurde für einen Augenblick ohnmächtig und dachte, ich wäre tot. Wenn du nicht atmen kannst, dann bist du tot. Dann konnte ich wieder atmen, und es gab mich wieder.» Er erinnerte sich an Leuchtgeschosse und Suchscheinwerfer, und dann hörte er jemanden *«Mamma mia! Mamma mia!»* schreien.

Nie werde ich meine erste Begegnung mit den Leiden des Krieges vergessen. Wenige Tage nachdem unsere Einheit an die Front gekommen war, fuhr ich mit meinem Sanitätswagen Nr. 13 vom Lazarett in Romano Alto nach einem Notruf zu einem Verbandsplatz in der Nähe des zerschossenen Dörfchens Crespano. Einem Soldaten waren bei der Explosion einer Handgranate beide Beine abgerissen worden. Der Anblick, der mich erwartete, traf mich völlig unvorbereitet, denn noch nie war ich solch einem bedauernswerten Wesen wie diesem Mann begegnet. Beide Beine abgetrennt, die graugrüne Uniform zerfetzt und mit Blut bespritzt, sein zerfurchtes, gebräuntes Bauerngesicht verzerrt und die Augen vor Schmerzen zusammengekniffen. Von seinem prächtigen Schnaubart tropfte Blut. Zwei Sanitäter legten den stöhnenden, ächzenden Mann auf eine Trage aus meinem Ambulanzwagen, deren Leinwand sich mit Blut vollsog. Dann schoben sie ihn wie ein Stück rohes Fleisch in das Auto. Wie erstarrt vor Entsetzen ließ ich den Motor an und versuchte, so vorsichtig wie möglich zu fahren und den Unebenheiten und Schlaglöchern der zerschossenen Straße auszuweichen. Ein müßiges Unterfangen. Jede Drehung des Lenkrads rief neue Proteste hervor (*«Mamma mia! Piano! Piano!»*). Nichts konnte ich tun, um seine Qualen zu lindern. Angesichts der Notwendigkeit, langsam zu fahren und zugleich so schnell wie möglich zum Lazarett zu gelangen, schien es mir, als könnte ich keine richtige Entscheidung treffen. Wie auch in vielen späteren Fällen siegte der Tod, denn bei unserer Ankunft war der Mann von seinem Leiden erlöst. Nur gut, daß mir meine erste Begegnung mit dem Schrecken so frühzeitig gewährt wurde, denn je schneller sich ein Ambulanzfahrer an die Greuel des Krieges gewöhnt, desto besser ist er seinen Aufgaben gewachsen.

«Mamma mia!» Dieser gequälte Aufschrei schien das gesamte Elend des Krieges, das Massensterben, die zerfetzten Leiber, die zerstörten Häuser, die sinnlose Verschwendung in sich zu vereinigen. Keiner von uns Amerikanern, jung wie wir waren, blieb davon unberührt, und ich wußte, daß diese Erfahrung auch bei Ernie einen tiefen Eindruck hinterlassen hatte. Der Krieg erweiterte unseren Horizont, obwohl wir es nie in diese Worte gefaßt hätten. Statt dessen verglichen wir unsere Aufzeichnungen und erzählten einander mit fast klinischer Distanz, was wir an der Front gesehen hatten. Wir Ambulanzfahrer von nicht einmal zwanzig Jahren, näher an der Realität des Lebens als je zuvor, hatten keine Zeit, unsere Alltagserlebnisse in eine Philosophie zu fassen. Das sollte später kommen.

Hemingway brauchte nicht hinzuzufügen, daß er für seinen Einsatz vom Roten Kreuz eine offizielle Ehrung und von der italienischen Regierung eine lobende Erwähnung sowie deren zweithöchste Auszeichnung, die *Medaglia d'argento al valore militare* erhalten sollte. Zumindest war das der Tenor der Gespräche der Schwestern in den Lazarettfluren; dem Anschein nach sprach jeder davon – auch der erwartungsvolle Empfänger, der mit verzeihlichem Stolz keinen Hehl daraus machte, wie sehr ihn die Ehrung, die er erhalten sollte, freute.

In seinen Briefen nach Hause aber spielt Hemingway das Ereignis herunter. Die Berichte an seine Eltern, die das Rote Kreuz nach Kriegsende veröffentlichte, sind in sachlichem Ton gehalten und beschränken sich auf die Fakten: «Die 227 Wunden, die mir der Minenwerfer beigebracht hat, haben kein bißchen wehgetan ... Die Maschinengewehrkugel hat sich bloß wie der harte Aufprall eines vereisten Schneeballs an meinem Bein angefühlt. Aber ich bin wieder aufgestanden und habe meine Verwundeten in den Unterstand geschafft.» Er fuhr fort: «Man verspürt eine unheimliche Genugtuung darüber, verwundet zu sein. Es bedeutet, für eine gute Sache verprügelt zu werden.» Dann folgen ein paar Zeilen, die später oft zitiert werden sollten: «In diesem Krieg gibt es keine Helden. Wir alle riskieren unseren Kopf, und nur ein paar von uns werden auserwählt ... Sie haben bloß Glück gehabt. Ich bin sehr stolz und glücklich, daß ich auserwählt wurde, aber das sollte mir nicht zu größerer Ehre gereichen.»

«In diesem Krieg gibt es keine Helden.» Mag sein, aber ich war mir nicht sicher, ob Hemingway sich nicht doch als Held fühlte. Zweifellos verspürte er «eine unheimliche Genugtuung darüber, verwundet zu sein», und das nicht nur, weil es «bedeutet, für eine gute Sache verprügelt zu werden». Denn faktisch war Hemingway umlagert von Bewunderern, wurde von Besuchern, Patienten und Lazarettpersonal verehrt. Und soweit ich mich erinnere, gab er sich keine Mühe, die Aufmerksamkeit, die ihm während seiner langen, erzwungenen Bettruhe zuteil wurde, von sich zu weisen.

Für uns gab es zum einen den Krieg gegen Österreich, zum anderen das ständige Auf und Ab an der französischen Front. Obwohl sich das Blatt allmählich zugunsten der Alliierten wendete, schien sowohl für Hem als auch für mich im Sommer jenen Jahres ein Ende der Feindseligkeiten nicht in Sicht. Nachdem das Gemetzel vier Jahre andauerte, und die Fronten im Stellungskrieg erstarrt waren, schien alles möglich. In unseren Gesprächen über die Zukunft gingen wir davon aus, daß sich der Kampf noch unabsehbar lange hinziehen würde. Hem hatte nur vage Vorstellungen, was er nach seiner Genesung tun wollte. Er schob die Entscheidung hinaus und befaßte sich nur mit dem, was unmittelbar anstand. Er wußte nicht einmal, ob er wieder als Fahrer eingesetzt werden oder ob man ihn als Invaliden nach Hause schicken würde – alles hing davon ab, wie seine Genesung fortschritt. Aber uns beiden war klar, daß im Laufe der Zeit auch die von der Wehrpflicht erfaßt würden, die jetzt noch jünger als zwanzig Jahre und neun Monate waren, und daß die US-Armee schon bald mit eigenen Sanitätswagen und Soldaten nach Italien kommen würde. Das bedeutete, daß wir Freiwilligen möglicherweise eines Tages ohne Job dastünden, obwohl die italienische Regierung ausdrücklich den Wunsch geäußert hatte, das Rote Kreuz solle im Land bleiben. Vielleicht, so überlegte ich, sollten wir eine reguläre Ausbildung für den militärischen Einsatz in Erwägung ziehen. Hem ließ sich darauf nicht ein. Mir war klar, daß es seinem Unabhängigskeitsdrang zuwiderlief, sich in ein festes Reglement pressen zu lassen. Nicht einmal der Dienst bei den Expeditionsstreitkräften in Frankreich unter Führung von General John Pershing, die sich zunehmender Achtung erfreuten, konnte ihn locken.

Daß noch etwas anderes zu seiner Unentschlossenheit beitrug, wußte ich damals nicht. Er war auf dem besten Weg sich zu verlieben – zum erstenmal in seinem Leben. Die Angebetete war keine andere als unsere bezaubernde Nachtschwester Agnes Hannah von Kurowsky. Die ungewöhnliche Beziehung, die sich nach und nach zwischen ihnen entwickelte, wurde sowohl von den Schwestern als auch den Patienten mit diskretem Stillschweigen geduldet. Mich zog er wohl deshalb nicht ins Vertrauen, weil er in mir einen möglichen Rivalen fürchtete. Wenn wir über Agnes sprachen, dann nur ganz allgemein und unverbindlich, und nichts in Hems Benehmen deutete auf seine wahren Gefühle hin. Erst später erfuhr ich von der lebhaften Korrespondenz, die er und Agnes heimlich miteinander führten, von zahlreichen Notizen und Briefen, die Mac als zuverlässige Botin überbrachte. Aber ich war während meines relativ kurzen Aufenthalts im Lazarett in dieses Spiel nicht eingeweiht und hatte daher keine Ahnung davon.

Agnes behandelte alle Patienten gleich. Sie sprach ihnen Mut zu und gab jedem einzelnen das Gefühl, daß ihr sein Wohlergehen am Herzen lag. Aber es war nicht zu übersehen, daß sie sich Ernie mit besonderer Aufmerksamkeit widmete. Das lag zum einen an der wachsenden gegenseitigen Zuneigung, zum andern aber an Ernies unwiderstehlicher, um nicht zu sagen fordernder Art, mit der er zu jeder denkbaren Gelegenheit ihre Beachtung verlangte. Agnes hätte der Behauptung sofort beigepflichtet, daß Ernie kein einfacher Patient war und sich mit erheblichem Nachdruck behaupten konnte, wenn etwas nicht nach seiner Nase ging oder wenn er die unerbittlichen Vorschriften von Miss DeLong als lästig empfand. Zuweilen mußte Agnes all ihr Einfühlungsvermögen und ihren ganzen Takt aufbringen, um ihn zu beruhigen und von seinen Schimpftiraden abzuhalten. Dennoch war es laut Bill Horne, einem weiteren Lazarettpatienten, «wunderschön, ihre Romanze mit Hem zu beobachten» – wenngleich die Liebe in Ernies Augen weitaus stärker leuchtete als in ihren, was sich später bestätigen sollte.

Es verwunderte niemanden, daß Hemingway sich in Agnes verliebte: War er der verwundete Held, so war sie die Königin unter den Krankenschwestern. Sie verfügte über eine Ausstrahlung, die den anderen fehlte. Jung, keck und reizend anzusehen in ihrer weißen Uniform mit dem langen Rock, verrichtete sie beschwingt ihre Arbeit, verschwendete keine Zeit, ohne jedoch zu hetzen, wirkte lebensfroh und tatkräftig. Offensichtlich hatte ihre Arbeit Vorrang vor allen anderen Dingen, und auch die Freude an ihrer Tätigkeit war auffällig. Auch ich sollte mich bald in Aggie oder Ag verlieben, wie sie von ihren Freunden genannt wurde, aber eigentlich lagen ihr mehr oder weniger alle Jungs zu Füßen. Kein Wunder. Da wir auf unserer Krankenstation im obersten Stockwerk so nah beieinander lebten, spürten wir zwangsläufig ihre Gegenwart, wenn sie in der Nähe war. Mit der Zeit stellte sich jedoch heraus, daß Ernies Gefühle für sie stärker waren als die der anderen. Als ich die beiden eines Nachmittags händchenhaltend überraschte, war mir sofort klar, daß sie ihm in diesem Augenblick nicht den Puls fühlen wollte, sondern daß seine Zuneigung erwidert wurde.

Agnes stammte aus Germantown, Pennsylvania, wo sie am 5. Januar 1892 als Tochter eines polnisch-deutschen Einwanderers und Enkelin eines polnischen Generals geboren wurde. Der Großvater mütterlicherseits war Brigadier General Samuel Beckley Holabird, Quartermaster General der Armee der Vereinigten Staaten. Als Agnes dreizehn war, zog sie mit ihrer Familie nach Washington und besuchte dort zwei Jahre das Fairmont Seminary. Nach dem Tod ihres Vaters im Jahre 1910 fand sie eine Anstellung als Bibliothekarin in der Carnegie Library. «Aber dort war es so fade und eintönig», erklärte sie mir an einem ruhigen Abend. «Ich brauchte etwas mit mehr Leben. Deshalb begann ich mit der Ausbildung zur Krankenschwester.» Agnes meldete sich an der Schwesternschule des Bellevue Hospital in New York an, schloß dort am 17. Juli 1917 die Ausbildung ab und bewarb sich beim Roten Kreuz, um so schnell wie möglich in Übersee eingesetzt zu werden. Aber in jenen Tagen, in denen schon ein Dackel als feindliches, ausländisches Element galt, genügte ein «von» im Namen, um Reisepässe einzubehalten, und so verzögerte sich ihre Abreise. Am 15. Juni 1918 konnte sie schließlich auf der *La Lorraine*, einem Dampfschiff der Compagnie Générale Transatlantique, ablegen. Zwar waren die anderen Teilnehmer ihrer Gruppe bereits unterwegs, aber es mangelte ihr auf der Überfahrt nicht an Gesellschaft: Rasch schloß sie Freundschaft mit einigen belgischen Offizieren, die in Rußland stationiert waren und von ihrem Urlaub dorthin zurückkehrten.

Durch einen der Zufälle, wie es sie im Krieg gibt, waren vier der elf Rotkreuzschwestern, die im Laufe des Jahres 1918 im amerikanischen Lazarett in Mailand Dienst taten, ehemalige Mitschülerinnen von Agnes aus dem Bellevue Hospital. Neben der mütterlichen, warmherzigen und beliebten Mac gehörte die hübsche Loretta Cavanaugh zu der Gruppe, eine freundliche, hilfsbereite junge Frau, die von allen «Sis Cavie» genannt wurde. Außerdem die stets zum Flirten aufgelegte Ruth Brooks, die es sich aus einem unerklärlichen Grund mit Ernie verscherzte, und die verwitwete Mrs. Charlotte Anne Miller Heilman, eine Tuberkuloseexpertin, die bereits im Außendienst des ambulanten Pflegedienstes des Roten Kreuzes gearbeitet hatte. Sie alle waren vor Agnes in Italien eingetroffen.

Die Schwestern des Bellevue Hospital fühlten sich durch die gemeinsamen Erfahrungen verbunden, doch sie kamen auch gut mit den anderen Schwestern aus: Anna Scanlon, die Hemingway ins Lazarett aufgenommen hatte, Ruth Harper Fisher, Veta Blanche Markley, Elena Crough, Valeria Rittenhouse aus Kanada und Mrs. Katherine Rahn (die spätere Mrs. Bresnam). Miss DeLong, die lebhafte und kompetente Oberschwester, die ebenfalls aus Kanada stammte, war Absolventin der Johns-Hopkins-Schwesternschule und sollte nach ihrer Rückkehr aus Italien Oberin der Schwesternschaft des Bellevue Hospital werden. In Hemingways Roman *In einem andern Land* taucht sie in Gestalt der scharfzüngigen und argwöhnischen «Schnüfflerin» Miss van Campen auf. Sie hatte sich nämlich im Nu Hems Feindschaft eingehandelt, weil sie ihm weder den Verstoß gegen das Alkoholverbot noch sein meist aufsässiges Benehmen nachsehen wollte.

Den Patienten gefiel es besonders, wenn sich eine oder mehrere Schwestern an ihren dienstfreien Tagen oder in einer kurzen Verschnaufpause zu ihnen auf die Terrasse setzten, während sie «die Ereignisse durchkauten», wie Ernie es lautstark über einem Glas Milch oder Orangensaft (beides an der Front selten) verkündete. Man erzählte sich Witze, posierte gemeinsam für einen Amateur-Schnappschuß oder hörte sich ein, zwei Schlager an. Irgend jemand hatte sie mit einer Parodie von «Smiles» bekanntgemacht, einem in den Kriegsjahren 1917 und 1918 ungeheuer beliebten Schlager. Sie trug den Titel «Styles» und wirkte besonders gewagt für ein Publikum beiderlei Geschlechts. Wenn die Schwestern dabei waren, summten wir das Lied mit schelmischem Blick:

Es gibt Kleider – da sieht man den Knöchel,
Es gibt Kleider – da sieht man das Knie,
Es gibt Kleider – da sieht man die Schulter –

Es gibt Kleider – die sind Blasphemie,
Es gibt Kleider – die geben dir Zeichen,
Die nur der Liebe bekannt.
Doch von allen Kleidern der Erde
Ist das schönste Evas Gewand.

Im Laufe des Sommers stieg die Zahl der Patienten. William D. (Bill) Horne jr. aus Bridgeport, Connecticut, wurde mit einer mysteriösen Erkrankung der inneren Organe eingeliefert, die man schließlich als «subakute Enteritis» diagnostizierte. Mit den umgänglichen, sympathischen Princeton-Absolventen von 1913 hatte sich Ernie bei der Sektion 4 angefreundet, und so gesellte er sich gern zu denen, die bei seinem Kumpel auf der Bettkante saßen. Darmerkrankungen waren so zahlreich wie die Flöhe und Fliegen, die sie hervorriefen. Niemand konnte sich vor der weitverbreiteten Diarrhöe oder Ruhr schützen. Wenig später wurde «June» Darling – Herbert H. Darling jr. aus Brookline, Massachusetts («June» war die Abkürzung für junior) – aus der Sektion 2 eingeliefert. Er litt an Gelbsucht, der Krankheit, die auch mich außer Gefecht gesetzt hatte. Dann erschien George N. Carpenter aus Castine, Maine, Mitglied der Harvard-Einheit der Sektion 3 – er hatte sich die an der Piave grassierende Malaria zugezogen. Weitere sollten folgen. Wir und einige geistesverwandte Seelen scharten uns um den wichtigsten Gast des Ospedale Americana. Wir besuchten ihn abwechselnd, und soweit wir als Patienten eingestuft waren, die «viel Sonne und frische Luft brauchten», lümmelten wir uns auf der Terrasse herum – auserwählte Mitglieder einer kleinen Bruderschaft. Da Hemingway auf Grund seiner Wunden nicht bewegt werden durfte, betrachtete er die Welt durch die geöffneten Flügeltüren, während wir in Hemdsärmeln oder im Morgenmantel auf unserer Insel umherschlenderten. An den heißen Nachmittagen diskutierten wir bei Pfeifenqualm und zahllosen Macedonia-Zigaretten über den Krieg, an den Abenden vertrieben wir uns die Zeit, indem wir Poker mit geringen Einsätzen spielten.

Als ich dank meiner mit Haferbrei und gekochtem Hühnchen

aufgebesserten Diät allmählich wieder zu Kräften kam, überlegte ich ernsthaft, wann ich Aggie wohl zum Essen ausführen könnte. Die Aussicht auf ein Abendessen zu zweit diente mir als Ansporn, rasch gesund zu werden, und die Vorfreude auf ein exquisites Restaurant, in dem ich sie einen Abend lang ganz für mich allein haben würde, ließ mich wohlig erschauern. Jetzt, so dachte ich überheblich, war ich gegenüber dem armen Invaliden Ernie im Vorteil. Es würden noch viele Wochen vergehen, bis er auf Krücken umherhumpeln konnte.

«Bitte lacht nicht, wenn Ihr das lest», schrieb ich meinen Eltern, «aber ich lasse mir einen Schnurrbart wachsen. Das heißt, falls ich ihn nicht abscheulich finde und gleich wieder abrasiere. Fast alle hier probieren es aus, und meiner ist im Augenblick der zweitschönste unserer Gruppe.» Ich wagte nicht, Mailand als Anschrift zu nennen, denn ich schwebte in der ständigen Sorge, meine Familie könnte herausfinden, daß ich im Lazarett lag. Da sie zu Hause gewiß das Schlimmste befürchteten, täuschte ich vor, immer noch an der Front zu sein – obwohl ich größte Mühe hatte, Themen zu finden, über die ich berichten konnte. In der Zwischenzeit hoffte ich verzweifelt, daß ich durch meinen im Werden befindlichen Oberlippenschmuck an dem Tag, an dem ich Ag ausführen wollte, um Jahre älter wirken würde.

Am 10. August hatte ich – was meine Genesung betraf – einen Meilenstein erreicht: Ich durfte nach draußen und einen kurzen Spaziergang in die von Menschen wimmelnde Stadt machen. Am selben Tag hielt ich in meinem Tagebuch fest, daß «Hemingway am frühen Morgen operiert wurde». Im Lazarett herrschte Hochspannung. Von der zweiten Operation an der Nummer 1 unter uns Patienten hing vieles ab. Würde er wieder laufen können? Und wenn ja, wie bald? Alle warteten besorgt auf das Ergebnis. Aber zu unserer Erleichterung überstand der Patient die Operation mit Bravour, und das Bulletin berichtete, Hemingway sei «auf dem Weg zur vollkommenen Gesundung». Hauptmann Sammarelli, der diensthabende Arzt, hatte die Maschinengewehrkugeln geschickt aus Knie und Fuß entfernt und sie dem Patienten als Erinnerungsstücke überlassen. Sie wanderten in eine

Schüssel neben Hems Bett, in der sich bereits eine beachtliche Sammlung Granatsplitter befand, die er sich selbst mit einem Taschenmesser aus den Beinen operiert und zur Erbauung der Besucher dort deponiert hatte.

In den darauffolgenden Tagen erkundete ich zu Fuß und im Pferdewagen die Stadt. Manchmal war ich allein, dann wieder begleitete mich June Darling – wie ich in ambulanter Behandlung – oder ein *permissionaire* von der Front. Wir konsumierten Unmengen von *gelato* und Sherry Flips und tranken *café latte frappé* in so gemütlichen Lokalen wie dem *Cova* und *Biffi* oder in weniger bekannten Cafés in Mailands prächtiger Einkaufspassage, der kühnen Galleria mit dem gewölbten Dach. Mein Magen benahm sich anständig, und mein Gesicht hatte wieder seine normale Färbung. Einmal besuchten ein paar von uns – wie später auch Ernie, als es ihm besser ging – das Pferderennen in *San Siro*, einem Vorort von Mailand. Wie Agnes an ihre Mutter in Washington schrieb: «Es macht großen Spaß – es gibt so wenig Unterhaltung hier.» Ein andermal besichtigte ich dank der Liebenswürdigkeit des *commandante*, der wortreich seine Sympathie für die Amerikaner bekundete, den Flugplatz in Taliedo mit seinen vielen Jagdflugzeugen und Bombern. Rasch gewann ich an Kräften für das heiß ersehnte Rendezvous mit Agnes.

Ungefähr zu jener Zeit fand ein Ereignis statt, das für Amerikaner und Italiener gleichermaßen bedeutsam war. Da im Frühjahr und Sommer an der Westfront so viele Soldaten benötigt wurden, kamen die amerikanischen Streitkräfte leider nur zögerlich nach Italien. Am 27. und 28. Juli traf schließlich das 332. US-Infanterieregiment, das zum großen Teil aus hochgewachsenen, sonnengebräunten Scharfschützen der 30. Division bestand, aus Frankreich in Mailand ein und ging im Gebiet um Treviso in Stellung. Obwohl der Einsatz mehr vortäuschte, als er hätte halten können, erzielte man damit eine außerordentliche Propagandawirkung: In Scharen säumten die Bewohner die Straßen und begrüßten jubelnd das US-Sternenbanner, während auf die österreichischen Truppen *manifesti* niederregneten, die die Ankunft der Amerikaner ankündigten. Das Regiment – abgesehen von den

Fliegern die einzige US-Kampfeinheit, die Italien vor Kriegsende erreichte – hatte eine ähnliche Aufgabe wie das Rote Kreuz: Es sollte die Moral der Italiener stärken und die Österreicher entsprechend entmutigen. Als diese Bataillone mit geringer Mannschaftsstärke im Spätsommer schließlich auf dem Kriegsschauplatz eintrafen, verfolgten sie eine Taktik, die die Stationierung mehrerer Regimenter vortäuschen sollte. Jeden Morgen wählten sie eine andere Route, wechselten Uniform und Ausrüstung und zogen sich nach Einbruch der Dunkelheit möglichst geräuschlos zu ihrem Stützpunkt zurück. Neben Meldungen über erfreuliche Siege in Frankreich (die Aisne-Marne-Offensive war zum Stillstand gebracht worden, und die französischen, britischen und amerikanischen Truppen unter General Haig hatten begonnen, den Frontbogen bei Amiens einzunehmen) wurde auch über die Amerikaner berichtet, die sich zu schlachterprobten Soldaten mit einer guten Moral gemausert hatten und sich wacker schlugen, da sie überzeugt waren, daß es bei ihrem Kampf gegen die deutsche «Schreckensherrschaft» um eine gerechte Sache ging. Doch schwere Schlachten standen noch bevor. Trotz der Hochstimmung, in der wir uns befanden, wagte keiner aus unserer Runde die Prognose, daß das Ende des Krieges absehbar sei.

Als ich schließlich den Mut aufbrachte, Aggie um ein Rendezvous zu bitten, war mir nicht bewußt, daß das Rote Kreuz im Einklang mit den Landessitten Begegnungen zwischen den Geschlechtern ohne Anstandspersonen nicht gerne sah. Dazu hatte *capitano* Enrico Serena beigetragen, ein häufiger Gast im Lazarett, der den hart kämpfenden, tapferen Alpini-Truppen angehörte und mit seinem blonden Haar und der Augenklappe unwissentlich zum Vorbild für Hauptmann Rinaldi, dem Chirurgen in Hemingways Roman, wurde. Als Agnes seine Einladung zum Abendessen für den 10. August annahm, dem Tag von Hems zweiter Operation, war von Aufsicht nicht die Rede gewesen. Wie ich später erfuhr (meine Phantasie war damals nicht sehr ausgeprägt), hatte Serena für diesen Anlaß einen separaten Salon mit einer Couch und einem Klavier reserviert. Aber wie man hörte, dämpfte Agnes seine Glut, indem sie darauf hinwies, daß sie sich um Mitternacht wieder zum Dienst melden müsse. Seitdem wagte sie es nicht mehr, mit einem Mann allein auszugehen.

Meine Chance kam früher als erwartet. Als ich mit ordentlich gebügelter Uniform, das Schiffchen keck auf dem Kopf, in der Galleria Einkäufe erledigte, traf ich Agnes und ihre engste Freundin, die gutmütige Elsie MacDonald, das Vorbild der Fergy in *In einem andern Land*. Ohne auch nur einen Augenblick zu überlegen, schlug ich eine Kutschfahrt im Stadtpark und ein anschließendes Abendessen vor. Aber Ag erklärte mir, daß sie seit ihrem Rendezvous mit Serena nur «zu zweit ausgehen» dürften.

Nicht, daß ich etwas gegen Macs Gesellschaft einzuwenden hatte, aber drei ist einfach eine Person zuviel. Ich schluckte meine Enttäuschung hinunter und zwängte mich zwischen die beiden in einen offenen Einspänner, auf dessen Bock ein peitschenschwingender Kutscher mit glänzendem Zylinder saß. Nach der gemächlichen Fahrt führte ich die beiden zum Essen in das Hotel *Manin*, einer Lokalität in der Straße gleichen Namens, die bessere Speisen als der Durchschnitt und trinkbaren Asti Spumante servierte. Zwar war der Abend außerhalb des Lazaretts mehr als angenehm, aber er entsprach kaum meinen ursprünglichen Träumen. Ich bemühte mich, den unparteiischen Gastgeber zu spielen, aber immer wieder ertappte ich mich dabei, daß ich in erster Linie Aggies melodischer Stimme lauschte. In ihren Augen las ich Belustigung über meinen Verdruß, daß wir nicht allein waren, und ich erwiderte ihr Lächeln. Die Erinnerung an diesen Abend hütete ich bis zum Kriegsende wie einen Schatz.

In den letzten Augusttagen wurde mir ein kurzer Genesungsurlaub gewährt, den ich im malerischen Rapallo verbrachte, einem südlich von Genua an der Küste gelegenen Kurort – ein großartiger Tapetenwechsel! Auf der Terrasse des Kursaal-Hotels erinnerte nichts an den Krieg, mit Ausnahme eines lärmenden Geschwaders von Flugbooten, das über den benachbarten Gewässern patrouillierte. Man konnte von den Felsen aus schwimmen, sich mit englischen *permissionaires* unterhalten, mit einer englischsprechenden Contessa vor einem unwirklichen Hintergrund aus Musik, Mondschein und Rosen, dem alten Hafen, dem

Meer und den von nächtlichem Dunst eingehüllten Bergen tanzen. Und nach dem Abendessen mit Freunden trank man Kirschlikör und *Crème de menthe*, was bei dem stimmungsvollen Ambiente mit dem winzigen Hafen und den Positionslampen der Boote vor der Küste einfach dazugehörte.

Ich unterbrach meine Rückreise in Genua, um mir einen Gerätepark für Sanitätsfahrzeuge der amerikanischen Armee anzusehen – ein kleiner Vorgeschmack auf das, was noch kommen würde. Wieder einmal fragte ich mich, wie lange unsere freiwilligen Rotkreuzeinheiten noch benötigt würden. Seit der Ankunft der amerikanischen Truppen herrschte im Lazarett an der Cesare Cantù hektische Betriebsamkeit. Da es kein einziges freies Bett gab, würde ich mit einer Matratze vorliebnehmen und auf der Terrasse unter dem Sternenhimmel schlafen müssen.

Mein erster Weg führte mich in Ernies Zimmer, um ihm meine Aufwartung zu machen. Er befand sich immer noch in dem Zustand körperlicher Hilflosigkeit, in dem ich ihn verlassen hatte, aber sein breites Grinsen und seine heitere Stimmung waren unverändert. Nicht mehr lange und man würde ihm Krücken anpassen. Wie war es in Rapallo? Konnte man sich dort erholen? Hatte ich eine von den mondänen Damen kennengelernt? Interessierte man sich dort unten überhaupt für den Krieg? Ich erzählte ihm von dem Flugboot-Stützpunkt, dem Gerätepark in der Nähe von Genua und den geselligen Abenden auf der Terrasse des Hotels. «Vielleicht sollte ich auch dorthin gehen, wenn ich hier entlassen werde, Harry.» Ich hatte den Eindruck, daß er mehr denn je in Aggie verliebt war, wußte aber nichts über ihre Gefühle. Der anhaltende Strom neuer Patienten ließ ihr keine Zeit für eine Unterhaltung mit mir.

Am Morgen des zweiten Tages erklärte Dr. Sabatini, ich sei nun gesund und kräftig genug, um den Dienst an der Front wiederaufzunehmen. Noch einmal ging ich zu Ernie und verabschiedete mich. Fast genau einen Monat später erfuhr ich, daß er seinen Genesungsurlaub nicht in Rapallo verbrachte, sondern sich für Stresa am Lago Maggiore entschieden hatte. Das luxuriöse *Grand Hotel*, in dem er wohnte, sollte eines Tages als Kulisse für einen Abschnitt in der zweiten Hälfte seines Romans dienen. Wir rissen ein paar Witze, aber unser Gelächter wirkte etwas gezwungen – wie so oft, wenn man neue Freundschaften geschlossen hat und nicht weiß, ob einen das Schicksal je wieder zusammenbringen wird. Dann war es Zeit, nach Bassano zur Sektion 1 zurückzukehren. Wir prosteten einander mit dem vulgären italienischen Trinkspruch über die Freuden des Mannes zu, der typisch für den Armeejargon war:

Acqua pura, vino fresco
Bella fica, cazzo duro.[7]

Dann schüttelten wir uns die Hände, wünschten einander viel Glück und äußerten die Hoffnung, uns *dopo la guerra* wiederzusehen. Doch das Schicksal hatte die Karten anders gemischt. Ich bin Ernest Hemingway nie wieder begegnet, und erst nach vielen Jahren sah ich Agnes wieder.

Im Frühjahr 1962 wurde ich in meinem Haus in der Schweiz von Carlos Baker aufgespürt, der gerade seine legendäre Biographie über Hemingway in Angriff nahm. Nachdem er von meiner Verbindung zum Roten Kreuz im Ersten Weltkrieg erfahren hatte, bat er mich, ihm so viel wie möglich darüber zu erzählen. Im Gegenzug fragte ich ihn, ob er wisse, was aus Agnes geworden sei. Er gab mir ihre Adresse in Key West, wo sie mit ihrem Mann William C. Stanfield jr., einem pensionierten Hotelmanager, lebte. Umgehend beschloß ich mich, die gewaltige Zeitspanne seit unserer Begegnung mit einem Brief an sie zu überbrücken. Meinen Zeilen legte ich einige Fotos aus längstvergangenen Tagen bei – unter anderem eines, das uns beide im Park auf unserer Kutschfahrt vor dem Abendessen zeigte.

«Welch wundervolle Überraschung, nach so langen Jahren von Ihnen zu hören», antwortete sie herzlich.

Meine Güte, Italien und der Erste Weltkrieg liegen so weit zurück, es hat sich seitdem so viel ereignet, und trotzdem erinnern

Sie sich noch an mich. Die Fotos waren sehr hilfreich – es gab viele nette Jungs in unserem Lazarett in Mailand ... Wir sind 1951 hierhergezogen. Zunächst haben wir hier nur den Winter verbracht, weil mein Mann damals in Virginia Beach ein Hotel betrieb. Eigentlich sind wir jetzt «im Ruhestand», aber Bill hat begonnen, bei einem Freund auszuhelfen, und ich habe mich vor etwas mehr als zwei Jahren in einem unbedachten Augenblick bereit erklärt, in der neuen öffentlichen Bibliothek mitzuarbeiten, und stehe seitdem als Bibliothekarin auf der Gehaltsliste.

Ich hatte sie gefragt, wie es bei ihr nach dem Krieg weitergegangen sei, ob sie beim Roten Kreuz geblieben sei und den jetzt so gefeierten Hemingway wiedergesehen habe. Hier die Antwort in ihren eigenen Worten:

Ein Jahr nach meiner Rückkehr aus Italien habe ich mich wieder beim Roten Kreuz gemeldet. Sie schickten mich nach Rumänien, wo ich fast zwei Jahre blieb, im ambulanten Dienst Krankenbesuche machte und in der Ausbildung tätig war. Nachdem ich einige Jahre in N. Y. zugebracht hatte, bewarb ich mich erneut und wurde nach Haiti geschickt. Dort blieb ich fünf Jahre und heiratete einen Amerikaner, der dort als Finanzberater arbeitete.[8]

Die Ehe scheiterte. Agnes nannte keine Gründe und Einzelheiten, sondern schrieb nur, daß sie nach ihrer Tätigkeit auf Haiti zurück nach Amerika, «nach Reno gegangen» sei. Offenbar wollte sie nicht näher darauf eingehen.

Später fand ich heraus, daß ihr erster Mann Howard Preston Garner hieß, im Freundeskreis «Pete» genannt. Garner stammte aus Georgia und hatte als amerikanischer Delegierter der Wiedergutmachungskommission in Europa gearbeitet. Er lernte Agnes, die gerade in den Vereinigten Staaten Urlaub gemacht hatte, auf einer Schiffahrt nach Haiti kennen. Am 24. November 1928 heirateten sie. Einen Tag später war in einer Anzeige der Washington Post zu lesen, daß der Bischof von Haiti die beiden in der Episkopalkirche von Port au Prince getraut hatte. Am 26. November schrieb Agnes einen «nichtoffiziellen und persönlichen» Brief an Miss Clara B. Noyes, die Leiterin des Pflegedienstes des Roten Kreuzes, und teilte ihr «die Neuigkeit mit, in der Hoffnung, daß sie keine Einwände habe».

> Mit Dr. Melhorns[9] Einverständnis bin ich am 24. mit Mr. H. P. Garner getraut worden, der hier als ziviles Mitglied der amerikanischen Besatzungstruppe tätig ist. Er arbeitet als Finanzprüfer. Da wir beide öffentliches Aufsehen scheuen, wurde die Eheschließung nicht publik gemacht und die Trauung in aller Stille auf Haiti vollzogen. Damit sie offiziell anerkannt wird, muß eine Ziviltrauung oder eine kirchliche Trauung in Gegenwart eines Anwalts stattfinden. Dr. Melhorn hat mich zum Altar geführt.

Miss Noyes brachte in ihrem Antwortschreiben vom 5. Dezember ihre Überraschung zum Ausdruck: «Gewiß hätte ich noch vor einigen Jahren die Entscheidung nicht gutgeheißen, als aktive Schwester in den Ehestand zu treten, aber die Zeiten haben sich geändert, und unsere Haltung hat sich den Entwicklungen angepaßt. Nehmen Sie also meinen Segen und meine besten Wünsche für eine glückliche Zukunft entgegen.»

Trotz ihrer gescheiterten Ehe stand Agnes in hohem Ansehen bei Dr. Lucius Johnson, dem Verwalter des Haitian General Hospital, wo sie von 1926 bis 1931 den Schwestern vorstand und damit für alle Schwestern des Public Health Service der Insel verantwortlich war. Sein Zeugnis gibt ebenso Aufschluß über Agnes' Charakter wie über ihre Fähigkeiten als Krankenschwester:

> Damals kam es fast ununterbrochen zu politischen und antiamerikanischen Propagandakampagnen und Anstrengungen, die Organisation, die Agnes aufgebaut hatte, zu zerschlagen. Trotz allem gelang es ihr, den Unterricht in der Schwesternschule fortzuführen und sein Niveau ständig zu erhöhen. Ihre Kolleginnen – ungeachtet ihrer Rassenzugehörigkeit, Hautfarbe oder politischen Denkweise – begegneten ihr mit Sympathie und Wertschätzung. Mit ungewöhnlichem diplomatischem

Geschick gelang es ihr, verfeindete Personen zu versöhnen und sie zur Zusammenarbeit zu bewegen. Ein schwierigerer Posten ist kaum vorstellbar. Agnes bewies in dieser Aufgabe erstaunlichen Erfolg.

Wir bedauern ihr Ausscheiden sehr und empfehlen sie für weitere Aufgaben in der Verwaltung oder dem Pflegedienst.

Allen Berichten zufolge stellte dieser Posten hohe Anforderungen. Agnes sprach nie über die Schwierigkeiten. Nur einmal, gegen Ende des Jahres 1927, gestand sie in einem Brief an das Rote Kreuz eine «gewaltige Depression» ein, unter der sie nach einem Anfall des gefährlichen und schwächenden Denguefiebers litt.

Anschließend berichtet sie in ihrem Brief an mich, wie es ihr ergangen war, nachdem sie Pete Garner und Haiti verlassen hatte:

Danach arbeitete ich in Heimen in der Umgebung von New York. 1934 heiratete ich einen Witwer [William Stanfield] mit drei Kindern. Diese Ehe verlief besser. Die Kinder waren bereits erwachsen und haben selbst Kinder.

Als der Zweite Weltkrieg ausbrach, meldeten sich mein Mann und mein Stiefsohn zur Marine, während die beiden Mädchen und ich nach New York City zogen, wo ich einen Auffrischungskurs besuchte und anschließend bei der Blutbank des Roten Kreuzes in der Fifth Avenue arbeitete. Als Bill nach Kriegsende zurückkehrte, wollte er sich in Virginia niederlassen. Also zogen wir nach Virginia Beach und später nach Key West. Wir finden das Klima hier ideal für alte Leute: Es gibt keinen Frost, und es wird nicht so heiß wie in manchen Regionen Virginias.

Ich habe Hemingway nach seiner Abreise aus Italien nie wiedergesehen. Als wir von hier aus einige Male nach Kuba reisten, hörte ich, er würde trinken, und da wollte ich ihn lieber nicht besuchen. Inzwischen habe ich jedoch Mary, seine Frau, kennengelernt, und jetzt tut es mir ziemlich leid, ihn nicht mehr gesehen zu haben … [Sie] kam hierher, um ein Lager mit alten Dokumenten, Büchern und Souvenirs zu räumen, die Ernest gesammelt und in einem Saloon – Sloppy Joe's Saloon – untergebracht hatte. Sie suchte mich auf, und wir trafen uns mehrmals mit ihr. Ich fand sie entzückend und sehr liebenswürdig. Sie hat uns sogar einige Bücher ihres Mannes für unsere Bibliothek überlassen. Unter den Fotos, die ich ihr geschenkt habe, war ein Gruppenbild aus dem Lazarett in Mailand. Heute bedaure ich außerordentlich, daß ich gerade dieses Foto weggegeben habe, auf dem so viele Menschen zu sehen sind, die Sie und ich kennen. Etliche sind inzwischen gestorben: Elsie MacDonald, Ruth Brooks, Miss DeLong, Loretta Cavanagh und bestimmt noch andere, von denen ich nichts mehr gehört habe, nachdem ich Italien verlassen hatte ... Übrigens überließ Mary mir drei meiner alten Briefe, die ich Ernest aus Italien geschrieben hatte und auf die sie beim Aufräumen gestoßen war. Stellen Sie sich einmal vor, so lange hat er sie aufgehoben!

Ich hatte sie gefragt, ob die Leute ihr Haus umlagert hätten, nachdem sie in einem Buch von Hemingways Bruder Leicester erwähnt worden war. «Das kann ich eigentlich nicht behaupten», meinte sie. «Ich habe allerdings auch immer Stillschweigen über unsere Kriegserlebnisse bewahrt, und bisher hat mich niemand auf dem Foto in Les Hemingways Buch erkannt. Außerdem kennt natürlich hier keiner meinen Mädchennamen.»

Leicester hatte sie mehrmals nach Ernests Tod besucht, und sie hatte ihm «einige Fotos» überlassen. «Sämtliche Bilder mit Hemingway» hatte sie «vor seinem Tod einem seiner Freunde aus unserer Gegend gegeben, weil ich dachte, er würde sich darüber freuen». Sie hatte nämlich erfahren, «daß er alle Fotos vom Krieg in Italien verloren hatte». «Na ja», fügte sie hinzu. «Offensichtlich gilt Bruder Leicester für den Rest der Familie als persona non grata, daher durfte er nur einige der Fotos in seinem Buch veröffentlichen ... Entschuldigen Sie, daß ich so spät antworte», schloß sie den Brief. «Mir scheint, ich habe ein Problem mit Briefen. Komisch, dabei war ich früher eine eifrige Briefschreiberin. Wahrscheinlich kommt das daher, daß es heute nicht mehr soviel gibt, worüber ich schreiben könnte.»

Damit war meine Neugierde befriedigt. Dennoch blieben eine

Unmenge Fragen. Auf welche Weise endete ihre Beziehung zu Hemingway? Welchen Eindruck hatte sie von dem Roman *In einem andern Land*, der veröffentlicht wurde, nachdem die dort beschriebenen Ereignisse mehr als ein Jahrzehnt zurücklagen? In Erinnerung an die gemeinsamen Erlebnisse hatte ich das Buch während meiner Zeit als Vize-Konsul in Teheran im früheren Persien mit Interesse gelesen. Wie dachte sie über die weitverbreitete Annahme, sie sei das Vorbild für die Figur der Catherine Barkley? Die Antworten mußten warten, bis wir uns persönlich über jene Tage unterhalten konnten.

«Kommen Sie auch manchmal in die Staaten?» fragte sie mich im Laufe unserer unregelmäßigen Korrespondenz der folgenden Jahre und gab mir zu verstehen, daß sie sich über einen Besuch freuen würde. Schließlich war es mir möglich, für den Winter 1976 eine Reise nach Florida einzuplanen. «Bitte entschuldigen Sie, daß ich so lange nicht auf Ihren netten Brief geantwortet habe», schrieb sie am 21. September 1975 aus Gulfport bei St. Petersburg, ihrem neuen Wohnsitz. «Ich muß gestehen, ich bin ziemlich langsam geworden, seit ich Sie zum letztenmal gesehen habe. Beim Stöbern habe ich ein paar alte Briefe gefunden, aber das wäre zu lang für einen Brief. Ich würde sie Ihnen gerne geben, wenn Sie uns im Winter besuchen ... und Sie bei uns hereinschauen. Ich freue mich wirklich darauf.»

Als sie im März darauf an einem frühen Nachmittag die Tür ihrer Wohnung auf mein Klingeln öffnete, schien sich ein Lebenskreis zu schließen. Mehr als ein halbes Jahrhundert war seit dem Abend vergangen, an dem wir uns in der Lazarettür in Mailand gegenübergestanden hatten, und es wäre albern, zu behaupten, wir hätten uns nicht verändert. Agnes war mit ihren 84 Jahren nicht mehr der heitere Engel, den ihre Patienten gekannt hatten. Mit ihrer Gesundheit war es nicht zum Besten bestellt, aber sie war immer noch groß und hielt sich aufrecht wie eh und je. Und auch von ihrem Charme hatte sie nichts eingebüßt. Bill, ihr ergebener, rücksichtsvoller Mann, ließ uns für den Rest des Tages allein, und in einer Flut von Erinnerungen schmolzen die Jahre dahin.

Natürlich kamen wir rasch auf Hemingway und das Lazarett zu sprechen, was sich kaum vermeiden läßt, wenn sich zwei Veteranen aus der Via Cesare Cantù und ihrer kleinen, abgeschirmten Welt wiedertreffen. Unser Gespräch war offen und ehrlich. Ernest hatte es mit seinen Heiratsabsichten sehr ernst gemeint, darüber bestand kein Zweifel: Er hatte sich alle Mühe gegeben, um Agnes zu überreden. Sie hingegen «mochte» ihn, aber «liebte» ihn nicht; sie fand ihn zwar «interessant», aber er war «impulsiv und hitzig, wenn nicht sogar unbesonnen». «Eigentlich wußte er gar nicht, was er wollte ... Nichts hatte er gründlich durchdacht.» Kurz und gut, er war einfach zu jung und zu unreif, als daß sich ein Mädchen, das sieben Jahre älter war, ernsthaft in ihn verlieben konnte. Sie befürchtete, er würde sich nach Kriegsende zu einem ziellosen Wanderer entwickeln, einem Heimatlosen, der nirgendwo verwurzelt war. Anzeichen dafür hatte es genug gegeben. Agnes hatte ihn hingehalten und ihm – vielleicht auf schwesterliche Weise – den Rat gegeben, nach Amerika zurückzukehren, wenn der Krieg vorbei war. Nachdem er im Januar 1919 abgereist war und sie ihn im Frühjahr endgültig abgewiesen hatte, «verbannte» sie ihn einfach aus ihren Gedanken. Zugegeben, sie hatten einen «Flirt» miteinander, wie sie es nannte, aber mehr sei zwischen ihnen nie gewesen. So wie ich sie kannte, hatte ich keinen Anlaß, an ihren Worten zu zweifeln.

Aber wie Agnes mir gestand, war ihre Zuneigung aus einem anderen Grund abgekühlt. Sie verliebte sich in Domenico Caracciolo, einen hinreißenden italienischen Artillerie-Offizier, Sproß einer alten neapolitanischen Familie und maßlos eifersüchtig. Er hatte von ihr verlangt, daß sie alle Briefe Hemingways verbrannte. «Ich war damals sehr wankelmütig», meinte sie. Als sie diese Andeutung machte, erinnerte ich mich, daß sie angeblich mit einem Arzt in New York liiert gewesen war, von dem sie unmittelbar nach ihrer Abreise Richtung Italien nichts mehr wissen wollte. Es gab für sie keinen Zweifel, daß Domenicos Absichten «völlig ernst» waren. Sie hätten «sicherlich» geheiratet, wenn seine «Mutter nicht gewesen wäre». Doch die Mutter setzte alles daran, um zu verhindern, daß die Freundschaft ihres Sohnes zu einem unbekannten amerikanischen Mädchen – wahrscheinlich einer Abenteurerin – in eine Verlobung mündete. Sie sahen einander ein letztes Mal in Neapel, als Mutter und Sohn in einer Kutsche an Agnes vorbeifuhren: Er war aufgestanden und hatte ihr nachgeblickt. Sie sagte, sie würde den Ausdruck in seinen Augen nie vergessen. Solche Gefühle habe sie gegenüber Hemingway nie empfunden.

Zu Catherine Barkley, der Figur aus dem Roman *In einem andern Land*, hatte Agnes eine eindeutige Meinung: Sie wandte sich vehement dagegen, als «das alter ego der entgegenkommenden Catherine Barkley» und damit indirekt als die Geliebte des Autors des Buches betrachtet zu werden. Ich dachte an eine Passage in dem Roman:

> «Tu ich irgendwas, was du nicht magst? Kann ich irgendwas tun, um dir zu gefallen? Soll ich mein Haar aufmachen? Willst du spielen?»
> «Ja, und komm ins Bett.»
> «Gut. Ich will nur gehen und die Patienten versorgen.» (S. 92)

«Bitte, ich möchte das jetzt klarstellen», beharrte sie. «*So* ein Mädchen war ich nicht.» Sie wehrte sich gegen die Unterstellung, daß Hemingway und sie Liebende im wörtlichen Sinne gewesen seien. Agnes und ihr Mann hatten sich entschlossen, aus Key West fortzuziehen, weil ein Fremdenführer vor Hemingways ehemaligem Haus, das 1962 in ein Museum umgewandelt worden war, hartnäckig behauptete, sie sei «Hemingways Mädchen» gewesen. Catherine sei «nur eine Phantasiegestalt», die der Autor nach dem gleichen Muster konstruiert habe wie die Figur des männlichen, einfallsreichen Ambulanzfahrers Frederic Henry, in dem Ernest sich selbst als «harten Burschen» gezeichnet hatte. «Ernest hat diese Geschichte sicher nicht während seines Aufenthalts im Lazarett erfunden», fuhr Agnes fort. «Er war viel zu sehr damit beschäftigt, sich in der Aufmerksamkeit von Freunden und Bewunderern zu sonnen, um über die Handlung eines Romans nachzudenken. Die Geschichte hat er erst Jahre später entworfen

– als Folge enttäuschter Liebesbeziehungen. Die Liaison war frei erfunden.» Sie entstammte wahrscheinlich seinem Wunschdenken. Während ihrer langjährigen Tätigkeit als Krankenschwester sei ihr nie zu Ohren gekommen, daß sich auf der Station mit den bettlägerigen Patienten eine derartige Beziehung entwickelt hatte. «Völlig undenkbar.» Angesichts der beschränkten Verhältnisse im Ospedale Americana konnte ich Agnes nur zustimmen. Schwerlich wäre ein ungeeigneteres Ambiente für eine heimliche Liebesbeziehung mit der Schwangerschaft der Frau als Höhepunkt vorstellbar gewesen, als die beiden oberen Stockwerke eines Gebäudes, die man in ein aseptisches, streng überwachtes Lazarett des amerikanischen Roten Kreuzes umgewandelt hatte. Andererseits sind die Grenzen zwischen Fakten und Fiktion zuweilen fließend. Ohne Zweifel gab es flüchtige «Flirts». Zum Beispiel spätabends, wenn die anderen Patienten schliefen und Aggie Ernies Zimmer öfter aufsuchte als unbedingt notwendig. Nach ihren eigenen Aussagen hegte sie keinerlei Abneigung gegen den Nachtdienst:

> Sie sah nach der Tür, sah, daß niemand da war, dann setzte sie sich auf die Bettkante und beugte sich über mich und küßte mich. Ich zog sie zu mir herunter und küßte sie und hörte ihr Herz klopfen …
> «Du darfst nicht», sagte sie. «Es geht dir nicht gut genug.»
> «Doch bitte. Komm.»
> «Nein, du bist nicht kräftig genug.»
> «Doch ich bin, bitte.»
> «Liebst du mich?»
> «Ich liebe dich wirklich. Ich bin verrückt nach dir. Bitte, komm.» …
> «Schön, aber nur einen Augenblick.» (S. 75)

Ich fragte Agnes, ob einer der Patienten sich je «Dreistigkeiten» gegenüber ihr erlaubt habe. Nein, es seien alles «nette Jungs» gewesen. Nur ein Marineflieger habe ihr Schwierigkeiten gemacht: Er klingelte für gewöhnlich um Mitternacht nach ihr und beorderte sie nah an sein Bett. Da half nur eines: das Licht anknipsen und die Annäherungsversuche ignorieren.

Zu meiner Überraschung sparte Agnes nicht mit geringschätzigen Äußerungen über Hemingway. Die Tapferkeitsmedaille, die ihm von der italienischen Regierung verliehen worden war, hatte er sich an einem Vorposten verdient, «wo er nichts verloren hatte», einem Ort, «wo er ausdrücklich nicht hätte sein dürfen». Im Lazarett wurde er «furchtbar verhätschelt». Hemingways häufig zitierter Satz «In diesem Krieg gibt es keine Helden» habe im Widerspruch zu seinem Selbstbild gestanden. «Schmeicheleien ließen ihn aufblühen» und «er verstand es, das ihm entgegengebrachte Mitgefühl auszunutzen». Nachdem er gelernt hatte, sich auf Krücken fortzubewegen, «dekoriert mit Verwundungsabzeichen und Medaillen», wurde er «überheblich». Einmal hatte er Agnes in Torre di Mosta bei Treviso besucht, wo sie bei der Bekämpfung einer Grippeepidemie half. Da er mit Stock und geschmückter Uniform erschien, hätten sich die amerikanischen Soldaten «über ihn lustiggemacht». «So etwas konnten sie einfach nicht ertragen.»

Schuld an seinen Problemen in späteren Jahren, erklärte sie mit Nachdruck, sei sein Selbstbild gewesen. Jeder im Lazarett habe ihm alles durchgehen lassen. Dadurch veränderte sich sein frischer, jungenhafter Charakter, wurde das Fundament zu einer Ichbezogenheit gelegt. Er sei nur noch um sich selbst gekreist, was schließlich zur Paranoia führte, aus der er am Ende keinen Ausweg mehr wußte. Aus dem, was ich persönlich im Lazarett beobachten konnte, wurde mir klar, daß Agnes mit dieser Erklärung für Hemingways späteres Verhalten den Nagel auf den Kopf getroffen hatte. «Ein häßlicher Tod», fügte sie kopfschüttelnd hinzu. «Aber was er tat, ist verständlich, wenn man bedenkt, daß sein Geist verwirrt war und seine Kräfte als Mann und Schriftsteller nachließen. Jeder wußte, daß er in psychiatrischer Behandlung war.»

Trotz ihres Versuchs, die Beziehung herunterzuspielen, besteht für mich kein Zweifel, daß sich Agnes stark zu Hemingway hingezogen fühlte, wie ihre zahlreichen erhalten gebliebenen Briefe bezeugen. Jung und unerfahren, wie er war, ging er davon aus, daß sie nach Kriegsende heiraten würden. Wären sie nicht so verliebt gewesen, hätte ihnen der Altersunterschied vielleicht zu denken gegeben. Angesichts der Zeugnisse liegt jedoch klar auf der Hand, daß Agnes ihn ermutigte, ob ihr das nun bewußt war oder nicht.

Ernie nahm die Zurückweisung sehr schwer. Bill Horne, der sein engster Freund und Vertrauter geworden war, schrieb mir Jahre später, die Entscheidung habe Hemingway «einen unglaublichen Schlag» versetzt. Hem habe ihm «einen mehr als verzweifelten, herzzerreißenden Brief» geschickt. An Elsie MacDonald schrieb Hemingway verbittert, er hoffe, Agnes werde stolpern und sich die Vorderzähne ausschlagen, wenn sie in New York an Land gehe. Als im Jahre 1932 die erste Verfilmung von *In einem andern Land* mit Helen Hayes und Gary Cooper, ein Streifen in süßlicher Hollywood-Manier, auf die Leinwand kam, soll Hemingway wutentbrannt zu einem Reporter des *Arkansas Democrat* gesagt haben: «Ich wollte kein Happy-End.» Der Schock über den Korb von einem Mädchen, dessen er sich so sicher wähnte, war für einen leicht zu beeindruckenden jungen Mann wie Hemingway, der nie zuvor geliebt hatte, gewiß schwer zu verkraften. Möglicherweise hat diese Erfahrung seine spätere Haltung gegenüber Frauen geprägt.

Es gab noch eine letzte Unklarheit: Inwieweit war Hemingway beeinflußt von seiner Erinnerung an Agnes, als er die Figur der Catherine entwarf? Agnes spielte diesen Einfluß herunter. Sie hatte dem Roten Kreuz gegenüber erklärt, ihrer Überzeugung nach seien die Züge der Catherine im wesentlichen nach dem Vorbild von Elsie Jessup gezeichnet, einer großen blonden Krankenschwester, mit der sie in Florenz Dienst getan hatte und die anschließend nach Mailand wechselte. Aber für mich bestand kein Zweifel, daß der bedeutendere Anteil von Agnes stammte. Sie war vielleicht nicht genau das Abbild, aber wenn sie nicht gewesen wäre, gäbe es Catherine nicht. In keinem anderen Werk hat Hemingway seine Heldin mit derart leidenschaftlicher Zärtlichkeit beschrieben. Die Frauengestalten in seinen anderen Romanen wirken im Vergleich dazu oft hart oder zynisch. In Catherines Geschichte ist keine Spur von Zynismus zu entdecken, und man spürt bei dieser Erzählung die absolute Aufrichtigkeit des Autors. Außerdem zeigt die Tatsache, daß Ernie drei ihrer Briefe bis zum Tod aufbewahrte, daß er nichts vergessen hatte.

Da Agnes am Abend nicht ausgehen mochte, führte ich sie am folgenden Tag zum Mittagessen in ihr Lieblingsrestaurant *Sand Dollar*. «Sie sind ein sentimentaler Kerl», sagte sie lächelnd, als ich sie zum Abschied küßte. Aber sie war nicht minder sentimental, denn sie schenkte mir ein Paßbild und einige andere Fotos von sich, die sie aus einem abgegriffenen Fotoalbum herausgerissen hatte.[10]

Wir blieben in Verbindung und schrieben uns regelmäßig zu Weihnachten. Auch die Art ihrer Grüße offenbarte sentimentale Gefühle: «Gedanken gehn auf Reisen / In die Vergangenheit / Zu dir den Weg sie weisen / Zurück durch Raum und Zeit.» – «Es gibt mich noch», fügte sie hinzu. «Wenn ich auch sehr faul bin und nicht in der Lage zu großen Unternehmungen. Ich hoffe, es geht Ihnen gut.»

Eines Tages erreichte mich ein Brief, der von Agnes und Bill gemeinsam unterschrieben war. Ihr hohes Alter hatte Agnes veranlaßt, um eine Beisetzung auf dem Soldiers' Home National Cemetery in Washington, D. C., nachzusuchen. Sie wollte an dem Ort beerdigt werden, wo ihr berühmter Großvater, Quartermaster General Holabird, ihre Großmutter und ihre Eltern lagen. Aber die Vorschriften waren streng, und ihrem Anliegen wurde nicht stattgegeben. Die Bitte um eine Ausnahmegenehmigung war im Sumpf der Bürokratie versackt. Vielleicht konnte ich als pensionierter Botschafter der Vereinigten Staaten ihr Anliegen unterstützen? Zwar wußte ich nicht, wie ich einen Einfluß geltend machen sollte, aber ich setzte mich mit allem Nachdruck für Agnes ein und wies insbesondere auf ihren Einsatz während des Krieges hin, als sie sich freiwillig zum Dienst am Vaterland in Übersee gemeldet hatte. 1983 erhielt ich positiven Bescheid von Lt. General George H. McKee, dem Vorsitzenden des Kuratoriums des United States Soldiers' and Airmens' Home. Das Gremium habe dem Ansuchen nach «sorgfältiger, gründlicher Überlegung unter Berücksichtigung aller Umstände und auf Grund von Agnes' langjährigem beispielhaftem Dienst an der Nation» stattgegeben. Darüber hinaus wurde die Genehmigung auch auf ihren Mann ausgedehnt. «Ihre Bemühungen ... haben Wunderdinge bewirkt», schrieb mir ein glückliches Paar. Und in einem Brief vom Juni 1984 hieß es: «Wir werden Ihnen stets dankbar sein.»

Agnes' Erinnerungsvermögen ließ rasch nach, aber sie «hielt durch» ohne Schmerzen und Medikamente. Bill hatte gehofft, sie würde noch ihren 93. Geburtstag feiern können, aber es sollte nicht sein. Im September «lebte sie in einer anderen Welt». Sie wußte nichts mehr über sich selbst, erinnerte sich nicht an ihre Reisen, erkannte ihre Umgebung nicht mehr. Die letzten beiden Monate ihres Lebens verbrachte sie nach einem Beckenbruch im Gulfport Convalescent Home. Wie ihr Mann schilderte, «schied sie» am 25. November 1984 «friedlich und ohne ... langes Leiden aus dieser Welt». Eine Wache von sechs Marineoffizieren erwies ihr bei der Beerdigung die letzte Ehre: in Anbetracht – so das Kuratorium – «ihres tapferen und beispielhaften Einsatzes» beim amerikanischen Roten Kreuz in Italien während des Ersten Weltkriegs. Sicher hätte Hemingway sich dieser Ehrung angeschlossen.

2

Das Tagebuch der Agnes von Kurowsky *
Einführung von Henry S. Villard

Bei Agnes von Kurowskys Kriegstagebuch – von dessen Existenz niemand wußte, möglicherweise nicht einmal ihr Ehemann – handelt es sich um ein leinengebundenes Büchlein, das die Aufschrift AGENDA 1918 trägt und in Italien erworben wurde. Auf der zweiten Titelseite finden sich die Namen von Heiligen, und die (unbeschriebene) Umschlagrückseite bietet Platz für Eintragungen monatlich anfallender Ausgaben. Dem verschlissenen, speckigen Büchlein ist sein Alter anzusehen; doch die sorgsam handgeschriebenen Zeilen haben kaum an Lesbarkeit eingebüßt. Jede Seite ist in zwei Tage unterteilt, doch Agnes' Einträge gingen zuweilen über dieses vorgegebene Maß hinaus, so daß die Aufzeichnungen eher einer fortlaufenden Erzählung gleichen als der Chronik einzelner Tage.

Es entsteht darin das Bild einer abenteuerlustigen jungen Frau, die an den Menschen und ihrer Umwelt lebhaften Anteil nimmt. Ein unfehlbarer Sinn für Humor und ein Bestreben, das Leben zu genießen, sprechen aus den Zeilen. Es zeigt sich uns eine Frau, die ihre Anziehungskraft auf das andere Geschlecht entdeckt und sich in männlicher Gesellschaft wohlfühlt, sich aber erst in ihrer

* Bei der Übersetzung des Tagebuchs und der Briefe von Agnes von Kurowsky stand die Lesbarkeit im Vordergrund. Orthographie und Zeichensetzung des Originals blieben daher im wesentlichen unberücksichtigt. Übernommen wurden allerdings bestimmte syntaktische Eigenheiten und damit auch Agnes' Vorliebe für Gedankenstriche. Bei den (der besseren Lesbarkeit halber kursiv gesetzten) italienischen Ausdrücken wurde ihre oft fehlerhafte Schreibung beibehalten. Das von ihr stets verwendete Kürzel ‹&› wurde durch ‹und› ersetzt. (A. d. Ü.)

Beziehung zu Hemingway öffnet. Agnes von Kurowsky ist ungern allein, und sie ist empfänglich für die romantische Atmosphäre Italiens, den «Mond, die leise Musik» und den Wein. Sie gesteht sich ihre verwirrten Gefühle ein und leidet unter Gewissensbissen, da sie für den Arzt, mit dem sie in New York befreundet war, nichts mehr empfindet. Trotz ihres Arbeitsalltags im Lazarett, zu dem auch der schmerzliche Verlust eines Patienten gehört, widmet sie sich ihrer Pflicht mit Hingabe. Wie tief ihre Gefühle für den verwundeten Ambulanzfahrer (den sie zärtlich «Kid» nannte) auch waren – ihre Arbeit, zu der sie sich freiwillig ins Ausland gemeldet hatte, stand für sie stets an erster Stelle.[1] Eines ist auffallend: Obwohl Agnes' Zuneigung zu Ernie von Woche zu Woche wuchs, gebrauchte sie niemals das Wort «Liebe» in ihrem Tagebuch, wo man ein solches Bekenntnis eigentlich erwarten würde.

Der Entdeckung des Tagebuchs ging ein Brief von R. J. Costanzo an Agnes' Gatten Bill Stanfield voraus: «Leider muß ich Ihnen mitteilen, daß die geltenden Vorschriften des National Cemetery die Bestattung Ihrer Frau neben ihren Eltern und Großeltern auf dem Soldiers' Home National Cemetery nicht zulassen. Ich bedaure, Ihnen diesen abschlägigen Bescheid erteilen zu müssen. Die Vorschriften für Beerdigungen oder Urnenbeisetzungen auf Army National Cemeteries sehen keine Ausnahmen vor. Ich verfüge über keinerlei Handlungsspielraum in dieser Angelegenheit.» Die Entscheidung oblag, wie sich später herausstellte, dem Kuratorium des U. S. Soldiers' and Airmen's Home. Als ich zwei Jahre später einen Vorstoß in dieser Sache unternahm, hätte ich mir nie träumen lassen, was mein Lohn sein würde.

Als das Kuratorium die ursprünglichen Vorschriften schließlich in diesem besonderen Fall aussetzte, bedankten sich Bill und Agnes überschwenglich bei mir. «Mittlerweile halten Sie die erfreuliche Mitteilung in Händen», schrieb Bill am 24. Januar 1983. «Wir danken Ihnen vielmals für Ihre entscheidende Hilfe.» Und in einem Brief vom 17. Februar hieß es: «Dank Ihrer Bemühungen hat die Angelegenheit ein gutes Ende genommen.» Agnes hatte weder direkte Angehörige noch Kinder, und nach ihrem

Tode entschloß sich Bill, mir ihre Briefe und Erinnerungsstücke anzuvertrauen. Er war sich der engen Freundschaft wohl bewußt, die während des Ersten Weltkriegs zwischen uns gewachsen war. «Entscheiden Sie, was mit dem Material» – das auch das Tagebuch von 1918 enthielt – «geschehen soll, ich möchte nichts zerstören. Einiges davon könnten Sie dem Kennedy-Archiv zur Verfügung stellen. Bitte handeln Sie so, wie es Ihnen angemessen erscheint.» Ich habe seinen Vorschlag aufgegriffen und den Nachlaß der John F. Kennedy Library in Boston angeboten. Mittlerweile hat man ihn in die Hemingway Collection eingegliedert.

JUNI 1918

Mittwoch, 12. Juni[2]

Daddy[3] und Bonny hatten heute ihre Abschlußfeier, und ich lud beide zusammen mit Betty zum Abendessen ein. Da Bonny auf keinen Fall in Dienstkleidung kommen wollte, tauchten sie erst ungefähr eine Stunde später auf. Ansonsten war es ein netter Abend – und gleichzeitig mein Abschiedsessen, wie sich herausstellte. Daddy blieb noch eine Stunde, nachdem die anderen gegangen waren. Aber als er ging, hatte ich leider einen schlechten Eindruck von ihm.

Donnerstag, 13. Juni

Daddy ist mit dem Motorrad und mit seinem Vetter auf dem Weg nach Watch Hill, und ich habe ihm angedroht, falls er wirklich bis So. fortbleiben sollte, würde ich in der Zwischenzeit abreisen. Er meinte, er käme zurück, falls Gefahr besteht, daß ich losfahre, während er weg ist.

Ich bin schrecklich einsam und ruhelos. Die Warterei ist unerträglich.

Freitag, 14. Juni

Um halb zwölf morgens, als ich gerade aufstand, klingelte das Telefon, und der Mann vom Roten Kreuz teilte mir mit, daß mein Schiff morgen früh um neun Uhr ablegt. Der Tag wurde hektisch. Ich holte mein Schiffsbillett ab, verabschiedete mich von *Betty*, Miss Brink und den anderen und buk sogar noch einen Baiserkuchen mit Zitronengelee, bevor ich mich dann schließlich ans Packen machte. So bin ich natürlich erst ungefähr um ein Uhr nachts fertig geworden und konnte dann vor lauter Aufregung nicht einschlafen.

Samstag, 15. Juni

Bei Morgengrauen aufgestanden. Miss Lockhove servierte mir zum letzten Frühstück daheim Speck und Eier. Nachdem das Gepäck endlich abgefertigt war, ging ich mit den acht anderen Schwestern und einem Helfer an Bord. Wir verstauten unsere Sachen in der Kabine. Die Leute vom Roten Kreuz sind in der Zweiten Klasse untergebracht. Aber was tut das schon? Um vier Uhr nachmittags mußten wir zu so was wie einem Appell antreten und sind ungefähr um sechs Uhr aus N. Y. abgefahren[4], oder besser abgedampft.

Sonntag, 16. Juni

Ich kann's kaum glauben, daß ich wirklich unterwegs bin – und daß Sonntag ist und Daddy heute abend zurückkommt und merkt, daß ich fort bin. Ich kann nur sagen: «Geschieht ihm recht» – und das ist nicht richtig von mir. Das Wetter ist herrlich, außer in der Nacht, wenn wir bei geschlossenen Bullaugen schlafen müssen. Nie werde ich die vergangene Nacht und Miss Gallegher – ein Mädchen aus Chicago in der Koje unter mir – vergessen. Sie hatte so wenig Platz, daß sie kaum atmen konnte, und wir haben bis nach halb zwölf nachts über ihre Mätzchen gelacht.

Montag, 17. Juni

Langsam gewöhnen wir uns an das Essen. Das Brot mit Butter ist dunkel und sauer und wird in dicken Scheiben serviert. Aber wir mit unserem Appetit lassen nichts verkommen. Heute begannen alle möglichen Französisch- und Italienisch-Kurse. Am Morgen startete ich voller Schwung, aber, o je, mittags war ich dann sehr müde und verschlief den ganzen Nachmittag. Ein französisches Mädchen aus der Kabine gegenüber gefällt mir sehr gut. Seit ein paar Jahren unterrichtet sie in Amer. Französisch und spricht ausgezeichnet Englisch. In ihrem Eckchen auf Deck wimmelt es von lauter faszinierenden französischen Offizieren und Belgiern. Diese Belgier haben vier Jahre lang in Rußland gekämpft und fahren jetzt über Sibirien und Amer. nach Hause. Wirklich grandiose Männer – mit Orden übersät. Nachdem ich den ganzen Vormittag in Mlles. Ecke verbracht und mich mit den Franzosen unterhalten hatte, kam ich zu dem Schluß, es sei für mein Französisch viel besser, wenn ich Spaß habe und mich mit diesen Leuten beschäftige, als mich den ganzen Tag in den Unterricht zu setzen. – Also – Unterricht ade.

Mittwoch, 19. Juni

Ein Belgier, Adjutant Collins, war so nett, mir Französisch-Unterricht zu geben. Sein Englisch ist schlechter als mein Französisch, also muß ich Französisch sprechen, um überhaupt eine Unterhaltung in Gang zu bringen. Er ist sehr musikalisch und kann wunderschön Klavier spielen – komponiert auch. Mlle. Fallot sagt, daß er nicht wie die anderen ist – sondern ernsthaft. Er sagt zu mir, er hätte noch nie so viel mit einem Mädchen geredet wie mit mir. Mir scheint, Daddy verflüchtigt sich bereits aus meinem Gedächtnis.

Donnerstag, 20. Juni

Diese Belgier machen mich so traurig. Mlle. Fallot und ich lauschen ihren Geschichten und werden dann *très triste*. Die anderen Schwestern sind neidisch auf mich, weil ich mich von der Gruppe abgesondert habe, die so langweilig ist, deshalb überredete ich Miss Bean und Miss Sleicher, an den Spielen mit den Franzosen und Belgiern teilzunehmen. Sie spielen wie Kinder – sind mit ganzem Herzen dabei – und es macht großen Spaß. Besonders mit M. Courcelle. Er ist verheiratet und erzählte mir, er hätte seit vier Jahren keine Nachricht von seiner Frau, und sie sei in Deutschland. Er tat mir so leid.

Freitag, 21. Juni

Heute war das unvermeidliche Schiffskonzert, aber wir haben Berühmtheiten an Bord. Walter Damrosch – das Princeton Quartett und M. Cloesen, den singenden Belgier, und M. Collins. Mr. Perrin, ein Frankokanadier vom Y.M.C.A., schrieb ein Lied mit dem Titel ‹Soldats de Lafayette›, das M. Collins für Klavier einrichtete, und alle sangen mit Begeisterung – außer M. Perrin, der nur schrie und den Takt schlug, bis Mlle. und ich vor Verzückung fast weinten. Ich gab später eine Imitation zum besten.

Samstag, 22. Juni

Das Ende unserer herrlichen Reise steht bevor, und jeder scheint ein bißchen traurig zu sein, obwohl wir so munter wie immer spielten. Mlle. Fallot hält mir die ganze Zeit Vorträge über M. Collins und sagt, ich dürfe ihm nicht das Herz brechen, weil er viel zu nett ist. Das ist auch keineswegs meine Absicht, denn diese Männer sind dem Tod zu nahe, als daß man sie an der Nase herumführen möchte. M. Rigaud, ein französischer Dolmetscher bei der amerikanischen Armee, mag Mlle. offensichtlich gerne, und ich und er sind dicke Freunde. Er schäumt über vor Elan und Lebensfreude. Und seine Fröhlichkeit ist ansteckend.

Sonntag, 23. Juni

Mlle. hat Angst, daß ich sie vergesse. Aber ich bin von ihr so fasziniert, daß diese Gefahr kaum besteht. Wenn ich mich von jemandem so angezogen fühle wie von ihr, vergesse ich ihn nicht. M. Collins schenkt mir jeden Tag «Souvenirs» und sieht sehr traurig aus, wenn er von morgen redet. Er war verletzt, weil Mlle. und ich nach Einbruch der Dunkelheit spazierengegangen sind, ohne ihn zu fragen – daher sah ich ihn erst um halb elf. *Davor* war ich traurig und einsam. Um zwölf mußte ich in meine Kabine, was mich sehr wütend machte!

Montag, 24. Juni

Ein schrecklicher Tag für mich! Die Zoll- und Polizeibeamten kamen an Bord, und wegen meines Passes [5] mußte ich ein strenges Verhör über mich ergehen lassen – zur unverhohlenen Erbauung eines entsetzlichen Mannes – eines Spaniers, glaube ich, der diese Tortur durchführte. Wir kamen gegen acht Uhr abends in Bordeaux an, und ich verabschiedete mich von meinen lieben französischen und belgischen Freunden. Sie nennen mich alle «Belle Ange». Hoffentlich sehe ich sie einmal wieder – aber in Kriegszeiten weiß man nie genau. Dann um zehn – Nachtzug nach Paris! M. Carton und M. Collins kamen zum Zug gerannt, um sich von mir zu verabschieden, und versprachen mir ein Wiedersehen in drei Tagen in Paris.[6]

Dienstag, 25. Juni

Um halb zehn morgens kamen wir in Paris an und wurden von einem Vertreter des R. K. mit Bussen abgeholt. Miss Brooks, unsere nette Anstandsdame, Miss Bean, Sleicher und ich gingen zum Hotel Internationale und die anderen zur Schwesternpension des R. K. – Galilee. Beide liegen in der Nähe der Rue Champs-Élysées und des Arc de Triomphe. Paris ist so schön, man kann es gar nicht beschreiben. Ich bete es an und hoffe, daß wir hierbleiben. Aber Miss Sparrow und ich müssen morgen nacht mit den Feldküchenhelfern nach Rom fahren. Vor lauter Enttäuschung fehlen mir die Worte. Kein M. Collins mehr, und ich muß die Mädchen verlassen, die ich so ins Herz geschlossen habe! Wir mußten zum Provost Marshalls und zur amerikanischen Paß-Stelle und zur Polizei-Préfecture, bevor die Papiere zur Abreise aus Paris ausgestellt waren, das seit gestern zum Kriegsgebiet gehört. Sie erwarten jeden Augenblick einen Bombenangriff. Miss S. und ich und fünf Frauen und drei Männer, die nach Rom fahren, verließen die Gare de Lyon um Viertel vor neun abends. Noch eine Nacht im Zug, nur im Sitzen.

Donnerstag, 27. Juni

Die Landschaft auf dem Weg nach Modane ist einfach bezaubernd. Überall Wasserfälle, hohe, schneebedeckte Bergspitzen und unzählige wilde Blumen. In Modane verließen Miss S. und ich die Gruppe zunächst, um ein Einzelabteil zu belegen, und verabschiedeten uns schließlich in Turin. Als wir abends um zwanzig nach elf in Mailand ankamen und nicht wußten, ob wir abgeholt werden würden oder nicht, empfingen uns zu unserer großen Erleichterung und unserem Entzücken Miss De Long und Cavie. Sie brachten uns ins Hotel Manin, und wir sanken in richtige Betten. Am Nachmittag kamen Miss MacDonald und Miss Fisher vorbei, zwei der Schwestern, und nahmen uns mit zum amerikanischen Rotkreuzlazarett, das gerade erst in Betrieb genommen worden war. Es ist sehr hübsch, und ich kann es kaum erwarten, dort anzufangen. Sie haben einen Patienten, einen amer. Sanitätshelfer.[7] Ich wünschte, sie würden endlich Platz für uns schaffen, damit wir alle sobald wie möglich zusammen sind. Mit Miss De Long, Miss MacDonald und Cavie ist es fast ein bißchen wie zu Hause.

Samstag, 29. Juni

Ich war so müde, daß ich fast bis zehn schlief. Nach unserem Kakao machten sich Miss S. und ich auf die Suche nach dem Polizeirevier, wo wir uns anmelden mußten. Nachdem wir den Leuten in verschiedenen Behörden unsere Reisepässe unter die Nase gehalten hatten, führte man uns schließlich zur richtigen Stelle, wo der Mann gottlob Französisch sprach.[8] Nachmittags schlief ich noch mal bis vier, dann brachen wir zu einer Erkundungstour auf, gaben eine unbekannte Summe für alberne Dinge aus und amüsierten uns großartig.

Sonntag, 30. Juni

Ein wunder-, wunderschöner Tag! Miss Sparrow und ich fuhren mit Major Hereford und Capt. Bywater und Capt. Moore nach Luino am Lago Maggiore, wo uns zu Ehren ein Festessen gegeben wurde. Von allen Seiten regnete es Blumen auf uns nieder. Wir mußten eine Parade mit einer Kapelle anführen – durch die ganze Stadt. Dann ging es zu einer Tribüne, wo mehrere leidenschaftliche Reden gehalten wurden. Eine vom Neffen Garibaldis, der mir eine Nelke und ein Anerkennungsschreiben mit seiner Unterschrift schenkte, und eine von dem bemerkenswerten, jungen italienischen Hauptmann Enrico Serena[9], der auf einem Auge blind ist und hinkt, aber trotz der Verunstaltung lebendig und anziehend wirkt. Dann besichtigten wir alle das Krankenhaus und lernten ein paar niedliche italienische Schwestern kennen, mit denen wir uns auf französisch unterhielten. Dann ging es wieder nach Hause – wir nahmen Mr. Garibaldi und Hauptmann Serena mit, die mit uns am Comer See zu Abend aßen. Es war ein herrliches Abendessen im Freien, direkt am Ufer des Sees. Der Hauptmann beeindruckte mich tief, und er war so lebhaft. Abgesehen von seiner Muttersprache spricht er Englisch und Französisch. Auf dem Heimweg sangen der Major und ich «Smile, smile, smile» und «Long, long trail», und die beiden Italiener riefen «Bellissima».

JULI

Montag, 1. Juli

Nach diesem anstrengenden Sonntag erschöpft. Man hat uns unsere Ausgaben vom R. K. zurückerstattet, und wir bekamen auch unser Gehalt. Ich erhielt insgesamt 883 Lire, und meine Taschen wölbten sich. Dann meldeten wir uns bei der Polizei – (Questura), gingen zur Porte Garibaldi und bekamen Essensbons – *tessere*. Miss Shaw kam zurück, und wir holten sie im Lazarett ab und waren um acht Uhr abends mit Miss Jessup zum Abendessen im Hotel Du Nord[10] eingeladen. Danach besichtigten wir alle das Erholungsheim des R. K. für Soldaten am Bahnhof.

Dienstag, 2. Juli

Heute bestellten wir unsere weißen Uniformen und hatten viel Spaß, die Geschäfte zu besuchen und die Sachen zu besorgen. Erstaunlich, wie gut wir zurechtkommen, ohne die Sprache zu verstehen. Brooksie kam heute aus Rom, und sie und ich verbrachten einen herrlichen Abend, indem wir uns von unseren Romanzen und Erfahrungen erzählten. Was die Romanzen angeht, kann sie natürlich viel mehr beitragen, weil sie schon von jeher für Liebeleien offen war, während ich erst vor kurzem aus meinem Dornröschenschlaf erwacht bin.

Mittwoch, 3. Juli

Ein geschäftiger Tag ohne Zwischenfälle. Ich ging mit Brooksie einkaufen, und es war sehr vergnüglich. Ich erstand weiße Schuhe, einen Strohhut und zwei Uniformen, um für das *granda festa americana* morgen vorbereitet zu sein. Brooksie ist eine noch schlimmere Herzensbrecherin geworden, glaube ich, während ich in dieser Hinsicht allmählich verkümmere. Das Zerschneiden der heimatlichen Bande bekommt nicht jedem von uns gleich gut.

Donnerstag, 4. Juli

Acht von uns – Miss De Long, MacDonald, Strickler, Fisher, Sparrow, Mrs. Heilman, Brooksie und ich, alle von Kopf bis Fuß in Weiß herausgeputzt, gingen ins *Conservatoria dell Musica*, um uns die Ordensverleihung an Major MacDonald anzusehen. Bei unserem Eintreten begann die Menge zu applaudieren und «Vive l'Americanos» zu rufen. Ein Grund, daß man sich so stolz wie nie zuvor fühlte, Amerikanerin zu sein. Wir aßen gemeinsam im Du Nord und gingen dann auf den Platz vor dem Duomo, wo riesiger Trubel herrschte – eine Unmenge von Leuten und fünf Kapellen, die alle gleichzeitig spielten. Ein toller 4. Juli, den die Italiener uns zu Ehren ausgerichtet haben. Werde ich nicht so schnell vergessen.

Freitag, 5. Juli

Brooksie und ich sind mit Lt. Warehouser und Lt. Robinson, zwei US-Fliegern, die wir gestern abend am Duomo kennengelernt hatten, zum Mittagessen gegangen. Es kam noch ein Lt. Lambert dazu, und es wurde sehr nett. In der Galleria sah ich auch meinen italienischen Capt.[11]. Dann gingen wir ins Kino und fuhren herum, um den Laden mit den Phonographen zu suchen. Als wir wieder im Lazarett waren, tanzten wir. Lt. Landon (der mir sehr gut gefiel) und noch einer trafen mit den anderen ein und haben sich offensichtlich gut amüsiert. Miss De Long war den ganzen Tag krank.

Samstag, 6. Juli

Heute nach Como – kann also erst schreiben, wenn ich wieder zurück bin. – Welch ein Auftakt zu einem schönen Ausflug! Miss Strickler und Mrs. Heilman begleiteten uns bis Como, und wir hatten einen schrecklichen Streit, wohin wir gehen sollten. Schließlich trafen Brooks und ich die Entscheidung und reservierten Zimmer für uns und Cavie im Hotel Metropole, wo wir am letzten Samstag gegessen hatten. Dann machten sie sich auf den Weg an den See, mit einem Mann, den sie im Zug kennengelernt hatten. Wir tranken Tee und nahmen die *funiculare* [funicolare-Seilbahn] auf den Brumate, wo wir Andenken aus Olivenholz kauften, die Aussicht genossen und ein leckeres Abendessen verzehrten. Es war ein herrliches Gefühl, als wir wieder hinunterschwebten, wir fühlten uns an Coney Island erinnert. In der Nähe des Hotels stießen wir auf einen netten jungen Bootsverleiher, der sich erbot, uns zu rudern, und wir waren eine Stunde lang auf dem See. Unbeschreiblich, wie schön und romantisch das war, und wir vergaßen völlig, daß es in unserer Nähe so etwas wie Krieg gibt.

Nachdem wir wieder im Hotel angekommen waren, haben wir geschlafen wie die Murmeltiere.

Sonntag, 7. Juli

Cavie stand früh auf und ging in die Kirche, und Brooksie und ich schlenderten zum herrlich verzierten alten Duomo und wurden in einem Laden mit altem Schmuck schwach. Deshalb hätten wir um ein Haar unser Schiff verpaßt. Schließlich saßen wir dann jedoch alle an Bord, und ungefähr um elf begann unsere Rundfahrt.

Wir schossen ungestört Fotos von den hübschen Villen und malerischen Plätzen, an denen wir anhielten, und stiegen bei Belaggio aus, von dem Brooks, wie sich herausstellte, bereits viel gehört hatte. Na ja – es gab nur ein Hotel, und das war ja nun wirklich nichts, womit man angeben konnte, aber wir bekamen ein gutes Mittagessen und tranken eine Flasche Weißwein. Die Gäste im vorderen Speisesaal wirkten ziemlich ungehobelt. Dann spazierten wir weiter, während die Sonne immer heißer niederbrannte, machten schließlich eine Pause und ruhten uns im Gras vor einer herrlichen alten Kirche aus. Als wir nach Belaggio zurückkamen, kauften wir eine Unmenge von Souvenirs aus Satinholz und Postkarten. Bei unserer Rückfahrt auf dem Boot trafen wir auf Mrs. Heilman und Miss Shaw, aber sie stiegen in Lusino aus. Um halb zehn kehrten wir zurück, verzehrten ein opulentes Abendessen und ließen uns noch mal über den See rudern. Mir scheint, ich habe hauptsächlich vom Essen auf unserem Ausflug erzählt, aber wir waren immer so furchtbar hungrig, daß wir einfach essen mußten und es riesig genossen haben.

Montag, 8. Juli

Heute morgen um elf sind wir wieder in Mailand eingetroffen. Nach dem Mittagessen rief Miss MacDonald an, um mir zu sagen, daß ich im Tagdienst im Ospedale Maggiore einen englischen Leutnant des A. R. C. betreuen soll, der bei einem Zugunfall am So. schwer verletzt worden ist. Miss Sparrow übernahm am So. den Nachtdienst, so sind wir jetzt beide beschäftigt. Die meiste Zeit schläft oder phantasiert er, aber es hat mir Spaß gemacht, mein Italienisch an den Nonnen und Schwestern auszuprobieren. Also ein lehrreicher Tag. Allerdings brauchte ich erst mal zwei Stunden, um das richtige Krankenhaus zu finden, und betrat zunächst drei falsche, bevor ich endlich mein Ziel erreicht hatte. Was für ein Tag!

Dienstag, 9. Juli

Um acht Uhr morgens im Dienst und mächtig froh, wieder zu arbeiten.

Sie haben meinen Patienten in einen anderen *padiglione* [Krankenhausflügel] verlegt und mich natürlich auch – dorthin, wo die Offiziere liegen. Der erste Mensch, den ich auf der Station traf, auf der ich jetzt arbeite, war mein italienischer Capt. von Luino.

Wenn das nicht Schicksal ist! Er übergab mir einen Brief, den er vergangene Woche an mich geschrieben hatte, ein äußerst niedlicher Brief in Englisch, in dem er fragt, ob er mich wiedersehen dürfe. Die Schwestern hier behandelten mich sehr nett, und die meisten sprachen Engl. Signorina Esengrini brachte mich in ihrer Kutsche nach Hause.

Mittwoch, 10. Juli

Meinem Patienten scheint es besser zu gehen, aber er wirkt immer noch benommen und erinnert sich weder an Namen noch an Menschen. Capt. Serena verfolgt mich jedesmal mit seinem einen Auge, wenn ich mein Zimmer verlasse. Am Nachmittag, als mein Patient schlief, gab ich ihm eine Englisch-Stunde. Die Schwestern sind sehr nett zu mir, besonders Signorina Pirelli, die ich sehr gerne mag. Ich aß mit dem Capt. und zwei anderen Offizieren in ihrem Zimmer zu Mittag – wir alle redeten mit Wörterbuch.

Donnerstag, 11. Juli

Miss Sparrow ist heute nach Rom gefahren, und sie fehlt mir ziemlich. Heute aß ich wieder mit den drei Offizieren zu Mittag. Meine Gesellschaft scheint ihnen zu gefallen, und mich amüsiert das Ganze. Ich lache soviel über ihre Ausdrücke, daß ich nicht genug esse. Major Hamil aus Rom hat meinen Pat. mehrmals untersucht und ordnete für heute eine Punktion der Wirbelsäule an. Seine Methoden gefallen mir sehr. Würde gerne für ihn arbeiten. Capt. Serena – stattete mir im Manin einen Besuch ab, mit weißen Handschuhen – grünem Hut und Spazierstock. Gott sei Dank haben ihn meine amerikanischen Freunde nicht gesehen. Dieser Mann macht mir angst. Er kommt mir so nah, wie es nur irgend geht, und verschlingt mich praktisch mit seinem einen Auge. Welch ein Glück, daß er nicht zwei hat, sonst wäre ich schon längst hypnotisiert. Und trotzdem tut er mir leid, so daß ich nicht eklig zu ihm sein kann. Er besteht nur aus Verletzungen und ist trotzdem guter Dinge und schäumt über vor Energie. Brooks kam heute abend zum Nachtdienst und war ziemlich verärgert, allein in einem fremden Krankenhaus zu arbeiten. Sie ist wirklich ein verwöhntes Geschöpf – und alles ging immer nach ihrer Nase, selbst bei der Ausbildung.

Samstag, 13. Juli

Ich esse nicht mehr mit den Offizieren zu Mittag, weil ich glaube, daß es nicht richtig ist – und jeden Tag fragt mich Capt. Serena nach dem Grund. Sie machen sich alle über ihn lustig, selbst die Nonne lacht, und trotzdem mögen ihn alle. Es ist wirklich urkomisch, er versucht, mir die Hand zu küssen, und ich werde wütend und verschwinde im Zimmer meines Patienten, und dann küßt der mir die Hand. Das muß an der Luft hier in Italien liegen.

Sonntag, 14. Juli

Feier des französischen Nationalfeiertags, und Hauptmann S. hielt nachmittags in der Scala eine Rede, so daß ich einen friedlichen Nachmittag hatte. Während des Mittagessens waren Signorina Pirelli und ich im Krankensaal der Männer, als er hereinstürzte und um eine neue Flasche Wein bat. Ich habe der Schwester gesagt, sie solle statt dessen eine Kanne schwarzen Kaffee machen, die ich ihm dann brachte. Miss Fletcher hat heute Nachtdienst, weil Brooks nach Bologna fährt, also gingen wir beide, auf die Piazza del Duomo, um uns das Treiben dort anzusehen. Dort trafen wir Lt. Lambert – einer der Flieger, mit denen wir vergangene Woche zum Mittagessen waren.

Montag, 15. Juli

Morgens todmüde, weil ich zu lange aufgewesen war und nachts so viel gelaufen bin. Trotzdem ging ich zu Fuß zum Krankenhaus. Ich packe heute abend und ziehe morgen in die Cesare Cantù Nr. 4.[12] Capt. S. fragt mich täglich, ob er mich wieder besuchen darf, und ich sage nein – aus verschiedenen Gründen. Und ich dachte, glühende Verehrer wie ihn gibt es nur in Büchern. Für meinen amer. Verstand wirkt er ausgesprochen albern. Signorina Esengrini schenkte mir heute abend einen Traum von einer perlenbestickten Tasche. Die Leute meinen es zur Zeit wirklich gut mit mir.

Dienstag, 16. Juli

Wieder wie tot, aber ich mußte zusammenpacken, da ich «subito» umziehe. Meine Fahrt in die Cesare Cantù war wirklich lustig. Ich kam mir vor wie die Rebecca aus der Sunnybrook Farm, weil ich so viele Päckchen zu tragen hatte. In der kurzen Zeit, die ich hier verbracht habe, hat sich ganz schön was angesammelt. Noch dazu stieß das *vettura* fast mit einem Auto zusammen, und die Fahrer warfen sich Schimpfworte an den Kopf. Ein Wunder, daß ich wohlbehalten angekommen bin.

Mittwoch, 17. Juli

Heute ein Brief von Daddy, und er fühlt sich offensichtlich ziemlich einsam. Ich hätte nie geglaubt, daß er so was je eingesteht.

Es ist schön, einen Platz zu haben, zu dem man abends zurückkehrt. Der Zustand meines Patienten bessert sich langsam. Die Tage sind lang, und ich versuche, zum Zeitvertreib ein bißchen Italienisch zu lernen. Wir gingen mit dem Capt. zu Fuß nach Hause.

Donnerstag, 18. Juli

Abends begleitete mich der Capt. nach Hause, und ich versprach, ihn später mit Cavie in der Galleria zu treffen. Cavie und ich kamen uns vor wie zwei gute Kameraden und machten uns noch vor zehn Uhr – der verabredeten Zeit – auf den Weg. Wir sind zweimal durch die Galleria geschlendert, ohne ihn zu sehen – woraufhin uns die Lust verließ und wir uns an einem zentralen Punkt an einen Tisch setzten, um ein *gelati* zu essen, bevor wir uns wieder auf den Heimweg machten. Dann kamen er und Tenente Brundi, der Künstler, und wir aßen ein leckeres Eis und gingen nach Hause. Anständig, aber trotzdem lustig.

Freitag, 19. Juli

Nichts besonders Erwähnenswertes. Mr. Rochfort [!] redet viel und löchert mich mit Fragen, aber ich glaube, es geht ihm besser.

Heute abend saß ich mit den Patienten auf dem Balkon des Lazaretts. Ein wirklich lustiger Haufen, zumindest die, denen es besser geht. Zwei sind krank.

Samstag, 20. Juli

Der Capt. begleitete mich wieder nach Hause und kam diesmal mit hinein. Er schien begeistert von unserem Lazarett und fand Mr. Hemingway [13] – der die Ehre hat, der erste amerik. Verwundete in Italien [14] zu sein – ziemlich sympathisch. In seinen Knien stecken Schrapnells, außerdem hat er sehr viele Fleischwunden.

Sonntag, 21. Juli

Mr. Hemingways Geburtstag [15], also machten wir uns alle fein und aßen *gelati* auf dem Balkon und schalteten den Phonographen ein. Dann brachte Mr. Seely [16] ihm eine Flasche Fünf-Sterne-Cognac, und sie waren recht vergnügt. Ich schaffe es zur Zeit einfach nicht, früh ins Bett zu gehen. Jeden Abend fange ich rechtzeitig an, und dann komme ich mit jemandem ins Gespräch, und ehe ich mich versehe, ist es zwölf.

Montag, 22. Juli

Diese ungestüme italienische Art zu flirten ist mir wirklich unheimlich. Er erklärt mir, wie sehr er mich liebt, und wenn ich sage, ich dich aber nicht, verschlägt es ihm kurz die Sprache, und dann geht es von vorne los. Aber wenn er nicht davon spricht, habe ich ihn sehr gerne, und außerdem singt er wunderschön. Eine hübsche Stimme mit viel Ausdruck.

Dienstag, 23. Juli

Heute, im kleinen Ankleidezimmer, wo ich mich aufhalte, wenn Mr. Rochfort [!] schläft – der Capitano hat mich nicht erschreckt, aber hätte es vielleicht, wenn nicht jemand in der Nähe gewesen wäre. Und trotzdem kann ich ihm nicht böse sein, denn manchmal ist er wie ein Junge.

Er geht heute abend auswärts essen und entschuldigte sich ganz süß, weil er mich nicht nach Hause bringen kann.

Mittwoch, 24. Juli

Heute abend fühlte ich mich richtig einsam, als ich nach Hause kam und niemand da war. Also habe ich mich mit dem Klavier getröstet, bis Miss Shaw und später noch Cavie eintrafen. Cavie ergötzt sich an den kleinsten Kleinigkeiten meiner Romanzen, die ich ihr erzähle, und alles wirkt viel interessanter, wenn man Publikum hat. Wieder ein Brief von Daddy mit einem Anflug von Besitzanspruch und voller Einsamkeit. Ich habe ziemliche Schuldgefühle, wenn ich mir überlege, wie wenig ich an ihn denke.

Donnerstag, 25. Juli

Ein sehr ermüdender Tag. Ich lernte, bis mir der Kopf rauchte. Mr. R. war sehr unruhig und redete ununterbrochen Unsinn. Wieder ging ich mit dem Capt. nach Hause, und er kam noch auf einen Sprung mit hinein. Als er und ich und Cavie uns auf den Weg in den Park machen wollten, um *gelati* zu essen und uns die Musik anzuhören, fing es natürlich an zu schütten. Wir warteten, bis es aufhörte, und flitzten dann hinaus (um elf), mußten aber feststellen, daß es kein *gelati* mehr gab. Wir tranken Grenadine in einem Lokal, das man in N. Y. Saloon nennen würde und wo sie gerade die Lichter ausknipsen wollten, also mußten wir uns beeilen. Wenn C. J. B. uns hätte sehen können!

Freitag, 26. Juli

Nachdem mein Patient heute eine Zigarette rauchen durfte, schien es ihm erheblich besser zu gehen. Major Hamil und Capt. Post kamen zur Visite, und ich schlug seine Verlegung in unser Lazarett vor, also wird er morgen dorthin kommen.

Heute abend kamen der Capt. und Tenente Brundi vorbei und nahmen Cavie und mich mit in den Park, wo wir *gelati* aßen und dann ziemlich übermütig wurden und noch ein bißchen Champagner tranken. Er verursachte mir Schmerzen in der Brust – aber – ansonsten nichts Außergewöhnliches. Mein Capt. wird immer kühner, und ich glaube, ich fange an, es zu genießen.

Samstag, 27. Juli

Jetzt sind Mr. Rochfort [!] und ich doch nicht in die Cesare Cantù umgezogen. Zuviel bürokratischer Aufwand, wenn man aus einem italienischen Krankenhaus entlassen werden möchte.

Ich habe es langsam ziemlich satt, dort den lieben langen Tag praktisch allein mit einem verrückten Mann zu sitzen und gelegentlich von einem anderen Verrückten besucht zu werden. Außerdem komme ich abends nie rechtzeitig ins Bett und bin daher den ganzen Tag müde und habe Ringe unter den Augen.

Sonntag, 28. Juli

Zwei Briefe heute abend – einer von Daddy und einer von meinem Belgier. Allmählich weiß ich nicht mehr, was ich davon halten soll. Praktisch drei Jahre lang gab es nichts an Gefühlen, keine Romanze und kaum Aufmerksamkeit, und plötzlich, in den letzten paar Monaten, bin ich in drei ernste Affären verwickelt, und das nicht einmal durch eigenes Verschulden.

Das ist zu hoch für mich – müssen wohl die Auswirkungen des Krieges sein oder die U-Boote.

Montag, 29. Juli

Nach vielem Hin und Her und viel Aufregung sind wir aus dem Ospedale Maggiore ausgezogen.[17] Die Schwestern waren allesamt zum Abschied angetreten, sie waren sehr nett und redeten auf mich ein, ich solle wiederkommen. Als wir nach einer holprigen Fahrt im Sanitätswagen des I. R. C. ankamen, machte ich es Mr. Rochfort [!] in einem richtigen Bett bequem. Mal scheint sich sein Zustand zu bessern, und dann entgleist er wieder völlig.

Dienstag, 30. Juli

Heute abend soll ich den Nachtdienst übernehmen, daher habe ich den ganzen Tag frei. Cavie hatte Spätdienst, und wir besuchten ein Konzert von Körperbehinderten in ihrem Krankenhaus. Wie gewöhnlich wurden wir sehr herzlich empfangen.

Nachdem ich den Dienst angetreten hatte, erschien kein Geringerer als Pozzi, der *infirmiere* [Pfleger] vom Capt. und von Ten. Brundi, grinste von einem Ohr zum andern und drückte mir unter zahllosen Verbeugungen Zucker, Butter und Mehl in die Hand, damit ich ihnen einen Kuchen backe. Ob das geschieht, weiß ich noch nicht –

Mittwoch, 31. Juli

Als ich heute schlief, kam der Capt. vorbei, um zu sagen, daß er für ein paar Tage nach Verona reist. Cavie richtete es mir aus, aber ich bin nicht aufgestanden – ich war zu müde. Hatte eine gute Nacht ohne besondere Vorkommnisse. Ich vergaß, den herrlichen Anblick gestern um zwei Uhr morgens zu erwähnen. Der Mond schien in voller Pracht und sechs Suchscheinwerfer an einem Flugzeug. Es war wunderschön.[18]

Dieser Monat war in mancher Hinsicht faszinierend. Habe meinen Gefühlen ziemlich freien Lauf gelassen. Aber irgendwie scheinen die Dinge, über die man liest, nie dem zu entsprechen, was man selbst erlebt.

Vielleicht klingen meine weisen Erkenntnisse wie Blödsinn, wenn ich sie später einmal wiederlese, aber ich weiß genau, was ich meine und kann es nur so platt ausdrücken.

AUGUST

Donnerstag, 1. August

Der Nachtdienst ist so langweilig, daß es wirklich nichts zu schreiben gibt. Miss Pirelli[19] hat mich heute besucht. Sie ist sehr nett, und ich glaube, wir denken über viele Dinge gleich.

Freitag, 2. August

Der Capitano und Tenente Brundi kamen hereingeschneit, nachdem ich nach oben zum Nachtdienst gegangen war – offensichtlich wollten sie Mr. Hemingway einen Besuch abstatten. Der Tenente brach früh wieder auf – halb zehn, aber der Capt. ging nur widerstrebend um Viertel nach elf. Er fährt in ein paar Wochen nach Paris – hat dort eine gute Stellung in einer Bank. Aber er schwört, daß er nicht dorthin will.

Samstag, 3. August

Bin heute nachmittag früh aufgestanden, um mich um halb fünf mit dem Capt. zum Tee zu treffen, aber er kam nur, um zu sagen, daß er an die Front beordert wurde – um den Alpini ein Banner zu überreichen und eine Rede zu halten. Ich war eklig und erklärte ihm, ich würde mich nie mehr mit ihm verabreden, ich weiß auch nicht warum. Er kann doch gar nichts dafür. Frauen sind manchmal so unberechenbar in ihrem Verhalten – danach tat es mir sehr leid, daß ich so häßlich war – dabei hatte er doch gesagt, er würde sich auf die Fahrt überhaupt nicht freuen. Aber –

Sonntag, 4. August

Keine besondere Stimmung heute, dafür so was wie ein «flaues Gefühl» im Magen. Gestern nacht mußte ich mir einen Vortrag von Kid Hemingway[20] zum Thema «mein häßliches Verhalten gegenüber dem Capitano» anhören. Ich muß immer lachen, wenn ich daran denke. Am Nachmittag war ich ziemlich krank, und Cavie versorgte mich mit einem großen Brandy – den ich auch brav schluckte. Eine halbe Stunde später hatte ich das Gefühl, mein Herz würde zu schlagen aufhören. Kurz und gut, ich bin nicht für alk. Getränke geschaffen.

Montag, 5. August

Ging mit Cavie ins Maggiore. Sie alle schienen sich zu freuen, mich wiederzusehen, und mir tat es auch gut.

Cavie war beeindruckt von dem Krankenhaus, das für Italien ziemlich modern ist.

Wir haben auch ihre jüngsten Perlenstickereien zu sehen bekommen. Sie sind wirklich sehr schön. Auf dem Weg nach Hause entdeckten wir einen hübschen Handschuhladen – herrliche handgefertigte Handschuhe.

Dienstag, 6. August

Signorina Pirelli holte mich in ihrem Automobil ab und lud mich zum Tee ins Margharita ein. Dann gingen wir zu meinem Handschuhgeschäft und zu ihr nach Hause. Es ist, wie kann es anders sein, umwerfend, aber auf mich wirkt es düster und einsam. Ich hätte mir gerne das ganze Haus angeschaut, weil in den Zimmern, die ich gesehen habe, schöne Sachen standen.

Komisch, daß der Captain bisher noch nicht vorbeigekommen ist. Ob er bereits zurück ist von der Front?

Mittwoch, 7. August

Also, der Capt. tauchte heute abend noch mal auf – gerade zurück von der Front, wo er am Mo. in einen Autounfall verwickelt war und dabei fast umgekommen wäre. Mein Benehmen am Sa. tat mir daraufhin erst recht leid. Wir unterhielten uns lange, und er machte auf mich einen besseren Eindruck als sonst. Ich bin sicher, daß viel Gutes in ihm steckt, aber er hat nie gelernt, sich zu beherrschen. Trotzdem tut es mir über alle Maßen leid, daß er [mich] so gerne hat.

Donnerstag, 8. August

Ich bat um dienstfrei für Sa. abend, weil ich mit dem Capitano zum Essen verabredet bin. Mr. Hemingway ist dem Mann sehr zugetan – und sie erzählen sich alle ihre Geheimnisse. Meinen anderen Patienten geht es gut. Einer, Lt. Darling – A. R. C. Amb. – ist, wie sein Name schon sagt – ein sehr netter Junge.[21] Er will einfach nicht glauben, daß ich die Wahrheit über mein Alter sage. Natürlich ist das nicht der Grund, weshalb ich ihn mag, auch wenn es den Anschein hat. Aber die anderen mögen ihn genauso. Mr. Hemingway ist eifersüchtig auf die Aufmerksamkeit, die man ihm schenkt, weil er selber so verwöhnt ist.

Freitag, 9. August

Heute besuchte mich Signorina Pirelli, nachdem ich einen schlaflosen Nachmittag verbracht hatte, und ich ging mit ihr Mandeln für Mr.Hemingway besorgen. Währenddessen tauchte der Capt. auf, und Mr. Hemingway erklärte ihm, ich sei ausgegangen. Daher wußte ich bis nach dem Abendessen nicht, daß er oben wartete. Dann verhielt er sich komisch – offensichtlich war er verletzt, weil er zu mir gekommen war und erwartet hatte, daß wir zusammen zum Essen gehen, und als ich ihn ansprach, antwortete er kaum noch. Wütend verließ ich den Raum. Als der Capt. gerade gehen wollte, klingelte Mr. H. nach mir – wir sprachen uns aus, und ich sagte schließlich zu, morgen abend mit ihm auszugehen.

Samstag, 10. August

Heute, sehr früh am Morgen, wurde Mr. Hemingway[22] operiert – unsere erste Op. hier. Alles verlief zufriedenstellend. Der italienische Arzt strahlte uns alle an und lernte ein paar englische Worte. Dann hatte ich meinen freien Abend, und der Capt. holte mich um sechs Uhr ab. Wir gingen in den *parco* und sahen uns das Denkmal des Monte Grappa an. Anschließend besuchten wir ein Restaurant – Sempioncius –, wo wir zunächst offenbar die einzigen Gäste waren. Wir gingen auf den Balkon, wo wir zweimal den Tisch wechselten, bis es schließlich zu kalt wurde. Dann führte er mich in einen kleinen separaten Raum, sowenig mir das zusagte. Dennoch bin ich früh wieder zu Hause gewesen. Er scheint anständiger zu sein, als ich zunächst gedacht hatte.

Sonntag, 11. August

Keine Vorkommnisse – wie man auf den Krankenblättern im Bellevue immer notiert hatte. Ein neuer Patient wurde eingewiesen. Ein Freund von Mr. Hemingway von der Sektion 4 – Lt. Horne[23]. Er hat es sich gleich gemütlich gemacht und wirkt sehr lustig. Morgens macht er sich die Haare naß und legt sie in Form. Dann geht er mit einer Mütze auf dem Kopf wieder ins Bett. Als ich bei ihm hineinschaute, hatte er die Decke bis zum Kinn hochgezogen und die Brille auf der Nase – er sah aus wie der Puck.

Montag, 12. August

Da ich schon um vier wach war, stand ich auf und schlenderte durch die Stadt. Seidenstrümpfe kosten stolze 27 Lire – und dabei erzählte man mir doch glatt vor meiner Abreise, ich solle kein Seidenzeug in N. Y. kaufen, da es in Italien so billig sei.

Mr. Seeley – unser ältester Patient (nicht, was das Alter betrifft) neigt zu romantischen Anwandlungen. Er war heute nacht auf der Jagd nach Sternschnuppen – daher mußte ich mich ruhig, aber bestimmt empfehlen. Genug gesagt!

Dienstag, 13. August

Ich habe eine entzückende Mandoline gekaufte. Und Mr. Darling erwarb auch eine *piccolo* Mandoline, und da Mr. Seeley eine Mundorgel besitzt, gibt es abends ein herrliches Konzert. Mittlerweile haben wir hier eine Menge Patienten.

Heute nachmittag gingen Miss De Long und ich ins Maggiore, um bei der Perlenarbeit der «*feriti*» [Verwundeten] zuzusehen – und neue Taschen in Auftrag zu geben. An mir können sie ganz schön was verdienen.

Mittwoch, 14. August

Mac hatte heute Spätdienst und bat mich aufzustehen und mit ihr auszugehen. Also gingen wir ins Campari Eis essen. Als wir dann eine *vettura* suchten, stießen wir auf Mr. Villard, der ziemlich verloren wirkte, und fragten ihn, ob er mitkommen wolle. Wir fuhren zum *parco*, machten Fotos und gingen anschließend in die Gärten des Manin, die er so schön fand, daß er uns zum Essen einlud. Ich fühlte mich schuldig, denn ich fand ihn nie sonderlich sympathisch, weil er manchmal so zynisch ist.[24]

Donnerstag, 15. August

Cavie und Miss Fletcher haben heute mit ihrem Unterricht begonnen. Ich weiß nicht, wie es weitergehen soll, wenn wir nicht mehr Schwestern bekommen. Zehn Patienten im Augenblick, von denen jeder eine Sonderbehandlung braucht. Für mich ist es nicht so schlimm, da sie nachts alle schlafen, aber untertags kriegt die arme Mac alles ab. Der Capt. kehrte heute aus Brescia zurück. Er kam spät und blieb lange, weil das, wie er sagte, seine einzige Chance sei, mich zu sehen – nachdem die Patienten alle schliefen. Er ist wütend, weil er Italien verlassen muß, und seine Mutter liegt krank in Pavia. Jetzt tut er mir so leid wie nie zuvor. Er ist ein liebenswerter Mensch und offenbar treuer, als ich ihm zugetraut hatte. Er, Mr. Seeley und der Kid schmiedeten hochfliegende Pläne, was sie «*dopo la guerra*» anstellen werden. Ich kam mir vor wie eine Großmutter, als ich all das hörte. Obwohl ich graue Haare habe und beteuere, daß ich 26 Jahre alt bin, beharrt

Mr. Darling darauf, daß ich nur bluffe und erst 20 bin. Er ist so ein netter Kerl. Sie erzählten mir, daß das letzte Postschiff versenkt worden ist. Das ist das Schlimmste an diesem Posten in Übersee.

Samstag, 17. August

Als ich heute vormittag von meinem Botengang für Miss De Long vom Rotkreuzbüro und der Bank zurückkam, fühlte ich mich schlecht und war den ganzen Tag so krank, daß ich nicht rechtzeitig zum Abendessen aufstehen konnte. Ich erwartete Brooksie und war deshalb ziemlich bedrückt. Cavie ging nach unten, um sie zu empfangen, und ich nahm Salmiakgeist, worauf es mir wieder ein wenig besser ging. Aber meinen Dienst um zwölf durfte ich nicht antreten. So verlief der Abend etwas anders als geplant.

Sonntag, 18. August

Heute morgen beim Aufstehen ging es mir besser, und eine Zeitlang half ich bei den Patienten. Nach dem Abendessen fühlte ich mich endlich nicht mehr wie ein Gespenst, und deshalb ging ich mit Brooksie und Capt. Rhodes *gelati* essen – und dann machten wir eine Fahrt in der Kutsche. Neben dem Essen sind die Kutschfahrten unsere schönste Unterhaltung. Welchen Kutscher man erwischt, ist ein reines Glücksspiel, und man weiß nie, wann man endlich wieder sicher zu Hause ankommt. Zwei konnten einen Zusammenstoß gerade noch vermeiden, zweimal sind Pferde gestürzt, und unzählige Male sind sie durchgegangen. Brooks hat heftig mit Capt. Rhodes geflirtet. Wieder einer.

Montag, 19. August

Gestern abend war es fast wie im Bellevue. Wir hatten fünf Neuzugänge, zwei bei mir im Nachtdienst. Zwei schliefen auf der *terrazza* und einer unten. Heute nacht ist nicht ganz so viel los, aber um eins erwarte ich noch einen aus Vicenza. Wieviel Mühe sich Mr. Darling und Mr. Horne geben, um mir zur Hand zu gehen, läßt sich gar nicht in Worte fassen. Der Patient kam heute um sieben Uhr morgens (Die.), und um sechs – versuchte ich Mr. Allen[25] eine Dosis *Olio di Ricino* zu verabreichen. Herr im Himmel! Er schlief noch und riß das ganze Tablett mit Öl und Kaffee und Malzmilch herunter aufs Bett und den Boden. Ich war völlig bekleckert, als ich meinen Dienst beendete. Rizinusöl dient wirklich nicht der Verschönerung einer Schwesterntracht, und über meine weißen Schuhe brauche ich mir keine weiteren Gedanken zu machen. Wie komisch diese italienischen Schuhe aussehen, unbeschreiblich. In N. Y. würden sie sich totlachen, wenn sie mich mit meinen runden Gummiabsätzen sähen.

Mittwoch, 21. August

Jetzt habe ich eine ganze Woche nicht mehr Tagebuch geführt, so daß ich die Ereignisse nicht mehr in der richtigen Reihenfolge zusammenbringe und sie einfach aufschreibe, wie sie mir einfallen. Diese Woche war viel zu tun, und ich habe versucht, trotz der Hitze tagsüber zu schlafen. Mi. ging ich zum Maggiore und habe Miss Pirelli besucht. Die Taschen waren noch nicht alle fertig, weshalb ich nächste Woche noch einmal vorbeischauen muß. Mein Sinn für Luxus brach durch, und ich kaufte eine entzückende Tasche für 65 Lire. Dazu noch einen Gürtel in Blau mit Perlen aus Metall. Dann schlenderte ich durch die Galleria, wo ich bei einer eleganten Bluse schwach wurde. Als ich nach draußen kam, hatte ich zwei Blusen, ein Hemd und ein zauberhaftes Negligé aus Crêpe de Chine gekauft. Eine schreckliche Verschwendung, aber das Negligé ist so reizend, daß ich keinerlei Reue spüre. Als ich mit meinen Einkäufen nach Hause kam, fragte mich Cavie, ob ich mit dem Capt. nach Paris fahren will, da ich mich so ins Zeug lege.

Mr. Hemingway und ich erwarteten den Capt. für Mi., denn er hatte eine Postkarte geschrieben, auf der er seine Ankunft ankündigte, aber er kam nicht, und ich hatte nachts so viel zu tun, daß ich recht froh darüber war. Aber wie Kid sich gegrämt hat! Er war sicher, daß man «uns» sitzengelassen hatte. Heute um halb elf Uhr abends kam er in «*Borghese*» [Zivil] schließlich hereingeplatzt – sein Atem roch nach Bier und sein Haar, das lockiger denn je war, roch noch ein bißchen stärker, und zwar nach Parfum. Er ist furchtbar traurig, daß er Mo. abreisen muß, und er tut mir leid. Er wird fürchterliches Heimweh haben. Mein Liebling, Mr. Darling, ist am Freitag abgefahren. Desgleichen Mr. Michels, ein Zahlmeister der Navy (Luftfahrt), der heftig mit mir geflirtet hat.

Sonntag, 25. August

Tja, Mr. Hemingway hat sich inzwischen in mich verliebt, oder zumindest glaubt er das. Er ist ein netter Junge und so niedlich, wenn er davon spricht. Wie beliebt ich in den letzten sechs Mon. geworden bin, übersteigt alles. Liegt wohl daran, daß ich allmählich kokett werde. Heute muß ich bei dem Tee bedienen, zu dem Miss Shaw das italienische Rote Kreuz eingeladen hat.

Montag, 26. August

Diese leidige Sache hätte ich hinter mir, Gott sei Dank! Ich kam mir vor wie eine Schaufensterpuppe – mit einem Haufen italienischer Krankenschwestern, und ich konnte in ihrer Sprache nicht mal Pup zu ihnen sagen. Schließlich entdeckte ich drei meiner Freundinnen aus dem Zonda, und mir war ein wenig leichter zumute. Ernest Hemingway meint es ernst. Gestern abend meinte er, wie es wohl aussehen würde, wenn er 26–28 Jahre alt wäre. In gewisser Hinsicht – in gewissen Augenblicken – wünschte ich mir, es wäre so. Er ist entzückend, und wir passen wunderbar zusammen. Meine Gefühle und mein Verstand sind allmählich dermaßen durcheinander, daß ich nicht mehr weiß, wie das noch enden soll. Egal, ich bin zum Arbeiten hier herübergekommen, und bis der Krieg vorüber ist, habe ich zum Glück keine Möglichkeit, eine Dummheit zu machen. Und dabei habe ich mir immer etwas darauf zugute gehalten, daß ich so vernünftig bin. Ich frage mich, ob ich langsam närrisch werde oder ob ich diesem romantischen Land die Schuld geben kann, daß es solch einen Einfluß auf mich ausübt.

Dienstag, 27. August

Jetzt ist eine Woche dahingesegelt, und ich habe es sträflich vernachlässigt, mein tägliches Pensum niederzuschreiben, so daß ich mich nicht mehr genau erinnern kann, was an den einzelnen Tagen geschehen ist.

Ich weiß nur, daß «Ernie» mich viel zu gerne mag und daß er jedesmal, wenn ich nicht darauf eingehe, so heftig davon spricht, daß ich es nicht wage, seine Leidenschaft zu dämpfen, solange er im Lazarett liegt. Armer Kid, er tut mir leid. Jeder scheint aus irgendeinem Grund einen Groll gegen ihn zu hegen, und keiner läßt ein gutes Haar an ihm. Einige der Jungen meinen, er sei ein Draufgänger, und das ist er wohl – in gewisser Hinsicht. Doch er schwört mir ganz ehrlich, daß er immer sauber geblieben ist – und nie etwas Schlechtes getan hat. Ich glaube ihm, aber die anderen – ach – die nicht.

Donnerstag, 29. August

Diese Woche traf ich meinen alten Freund Major Hamill. Er ist in Mailand stationiert, das jetzt als Hauptquartier für seine Inspektionsreisen dient. Er schien erfreut, mich wiederzusehen. Ich kann mir gut vorstellen, daß der Maj. hinter den Frauen her ist, besonders wenn sie jung und nicht gerade häßlich sind.

Freitag, 30. August

Mr. Michels ist heute morgen entlassen worden, und ich schäme mich nicht zu sagen, daß ich ihm einen Abschiedskuß gegeben habe – obwohl ich Kid lieber nichts davon erzählte. Er wirkte so traurig und voller Heimweh und ging für immer, und so etwas hat hier drüben irgendwie eine ganz andere Bedeutung. Am Nachmittag begleitete ich *«mia ammalato»* [! meinen Kranken] auf seinem ersten Besuch in der Außenwelt seit zwei Monaten, und wir haben ihn beide riesig genossen.

Samstag, 31. August

Heute durfte ich als besondere Vergünstigung an meinem halben freien Abend mit Mr. Hemingway essen gehen. Wir fuhren ins Du

Nord, ein hübsches, ruhiges Lokal mit gutem Essen, und tranken sogar eine Flasche Asti Spumante – der allmählich mein Lieblingsgetränk wird. Wenn der Doktor sehen würde, daß ich Wein trinke! Gestern abend traf ein neuer netter Patient ein – Mr. John Miller, aus der Sekt II.[26]

SEPTEMBER

Sonntag, 1. September

Ein prima Tag zum Ausschlafen! Komisch, wie die Wochen dahinfliegen, wenn ich Nachtdienst habe. Ich habe Cavie gebeten, mir für mein Abendbrot Sardellenpaste zu besorgen, und sie brachte mir etwas, das so roch, als ob es nach einem qualvollen Tod lange im Rinnstein gelegen hätte. Ich deponierte es draußen auf der *terrazza*, wo es der Inspektion am Morgen harrt.

Montag, 2. September

O je – heute morgen war mir schlecht, und ich brachte es nicht über mich, auch nur an den Überresten zu schnuppern.

Morgen sollen hier große Dinge passieren! Sie wollen einen Aufklärungsfilm für die Kampagne zur Kinderfürsorge drehen, und Major Hereford wird die Sache überwachen. Und mir war den ganzen Tag so übel, daß ich die Anstrengung ohne die arme Cavie gar nicht durchgestanden hätte.

Dienstag, 3. September

Den lieben langen Tag furchtbare Aufregung! Der Film brachte das ganze Haus durcheinander, und alle waren gereizt. Ich konnte mich vor dem größten Teil drücken, doch als ich mich um fünf fertig machte, um mit Mr. Hemingway zum Kodak-Laden zu fahren – verbot mir Miss De Long, mit ihm auszugehen, woraufhin ich mich weigerte und er sich grämte, weil er dachte, ich sei in Ungnade gefallen. Dann ging er zum Abendessen fort, und Mr. Miller und Mr. Wheeler – ein anderer netter Junge, brachen um Viertel nach acht auf und kamen zu meinem großen Schrekken und meiner Sorge erst halb zwölf zurück.[27] Bisher wurde noch nicht darüber gesprochen – aber –

Mittwoch, 4. September

Es war in Ordnung, und niemand hat etwas davon erfahren. Nachdem ich kaum eine Std. geschlafen hatte, holten sie mich aus dem Bett, um für den Film zu posieren, den sie über das Lazarett drehen. Mein erster Auftritt als Filmstar. Major Hereford überwachte das Ereignis, und es machte großen Spaß, abgesehen davon, daß ich mir dumm vorkam.

Habe seit Ewigkeiten keine Post mehr bekommen. Würde gern wissen, warum. Morgen ist mein halber freier Abend, und wir haben vor, ihn festlich zu begehen.

Donnerstag, 5. September

Haben wir auch – und wie – Meine erste Party hier im Schwesternwohnheim. Mr. McQueen kam mit einem Lt. vom Roten Kreuz – ein komischer Vogel, der uns eine Imitation von Louis Bernstein – seines Zeichens Pianist – darbot: «Die Flucht der Heuschrecke». Mr. Miller gab Lieder von Harry Lauder zum besten, und wir alle haben die bekannten Lieder mitgesungen. Dann zogen Hemingway und Miller los, um Asti zu holen, und Mr. Wheeler steuerte Zwieback bei, den er aus dem Y. M. C. A. besorgt hatte, und siehe – ein seltsames Verhältnis – sechs Männer und drei Mädchen.

Freitag, 6. September

Cavie und Miss Fletcher sind heute nach Stresa am Lago Maggiore gefahren. Ich hatte eigentlich aufstehen und mich von ihnen verabschieden wollen, aber rätselhafterweise schlief ich durch bis sechs. Arme Cavie, sie war so enttäuscht, daß sie nicht mit mir auf ihre kleine Urlaubsreise gehen konnte, sondern mit Miss Fletcher vorlieb nehmen mußte, die manchmal ganz nett, aber dann auch wieder ziemlich kratzbürstig ist.

Samstag, 7. September

O Schreck, o Schreck, der Himmel steh mir bei – Mac hat unter Hemingways Kopfkissen eine von meinen gelben Haarnadeln gefunden. Mr. Lewis und sie werden mich das nie vergessen lassen.[28] Ich finde, Ernie und ich haben es recht gut durchgestanden. Sie wollen jetzt unser Taschengeld stutzen – und nur noch unsere Rechnungen für die Wäscherei und das Fahrgeld bezahlen. Außerdem gibt es eine gedruckte Anweisung, daß wir nur noch unsere Dienstuniform tragen dürfen – das heißt, die alten grauen Sachen. *Che peccato!* [Wie schade!]

Sonntag, 8. September

Mac kann nachts nicht schlafen, und das macht sie tagsüber so unleidlich, daß man nur furchtbar schwer mit ihr auskommen kann. Sie hackt auf dem armen Kid herum, den sie zuerst so verwöhnt hat – er sagt, sie «schikaniert ihn den ganzen Tag». Ich habe ihm eingeschärft, höflich zu ihr zu sein und ihr nicht seine üblichen frechen Antworten zu geben. Ich finde, sie sollte Urlaub machen, sonst gibt es einen großen Knall.

Montag, 9. September

Heute abend kam Capo Seeley[29] zurück, braungebrannt und voller Sommersprossen, die Hände in ausgezeichnetem Zustand. Demnach wird er keine Operation mehr brauchen. Er brachte mir einen großen, kupfernen Brieföffner mit, den er aus einer Granathülse gefertigt hat. Sehr geschickt gemacht. Außerdem kam Miss Fisher aus Genua – voller Bedauern, daß sie von dort weggehen mußte, wo sie vermutlich eine schöne Zeit verbracht hat.

Dienstag, 10. September

Miss De Long hat eine schlimme Erkältung, und ich war die halbe Nacht auf den Beinen. Tagsüber hat sich nichts Erwähnenswertes ereignet, da ich das Haus seit Sa. nicht mehr verlassen habe. Heute abend habe ich einen Soldaten mit Mumps in die M. P. S. aufgenommen. Ich fürchte, wir kriegen eine Epidemie, aber wo sollen wir sie isolieren? Miss Fisher wird ihn allein versorgen. Kid war heute abend krank, genau wie Miss De Long. Mac sagt, sie haßt ihn, und es ist ihr egal, ob er krank ist.

Mittwoch, 11. September

Ich fürchte, sie raucht zu viel. Ich habe Kid meinen Ring[30] geschenkt – und war erstaunt, wie sehr er sich darüber freute. Seltsam, daß ein so kleiner Akt ein solches Ausm. an Freude im anderen weckt. Die Frage, was ich mit dem Doktor machen soll, bedrückt mich immer mehr. Manchmal komme ich mir vor wie eine Verbrecherin.

Donnerstag, 12. September

Heute war ein fröhlicher Tag. Mac, Fisher und ich und die Lts. Lewis, Pay und Hemingway besuchten das Pferderennen, wenn's beliebt. Wir brauchten recht lange, um hineinzukommen, offenbar haben Offiziere immer Zugang, aber Damen nur aus den besten Familien, und wir brauchten eine So. Erlaubnis. Ich habe nicht einen Cent gewonnen, sondern 30 Lire verloren – aber es trotzdem genossen. Brooks kam aus Bologna zurück, wütend, daß man sie hierher beordert hat. Hem – Cavie und ich haben sie abgeholt – im Regen.

Freitag, 13. September

Ich vergaß, von dem Kampf mit der Fledermaus zu erzählen, den Ernie und ich Mi. um eins in der Nacht ausgefochten haben. Wir fingen sie erst, nachdem wir sie eine Dreiviertelstunde durchs Zimmer gejagt hatten. Es war furchtbar aufregend.[31]

Hem und Seeley fuhren in den Club und spielten bis in die Nacht Poker, und Kid hatte mir versprochen, nur Anisette zu trinken. Vielleicht «bekehre» ich ihn doch noch, und wenn ja, dann habe ich ein gutes Werk getan.

Samstag, 14. September

Heute abend gingen Miss De Long und Miss Fletcher in die Oper. Miss De Long kam vorher noch mal hoch und so in den Genuß der deprimierenden Stimmung im Lazarett, das wie ausgestorben wirkte. Sie bedauerte mich und die Patienten schrecklich. Wenn sie uns um und nach Mitternacht erlebt hätte, hätte sie ihre Meinung bestimmt geändert. Capo Seeley bekam einen Rappel und marschierte barfuß über den Sims vor seinem Fenster. Ich hätte fast einen Herzanfall gekriegt. Natürlich meinte er es lustig, aber die Angst – ich war völlig erledigt.

Sonntag, 15. September

Fisher, Brooks, Cavie und ich fuhren wieder mit Lewis, Pay, Walker, Warehouser und Robinson (allesamt Flieger) und Ernie – in einer neuen Uniform – zum Pferderennen. Mac fühlte sich ziemlich elend und konnte nicht mitkommen. Ich setzte auf Risiko und verlor, bis mir nur noch 8 Lire blieben, aber Brooks und Fisher hatten eine glückliche Hand beim Wetten.

Dann machte sich Brooks unbeliebt, weil sie unbedingt zum Essen und in die Oper gehen wollte. Miss De Long sagte, sie hätte für einen Tag genug Zerstreuung gehabt.

Montag, 16. September

Soweit ich gehört habe, ist Brooksie beim Hauptquartier in Ungnade gefallen und muß gewaltig aufpassen, damit sie nicht nach Hause geschickt wird. Das verrückte Mädchen, immer bringt sie sich mit ihren Dummheiten in Schwierigkeiten. Für mich bedeutet das, auf jeden meiner Schritte zu achten.

Heute abend hatten wir wieder eine kleine Party. Selbst Mr. Allen kam nach unten, so daß nur ein Pat. oben blieb, und das freiwillig. Wir spielten Spiele, tranken Wein und tanzten und hatten jede Menge Spaß. Natürlich verdarb Brooksie das Ganze, indem sie Cavies Mann mit Beschlag belegte, aber nun –

Dienstag, 17. September

Heute abend haben wir eine Riesenparty gefeiert. Miss Shaw lud alle neuen Schwestern und einen gewissen Mr. Brett ein, der sang und auf der Ukulele spielte. Mr. Tandys Beitrag gefiel mir am besten von allen. Dr. Horan kam am Nachmittag und blieb zum

Abendessen und dann bis nach elf – schien also unsere Gesellschaft sehr zu genießen – als Abwechslung zur Front und dem rauhen Leben. Mr. Allen ist wieder krank. Scheint, als wollte es uns nicht gelingen, diesen Jungen heim zu seiner Mutter zu schikken. Brooks steckt bis zum Hals in Schwierigkeiten und muß sich bei Maj. Collins für ihre Unverschämtheit entschuldigen. Armes Kind. Das ist offenbar ihr Schicksal.

Mittwoch, 18. September

Heute war ich furchtbar enttäuscht. Miss De Long gab mir meinen halben freien Abend, damit ich in die Oper gehen konnte, und als ich um halb vier aufwachte, fand ich heraus, daß es überhaupt keine Vorstellung gab. So ging ich mit Cavie zum Haarewaschen und dann ins Campari für ein *gelati*, wo wir gerade zur Stoßzeit eintrafen – um sechs – und es war gerammelt voll.[32]

Nach dem Abendessen wurden Cavie und ich vom Herrn und Meister zum Ausgehen gedrängt und landeten im Parco. Eine Stunde lang waren wir auf der Suche nach *caffe* [!] und Asti herumgewandert – bis wir schließlich am Ziel waren. Und dazu die liebliche, leise Musik und der Mond und der Asti und das alte Schloß – es war traumhaft.

Donnerstag, 19. September

Gestern abend habe ich mich schrecklich geärgert. Als ich zum Dienst kam, erwischte ich Fisher, wie sie mit Lewis auf einer Chaiselongue auf dem Balkon ein Schäferstündchen abhielt. Sie erklärten mir, ich sei zu früh dran – halb zwölf, und ich ging ins Büro und las, bis sie um Viertel vor eins schlafen ging. Hem. schnaubte vor Wut – und es war so ordinär. Ich kam einfach nicht darüber hinweg. Für heute abend hatten wir eine Opernloge in der Scala – «Ghismonde» – die Premiere, und ein Ballett – «Le Carillon Magico», das ebenfalls neu in Mailand und das entzükkendste ist, was ich je gesehen habe. Mr. Hem. – wurde mittendrin übel, so daß er gehen mußte. Wieder vertrat mich Miss Fisher, und als ich zum Dienst kam, hockte sie erneut mit Mr. Lewis da. Dr. Horan begleitete uns in die Oper.

Freitag, 20. September

Heute ist der italienische 4. Juli. Das Personal hatte alle Hände voll zu tun, und für die Mädchen vom Lager gab es Tee. Und die italienischen Lieder, o mein Gott. Am Abend sagte Kid, sein Hemd würde allmählich «ein wenig muffeln», und nach großer Überzeugungsarbeit wusch ich es ihm. Er, Dr. Horan und Mr. Lewis gingen zum Pferderennen, und so ist er noch einmal davongekommen.

Samstag, 21. September

Ich habe so viel geschlafen, daß mit mir nichts anzufangen war, als ich schließlich zum Abendessen aufstand. Und so gibt es auch nichts Besonderes zu berichten. Ich brachte Mr. Lewis Schinken zum Frühstück, und das machte ihn so übermütig, daß er später, als ich am Fensterflügel im zweiten *piano* stand und er und Ern. im dritten *piano*, ein Taschenbuch herunterwarf und mich an der Birne traf, worauf ich schreckliche Kopfschmerzen bekam.

Sonntag, 22. September

Heute abend kam unser alter Freund John W. Miller vorbei, *en route* nach Stresa. Er schaute für gerade mal eine Stunde herein – und bat mich um einen Schlafanzug. Ich stibitzte ihm zwei, und er schnallte sie sich mit dem Gürtel auf den Rücken und zog seinen Mantel darüber. Dadurch sah er so komisch aus, daß Hem. und ich uns fast totgelacht hätten. Wie wir hörten, ging das Ganze damit weiter, daß er durch die Galleria schlenderte und der hintere [Schlafanzug] herunterrutschte, so daß Beine und Bänder usw. herabhingen und für jedermann sichtbar waren. Er mußte sie abnehmen und unter dem Arm nach Hause tragen.

Montag, 23. September

Heute abend haben wir vielleicht eine Party gefeiert! So schlimm, daß ich für lange, lange Zeit erst mal genug habe. Ernie und Jno. Miller sind losgezogen, um mit dem Beitr. von Rochfort [!] und Tandy Asti Spumante zu kaufen, und eine Weile schleppte sich das Fest zäh dahin. Dann kam Mr. Lewis mit fünf Fliegern, und da sie allesamt schon getrunken hatten (wie wir später herausfanden), wurde es äußerst lustig. Lt. Walker und Mr. Brackett waren bewußtlos – aber nicht vom Asti, sondern von dem Cognac, den unser Hilfskellner mit nach unten gebracht hatte. Ein schrecklicher Abend. Die armen Jungs![33]

Dienstag, 24. September

Heute morgen hatte ich eine hübsche Erkältung, da es die ganze Nacht gegossen hat, und bei diesem Regen ließ ich Mr. Miller und Mr. H. nicht nach Stresa losfahren. So sind sie erst heute morgen aufgebrochen – um sechs. Ernie kam nach unten, um mir auf Wiedersehen zu sagen. Miss De Long war in Reichweite, und deshalb blieb es äußerst förmlich, bis sie fortging und ich mit ihm in den Fahrstuhl schlüpfte, wo wir uns richtig verabschieden konnten.[34] Brooks ist wieder nach Sizilien geschickt worden – Toramina [Taormina][35] diesmal, aber wie gewöhnlich mit Tränen und unter Protest. Ich wünschte, ich hätte ihr Glück.

Mittwoch, 25. September

Gestern um Mitternacht schrieb ich wie befohlen meinen Brief an Kid. Es war der bedrückendste Abend, den ich je im Nachtdienst verbracht habe. Er fehlt mir so sehr, und es goß die ganze Zeit, mit Blitz und Donner. Und die Mäuse liefen herum, und alles war so dunkel und unheimlich, weshalb ich sehr froh bin, heute meinen halben freien Abend zu haben. Am Nachmittag war ich mit Miss De Long beim Einkaufen für das Abendessen, das zu Ehren von Cavies Geburtstag stattfinden soll.

Donnerstag, 26. September

Heute bestand Mr. Allen darauf, daß Mac mit ihm zum Pferderennen geht, und sie bestand auf meiner Begleitung. Capt. Harmon begleitete mich, und ich gewann 45 Lire – mein erster großer Gewinn – groß zumindest für mich. Wie ich den Jungen vermisse! Ihm hätte dieser Nachmittag großen Spaß gemacht. Ich habe durchgezählt, wie viele Briefe ich ihm noch schreiben müßte, und kam auf nicht weniger als 16 – eine schreckliche Vorstellung!

Freitag, 27. September

Heute bekam ich zwei Briefe von Ernie. Die nettesten Briefe, die ich je gekriegt habe. Mac hätte für ihr Leben gern einen Blick hineingeworfen (keine Ahnung, woher sie weiß, daß sie von ihm stammen, doch sie weiß es), aber ich las ihr nur ein paar Sätze vor. Es würde nichts Gutes dabei herauskommen, wenn ich sie ihr zum Lesen gäbe. Natürlich ist Cavie meine echte Vertraute und weiß alles über mich. Wie ich mir wünschte, Mac und ich könnten morgen über So. nach Stresa fahren! Ich bete darum.

Samstag, 28. September

Leider wurden meine Gebete nicht erhört, da telegraphisch zwei weitere Schwestern für Rom angefordert wurden und Miss McCaffery und Signora Lega hingefahren sind. Miss De Long wagte nicht, uns zu diesem Zeitpunkt auch noch gehen zu lassen. Aber es hatte auch sein Gutes, denn wir hörten, daß einige neue Patienten – Flieger – eingeliefert werden sollen. Ein Mann von der Amb. – Mr. Barlow, kam heute mittag, also kann es womöglich hektisch werden. Zwei weitere Briefe von meinem Jungen, und weiß der Himmel, sie bedeuten mir so viel.[36]

Sonntag, 29. September

Ein äußerst anstrengender Tag. Cavie, Fisher und ich gingen mit Mr. Allen und Lt. Crisswell zum Pferderennen, wo ich auf eine ganze Gruppe unserer Freunde, der Flieger, stieß. Ich hatte mit Mr. Brackett vereinbart, daß ich 200 Lire für ihn setzen würde, und da ich für ihn eine kl. Portion Glück hatte, konnte ich ihm 227 Lire zurückbringen – und verlor 27 Lire von meinem eigenen Geld. Dann gingen wir – Mac, Cavie, Miss Conway und ich in die Scala, wo «Moses» gegeben wurde. Ich hatte mich wahnsinnig darauf gefreut, war aber zu müde, um es wirklich zu genießen.

Montag, 30. September

Heute haben wir drei Flieger[37] und Mr. Queen v. Rotkreuzbüro aufgenommen. Außerdem kehrte J. Miller aus Stresa zurück und sagte, daß Kid heute, Mo., wiederkommen würde. Weil weitere

Schwestern angefordert wurden, schickte Miss De Long Miss Creelman und Miss Fisher, und ich trat um vier Uhr morgens den Dienst an, um sie abzulösen – mit nur drei Std. Schlaf nach meinem Opernbesuch. Heute schlief ich wie ein Stein, mußte Schlaf nachholen.

Abends kam mein Kid zurück, und ich fühle mich jetzt ganz anders. Es ist wundervoll, daß wir wieder zusammensein können.

OKTOBER

Dienstag, 1. Oktober

Eigentlich hätte Miss Markley heute aus Genua kommen und den Nachtdienst übernehmen sollen, aber bisher ist sie nicht aufgetaucht – also vermute ich, daß ich noch eine Weile weitermachen muß.

Einer der Flieger ist sehr krank – Lieut. Colter. Dabei ist er ein so netter Patient.

Wir hoffen, daß wir Mr. Allen diese Woche loswerden können. Wir werden ihn mit Freuden ziehen lassen. Mr. Lewis ist heute für drei Tage nach Stresa gefahren und geht dann an die Front.

Mittwoch, 2. Oktober

Was ist heute besonderes geschehen? Mir fällt nichts ein. Eine Zeitlang war es bei uns so leer, daß wir schon fast eine Anzeige in die Zeitung gesetzt hätten, um Patienten zu suchen, aber das war nicht nötig. Jetzt ist beinahe jedes Zimmer belegt – eins mit einer Frau, einer Amer., die im Rotkreuzbüro arbeitet. Ich bin dieser Tage für die Betreuung von Major McDonough zuständig. Er hat einen Hexenschuß, und ich habe ihn mehrfach eingerieben.

Donnerstag, 3. Oktober

Mr. Allen ging heute ganz für sich allein zum Pferderennen, mit einer großen Geldsumme von Mr. Brackett und 100 von Cavie geborgten Lire. Mac und ich machten eine Fahrt, und weil wir dachten, Kid sei zum Rennen gegangen, fuhren wir hinaus, nur um Mr. Allen dort allein vorzufinden. Wir luden ihn ein, mitzufahren, und dann sagte er in reichlich ungnädigem Ton – «Ich zahle». Hinterher erzählte er den Patienten immer wieder, daß wir von ihm das Fahrgeld ergaunert hätten.

Freitag, 4. Oktober

Mr. Colters[38] Zustand hat sich gestern und heute nacht so verschlechtert, daß Cavie am Abend mitgekommen ist. Und dabei hatten wir so gehofft, wir würden ihn durchbringen. Dr. Jardine kam um Viertel vor elf und sagte, bei diesen Fällen ginge es meist recht schnell – und der Lieut. starb um halb zwölf, praktisch in meinen Armen. Wir haben wie die Berserker geschuftet und alles Erdenkliche für ihn getan, leider ohne Erfolg. Zum erstenmal mußte ich weinen, daß ich einen Patienten verloren hatte, aber es kommt mir so schrecklich vor, in einem fremden Land zu sterben, ohne die Familie, die dabei ist, und er war so süß!

Samstag, 5. Oktober

Hatte meinen halben freien Abend. Nach dieser kummervollen Nacht war ich heute fast am Ende meiner Kräfte. Cavie blieb bis um vier bei mir. Wir bahrten ihn auf und rasierten ihn, und ich habe noch nie jemanden so lieb lächeln sehen wie ihn.

Heute abend zwang ich mich, auszugehen und es zu vergessen – deshalb überredete ich Cavie und Kid zu einer Ausfahrt –, und wir trafen Lieut. Lewis, der mit dem Zug um halb eins nach Padua reisen mußte. Gemeinsam fuhren wir ins Parco, wo wir einen Wermut tranken, bevor wir nach Hause zurückkehrten. Ein sehr ruhiger Abend.

Sonntag, 6. Oktober

Das wichtigste Ereignis von gestern habe ich vergessen – nämlich die Abreise von Edward E. Allen, seit dem 13. Juni unser Patient und unser größtes Sorgenkind. Man wird sich seiner in diesem Krankenhaus stets erinnern. Eine wandelnde Witzfigur, und einer unserer größten Späße lautete: «Wie Edward sagt.» Da Mr. C. gestorben ist – haben wir plötzlich kaum noch was zu tun. Es kommt uns komisch vor, nachdem wir die letzte Woche die ganze Zeit auf den Beinen waren.

Montag, 7. Oktober

Leider muß ich feststellen, daß Kid eine Neigung zu Eifersucht hat. Jedesmal wenn ich ihn necken will, sorgt er dafür, daß es mir hinterher leid tut, da er unvermittelt in die Luft geht, ohne irgendwas Genaueres zu wissen. Aber ich vergesse die wichtigsten Ereignisse dieser Tage. Gestern abend gegen elf hörte ich in den Str. plötzlich ein Tosen, als würde eine große Menschenmenge applaudieren und Bravo rufen. Ich war gleich furchtbar aufgeregt und versuchte, Mr. McQueen dazu zu bringen, daß er hinausging und nachsah. Aber er rührte sich nicht von der Stelle, bis ich ihm sagte, ich hätte in der Str. ein *«Vive la Pace»*[39] gehört. Da warf er sich hastig in seine Uniform und rannte hinaus. Miss De Long und Mac, Cavie und Miss Fletcher zogen sich um halb zwölf an und gingen los, um zu hören, was passiert war. Der Kaiser hatte Präs. Wilson einen Waffenstillstand angeboten, und die Leute waren darüber so außer sich, daß es zu regelrechten Tumulten kam. Mr. Tandy ging nach draußen, und mein Kid Hemingway – aber er teilte nicht die allgemeine Auffassung, daß dies Frieden bedeutete, und sollte damit recht behalten. Er verwickelte sich in eine heftige Auseinandersetzung mit einigen seiner italienischen Freunde und fand heraus, daß die Leute von den Roten Garden oder Sozialisten aufgestachelt worden waren. Am nächsten Tag wurden überall lange Verlautbarungen angeschlagen, in denen es hieß, die Leute sollten zurück an die Arbeit gehen, alles sei nur deutsche Propaganda gewesen. Was für aufregende Zeiten.

Mo. abend kam eine Schwester, Miss Noel, aus Turin und wurde am nächsten Tag gleich krank. Wir dachten, es wäre eine Lungenentzündung – vielleicht hat sie etwas von dieser furchtbar ansteckenden Grippe oder dem Spanischen Fieber abgekriegt. Aber heute geht es ihr schon viel besser.

Donnerstag, 10. Oktober

Ich hatte den halben Abend frei, und Miss De Long sagte, ich könnte zum Mittagessen aufstehen, weil es die von mir so geliebten *tagliatelle* gäbe. Nach dem Essen tanzten Mac und ich mit Mr. Fielder, einem unserer Patienten von der Luftwaffe, einem Südstaatler mit allen guten und schlechten Eigenschaften dieses Menschenschlags. Hem kam nach unten, weil er zum Pferderennen gehen wollte. Er traf uns im Salon und dachte, ich hätte ein Rendezvous mit Mr. Fielder. Als er um sechs zurückkam, war ich mit Fielder draußen unterwegs, und er glaubte Mac, als sie sagte, ich sei den ganzen Nachmittag mit ihm fort. Deshalb weigerte er sich, zu unserer Fudge-Party zu kommen. Trotz dieser Enttäuschung hatte ich einen lustigen Abend. Mr. Maxwell und Landon sowie einige Patienten kamen hinzu, und wir blieben die ganze Zeit in der Küche.

Freitag, 11. Oktober

Fühlte mich heute eklig, ich fror und sah so elend aus, daß Miss De Long wohl Mitleid mit mir hatte. Wie auch immer, sie sagte mir, ich sollte es sie auf jeden Fall wissen lassen, wenn ich meinte, die Nacht nicht durchstehen zu können. Brooks kam aus Palermo zurück, ich nehme an, es gab wieder Schwierigkeiten – obwohl man es nicht glauben würde, wenn man ihre Version hört.

Samstag, 12. Oktober

Wurde heute für den Nachtdienst abgelöst – (Brooks ist eingesprungen) und war wirklich froh. Kid war natürlich traurig, wenn er auch ganz uneigennützig sagte, er würde sich für mich freuen. Gemeinsam (Mac, Cavie und ich, Mr. Boodway, Fielder und Ernie) gingen wir zu einem Bunten Abend des Y. M. C. A. Es gab einen afrikanischen Tanz von zwei schwarzen Soldaten, der fast einen Eklat auslöste. Das Y. M. C. A. ging herum und entschuldigte sich für den vulgären Tanz, worauf er noch lauter beklatscht wurde als zuvor.

Sonntag, 13. Oktober

Wie gewöhnlich hat Brooks eine große Liebe, die sie aus Palermo mitgebracht hat – einen Flieger. Er profitiert jetzt davon, daß ein paar seiner Freunde als Patienten bei uns sind und bleibt bis spät in der Nacht mit Brooksie auf. Wenn sie dabei erwischt wird, dann heißt es auf Wiedersehen, Italien. Heute abend kamen Mr. Seeley und Darling, und wir veranstalteten für sie ein kleines Fest. Mr. Brackett, der eigentlich gestern abend an die Front zurückfahren sollte, blieb noch für das Pferderennen heute da und verlor jeden Cent. Zum Ausgleich betrank er sich. Ernie mußte ihm ein Abendessen spendieren und kam erst ins Lazarett zurück, als Miss De Long sich schon zurückgezogen hatte. Brooks hatte heute mit Miss De Long einen Streit, weil sie mit ihrem Mr. Johnson zum Tee ausgegangen war. Da ihnen Gott und die Welt über den Weg liefen, kam es natürlich heraus. Zwar kenne ich nicht alle Einzelheiten, aber der Krach im Flur hat mir gereicht. Wenn sie so weitermacht, wird es noch schlimm enden. Ernie war heute wieder eingeschnappt, weil ich Cavie zu mir in den Vorraum eingeladen habe, während er mit mir unter vier Augen sprechen wollte. Er sagt, er erträgt es nicht mehr, mich jeden Tag zu sehen, ohne offen reden zu können.

Dienstag, 15. Oktober

Heute morgen wurde mir am Frühstückstisch gesagt, daß ich mit dem Mittagszug nach Florenz fahren soll, also mußte ich mich fürchterlich abhetzen. Natürlich platzte Mac bei meinem Kid herein und weckte ihn mit der Nachricht, daß ich fortfahren würde – er stand auf und war schon vor neun angezogen, eine beispiellose Leistung. Dann war er so grob zu Mac, daß sie fast weinte, und es herrschte ziemlich dicke Luft. Ich knöpfte ihn mir vor, aber er war so fertig, daß ich es nicht übers Herz brachte, groß zu schimpfen. Dann die schreckliche Fahrt durch den Regen – zwölf Stunden – im Zug – Ankunft halb eins in der Nacht.

Mittwoch, 16. Oktober

Heute morgen holte mich dieser Capt. Aiken in dem Hotel ab, wo ich übernachtet hatte, und brachte mich zu dem amer. Lazarett in den Hügeln über Florenz. Ich soll hier einen Lieut. vom Roten Kreuz im Nachtdienst betreuen, während sich Miss Jessup[40] tagsüber um ihn kümmert. Ein Arrangement, das mir gefällt, weil ich so mehr von Florenz zu sehen kriege. Lieut. Hough – der Patient, ist schwer am Spanischen Fieber erkrankt – hat ständig um 40 Grad Fieber.

Donnerstag, 17. Oktober

Es regnet jetzt beinahe ununterbrochen, da wir die Zeit des *sirocco* [sciroçco][41] haben, wie sie hier sagen. Jedenfalls reizt es mich nicht besonders, in die Stadt zu gehen. Die Nächte sind das Trübseligste, was ich je erlebt habe, so allein in dem Gebäude mit nur noch einem weiteren Patienten und dem Regen, der trostlos die ganze Nacht herunterprasselt. Und zu allem Überfluß ist Mr. Hough ausgesprochen unruhig. Miss Jessup und eine der anderen Schwestern schlafen hier, oder wenigstens war das letzte Nacht so.

Freitag, 18. Oktober

Obwohl der Himmel finster aussah, stand ich heute nachmittag um halb vier auf und ging nach Florenz hinein. Eigentlich hatte ich Probleme erwartet, aber mehr durch Glück oder Instinkt als durch Logik fand ich den Weg zum Duomo recht schnell. Von dort aus bummelte ich durch die Straßen, immer darauf bedacht, mich nicht zu weit von meinem Ausgangspunkt zu entfernen, und entdeckte furchtbar interessante alte Gebäude, hatte aber natürlich niemanden, der mir sagen konnte, was es war. Ich fand ein Geschäft mit einer schrecklich guten Milchschokolade – der besten und billigsten in meiner ganzen Zeit in Italien. Ich ging auch wieder zu Fuß zurück – und war ganz schön zerschlagen nach meinem Marsch von zweieinhalb Stunden.

Samstag, 19. Oktober

Schon wieder Regen. Die Art von Wetter, die mein altes Tagebuch nach einem Jahr so interessant macht, daß einem beim Lesen der Atem stockt. Aber ein Gutes hat dieses Einsiedlerdasein. Ich bleibe mit meiner Korrespondenz auf dem laufenden und kann als freie Frau nach Mailand zurückkehren. Miss Jessup, die Tagschwester, habe ich richtig ins Herz geschlossen. Seit Kriegsausbruch ist sie nur einmal zu Hause gewesen und hat Sachen erlebt, daß man damit ein ganzes Buch füllen könnte. Ein prima Kumpel in jeder Hinsicht.

Sonntag, 20. Oktober

Wirklich.[42] Ich darf gar nicht daran denken, wie ich über die Stränge schlagen werde, wenn diese Verbannung vorüber ist. Mr. Hough scheint es ein wenig besser zu gehen; zwar ist seine Temp. noch nicht normal, aber schon viel niedriger als zu Anfang. Seine Ärzte scheinen sich immer noch nicht einigen zu können, ob er nun Typhus oder die Spanische Grippe hat. Ich neige zum letzteren, wie auch Miss Jessup, obwohl er nicht den anderen Fällen gleicht, die wir im Lazarett hatten. Der arme Mann fängt an, seltsame Dinge zu reden – und wirkt manchmal völlig verwirrt.

3

Agnes von Kurowsky
Briefe an Ernest Hemingway

Einführung von Henry S. Villard

Die zahlreichen Briefe, die Agnes an Ernest Hemingway geschrieben hat, stellen nur eine Seite einer lebhaften Korrespondenz dar, in der täglich ein, zuweilen auch zwei Briefe abgeschickt wurden. Nach einer dreijährigen Unterbrechung kam es zu einem letzten Kontakt, mit dem ein Schlußstrich unter diese Kriegsepisode gezogen wurde. Die Sammlung enthüllt Agnes' Zuneigung zu dem verwundeten neunzehnjährigen Ambulanzfahrer des Roten Kreuzes. Die zärtlichen Worte, die sich in den Briefen reichlich finden, stehen in scharfem Gegensatz zu Agnes' späterem Versuch, die Beziehung herunterzuspielen und sie als bloßen Flirt abzutun.

Man hat stets vermutet, daß Ernest viel verliebter war als Agnes. Zwar erwiderte sie seine Gefühle, aber es läßt sich nicht eindeutig sagen, ob sie so stark waren wie seine. Ohne die Tagebuchaufzeichnungen und die Briefe ließe sich nur schwer einschätzen, inwieweit Ernie gegenüber den anderen Patienten des Lazaretts in Mailand bei Agnes eine Sonderstellung einnahm. Doch die Briefe geben Aufschluß über ihre Anteilnahme und Zuneigung. Verglichen mit den Tagebuchaufzeichnungen, die sich mehr oder weniger auf die Beschreibung des Tagesablaufs im Lazarett beschränken, offenbart sich in den Briefen ein Übermaß an liebender Fürsorge.

Sie unterscheiden sich nicht allein in Stil und Inhalt von den Tagebüchern. Während Agnes ihre Tagebucheinträge nur für sich selbst notiert und Gedanken zu Papier bringt, die sie einem anderen Menschen nicht anvertrauen würde, öffnet sie in den Briefen ihr Herz. «Nie hätte ich mir vorstellen können, daß ich meine Gefühle so offen und ehrlich niederschreiben kann ... Was geschrieben ist, läßt sich nicht mehr zurücknehmen.» In ihrer Spontaneität, Ungekünsteltheit und Zuneigung unterscheiden sich ihre Zeilen in nichts von den Briefen, die wahrscheinlich auch andere junge Frauen zu jener Zeit an ihren Geliebten geschrieben haben. Und als solche sollten sie auch betrachtet werden.

Leider kennen wir Hemingways Antwortbriefe nicht. Es läßt sich vermuten, daß sie mindestens ebenso leidenschaftlich wie Agnes' Briefe waren. Jahre später bekannte Agnes, Hemingways Briefe an Domenico Caracciolo – nach Ernests Rückkehr in die Staaten ihre neue Liebe – weitergegeben zu haben, und dieser habe sie verbrannt.[1] Jedenfalls ist bisher kein einziger von Hemingways Briefen an Agnes aufgefunden worden – auch nicht die drei, die ihr angeblich von Mary Hemingway gegeben worden waren, wie sie mir 1962 in einem Brief mitteilte.

[25. Sept. 1918][2]

Kid, mein Kid[3],
ich war gerade in Deinem Zimmer – Stühle können wirklich reden! Der ganze Raum machte mir angst, so daß ich rasch wieder hinausgehen mußte. Deshalb habe ich bloß Deine *biscotti* [Kekse] und den anderen Abfall weggeräumt. Am Vormittag werde ich die leeren Flaschen in Mr. Lewis' Zimmer stellen, weil Miss De Long Dein Domizil während Deiner Abwesenheit angeblich putzen will. Ach, ich wünschte, Du wärst heute abend hier gewesen, weil ich verdammt wütend über Mac war und jemand brauchte, an dessen Schulter ich mich mit meinem Zorn ausweinen konnte. Wie Du weißt, mag sie es nicht, wenn jemand tagsüber auftaucht und sich um ihre Patienten kümmert.

Sie spielte mir einen Streich, indem sie nach oben kam und für Lt. Lewis eine heiße Limonade zubereitete. Als ich mich beschwerte und sie daran erinnerte, daß sie mir so etwas tagsüber nie erlaubte – sagte sie bloß, er hätte Miss De Long darum gebeten. Daraufhin bin ich gegangen. Als sie wieder aus dem Zimmer kam und meinte, ich könne ihm die Limonade bringen, sagte ich:

«Danke, Mac, lieber nicht.» Sie war den restlichen Abend so nett zu mir, daß ich glaube, es tut ihr leid, aber es hat mich verletzt. So eine Kleinigkeit, und schon verliert man die Nerven, aber es war wirklich verdammt unfair!

Zurück zu uns – das wichtigste Thema – wenn es bei Dir abends ähnlich lustig zugeht wie hier, mußt Du die Zeit ja genießen. Cavie blieb oben, und wir spielten mit Mr. Allen und Mr. Rochefort 500, bis letzterer ausstieg, um sich Miss Fisher zu widmen. Als Lt. Mitlis auftauchte, war das Spiel bald zu Ende, weil sie und Mac ihn nach unten in die gute Stube begleiteten.

Du hättest Edward sehen sollen. Es war zum Schießen, wie er mit Cavie spielte, die ja kein Experte darin ist, während er mit Herz und Seele und mathematischer Präzision an die Sache herangeht. Sie sagt: «Also, der Joker ist jetzt Trumpf, oder? Und dann kommen die beiden Buben, nicht wahr? Schade, ich habe keinen!» Und dabei hatte sie gerade angesagt, mit Karo sieben Stiche zu machen. Er bemerkte nur, sie könne nichts falsch machen, wenn sie ihren Verstand benutzen würde. Grausame Jugend.

Ein herrlicher Abend für einen großen Teller Minestrone, und ich habe hier genug für zwei. Zu schade, daß ich allein essen muß.

Heute nachmittag begegnete ich Signor Walker und Signor Maxwell. Die Verwirrung war groß, aber ich tat so, als würde ich nichts bemerken. Mr. Walker entschuldigte sich mit gepreßter Stimme für diesen schrecklichen Faux-pas, und ich versicherte ihm, es sei [unleserlich] und vergessen.[4]

Wenn ich noch mehr schreibe, gerate ich ins Wasserzeichen – und das leere Papier unter dem Briefkopf wirkt zu traurig, um darauf zu schreiben. Das Wetter unterstützt diese Gefühle noch.

Vergiß nicht zurückzukommen, Du mein Junge, denn Du fehlst mir schrecklich.

Jetzt bist Du an der Reihe, die Uhr tickt – also «hinein ins Vergnügen».

«Dein, bis daß der Krieg endet»
(Aus den Liebesbriefen eines Rekruten)
Aggie

(Eine scheußliche Tageszeit zum Schreiben, aber nur so schaffe ich es, nicht sentimental zu werden.)

[26. Sept. 1918][5]

Mein lieber Junge[6],
ich bin so müde, daß mir fast die Augen zufallen, aber ich muß Dir eine Neuigkeit mitteilen, weil ich morgen sicherlich keine Zeit dazu habe.[7] Ich brauchte heute keinen Nachtdienst zu machen, daher legte ich mich nicht schlafen, sondern verbrachte den Nachmittag mit der Schnüfflerin[8] in der Stadt, um kleine Geschenke für die Geburtstagsfeier von Sis Cavie zu besorgen.

Alles klappte prächtig, und Cavie war sehr glücklich, so daß mir scheint, ich habe erreicht, was ich wollte, aber, lieber Himmel, bin ich müde. Miss De Long animierte die Meute zum Kartenspielen – das heißt, der Abend war ziemlich hektisch. Lt. Eckling (der Mann vom Roten Kreuz, der Louis Bernstein spielte) kam vorbei, außerdem Lt. Mitchell. Wirklich ein gesellschaftliches Ereignis. Fisher hat heute Nachtdienst und ist in Ungnade gefallen, weil sie nachmittags eigentlich hätte schlafen sollen, aber statt dessen mit Mac spazierengegangen ist. Und natürlich sind Miss De Long und ich ihnen auf dem Corso über den Weg gelaufen.

Hätte ich heute nicht alle Hände voll zu tun gehabt, wäre ich mir so einsam vorgekommen, daß ich sicherlich geweint hätte.

Cavie meinte heute, sie hätte das Gefühl, ich würde Dich nicht vermissen, weil ich so unbeschwert wirke. Aber diesen Eindruck habe ich berichtigt und ihr erklärt, daß mir nie zuvor jemand so sehr gefehlt hat. Ich kann vor lauter Müdigkeit nichts mehr schreiben, schon gar nichts Lesbares oder Sinnvolles.

Also *A Riverderla, mia bambino* [(!) Auf Wiedersehen, mein Liebling] – und paß gut auf Dich auf. Möglicherweise schreibe ich nicht noch einmal, wenn ich merke, daß meine Briefe so lange unterwegs sind.

Sei gesegnet –
Agnes

Bei mir liegt ein Brief für Johnny Miller.[9] Ich behalte ihn hier.

[Ohne Datum]

Gelieber alter Ofen – –
Das ist noch schlechter als sonst, aber bedenke das Wetter, meine armselige Phantasie, die Tageszeit und meinen verwegenen Versuch, meinem Meister heitere Zeilen zu schreiben – da muß Dein hartes Herz vor Mitgefühl doch eigentlich weich werden.

Denn zuweilen bin ich sogar zu noch Schlimmerem fähig, Teil meiner dunklen Vergangenheit, die ich bisher Deinem fragenden Blick noch nicht offenbart habe.

Ach, Meister, wie gerne würde ich Dir zu Füßen sitzen (nachdem Du mir angemessene Beachtung geschenkt und saubere Strümpfe angezogen hast) und die Perlen wahrer Literatur einsammeln, die sich aus Deiner Schreibmaschine zu Boden ergießen. Ich nehme die fortgeworfenen Schnipsel aus dem Papierkorb und webe daraus ein phantastisches Märchen.

Hör mal, momentan friere ich und brauche etwas, was mich anheizt. Du merkst es daran, daß meine Gedanken wandern. Ach, wo ist heute abend nur mein umherschweifender Verstand geblieben? Entfache den Sturm wie das elektrische Licht. Ich sage Dir, es wird langsam zur Gewohnheit. Ich weiß nicht, wie ich es tue, aber ich tue es. Ich weiß nicht, wie es klingt, wenn es ausgesprochen ist, aber es vergeht kein Tag, an dem ich nicht jemanden glücklich mache, und niemand beklagt sich: «Was für eine Ziege!»

Lieber *bambino*, dieser Brief ist vermutlich mein letzter, weil Du auf eine Wiederholung solchen Gefasels keinen Wert legen wirst. Aber irgendwie, trotz dieses trüben Tages, bin ich nicht trübselig, sondern [unleserlich]. Du darfst den Kram einfach nicht im Gedächtnis behalten, da all das ohne mein Zutun aus mir heraussprudelt. Das ist das Ergebnis, wenn man jemanden ablehnt und ihm einen Korb gibt. Es ist die Frau, die bezahlt. Uff. Trotzdem l- [liebe] ich Dich, also sei gegrüßt, bis *dopo*.

Agnes

«Und was wird heute sein
mein Junge,
Und was wird heute sein.
Ich muß mich schlafen legen,
Und werd dich heute nacht
Nicht ruhen lassen, bis der Tag anbricht.
Doch ich weiß, du grollst mir nicht,
mein Junge
Ich weiß, du grollst mir nicht,
Schon bald bin ich erlöst
und du in Trauer,
Nicht länger sichtbar werd ich sein.
Heut nacht, wenn du dein Haupt zur Ruh legst,
Liebster
Heut nacht, wenn du dein Haupt zur Ruh legst,
Wenn Regen niederfällt,
Dann öffne ich die Tür und berg
Den Kopf an deiner Brust.[»]

[8. Oktober 1918][10]
Via Manzoni Nr. 10,
Mailand

Geliebter Buschmann --
heute vormittag ist es fast zum Streit mit Cavie gekommen, weil sie das, was ich über die Demonstration gestern abend gesagt habe, nicht glauben wollte – ich habe nur wiedergegeben, was Du mir gesagt hattest. Casey – alias Schnüfflerin, hat mir jedes Wort geglaubt, und auch die anderen haben es in ihren letzten Bemerkungen bestätigt – «alors».

Aber da das mit dem amer. Kabel und der Forderung nach Waffenstillstand nicht aus der Luft gegriffen sein kann, ist es nett, wilde Pläne für das neue Jahr zu schmieden. Also lege ich mich jetzt schlafen und träume von glücklichen Zeiten und erlaube Dir nicht, länger Trübsal zu blasen wie in den vergangenen Nächten. Und vielleicht können wir heute abend schon sagen, wer von uns die schönsten – verrücktesten – unmöglichsten Pläne für die Zukunft hat, die wir zusammen auf die Beine stellen werden – *n'est-ce-pas*?

Außerdem, Mister Kid, mein Lieber – wenn Du es noch einmal wagst, Deine funkelnden Augen mit solch außerordentlich traurigen Glanz zu füllen, dann werde ich in der Versenkung verschwinden, und – tja – wer weiß, was ich dann tue, aber vermutlich wirst Du den Bellias[11] nicht mehr unter die Augen treten können, wenn sie in die Stadt kommen. (Ich will nicht, daß Du denkst, ich sei nicht mehr eifersüchtig, sonst kommst Du gleich mit dem Vorwurf, ich würde Dich nicht mehr mögen.) Wünschst Du Dir nicht manchmal, wir könnten ein Jahr überspringen? Aber dann würden wir wahrscheinlich ewig der verlorenen Zeit nachtrauern und uns vormachen, daß all die schönen Dinge, auf die wir vergeblich warten, sich genau in diesem Jahr ereignet hätten. An allem Elend wäre es schuld. Ich wüßte zu gerne, ob meine Worte einen Sinn ergeben oder *non* –.

Liebster, versprich mir, nicht krank zu werden. Dann können wir vielleicht Deinen Ahnungen ein Schnippchen schlagen. Und denke an das schreckliche Beispiel von Capt. Graves. Aber eigentlich wollte ich Dich nicht an ihn erinnern. Sobald Du wieder fröhlich bist und das Leben durch die gute alte rosarote Brille siehst, werden wir eine neue, aufs üppigste illustrierte Luxusausgabe von einem Brief an die drei urwüchsigen Pfadfinderinnen – aus der Sekt. 4 – herausgeben, die uns dieses hübsche Brieflein mit den urtümlichen Zeichnungen des einheimischen Vogels und so geschickt haben. So lehrreich! Meine Herren! Wie sich die Zeiten und Sitten doch seit meiner Kindheit verändert haben!

Deine *kleine* Idiotin (aber trotzdem – Deine – damit Du mich nicht trittst). Von (– auch bekannt als Ag – Aggie – Agonie – Agnes – Kid – Mrs. Kid und noch einiges mehr)

[15. Okt. 1918][12]

Liebster Kid,
mein Füllfederhalter ist trocken – der einzig trockene Gegenstand im Waggon – weil ein entzückendes kleines Loch im Dach ist – aber ich möchte gerne mit jemandem plaudern, und Du bist der wichtigste Jemand, der dafür in Frage kommt – also unterhalte ich mich mit Dir – mit Hilfe eines Stifts.

Ein seltsames Gefühl, jetzt von Dir fortzufahren, wo ich doch die ganze Zeit versucht habe, mir vorzustellen, wie es wäre, wenn Du mich verläßt. Wir haben gerade Piacenza verlassen, und obwohl der Zug nicht schnell fährt, schaukelt er für jemanden, der gerne ein Gespräch via Bleistift führen möchte, äußerst störend hin und her. Mir gegenüber sitzt das Paar, das Du gesehen hast – *signora* hat zweifellos Fieber, und ich frage mich, ob sie meine Medizin und meinen Ratschlag zurückweisen würden, wenn ich sie anböte. Papi ist offensichtlich sehr besorgt um sie. Er hat sie in seinen Mantel eingepackt und bietet ihr hin und wieder ein Hustenbonbon an. Wahrscheinlich möchte ich Dich jetzt einfach bei mir haben, damit Du mir auch diese kleinen Aufmerksamkeiten erweist und mir mein Cape um die Schultern legst usw.

Wenn sie jetzt nicht hier säßen, hätte ich jetzt wohl noch ein paar mehr italienische Offiziere zum Freund, gewissen Beobachtungen meinerseits nach zu schließen – aber *niente – niente*.

Natürlich habe ich Deinen Brief gelesen, und er hat mir sehr gut gefallen – aber meinst Du wirklich, Du hättest mir Deinen Talisman geben sollen, lieber Junge? Stell Dir mal vor, Du mußt zurück an die Front, während ich hier bin, und hast ihn nicht bei Dir. Doch vielleicht ergibt sich für Dich eine Gelegenheit, nach Florenz zu kommen, solange ich hier bin – also werde ich mir keine unnützen Sorgen machen. Ich hoffe nur, daß Du dieses Gekritzel entziffern kannst – wenn nicht, um so besser, da Du die Güte hattest, meine normale Handschrift so sehr zu bewundern. Ich esse gerade Schokolade – als Stimulans für die Lebensgeister. Miss De Long meinte, ich sei die erste, die heiter gegangen ist, also muß ich meinen Ruf wahren – selbst wenn es Verstellung erster Güte ist – und Du Verstellung so sehr verabscheust.

Ich hoffe, Du und Mac, Ihr seid Euch inzwischen wieder nähergekommen. Ich bin so traurig, daß Du – schon gut, nimm es mir nicht übel, ich möchte Dich jetzt nicht per Brief ausschelten.

Ach, sonniges Italien! Wenn der Brief bei Dir eintrifft, weißt Du jedenfalls, daß ich wohlbehalten angekommen bin. Meinem Eindruck nach ist die wohlbehaltene Ankunft noch in Frage gestellt, da ich mich zu wenig auskenne und nicht einmal weiß, wo die Namen der Bahnstationen angebracht sind – auf dem Dach, vermute ich, denn ich habe überall nach Schildern Ausschau gehalten und nirgendwo eines gefunden.

Das ist die zusammenhangloseste Epistel, die ich je zu Papier gebracht habe, da ich von Zeit zu Zeit eine Pause einlege und nachdenke und dann natürlich den Faden verliere. Aber ich hoffe, Du siehst mir dieses Durcheinander nach.

Ich habe viel mehr Mitleid mit Dir als mit mir. Ich bin auf dem Weg zu einer neuen Aufgabe – und Du bleibst, wo Du bist –, ohne eine Beschäftigung. Lieber Kid. Schon bald nachdem ich zu schreiben aufgehört hatte, erklärte mir das Paar gegenüber, daß ich erst um Viertel nach elf in Florenz ankommen werde. Welch ein Ärger! Gottlob habe ich die Schokolade mitgenommen. Natürlich hatte der Zug Verspätung, und jetzt ist es Viertel nach eins in der Nacht. Ich wünschte, Du könntest den Raum sehen, in dem ich heute übernachte. Er ist dreimal so groß wie die Bibliothek des Lazaretts, in der wir gestern abend saßen. Ich habe 18 Stühle, fünf Hocker und ein kleines Sofa gezählt. Alles in Gold und mit Brokat. Die Wände sind mit rotem Brokat verkleidet, und die Vorhänge sind aus dem gleichen Stoff. Was für ein Raum! Ich fühle mich ziemlich verloren, aber auch sehr müde. Also *buono notte* [!], mein prächtiger Junge.

Dieser Stift ist wirklich eine Katastrophe. Hoffentlich bist Du nicht unangenehm überrascht über meine schludrige Schrift. Ach ja, ich habe noch vergessen, daß Capt. Aikin mich abgeholt hat und ich morgen um neun Uhr ins Krankenhaus muß. Liebster, Du fehlst mir unendlich.

Deine – Agnes

Ich werde noch einmal Dein Foto ansehen, bevor ich mich schlafen lege.

16. Okt. 1918[13]

Geliebter Drückeberger –
kurz bevor Capt. Aikin mich heute vormittag im Auto hierhergebracht hat, habe ich meinen Sermon von gestern und vergangener Nacht an Dich abgeschickt. Da ich heute für den Nachtdienst

eingeteilt bin, den ganzen Nachmittag frei habe und mich nicht müde fühle, vertiefe ich mich in meinen Stapel unbeantworteter Briefe. Man hat mich eingeladen, mit in die Stadt zu fahren, denn wir wohnen etwas außerhalb, aber es sah wieder nach Gewitter aus, außerdem hatte ich so dumme Kopfschmerzen und wollte an Dich schreiben – drei gute, überzeugende Gründe. Da ich Nachtdienst habe, werde ich noch Gelegenheit zu einem Ausflug in die Stadt bekommen. Mir gefällt das, denn wenn ich Tagdienst hätte, könnte ich mir die Stadt nur bei Nacht ansehen. Das geht natürlich nur, solange mein Patient noch so krank ist, und Capt. Aikin meint, er wird mich noch einige Zeit für die Pflege seiner sieben oder acht Mitarbeiter brauchen, die die Grippe haben – das heißt, ich werde wohl noch eine Weile hier sein. Schöne Aussichten – falls Du und Deine drei Kameraden Urlaub bekommen. Sollte das nicht klappen, sind die Aussichten eher trübe, fürchte ich. Aber Du hast ja sowieso gesagt, Du könntest es nicht ertragen, wenn Du mich den ganzen Tag herumschwirren siehst wie in der letzten Zeit. Daher ist es so wahrscheinlich am besten. Also, sei guten Mutes, mein alter Kid, und denk immer daran, daß ich Dich ebenso vermisse wie Du mich, wenn auch vielleicht nicht ganz so heftig.

Als ich gestern das Paar im Zug sah, wünschte ich die ganze Zeit, Du würdest neben mir sitzen, damit ich meinen Kopf an dieses Plätzchen – Du weißt schon, die Mulde für mein Gesicht – legen und in Deinen Armen einschlafen könnte.

Miss Jessup – die einzige amer. Rotkreuzschwester hier in Florenz, erzählte mir von zwei Fliegern, die diese Woche im Hotel logieren. Sie erzählten ihr eher finstere Dinge von Sam Walkers Überraschungsfest im Ospedale in jener berühmten Nacht. Hast Du schon gehört, daß unsere Feiern in ganz Italien berühmt sind? Sollte ich den jungen Männern – Mr. Farquharson und dem Blonden, der in jener Nacht in dem Quartett mitsang – noch einmal über den Weg laufen, werden sie ihr blaues Wunder erleben.

Dieses Krankenhaus hier ist groß und liegt auf einem Hügel. Man hat eine wunderbare Aussicht auf Florenz. Hier sind ziemlich viele englische Schwestern, aber nur eine ausgebildete. Sie sprechen Italienisch in rasendem Tempo, das heißt natürlich, ich bin zum Schweigen verurteilt.

Schade, daß ich Cavies Kamera nicht mitgenommen habe – hier gibt es so vieles, was ich gerne im Bild festhalten würde. (Das ist *keine* Anspielung und auch kein Wink mit dem Zaunpfahl – *capito?*) Du fühlst Dich so oft angegriffen, dabei ist es gar nicht so gemeint. Immer wieder schaue ich mir Dein Foto an, ebenso wie ein anderes, das ich mitgenommen habe. Das Bild, auf dem Du im Bett liegst und pfeifst (Darling hat es geknipst), und ich hoffe, daß Du Dich nicht ungezogen aufführst, sondern zu allen nett bist, was Du ja kannst, wie ich weiß.

Das wird ein komischer Nachtdienst heute. Mit meinem Patienten und noch einem – einem Tommy – bin ich ganz allein im Haus. Beide haben die Grippe. Daher wirst Du wahrscheinlich so viele Briefe bekommen, daß Du gar nicht weißt, wie Du alle beantworten sollst. Ich schicke einige an die Clubadresse, denn ich möchte nicht, daß Du ins Gerede kommst. Lieber alter Knabe – Du bist so weit weg – aber zwei Jahre sind noch weiter, also muß ich mich in Geduld üben. All meine Liebe und noch mal so viel.

Wie immer, Deine Ag

17. Okt. 1918

Kid, Lieber[14],
ich wünschte, mir würden ein paar neue und originelle Namen für Dich einfallen, mit denen ich Dich überraschen kann, aber anscheinend lande ich immer wieder bei meinen ersten Geistesblitzen. Natürlich bist Du «Weshalb Mädchen ihr Zuhause verlassen», «Das Licht in meinem Dasein», «Mein Teuerster und Bester», «Der Ernsteste aller Ernests», «Wertvoller als Gold in Kriegszeiten», «Mein Held» und noch viele andere, mit dem ich jetzt nicht die Seite füllen möchte.

Du solltest mich beim Nachtdienst sehen. Ich bin vollkommen allein mit meinem Patienten. Der andere liegt am anderen Ende des Gebäudes – und schläft die ganze Nacht, außerdem wohnen zwei Schwestern auf diesem Stockwerk. Und dann gibt es noch einen Soldaten, der die Tür bewacht. Ansonsten ist niemand mehr im Haus, und die anderen Krankenhaustrakte liegen ungefähr einen halben Straßenzug weit weg. Himmel – wenn Du hier wärst, dann würde ich jetzt zu Dir ins Zimmer stürmen und mich um Dich kümmern, und Du würdest mich anlächeln und mir Deine kräftigen Arme entgegenstrecken. Aber was nützt das ganze Wunschdenken?

Die erste Hälfte der Nacht hat es nur geregnet. Ich saß da, habe *The Golden Triangle* von Maurice LeBlanc gelesen und vor Grauen gefröstelt. Du weißt ja, wie er schreibt. Ungefähr um drei hatte es fast aufgehört zu regnen, ich sah aus dem Fenster – und entdeckte die gute alte Frau Luna – eine große gelbe Scheibe, umrahmt von dicken schwarzen Wolken, und auf der anderen Seite ein paar glitzernde Lichter der Stadt. Ach, es würde Dir gefallen, und dazu noch das beruhigende Trommeln des Regens.

Mein armer Patient ist ziemlich krank und sehr unruhig, er hat die ganze Nacht nicht geschlafen, – das hat mich wachgehalten – und ich hatte gar keine Gelegenheit zu frieren – daher brauchte ich «meinen Ofen» auch nicht, um mich körperlich aufzuwärmen, – gäbe es nicht noch die vielen anderen Bedürfnisse.

Liebe Güte, hier ist es so still, daß mein Stift sich so laut anhört wie eine vorbeifliegende Caproni[15].

Halb neun. Hättest Du bloß die aufregende Rettungsaktion mitverfolgen können, die ich soeben durchgeführt habe. Die ganze Nacht über saß auf dem Dach ein Kätzchen und miaute erbärmlich. Ich fand es, als ich meinen Dienst beendet hatte, kletterte auf eine Bank und von dort aufs Fensterbrett – zum Entsetzen eines Soldaten, der gerade ein Fenster von innen putzte – und holte das dankbar schnurrende Tierchen herunter.

Aber jetzt muß ich in mein kaltes *letto* [Bett] und meine eiskalten winzigen 2 × 4 – aber wenn der Regen soweit aufhört, gehe ich heute nachmittag in die Stadt.

Ich liebe Dich noch immer – auf ewig –

Agnes

17. Okt. 1918

Ernie, mein Liebster –[16]

der Brief, den ich heute erhielt, war so nett und – kam außerdem unerwartet, weil ich damit gerechnet hatte, frühestens morgen von Dir zu hören. Ich nenne Dir einen Grund, weshalb er mir so gefallen hat. Vermutlich möchte jedes Mädchen von einem Mann hören, wie nett sie ist und daß er ohne sie nicht leben kann. Egal – ich bin auch nur ein Mensch und finde es herrlich, wenn Du mir diese Dinge sagst, und glaube Dir einfach. Also habe keine Angst, daß ich Deiner müde werde. Noch mach ich mir keine Sorgen, daß Du mich mal nicht mehr so lieben könntest, wie Du es jetzt tust, aber manchmal kommt mir solch ein Gedanke in den Sinn, und das gefällt mir überhaupt nicht.

Mein liebes Herz, mach nicht so ein trübsinniges Gesicht. Am liebsten erinnere ich mich an Dich, wie Du nachts warst – lächelnd und überschäumend vor echter Freude – und immer habe ich Dein berühmtes Grinsen vor Augen. Also, zerstöre dieses Bild nicht, indem Du ein langes, jämmerliches Gesicht machst, und schreibe so oft, wie Du Dir Briefmarken leisten kannst. Denn überleben kann ich zum großen Teil nur mit dem, was ich im Briefkasten finde. Der Zustand meines Patienten bedrückt mich. Drei weise, aufgeblasene Mediziner berieten heute abend über ihn, aber wir wissen noch nicht, zu welchem Resultat sie gekommen sind. Ich sehe nur, daß er unruhig und nervös ist und nicht schlafen kann – auch gestern nacht nicht, und daß er Blut spuckt, und das macht mir Sorgen.

Daher komme ich vielleicht früher zurück als Du erwartest. Zur Abwechslung ist es heute abend trocken. Als ich nachmittags die Stadt erkunden wollte, fing es erneut zu regnen an, also blieb ich statt dessen im Bett. Die Nachtschwester hier hat Dienst von sieben Uhr abends bis zum nächsten Morgen um acht. Seltsame Einteilung, was? Aber es soll mich nicht stören, ist ja nicht für immer.

Ich habe Deinen heutigen Brief dreimal gelesen, und tue es jetzt noch mal. Hätte nie gedacht, daß ich mich je derart närrisch benehmen würde. Du weißt, daß Du selbst ziemlich wunderbar bist

– prächtig, frisch und gesund, fröhlich – außer manchmal, aber davon wollen wir nicht sprechen. Außerdem voller guter Einfälle bei allem, was zählt. Und natürlich weißt Du, daß Du schreiben kannst, also muß ich Dir das nicht extra sagen. Alles in allem bist Du ungefähr der netteste Mann, den ich kenne und jemals kennenlernen werde.

Ich fühle mich sehr allein – so weit weg von Dir und meinen Freundinnen. Ich habe nicht einmal irgendwelche Bellias entdeckt, die mir die Zeit vertreiben helfen.

Ich bin nicht in einem amerikanischen Rotkreuzkrankenhaus. Also adressiere Deine Briefe an mich nur c/o Amer. Rotes Kreuz – dann erreichen sie mich ganz bestimmt.

Viel Glück, mein Liebster – und vergiß weder mich noch daß ich Dich liebe.

Ag

19. Okt. – [1918]

Liebster Mr. Kid[17],
Du hast mich leider an der Nase herumgeführt – gestern ist keine Post von Dir gekommen, und ich fühle mich plötzlich ziemlich verlassen. Vielleicht kriege ich dafür morgen zwei. Ich werde auf jeden Fall weiter fröhlich sein, bis ich weiß, ob ich heute von Dir höre – oder nicht.

Gestern bin ich in die Stadt gegangen. Man hatte mir geraten, die Straßenbahn zu nehmen, aber ich fand es viel sportlicher, zu Fuß zu gehen. Außerdem verlaufe ich mich dann nicht so leicht. Also folgte ich den Schienen, und als sie sich zu sehr verzweigten, bin ich mal in diese und dann in jene Straße eingebogen und stand schließlich vor dem Duomo – wenn's genehm ist! Dann entdeckte ich einige beeindruckende Häuser und kam mir sehr ungebildet vor, weil ich nicht wußte, welche es waren. Vor einigen standen eine Menge Statuen. Florenz ist wirklich die interessanteste Stadt, die ich bisher gesehen habe – man hat den Eindruck, sich in der Antike und im Mittelalter zu befinden. Ich wünschte, ich könnte mich an alles erinnern, was ich darüber gelesen habe. Wenn ich das nächste Mal in die Stadt gehe, kaufe ich mir einen

Führer und bilde mich ein wenig – es gibt so viel zu sehen. Und jemand hat mir erzählt, der Palazzo Pitti sei geöffnet, aber die Uffizien nicht. Davon hast Du bestimmt auch schon gehört, vermute ich. Als ich gestern durch die Straßen ging, dachte ich die ganze Zeit daran, wie herrlich es wäre, Dich dabei zu haben. Du könntest mir helfen, mich zurechtzufinden, und wir könnten die Stadt erkunden. Ich ging und ging, und schließlich entdeckte ich einen Laden, in dem es köstliche Milchschokolade gab, – aus eigener Herstellung – wie Deine *talmone* in Turin. Als ich *stanco* war und mit der Straßenbahn nach Hause fahren wollte, hatte ich keine Ahnung, in welche Richtung. Nachdem ich herumgefragt und unverständliche Antworten erhalten hatte, fand ich die richtigen Gleise – aber da fuhr meine Bahn gerade an mir vorbei. Also machte ich mich zu Fuß auf den ermüdenden Weg nach Hause. Da das Krankenhaus ziemlich weit von der Stadt entfernt auf einem steilen Hügel liegt, war ich danach recht groggy, wie Du es wahrscheinlich nennen würdest. Bisher bin ich hier in Italien nicht viel spazierengegangen, und jetzt sind meine armen, alten Knie ganz schön weich. Nächstes Mal mit der Straßenbahn.

Dieser Brief ist à la Sawhill – ich rede nur von mir – aber, mein Lieber, es macht mir angst, über Dich zu schreiben – oder Dich und mich.

Alles, was ich sehe oder lese, läßt sich auf die Sache mit Dir übertragen. In jedem Liebesroman finde ich eine Parallele.

Der Zustand meines Patienten ist unverändert, und jetzt meinen sie, er habe Typhus. Miss Jessup und ich haben unsere Zweifel an dieser Diagnose – aber wir werden ja sehen.

Wenn Du mir nicht jeden Tag schreibst – sehe ich mich leider gezwungen, meine täglichen Briefe einzustellen, und hätte dann niemanden mehr, mit dem ich mich unterhalten kann. Es liegt mir soviel daran, Ernie.

Immer Deine –
Aggie

20./21. Okt. [1918] [18]

Lieber *Maestro Antico* – [19]
gestern habe ich nicht geschrieben, da ich zwei Tage nichts von Dir gehört hatte. Aber heute morgen fand ich einen Brief, der den ganzen Tag im Büro gelegen hatte. Gestern und heute abend kamen zwei weitere. Ein Festtag! Ich soll Dir sagen, daß Du nicht – wie allgemein bekannt – auf die Briefe an mich «Al» schreiben sollst, sondern «Alla» – («Aus Liebe zu Allah», weißt Du). Habe ich Dir eigentlich geschrieben, daß das hier nicht das Amer. Rotkreuzkrankenhaus ist, sondern das amer. Krankenhaus des italienischen Roten Kreuzes? Aber was soll ich mir Gedanken machen, was Du auf die Briefumschläge schreibst, solange innendrin was Nettes steht – und ich würde sagen, das ist so. Hoffentlich erreichen Dich die Briefe, die ich an die Adresse des Clubs geschickt habe, da ich die Anschrift nicht kenne und es auf gut Glück versuche. Es wäre besser, Du würdest Deine Briefe datieren, damit ich weiß, von wann sie stammen. Sie erregen hier allmählich Aufsehen. Sollte ich nicht allzu lange in diesem Krankenhaus bleiben, wäre es mir lieber, Du würdest sie an die Adresse des Roten Kreuzes hier in Florenz schicken. Bestimmt erreichen sie mich genauso. Ich bezweifle, daß man sie mir nachschickt, wenn ich einmal abgereist bin, denn sie gehen hier nicht sorgsam mit solchen Sachen um. Deine beiden letzten Briefe klangen endlich ein bißchen fröhlicher. Vielleicht warst Du albern, wie auch immer, ich saß im Zimmer meines Patienten, als ich sie las. Mit meinen plötzlichen hysterischen Lachanfällen hätte ich ihn fast aus seiner Erstarrung geweckt. Ich wollte unbedingt Zuhörer haben, also las ich Miss Jessup – ein Mädchen, das Dir bestimmt gefallen würde – die lustigen Stellen vor – zum Beispiel die mit dem Maultierfleisch gegen Bachforelle. Miss Jessup ist weit herumgekommen in der Welt – war seit Kriegsausbruch erst einmal zu Hause, hat die Typhusepidemie in Serbien miterlebt. Sie war die einzige Schwester im Krankenhaus. Mein Papier geht langsam aus, daher der Eindruck, ich würde sparen, weil ich es beidseitig beschreibe. [20]

Lieber Junge, schick mir bloß keine Kamera. So ein Unsinn. Na ja, es entspricht Deinem großzügigen Herzen.

Agnes von Kurowsky in ihrer Rotkreuzuniform.

Sektion 1 des Sanitätsdienstes des Amerikanischen Roten Kreuzes, Bassano 1918. Henry Villard steht in der hinteren Reihe links außen. Fast alle Fahrer waren Harvard-Studenten. Man beachte die hohen Kragen der offiziellen Rotkreuzuniform.

Ernest Hemingway in Mailand im Alter von 19 Jahren.
(Mit freundlicher Genehmigung der Ernest Hemingway Foundation)

Henry Villard auf der Terrasse des Rotkreuzlazaretts in Mailand, August 1918.

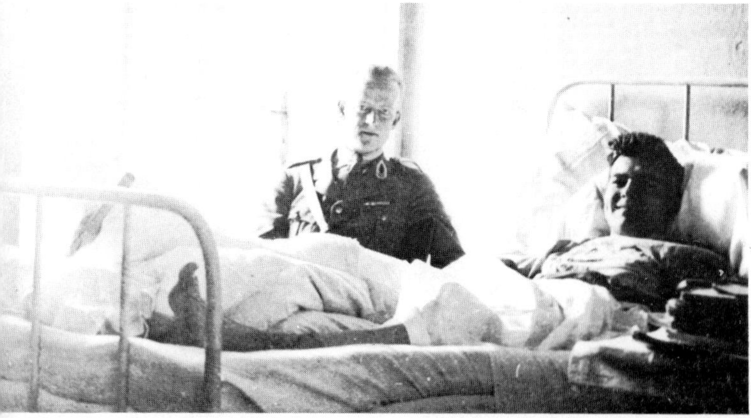

Hemingway im August 1918 in seinem Zimmer im Rotkreuzlazarett. Neben ihm sitzt Captain Meade Detweiler. (Foto von Henry Villard)

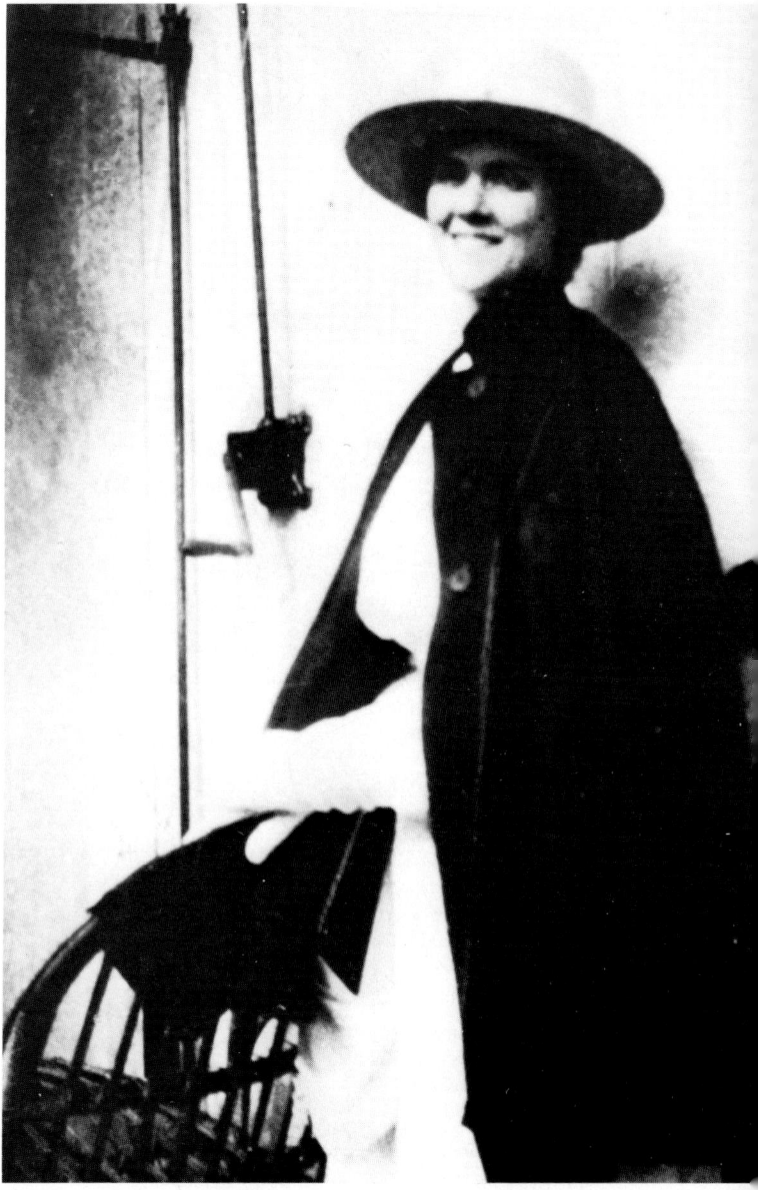

Agnes von Kurowsky 1918 in Mailand.
(Aufnahme aus ihrem Fotoalbum)

Agnes von Kurowsky und Ernest Hemingway 1918 auf der Terrasse des amerikanischen Rotkreuzlazaretts.
(Mit freundlicher Genehmigung der Ernest Hemingway Foundation)

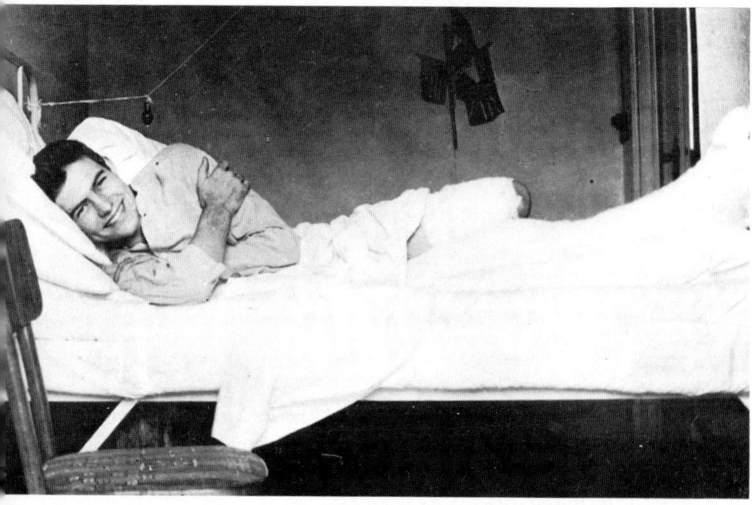

Ernest Hemingway im amerikanischen Rotkreuzlazarett. Dieses von Henry Villard aufgenommene Foto schickte er an seine Eltern.

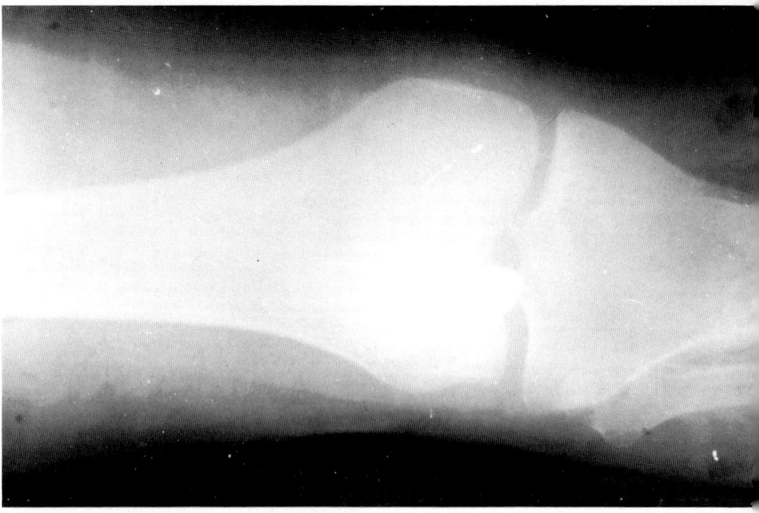

Die Röntgenaufnahme von Hemingways Knie zeigt eine Maschinengewehrkugel, die die Kniescheibe jedoch nicht durchschlagen hat. Sie bestätigt seinen Bericht in dem Brief an seinen Vater. (Mit freundlicher Genehmigung von Maurice F. Neville)

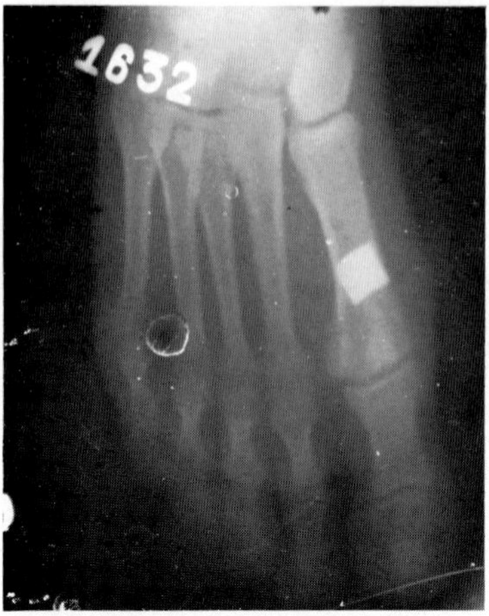

Die Röntgenaufnahme von Hemingways rechtem Fuß zeigt den von der Maschinengewehrkugel zerschmetterten Zeh. (Mit freundlicher Genehmigung von Maurice F. Neville)

Eine Kugel aus Hemingways Geldbörse aus dem Ersten Weltkrieg. Möglicherweise die aus seinem Knie.

CUM GLADIO JUSTITIA ET CARITAS

Summum Magisterium

aestimat Te

Ernest Hemingway

pro meritis dignum qui adscribaris in Equitum Militiam Militaris Capitularis Ordinis Gladii Aurei Cypri Anno Domini Millesimo Centesimo Nonagesimo Quinto, ex disciplinae Sancti Basilii praeceptis, constituti a Principe Guidone de Lusiniana Gente prognato, Burgundionibus Regibus edito, Cypriorum Rege, Chiennae et Pictonum Agrorum et aliarum Francorum terrarum Domino, contra nominis Christiani hostes, Equitum Gladii vel Silentii ope et auxilio Fidei tuendae causa et his temporibus novam in lucem relati atque pristinam in dignitatem restituti ,iisdem animo ac studio ex quibus tunc institutus est, miserorum inopiae ad opitulandum et doctrinas disciplinasque ad augendas quae hominum misericordiae et caritati adiumento sint, Tibi confert dignitatem quae inscribitur

Cavaliere di Gran Croce al Merito

et tuis pro meritis laudandis concedit ut hunc Titulum geras, ex Legibus Praescriptis et eiusdem honoris Insignibus aptis exorneris moribus huius Ordinis Liberi ac Soluti ex cuius Equitibus es iam nunc.
Proinde hoc Breve habeas Summi Magisterii pro iure Sigillo obsignatum et Subscriptionibus omnium Ordinis Dignitatum, quae Tibi Salutem dicunt.

S. Inquisitoris | S. Cancellarii | S. Sigillorum Custodis | S. Superintendentis

Die Urkunde zu Hemingways Verdienstkreuz.

Einige von Hemingways Auszeichnungen, die er für seinen Einsatz in Fossalta di Piave erhielt.

Ernest Hemingway 1919 in Oak Park mit einem italienischen Offiziersumhang. Noch immer geht er am Stock.

Jedesmal, wenn Du Dinge schreibst wie: «Amüsier Dich gut», kann ich nur traurig lächeln. Ich führe ein größeres Einsiedlerdasein als je zu Zeiten des Nachtdiensts in Mailand. Ich stehe um halb sechs auf, esse um sechs zu Abend und gehe hinüber in das düstere Gebäude, in dem wir eingekerkert sind. Morgens koche ich für Miss Jessup und mich Kakao, verlasse das Krankenhaus ungefähr um acht und gehe wieder ins Bett. Manchmal treffe ich einige italienische Schwestern beim Abendessen, und manchmal esse ich allein. Die einzige Abwechslung seit meiner Ankunft hier war mein Spaziergang am Frei. in die Stadt, und es hat jeden Tag geregnet.

Aber ich will nicht klagen. Nur sollst Du nicht das Gefühl haben, ich würde ein fröhliches Leben führen, während ich von Dir getrennt bin. Mir scheint, meinem Patienten geht es etwas besser, und wenn er ganz außer Gefahr ist, können Miss Jessup und ich vielleicht gemeinsam ausgehen. Mir liegt nicht so viel daran, die Stadt allein zu erforschen. Wären Du und Dein Trio doch hier – nicht etwa, weil ich das Trio unbedingt brauche, aber ich zitiere Dich nur, o Du mein Meister. Florenz hätte ein ganz anderes Gesicht, wenn Du hier wärst.

Mit Deinem Gerede, daß ich Dich vergessen könnte und so weiter, machst Du mich ganz schön *stanco*. Gehe ich Dir etwa mit Banalitäten auf die Nerven? Nein, tue ich nicht. Wenn ich auch zugebe, daß meine Briefe nicht vor Witz sprühen. Aber unter den gegebenen Umständen kann ich nicht besonders lustig sein. Der Nachtdienst, wie ich zuvor bereits gesagt hatte, wirkt deprimierend auf mich – wenn es niemanden gibt, mit dem ich mich unterhalten kann.[21] (Im Augenblick plaudere ich reizend mit einer großen, schlanken Mücke, die gerne meine Hand küssen möchte. Verflixt, ich hab sie nicht erwischt.)

Also, ich habe nichts Wichtiges zu sagen, außer daß ich ein anderer Mensch sein werde, wenn ich wieder Dein Grinsen sehe. Deine beiden letzten Briefe stecken in meiner Schürze. In den langen Nachtstunden, wenn ich schlechte Laune habe und mich die Sehnsucht überfällt, nehme ich sie heraus und lese sie wieder durch, wie ich es mit allen früheren auch getan habe. Ich fürchte, das ist ein ziemlich dummer Brief. Vergib mir. Mir fehlt Deine anregende Anwesenheit. Egal, ich liebe Dich immer mehr, und ich weiß schon, was ich Dir bei meiner Rückkehr mitbringe.

Also gib mir einen Gutenachtkuß und ab die Post – (ich spreche mit dem Brief – nicht mit Dir).

T[esoro] – M[io]
[mein Schatz] –
Heißersehnter!
In Liebe –
Agnes

21./22. Okt. [1918]

Ach, liebster Mr. Kid,
keine Post heute, aber ich werde mir keine Sorgen machen. Ich bin sicher, daß Du mich nicht so rasch vergessen wirst. Ich habe zwei – oder drei – c/o «British-American Officers Club – Mailand» an Dich abgeschickt und würde gerne wissen, ob Du sie bekommen hast. Heute habe ich Dir eine Postkarte geschickt – ein Meisterwerk der Kunst der Verschlüsselung – das, wie Du sofort ahnst – für die Öffentlichkeit bestimmt ist.

Heute nachmittag war es zum erstenmal vergnüglich, seitdem ich hier angekommen bin. (Ein fürchterlich konstruierter Satz – aber ich schreibe zu schnell, um zu unterbrechen und ihn umzuformen.) Unserem Patienten geht es etwas besser, so daß Miss Jessup ihn in der Obhut einer anderen Schwester gelassen und mit mir einen Einkaufsbummel gemacht hat. Binnen eines Tages habe ich mein gesamtes Geld ausgegeben und es durch und durch genossen. Zuerst hat sie mir ein echtes Antiquitätengeschäft auf dem Ponte Vecchio[23] gezeigt. Dort verliebte ich mich in einen Ring.[24] Zum erstenmal in meinem Leben habe ich Schmuck für mich selbst gekauft – und vermutlich zum letztenmal, aber der Ring ist wirklich wunderhübsch. Ich bekam langsam Angst, das Geld würde mir noch während des Nachmittags ausgehen. Warte, bis Du ihn siehst – Du wirst ganz schön neidisch werden.

Anschließend gingen wir zu einem Silberschmied, wo ich ein paar handgefertigte Löffel erstand – und zwei Ketten mit römischen Perlen. Natürlich lauter Geschenke für die Familie – nicht nur für mich. Und für Dich habe ich auch etwas – nur ein Souvenir – sozusagen. Allerdings stammt das nicht vom Silberschmied. Alles ist hier billiger als in Mailand. In den Stickereigeschäften war ich noch nicht. Wahrscheinlich bin ich pleite, bevor ich Florenz verlasse. Ich habe nur noch 35 Lire übrig, und als ich wieder zu Hause war, fand ich meine Reiseschecks über 50 Dollar. Das heißt, wenn ich sie eingewechselt habe, kann ich noch mal einkaufen gehen.

Wahrscheinlich hältst Du mich für eine schrecklich extravagante Person, aber ich befürchte, daß sich mir solch eine Gelegenheit nicht wieder bietet. Ich habe mir außerdem einen Führer gekauft, den ich den Rest der Nacht lesen werde – und dann gehe ich wieder auf Entdeckungstour. Zum erstenmal in meinem Leben macht es mir Spaß, einen Städteführer zu lesen. Aber es gibt hier auch so viel anzusehen, daß ich die Gelegenheit beim Schopf packen muß.[25]

Anschließend tranken wir Tee in einem seltsamen Lokal, das als schick gilt – und gingen dann hinüber zum Duomo. Dort setzten wir uns auf die Treppenstufen, bis das Auto uns abholte. Die Mücken haben es heute abend wieder auf mich abgesehen. Heute früh hat mich eine auf den Mund geküßt, so daß ich danach eine Zeitlang richtig schief aussah. Das erzähle ich Dir, damit Du nicht auf den Gedanken kommst, jemand anderes als ein Insekt wäre daran schuld.

Bisher steht in dem Brief nur, was ich tue, und nicht, was ich denke. Im nächsten werde ich es nachholen.

Zwei Schwestern, so ist mir zu Ohren gekommen, haben Miss Jessup berichtet, ich sei verlobt. Aber Miss Jessup hält Dich nur für einen verknallten Jungen, dem ich gestatte, mir zu schreiben, und ich lasse sie in dem Glauben – aus Staatsraison. Du darfst auf keinen Fall denken, ich würde mich Deiner schämen. Im Gegenteil, manchmal bin ich sehr stolz auf Dich, und ich möchte hinausposaunen, daß Du mich liebst, und muß mich zusammenreißen, damit ich nicht damit herausplatze. Unsere Geheimnisse zu bewahren, *bambino mio*, ist unser Kriegsopfer – aber solange Du keine Geheimnisse vor mir hast und ich keine vor Dir (mir fällt zumindest nichts ein, was Du nicht bereits weißt), brauchen wir uns nicht darum zu kümmern, ob die Menschheit nun Bescheid weiß oder nicht. Denn ich fürchte, die Leute verstehen es ohnehin nicht und würden uns nur hart tadeln. Aber darüber sollten wir erst *dopo la guerra* nachdenken, oder nicht? Wird es nicht herrlich sein, wieder unbeschwert leben zu können? Ich kann es kaum erwarten. Frieden bedeutet dann für uns viel mehr als damals, als wir hier ankamen, *n'est-ce-pas?*

Ich bin heilfroh, daß Du keine harten Sachen mehr trinkst. Es zeigt, daß Du Charakter hast, obwohl Du niedergeschlagen bist. Ich wünschte, ich könnte der «Schnüfflerin» diese Kleinigkeit mitteilen – aber dann hätten wir keinen Grund mehr, «*dopo la guerra*» über sie herzuziehen, nicht wahr?

Lieber Junge, ich denke jeden Tag daran, wie schön es wäre, wieder Deine Umarmung zu spüren. Kürzlich mußte ich nachts tatsächlich die Wärmflasche in den Arm nehmen, um nicht zu erfrieren. Ist das nicht ein beängstigender Zustand? So weit fort von meinem warmen Ofen.

Ach, Kid, Du fehlst mir wirklich – und ich glaube, jeden Tag mehr –

Deine Mrs. Kid
Aggie

[22. Okt. 1918]

[An Lieut. E. M. Hemingway][26]
hoffentlich ist Mr. Tandy[27] nicht zu sehr aus dem Häuschen geraten, daß ich ihm als erstem eine Postkarte geschickt habe. Aber leider sind mir am Tag zuvor die Karten ausgegangen, als ich Euch allen eine schreiben wollte. Wahrscheinlich wird er noch ewig davon sprechen. Genau an diesem Ort bin ich heute gewesen – wenn auch nicht so weit oben.

Stets und für immer
Deine
A. V. K.

22./23. Okt. [1918]

Ernie, *mein* Junge –[28]
klingt ziemlich herablassend, aber es ist als Besitzanzeige gemeint – *capito?*

Nachdem ich mir soeben die Hände ohne Rücksicht auf meine Haut in Karbol gewaschen habe, bin ich jetzt keimfrei und kann mich eine Weile mit Dir unterhalten. Kein Brief von Dir seit dem zweiten Sonntag nachmittag, daher werde ich, wenn bis Mittag keiner kommt, morgen wahrscheinlich mit einem letzten Seufzer mein Leben aushauchen. Mit dem Nachtdienst ist jetzt Pause für mich. Für eine Woche übernimmt ihn Miss Jessup, da der Kampf lang und zermürbend sein kann, falls es tatsächlich Typhus ist. Mein Patient befindet sich im Zustand fortwährender Verwirrtheit, und nachdem ich gestern nacht meinen Brief an Dich fertig geschrieben hatte, konnte ich ihn nicht eine Minute mehr allein lassen. Er versuchte aus dem Bett zu steigen und mit den Leuten in seinem Zimmer zu reden – (oder denen in seiner Einbildung) die ganze Nacht. Ich überlegte mir schon, was ich machen sollte, wenn er gewalttätig würde, aber dann gelang es mir doch recht gut, ihn unter Kontrolle zu halten. Daher hoffe ich, daß wir auch heute nacht miteinander zurechtkommen. Stell Dir vor, ich habe morgen den ganzen Tag und die Nacht frei und nichts zu tun und niemanden, der es mit mir tut. Miss Jessup hat morgen abend natürlich frei, allerdings müssen wir mit Miss Sheldon, der Leiterin des Krankenhauses (die übrigens nicht mal Schwester ist) zu Abend essen, und die Straßenbahn fährt nach neun Uhr abends nicht mehr in unsere Richtung. Das heißt, wir müssen brav sein.

Miss Nolan kam heute auf der Durchreise hier vorbei und hatte sechs Briefe und eine Postkarte für mich, die bereitlagen, als ich aufwachte. Ein Brief war von Capt. Serena, der sich besorgt nach Dir erkundigte. Die Postkarte war von Mr. Fielder aus Rom. Mama schrieb mir, wie entsetzlich die Epidemie in Amerika sei und daß sie hofft, davon verschont zu bleiben – noch was, um das ich mir Sorgen machen muß.

Jo Holdener, meine Klassenkameradin in England, von der ich Dir erzählt habe, schreibt, sie hätten bereits 600 Fälle – darunter

25 Schwestern – und fünf (der Schwestern) seien bereits gestorben. Reizend, nicht wahr?

Heute träumte ich, ich wäre wieder in Amerika und würde alle möglichen Leute treffen. Unter anderem auch meinen Doktor, an dem ich fast vorbeigegangen wäre. Dann entschloß ich mich aber doch, ihn anzusprechen. «Hallo, Daddy», sagte ich, und er erwiderte, es sei aber auch wirklich Zeit, daß ich ihn erkenne. Den Rest des Traums versuchte ich ihm zu erklären, weshalb ich ihn nicht heiraten würde, und wurde immer gerade dann von irgend etwas unterbrochen, wenn ich es aussprechen wollte. Er war freundlich und süß, und meine Gewissensbisse waren schlimmer denn je.

Der Traum beschäftigt mich, seit ich wach bin. Es wäre weit weniger grausam, wenn ich ihn sehen und es ihm persönlich sagen könnte, anstatt ihm zu schreiben. Du hast kein Mitleid mit ihm; solltest Du aber. Heute überkam mich der furchtbare Gedanke, daß ich zur Strafe für mein Verhalten ihm gegenüber vielleicht eines Tages von Dir auch so behandelt werde.

Eins ist klar, ich könnte ganz gut eine Prise Deiner Gegenwart gebrauchen, Lieber – damit Du mich beruhigst und tröstest. Übrigens – falls Du womöglich nach Florenz kommen solltest, während ich noch hier bin, teilst Du mir das hoffentlich früh genug mit, damit sich meine Briefe nicht vor den besorgten, wachsamen Augen der «Schnüfflerin» stapeln.

Seit So. ohne Brief von Dir zu sein wirkt sich gewaltig auf meine Stimmung aus. Ich bin so fern von Dir und fühle mich sehr einsam. Was würde ich für Dich und Deinen Lieblingssatz geben – Du weißt schon, welchen ich meine.

Abgesehen davon, daß ich Dich vermisse, geht es mir ganz gut, und scheinbar – an der Oberfläche – bin ich vergnügt, also mach Dir nicht so viele Gedanken über Deine Kid, auch wenn ich es sehr mag, wenn Du das tust.

Deine treue
Mrs. Kid

24. Okt. 1918

Ernie, mein Liebling –[29]

nachdem ich seit So. nichts gehört hatte, war ich gerade dabei, die Hoffnung aufzugeben, da bekam ich heute fünf Briefe auf einmal. Anscheinend hat man sie im R. K. Büro gesammelt, weil sich keine Gelegenheit ergab, sie hierher zu schicken. Jedenfalls fühlte ich mich viel besser, bis ich Deinen letzten Brief las, in dem Du mir schreibst, daß Du zurück an die Front gehst, ohne daß ich mich von Dir verabschieden kann. Ich wußte, daß es irgendwann einmal soweit sein würde, nur hatte ich gehofft, nicht gerade dann, wenn ich nicht bei Dir bin. Und ich sehe kaum Möglichkeiten, für ein oder zwei Wochen zurückzukommen.

Natürlich verstehe ich, daß Du Dich nach einer Beschäftigung sehnst, und falls meine Gebete erhört werden, wird Dir diesmal nichts zustoßen. Aber, ach, wie sehr wünschte ich, dieser Krieg wäre *finito*.

Ich weiß nicht mehr, was ich mit Veränderung gemeint habe – aber – wenn ich so etwas sagte, wollte ich damit wahrscheinlich eine Veränderung in meiner Stimmung andeuten – heiter –, was unter den Umständen vergangener Woche schwierig war. Aber gestern haben Miss Jessup und ich getauscht, so daß ich ab heute für eine Woche zum Tagdienst eingeteilt bin, was vielleicht weniger einsam ist. Aber dann habe ich keine Zeit mehr, mir Florenz anzusehen oder einkaufen zu gehen, wie ich gern möchte. Vielleicht hat es auch etwas Gutes, weil ich hemmungslos Geld ausgebe, wenn ich in der Stadt bin und etwas sehe, das mir gefällt. Gerade eben habe ich Post von Cavie und Brooks bekommen und eine Karte von K. C. De L.[30] Cavie hat mir empfohlen, Dir zu schreiben – da Du sehr traurig bist. Außerdem soll ich Dir ans Herz legen, daß Du Dir einen Mantel kaufst. Sie weiß nicht, daß Du bereits ein paar hast. Ich mache mir jetzt Sorgen, daß Du bei diesem feuchten Wetter ohne einen warmen Mantel unterwegs bist.

Brooks hat geschrieben, daß sie Dich heimlich verwöhnt, weil Ihr im selben Boot sitzt. Aber sie kann mich nicht eifersüchtig machen.

Lieber Kid, ich denke oft an Dich und vermisse Dich furchtbar, seitdem ich hier bin – glaubst Du das endlich? In jedem Brief bittest Du mich, Dich nicht zu vergessen oder so ähnlich. Mir scheint, Du begreifst nicht, daß Deine Worte ziemlich unnötig sind. Gestern nacht habe ich von Dir geträumt.

Ich würde gern wissen, ob Du alle meine Briefe bekommen hast. Außer So. habe ich Dir täglich geschrieben und schreibe weiterhin jeden Tag, solange ich hier bin und weiß, daß Du die Briefe erhältst und daß Du die albernen Dinger nicht satt hast. Ich gebe zu, daß es mir oft nicht leicht fällt, wenn ich Deine lese, trotzdem lese ich sie immer wieder.

Danke für die Bilder, mein Kid, ich schicke sie zurück, denn ich kann mir vorstellen, daß Du sie gerne behalten möchtest.

Ernie, Lieber, natürlich würde ich Dich zu gerne in meiner Nähe behalten, aber ich weiß, daß Du zurück mußt, also versuche ich so fröhlich wie möglich zu sein und werde Dir sehr oft schreiben –

Tesoro mia [!], Du fehlst mir so sehr –

Nur Dein
Aggie

25. Okt. 1918

Alla 2 ore

Du, mein Kid[31],

wahrscheinlich werde ich erst wieder von Dir hören, wenn ein hilfsbereiter Freund beim R. K.-Büro vorbeigeht und mir Deine Briefe mitbringt, da ich hier den ganzen Tag über angebunden bin und das Büro ohnehin nicht finden würde. Aber weil ich weiß, daß Du schreibst, versuche ich durchzuhalten, bis sie hier eintreffen.

Mein Patient hat gestern ungefähr zwölf Stunden geschlafen – zum erstenmal tief und fest – und ist seitdem praktisch fieberfrei, bei klarem Verstand und wieder er selbst. Wir freuen uns so, daß er praktisch außer Gefahr ist und vermutlich bald gesund sein wird, wenn er endlich wieder etwas zu essen kriegt.

Vor kurzem erzählte uns einer der Amerikaner hier in Florenz, sie hätten gehört – die Ärzte hätten die Hoffnung bereits aufgegeben, während die Schwestern erklärt hätten, sie würden ihn durchbringen. Das stimmte offensichtlich, denn die Ärzte waren sehr pessimistisch, als ich hier ankam. Seine Genesung verdankt er Miss Jessup, weil sie, bevor noch ein Arzt zur Stelle war, zugepackt und ihn gepflegt hat, als er krank im Hotel lag.

Als diese Woche keine Post von Dir kam, dachte ich schon, Du wärst krank geworden und alle möglichen anderen albernen Sachen – zumindest kommen sie mir jetzt albern vor.

Heute wurden mehr als hundert *ammalati* [Patienten] eingeliefert. In dem Gebäude, das bisher leer stand, wimmelt es jetzt von dunkelhäutigen Sizilianern, und unsere Ruhe ist dahin. Morgen erwarten wir noch mehr. Dann wird man auch auf diesem Flügel nicht mehr ungestört sein.

Bei einem Absatz des Buches, das ich gerade lese, mußte ich unterbrechen. Bitte lache mich nicht aus, ich zitiere jetzt. «Es muß schön gewesen sein, das Leben auf diese Weise zu beginnen», sagte sie. «Ja», antwortete er. «Wir hatten wenigstens unser Frühjahr.» – «Wir waren zusammen», sagte die Dame, «und – so herrlich arm.»

Also, mache Dich jetzt nicht darüber lustig, sondern sage mir bloß, was Du darüber denkst.

Ach, mein Lieber, wie kann ich Dich bloß gehen lassen, ohne Dich noch einmal zu sehen? Und jetzt kommen Deine Briefe wahrscheinlich tagelang nicht hier an, so daß ich nicht einmal wissen werde, ob Du wirklich gefahren bist oder nicht. Miss Jessup war mit einem britischen Offizier verlobt, der seit April vermißt wird, und trauert um ihn.[32]

Ich möchte Dich nicht verlieren, kaum daß ich Dich gewonnen habe und mir klargeworden ist, was Du mir bedeutest. Aber glaube nicht, daß ich jammere oder so etwas. Ich weiß genau, daß Du steinalt werden wirst und daß uns ein lächerlicher Krieg nicht auseinanderbringen kann, daher werde ich auch nicht länger ängstlich sein – zumindest werde ich es Dir nicht zeigen.

Hätte ich Dir doch bloß etwas Interessanteres zu erzählen. Ich werde die Leere mit Deiner Lieblingswendung füllen, derer ich, so kann ich unbesorgt sagen, *nicht* müde werde. Ich liebe Dich, Ernie, und ich vermisse meinen Jungen. Danke für die Grüße Deiner Mutter. Ich wünschte, ich würde sie kennen, – aber – erinnerst Du Dich an Dein Lieblingslied – «Elegy»? Es drückt die Gefühle sehr gut aus, die mich in diesen Tagen beherrschen – denn trotz des Sonnenscheins fühle ich mich ohne Dich verlassen, und dabei dachte ich, der traurige Regen sei schuld, daß ich Dich so sehr vermisse.

Viel Glück, *bambino mio*
Deine – nur Deine –
Aggie

26. Okt. 1918

Mein liebster Kid –[33]
heute morgen erreichte mich Dein Brief vom 24., und nun weiß ich, daß Du wieder mitten im Geschehen bist. Also bist Du jetzt wohl zufrieden, und das wärst Du nicht, hätte man Dich nicht gehen lassen.

Wenn ich jeden Tag einen Brief an Dich losschicke, wirst Du ihn dann auch tatsächlich bekommen? Und wird Dich wohl ein Paket erreichen, falls ich Dir eins schicke?

Bitte achte auf das Briefpapier. Es heißt «Frou Frou»[34] – und Miss Jessup und ich haben es gemeinsam gekauft, weil es so buntgemustert ist. Ich benutze es, um zu zeigen, daß ich alles unternehme, damit Du guter Dinge bleibst und nicht traurig bist. Hier läuft alles gut. Dem Patienten geht es so viel besser, so daß ich fürchte, womöglich vor Deiner Rückkehr wieder in Mailand zu sein. Dann könnten wir uns nicht mehr unterhalten, wann wir wollen usw. *Capito?* Ach, *mon enfant*, wäre ich doch nur an Deiner Seite, wo ich mich bestimmt nützlich machen könnte. Ich fürchte, Deine Bemerkung zu Cavie über die Vergnügungsreise ist auf traurige Weise wahr geworden. Der Himmel weiß, daß mich Florenz mittlerweile nicht mehr im geringsten reizt.

Aber wie Polyanna sagen würde: «Irgendwie bin ich froh, bei Deiner Abreise nicht in Mailand gewesen zu sein, weil ich womöglich geheult und meiner Familie wenig Ehre gemacht hätte.»

Dementsprechend hättest Du mich vor den Augen von Miss De Long in den Arm nehmen können, und dann hätte sie endgültig gewußt, daß wir zwei vom gleichen Schlag sind. Doch ich vergesse, daß sie ihre Meinung über Dich geändert hat – inzwischen. Darüber bin ich auch froh.

Letzte Nacht habe ich einen scheußlichen Traum von Dir gehabt. Aus Aberglauben erzähle ich ihn Dir heute nicht, weil ein Traum von Freitagnacht, den man am Sa. erzählt, in Erfüllung geht usw. Allerdings lautet ein anderer Aberglaube, daß Träume immer das Gegenteil bedeuten – demnach brauche ich mir keine Sorgen zu machen. Das Wichtigste ist – laut Rocky –, daß ich mich im Traum über Dich geärgert habe. Aber ich habe an Dich geglaubt – und tue es immer noch –, also sei der Ernährer der Familie und enttäusche mich nicht.

Irgend etwas in mir sagt mir, daß dies die letzte Offensive ist. Vielleicht habe ich unrecht, da Ahnungen oft täuschen, aber –

Heute hat sich ein jeder für den angekündigten Besuch der Herzogin von Aosta aufs feinste und sauberste herausgeputzt, aber *ella non e venuto qui* [sie ist nicht gekommen] und wird auch innerhalb der nächsten Woche nicht erwartet.

Du weißt, daß ich auf Nachricht von Dir warte, also laß mich bitte nicht hängen, ansonsten falle ich (egal – nicht etwa, daß ich jemandem ver-falle – das ist bereits geschehen, wie Du weißt). *Basta bamino mio* [genug, kleiner Junge]. Wie ich Dich liebe!
Deine Kid
Agnes

26. Oktober [1918]

Liebster Kamerad –[35]
ich habe Dir heute bereits einen Brief geschrieben, doch dieser Stift ist versessen darauf, sich noch einmal zu betätigen, und ich vermute, es ist Dir einerlei, wieviel ich schreibe, solange ich in meinen Briefen noch etwas zu sagen habe. Ich habe noch nie in meinem Leben so viel geschrieben – und bin gespannt, wie lange ich durchhalte, doch es kommt mir normal vor, und die Worte sprudeln leicht und ohne Nachdenken aus mir heraus.

Ich habe gestern nicht weiterschreiben können, weil ich unterbrochen wurde, aber jetzt habe ich den Leutn. gewaschen und ihn mit wohlriechenden Essenzen und medizinischem Alkohol eingerieben (Miss Jessup hat ihn rasiert, bevor sie ihren Dienst beendete), habe sein Bett gemacht, ihm seine kleinen Fußnägel geschnitten, die Fingernägel manikürt, sein Zimmer ausgefegt, die Blumen in Ordnung gebracht, abgestaubt, Limonade zubereitet. Während der Kakao für seine nächste Mahlzeit kocht, kann ich zur Erholung einen Brief an Dich schreiben, denn er ist vor lauter Aufregung und Aufhebens um seine Person erschöpft eingeschlafen. Ich will Dir etwas Lustiges erzählen. Während ich nachts in süßem Schlummer lag, haben die Mücken mein Gesicht so zerstochen, daß ich jetzt aussehe, als wäre ich den Windpocken zum Opfer gefallen. Zweimal hintereinander sah ich morgens nach dem Aufwachen mit wachsendem Entsetzen mein getüpfeltes Gesicht, auf dem sich immer mehr Pusteln ausbreiteten. Letzte Nacht schließlich war die Stunde für radikale Gegenmaßnahmen gekommen. Ich bestrich mein Gesicht großzügig mit Kampfer, dem am stärksten riechenden Mittel, das ich zur Verfügung hatte, und legte mich schlafen. Den Kopf hatte ich fast vollständig eingewickelt. Stell Dir mein Entsetzen heute morgen vor: Ich sah nämlich aus, als hätte mich die gute *sole* mit ihren übelsten Strahlen durchbohrt. Mein armes Gesicht schillert farbenprächtig und ist mit kleinen roten Pusteln übersät. Jetzt sehe ich erst recht aus, als hätte ich Windpocken. Aber, keine Sorge, es wird alles wieder verschwinden, das garantiere ich Dir. Nur das Lachen fällt mir etwas schwer. Vielleicht sollte ich noch dazu sagen, daß der Kampfer meine Haut richtiggehend weggeätzt hat.

Ich bin gerade unten gewesen und habe Mittag gegessen – (es war das erste Mal, daß ich Mr. Hough so lange alleingelassen habe – bisher hat man mir immer ein Tablett nach oben gebracht), und ich fühle mich ein wenig «*pesante*» und benommen. In letzter Zeit habe ich oft frische Feigen gegessen – in der Küche wissen sie, daß ich verrückt danach bin, wenn ich also dort vorbeigehe, bekomme ich noch mehr Feigen angeboten.

Wenn Du die Versorgung der Schwestern sehen könntest, würdest Du wahrscheinlich sagen, daß es Euch an der Front besser geht. Die Suppe wird in einem großen Topf auf einen Beistelltisch gestellt, daneben ein Stapel Teller. Jeder kommt und nimmt sich selbst. Wenn man die Suppe gegessen hat, stellt man den Teller weg und bedient sich mit dem nächsten Gang.

Unten lassen die Soldaten den Phonographen spielen – eine quietschende Angelegenheit –, Mr. Hough wurde erstmalig eine Hühnerbrühe serviert, und er strahlt übers ganze Gesicht.

Ich glaube nicht, daß ich noch länger als eine Woche hier bleiben muß.[36] Da es den meisten anderen Patienten, die ich zu pflegen hatte, wieder gut geht, werde ich sicher schon bald nach Mailand zurückkehren.

Mir wird die Halloween-Party fehlen, aber da Du nicht dabei bist, interessiert sie mich eigentlich nicht besonders.

Miss Conway schrieb mir, «Braunauge» sei nach meiner Abreise untröstlich gewesen – natürlich meinte sie Dich damit. Ich freue mich diebisch über den Erfolg der verschlüsselten Karte. Er übersteigt meine kühnsten Erwartungen. Jetzt wird Mac mir vielleicht nicht mehr so sehr mißtrauen.

Lieber, hoffentlich schaffe ich es morgen in die Stadt, um Nachschub an Papier und Briefmarken zu besorgen, damit ich weiterschreiben kann – obwohl ich nichts Interessantes zu berichten habe.

Das ist im Augenblick alles, aber sollte mich heute nachmittag eine Eingebung überkommen, greife ich noch mal zum Stift. Alles Gute, Kid, und ich liebe Dich, also mach keinen Unsinn.

Immer Deine –
Aggie

28. Oktober [1918]
Montag

Kid, Lieber[37],
wie Du siehst, war es mir nicht möglich, den Brief von gestern einzuwerfen, da ich keine Briefmarken mehr hatte, im Dienst war und daher auch keine kaufen konnte. Miss Jessup kommt heute nachmittag bereits früher zum Dienst, das heißt, ich kann in die

Stadt gehen. Und ich soll in ihrer Pension mit Miss Buck zu Abend essen, einer sehr hübschen jungen Amerikanerin, die das Verbandszeug im R. K.-Lager verwaltet. So kann ich dies hier früher abschicken, als wenn ich den Brief ins Büro des Krankenhauses geben würde.

Heute vormittag habe ich die Zeitung gelesen, und die Neuigkeiten klangen ziemlich gut. Als ich von der Schlacht am Grappa las, mußte ich an Dich denken. Ich habe mich gefragt, ob Du wohl rechtzeitig dort eingetroffen bist, um Dich nützlich zu machen.

Heute ist es ziemlich kalt, und ich hoffe, Du trägst einen Mantel. Ich bin froh, daß Du den alten Regenmantel gebrauchen kannst. Du brauchst ihn nicht zurückzuschicken. Warte damit, bis Du wieder in Mailand bist.

Ich wette, Mac ist jetzt, da Du sie allein zurückgelassen hast, ziemlich einsam. Ohne Deine Schimpftiraden und «die wilde, wilde Frau» ist das Ospedale sicherlich ein trostloser Ort. Ich bin jetzt nicht mehr so erpicht darauf, dorthin zurückzukehren.

Mein Patient wird schrecklich verwöhnt. Er mag es, wenn man ihm mit aller Kraft den Rücken einreibt und meint, ich sei eine großartige Masseuse. Außerdem läßt er sich gern die Finger maniküren. Mir soll's recht sein, denn es ist das erste Mal, daß seine Nägel gepflegt werden.

Sein Appetit nimmt täglich zu, aber der Arzt ist vorsichtig und erlaubt ihm nur Milch und ähnliche Getränke. Er trinkt mit einem Röhrchen und liegt meist mit geschlossenen Augen und schluckt. Ich kann mir das Lachen kaum verkneifen, weil er mich so sehr an ein Baby mit Fläschchen erinnert – aber da dieser junge Mann so gut wie keinen Humor besitzt, verzieht er bei Miss Jessups und meinem Geplapper und Gekicher keine Miene.

Heute hat ihn sein jüngerer Bruder besucht. Ein gutaussehender Junge. Aber kein Grund zur Sorge – längst nicht so gutaussehend wie der, den ich kenne – wie mein Junge …

Gottlob hast Du einen ausgeprägten Sinn für Humor! Mir könnte nichts Schlimmeres passieren, als an der Seite eines humorlosen Menschen leben zu müssen.

Wahrscheinlich bist Du der umgänglichste Mann, dem ich je begegnet bin, auch wenn Dich manchmal der Hafer sticht. Aber selbst das ist wichtig, damit das Leben nicht zu eintönig wird.

Ich hoffe wirklich, daß meine Briefe ein wenig fröhlich klingen, obwohl Du vermutlich im Augenblick keine Aufheiterung brauchst. Gewiß bist Du voll mit Brummy's *Marteale* [?]. Ich kann ja verstehen, daß Männer im Krieg trinken müssen, besonders wenn es kalt ist – aber gehe es mit Vernunft an, Schätzchen –, dann kommst Du bestimmt heil davon.

Auf Wiedersehen, Ernie
Lieber
Deine
Kid

29. Oktober 1918

Ernie, Liebling[38]
ich habe soeben aus Pflichtgefühl einen Brief an den *medico* [Dr. S.] geschrieben. Den ersten seit über einem Monat. Aber ich glaube wirklich, daß er mich vergessen hat oder mir böse ist, denn schließlich habe ich seit einer Ewigkeit nichts mehr von ihm gehört.

Heute morgen ist Dein Brief von der Front[39] hier angekommen, und ich war erleichtert, so rasch von Dir zu hören. Gestern nachmittag bin ich in die Stadt gefahren, wie ich Dir gesagt hatte, aber ich war sehr müde und fröstelte. Ich spürte im Kopf den Beginn einer Erkältung, die ich unbedingt abwehren wollte. Deshalb bin ich nicht zum Abendessen und über Nacht geblieben, wie Miss Jessup es geplant hatte, sondern bin rasch wieder zum Ospedale gegangen und habe mich ins Bett gelegt.

Du merkst, für eine ausgebildete Krankenschwester nehme ich mich jetzt sehr in acht – weil Du mir immer wieder den strengen Befehl gegeben hast, gesund zu bleiben. Abgesehen von einem leichten Schnupfen geht es mir heute wieder gut – nichts, um sich Sorgen zu machen. Ausgebildete Krankenschwestern sind ja dafür bekannt, daß sie mit ihrer eigenen Gesundheit leichtsinnig umgehen, während sie alles Erdenkliche tun, um anderen ihre

Gesundheit zu erhalten. Damit meine ich nicht, daß sie uneigennützig sind, sondern nur leichtsinnig.

So bin ich allerdings auch mit meinem Geld umgegangen und kann mir meine Prasserei nur mit meinen durch die Erkältung leicht benebelten Sinnen erklären. Trotzdem hat mich niemand übers Ohr gehauen. Ich habe einige hübsche, bestickte Sachen gekauft, die Dich überhaupt nicht interessieren würden, aber jedes Frauenherz höher schlagen lassen. Jeder oberflächliche Beobachter hätte vermutet, ich würde mir eine Aussteuer zusammenstellen, und man hat mich tatsächlich darauf angesprochen, aber natürlich ist dem nicht so, wie Du weißt, und ich möchte die Sachen tragen.

Anschließend ging ich in ein Ledergeschäft und hätte den Laden am liebsten leergekauft, denn die Preise waren nicht so hoch, und es wären herrliche Geschenke, aber leider stellte ich fest, daß ich mit meinen Lire fast am Ende war. Also mußte ich einen Bilderrahmen und eine lederne Tasche für Visitenkarten zurücklassen, obwohl ich gerade diese beiden Dinge ins Herz geschlossen hatte. Aber bei meinem nächsten Gang in die Stadt wechsle ich die beiden letzten Reiseschecks ein und kaufe noch ein paar Weihnachtsgeschenke für die Schwestern in Mailand.

Wenn ich all mein Geld ausgegeben habe, kann ich vielleicht die Stadt besichtigen. Allerdings sind die Galerien ohnehin bereits geschlossen, bis ich dort bin.

Ich erzähle Dir das alles, damit Du weißt, daß ich nicht immer verläßlich bin und andere Seiten von mir zum Vorschein kommen, wenn ich in Versuchung gerate. Wenn ich nach Mailand zurückkehre, lebe ich von Cavies Geld – der monatlichen Abzahlung ihrer Schulden.

Da mein Patient Besuch von seinem jüngeren Bruder hat, habe ich meine Sachen gepackt und bin in die Küche umgezogen, wo ich ungestört schreiben kann. Er versteht nicht, weshalb ich so viele Briefe schreibe, und sagt voller Bewunderung: «Meine Güte, das geht aber schnell bei Ihnen!» Womit er recht hat. Das ist heute bereits mein dritter, und von den zahllosen Briefen, mit denen ich bei meiner Ankunft im Rückstand war, habe ich alle bis auf einen geschrieben. Außerdem schreibe ich täglich einen an Dich und zweimal die Woche an meine Mutter. Somit habe ich allen Grund, mir auf die Schulter zu klopfen, nicht wahr, Herr und Meister? Mir ist noch unklar, wie ich damit zurechtkomme, wenn ich wieder in Mailand bin. Aber darüber werde ich mir erst Gedanken machen, wenn es soweit ist, und werde mein Bestes versuchen, *bambino mio*, Dir wenn möglich täglich einen Brief zu schreiben.

Liebster, ich wundere mich manchmal selbst, weil ich so viel an Dich denke und Dich um alles in der Welt hier haben möchte, um mich mit Dir zu unterhalten. Das ist ein vollkommen neues Gefühl für mich. Nie zuvor in meinem Leben habe ich mich nach jemandem gesehnt. In jedem Buch, das ich lese, gibt es offenbar Parallelen zu mir und Dir. Klingen solche Worte in Deinen Ohren albern? Ich habe mir nie vorstellen können, daß ich meine Gefühle so offen und ehrlich niederschreiben kann. Schreiben wirkte immer lähmend auf mich – Geschriebenes hat etwas Endgültiges. Was geschrieben ist, läßt sich nicht mehr zurücknehmen.

Wenn Dr. S.[40] jemals so einen Brief in die Finger bekäme, würde er mich wahrscheinlich für übergeschnappt halten. Er wußte nie sehr viel von dem, was in meinem Innern vor sich geht, Du kennst mich viel besser. Zu meiner Schande muß ich gestehen, daß ich Dich im Geiste mit ihm vergleiche und der Vergleich für Dich immer *bene* ausfällt, während Dr. S. blaß bleibt.

Deine Briefe werden immer kürzer, aber hoffentlich nur, weil Du so beschäftigt bist, denn das macht mir nicht so viel aus. Es wäre furchtbar für mich, wenn ich Dir mein Herz öffne und dann das Gefühl habe, daß Du nicht das gleiche tust. Andererseits könnte ich sicherlich aus Deinen Briefen erkennen, wenn Du Dich wandelst.

Nie hätte ich mir vorstellen können, daß mir jemand so lieb und teuer ist. Deine Bemerkung über das Fest, das im anderen Zimmer stattfindet, verwundert mich. Wie schaffst Du es, Dich so etwas zu entziehen, ohne Kommentare zu ernten? Natürlich bin ich furchtbar stolz auf Deine Standfestigkeit und vertraue darauf, daß Du tust, was Du für richtig hältst.

Ich wünschte so sehr, ich hätte ein gutes Foto von Dir. Ich habe nur das Bild, wo Du im Bett liegst, und ein weiteres im *parco* mit Lore – aber ich will eines, das ich in einen schönen Rahmen setzen kann. Wenn ich wieder in Mailand bin, werde ich für Dich ein Foto von mir machen lassen.

Ich freue mich sehr, daß mich Deine Kameraden aus der Sektion mögen. Ich finde es schön, gemocht zu werden, und es macht mich glücklich, wenn meine ehemaligen Patienten gut von mir sprechen.

Grüße alle, die ich kenne.

Das waren die Grüße, meine Liebe geht – natürlich – allein an Dich, Herr und Meister.

Gute Nacht – *Tesoro Mio*

Aggie

Ich wage nicht, den Brief noch einmal durchzulesen, denn ich fürchte, dann schicke ich ihn nicht ab.

30. Oktober 1918

Mein Herr und Meister[41],

eine verrückte Welt, wirklich. Nachdem ich Dir gestern nachmittag geschrieben hatte, ging es Schlag auf Schlag. Miss Jessup kam abends mit fast 40 °C Fieber zum Dienst und bestand trotz meiner Einwände darauf, die Nacht über aufzubleiben. Heute früh um halb sechs gab sie jedoch auf und ließ mich holen. Mit Schüttelfrost und einem fürchterlichen Husten brachte ich sie ins Bett. Sie hatte schon zweimal Grippe gehabt und schleppt seit ihrem Rückfall einen Husten mit sich herum. Obwohl sie sich hätte ausruhen sollen, hat sie Mr. Hough weitergepflegt – es überrascht mich also nicht, aber ich mache mir Sorgen. Jetzt hat sie wieder Grippe.

Heute abend übernehme ich erneut den Nachtdienst, und wer sich untertags um sie und Mr. Hough kümmert, weiß der Himmel allein. Ich muß nachmittags schlafen, damit ich abends den Dienst antreten kann. Da Miss Jessup und ich das Zimmer miteinander teilen, gab es ein ziemliches Hin und Her, wo ich heute schlafen soll. Ich muß mir in dem leeren Zimmer neben Mr. Hough eine Pritsche aufstellen. So ist es eben im Krieg, sag ich mir. Gestern nacht hatte ich einen unglaublich schönen Traum.

Ich träumte, ich wäre in Sektion 4[42] an der Front und würde mich königlich amüsieren. Offenbar war ich das einzige weibliche Wesen und so etwas wie ein Ehrengast an einer großen Festtafel, was ich riesig genossen habe. Allerdings war mir die ganze Zeit angst und bange, denn wenn Miss De Long dahintergekommen wäre, wäre ich erledigt gewesen. Dann bist Du, der vorher an meiner Seite gewesen war, verschwunden, und ich machte mir Sorgen, wohin Du wohl gegangen warst. Plötzlich entdeckte ich Dich hinter einem großen, erleuchteten Fenster. Du hast Dich gerade rasiert und Deine beste Uniform angezogen. Ich saß draußen auf einer Bank und wartete auf Dich. Dann rief Miss Jessup nach mir, und damit war mein Traum zu Ende. Aber über das Rasieren mußte ich lachen – es wirkte so natürlich.

Auf Wiedersehen, mein lieber Junge, und gib acht auf Dich, meinetwegen. Ich muß noch schnell eine Mütze Schlaf nehmen –

Deine Kid –
Agnes

1. Nov. 1918

Ernie, Liebster[43],
gestern nacht habe ich Dir während des Dienstes geschrieben, aber es war so ein erbärmlicher Brief, daß ich unschlüssig war, ob ich ihn überhaupt wegschicken sollte. Ich konnte ihn ohnehin erst heute nachmittag einwerfen. Jetzt ist Mittag, und Dein Brief aus Mailand[44] ist angekommen. Also zerreiße ich den Unsinn von gestern abend auf der Stelle und schreibe einen neuen Brief. Zunächst war ich etwas in Sorge über Deine Krankheit, aber dann las ich Cavies Brief, in dem sie mir verspricht, daß Du wieder gesund bist, wenn ich zurückkomme. Daraufhin habe ich mein Gesicht im Kissen vergraben und gelacht vor Freude, daß ich Dich in Mailand wiedersehe.

Als ich darüber nachdachte, wurde mir klar, welche Enttäuschung das für Dich gewesen sein muß. Aber Du hast getan, was in Deiner Macht steht, wie wir alle wissen, und unser Schicksal liegt in Gottes Hand, mein Junge.

Da Du meinen Brief wahrscheinlich noch nicht bekommen

hast, erzähle ich Dir alle Neuigkeiten noch einmal. Miss Jessup hat ihren zweiten oder dritten Grippeanfall und ist ziemlich krank. Jeder hier hat Husten. Meiner war aber nur ganz leicht, und ich bekam ihn mit Hilfe von Medizin und dem heiligen Antonius in den Griff. Meine Erkältung ist jedenfalls abgeklungen und wäre wahrscheinlich schon auskuriert, wenn ich nicht Nachtdienst hätte. Miss J. ist Die. nacht krankgeworden, ließ sich aber von ihrem Nachtdienst nicht abbringen. Folglich war sie am nächsten morgen nur noch ein Häufchen Elend. Mittw. habe ich den Nachtdienst übernommen und mich um Mr. Hough, Miss Jessup – und ungefähr 30 Soldaten gekümmert – die mehr oder weniger auf dem Weg der Besserung sind. Eigentlich wäre ich für sie gar nicht zuständig, aber in diesem Gebäude gibt es keine Nachtschwester, und man geht davon aus, daß ich die Arbeit übernehme. Also sage ich nichts – denn schließlich bin ich froh, wenn ich helfen kann.

Heute abend, so habe ich gehört, wird ein Mann vom Y. M. C. A. eingewiesen, für dessen Pflege ich zuständig bin.

Ich glaube, Miss Jessup geht es etwas besser, aber ich muß noch so lange hierbleiben, bis sie wieder aufstehen kann, und dann werde ich sie wahrscheinlich nach Mailand mitbringen.

Als ich nachgezählt habe, bin ich auf ungefähr 15 Briefe gekommen, die ich Dir seit meiner Abreise aus Mailand geschickt habe.[45] Ich hoffe nur, daß Du sie alle erhalten hast und keiner in feindliche Hände geraten ist. Ich weiß, daß sie zur Zeit nicht besonders aufregend sind, da der Nachtdienst meiner Entwicklung nicht förderlich ist und ich zuviel denke – besonders an Dich.

Letzte Nacht wünschte ich, Du wärst neben mir auf der großen Couch im *terzo piano*. Gestern morgen hatte ich einen großen Auftritt. Ich habe Mr. Hough perfekt rasiert – mein erster Versuch mit einem Rasierapparat, aber ich habe eine Menge Anweisungen von Mr. Hough bekommen, und jetzt fühle ich mich als ausgebildete Barbierin – zumal ich die Prozedur mit einer Gesichtsmassage, Creme und Puder abgeschlossen habe.

Lieber Kid, schreib mir und beeil Dich und werde gesund, damit ich mir keine Sorgen mehr zu machen brauche.

Fühle Dich zum Abschied geküßt.

von Deiner Kid –
Aggie

2. Nov. 1918

Ernie, Lieber –[46]
gute Nachrichten heute, nicht wahr?[47] Mir scheint, es zeichnet sich allmählich die Zeit «Dopo la Guerra» ab. Was wäre das Leben ohne Vorfreude? Jedenfalls bekomme ich langsam Heimweh nach Mailand, auch wenn ich das nur ungern sage – das klingt so, als würde ich mit so ein paar kleinen Mühseligkeiten nicht fertigwerden. Aber Du weißt ja, ich sehne mich nicht nach dem Essen und der Badewanne im Ospedale, oder?

Meine Hände sind kalt, daher gehorcht mir der Stift nicht so recht. Gerade habe ich alle Deine Briefe gelesen, um mir die mitternächtlichen Stunden zu vertreiben.

Meine Patienten – ich habe vier Patienten, die ich allein betreue – und sechs Soldaten – scheinen mittlerweile alle zu schlafen. Heute wurden 175 neue Soldaten erwartet, nachdem gestern alle Gehfähigen entlassen wurden, doch bisher sind sie nicht da, und ich hoffe, daß sie erst nächste Woche kommen, damit [wir] vorher alle Kräfte sammeln können.

Miss Jessup hatte gestern eine recht gute Nacht, und ihre Temperatur war normal. Ich hoffe, daß es sich bei ihr um die typische Drei-Tage-Grippe handelt – auch wenn das Fieber heute wieder etwas gestiegen ist. Mr. Hough und sein jüngerer Bruder haben ihr heute wunderschöne Blumen geschickt – Rosen und Chrysanthemen, so viele, daß sich jeder gesünder fühlen würde. Zu gerne wüßte ich, ob es Dir heute besser geht. Ich darf gar nicht daran denken, daß Du zurückfahren mußtest und krank warst und ich mich nicht um Dich kümmern konnte. Aber bestimmt hat sich Mac Deiner angenommen und Dich wieder auf die Beine gebracht, weshalb Du Dich mittlerweile eigentlich schon viel besser fühlen müßtest. Ich bin so gut wie gesund oder werde es dann sein, wenn ich die Nachtdienste hinter mir habe, was noch nicht absehbar ist.

Die arme Brooks tut mir so leid – die Sache mit dem bemitleidenswerten kleinen Lt. Johnson hat ihr bestimmt einen fürchterlichen Schock versetzt. Ich muß ständig an ihn denken. Übrigens, weißt Du noch, daß Du mich nach einem Löffel mit den Initialen A. v. K. gefragt hast? Er gehört mir und kommt mir ständig abhanden, immer wieder benützen ihn andere. Behalte ihn im Auge, bis ich komme, bitte, Kid. Ernie – ich frage mich, ob Du es noch einmal hören möchtest – aber ich versuch's noch mal, auf gut Glück. Du fehlst mir furchtbar, Liebster, und ich liebe Dich so sehr. Gestern nacht sah ich Dich wieder vor mir, wie Du nach Deiner Rückkehr aus Stresa aus dem Aufzug herausgetreten bist. Ich erinnere mich an jede Einzelheit in Deinem Gesicht und bin gespannt – ob Du diesen Ausdruck wieder hast, wenn ich zurückkomme – oder vielleicht sogar mehr.

Jetzt wünsche ich Dir eine gute Nacht und beginne ein Gespräch mit meiner Suppe. Wäre schön, wenn Du auch einen Teller mitessen würdest. Ich esse höchst ungern allein.

Immer Deine Mrs. Kid –
Ag –

3. Nov. 1918

Liebster Mr. Kid –[48]
jetzt machst Du Dir um mich Sorgen wegen *niente*. Habe heute abend Deinen Brief erhalten und möchte Dich postwendend beruhigen, was meine Gesundheit betrifft. Ich fühle mich wieder ganz gesund. Ich bin ziemlich stolz darauf, daß ich nicht krank geworden bin, denn gewiß hat man hier damit gerechnet, doch ich habe ihnen ein Schnippchen geschlagen. Es war richtig komisch. Ungefähr vor einer Woche sprachen Jessup und ich über die Möglichkeit, daß wir uns anstecken, und äußerten den Wunsch, daß man uns in diesem Fall direkt nach Mailand bringt. Aber ich hatte die Leute falsch eingeschätzt. Sie wären weder damit einverstanden, für Mr. Hough fremde Schwestern anzufordern, noch würden sie es zulassen, daß Miss Jessup oder Mr. Hough nach Mailand verlegt werden. Jetzt liegt Miss Sheldon, die Leiterin des Krankenhauses, mit Grippe im Bett. Zudem hat

sie Probleme mit der Leber. Das heißt, jetzt habe ich fünf zusätzliche Patienten, für die ich allein verantwortlich bin.

Ich fürchte, es gibt gewaltigen Krach, wenn Capt. Aikin zurückkommt, denn Jessup und Mr. Hough sind nicht damit einverstanden, wie man mich für das Krankenhaus vereinnahmt. Aber was mich betrifft, ich arbeite mich nicht zu Tode und habe nichts dagegen, hier auszuhelfen, so lange meine A. R. C.-Patienten nicht darunter leiden. Solange es mir besser und sinnvoller erscheint, halte ich den Mund. Welch eine Aufregung heute unter den Italienern, als die Nachricht von der Einnahme Triests kam. Jetzt freue ich mich schon auf Mr. Houghs Zeitungen, die morgens gebracht werden. Ist es nicht wunderbar, in derart bewegten Zeiten zu leben? Täglich danke ich dem Schicksal, daß ich hierhergekommen bin und nicht zu denen gehören werde, die, wenn alles vorüber ist, sagen: «Tja, ich hatte keine Gelegenheit, das zu tun, was ich an sich wollte. Ich dachte, ich würde den Dienst im Ausland nicht durchstehen, deshalb bin ich zu Hause geblieben und habe als Privatpflegerin gearbeitet.» Von dieser Sorte kenne ich einige, und bestimmt verdienen sie gut. Aber das brauche ich Dir nicht zu sagen, denn Du bist wie ich, Kid. Erzähle mir was von der Stelle in der Abteilung für Öffentlichkeitsarbeit. Wirst Du die ganze Zeit in Rom sein oder quer durch Italien reisen? Ich nehme an, Du traust mir nicht sonderlich, wenn Du diese Seite des Atlantik nicht verlassen willst. Das kann ich Dir nicht einmal vorwerfen, wenn man bedenkt, wie ich mit dem Doktor umgegangen bin. Nun, Ernie, mein Liebling, eines Tages wirst Du mir genauso vertrauen wie ich Dir schon jetzt.

Mailand, Liebster, scheint in immer weitere Ferne zu rücken, und das gerade jetzt, wo ich mich so sehr dorthin zurücksehne – weil Du krank bist. Bitte beeile Dich und sieh zu, daß Deine innere Abteilung gesundet, sonst glaube ich gar, Mac und Cavie pflegen Dich nicht genügend, und mache mir fürchterliche Sorgen. Vielleicht kommt einmal der Tag, an dem ich irgendwo bin, wo es mich nicht mehr aus der Bahn wirft, wenn Du einmal krank bist.

Gute Nacht – Schätzchen
Wie immer –
Deine Mrs. Kid

4. Nov. 1918

Kid, Lieber,

ich hatte die feste Absicht früh aufzustehen und nachmittags in die Stadt zu gehen, wachte aber erst um halb vier auf mit starken Kopfschmerzen, außerdem war der Himmel bedeckt. Also änderte ich meine Pläne. Die Soldaten waren so glücklich über die Einnahme Trients, daß sie im Gebäude nebenan mehrere Stunden gesungen haben, während hier der Phonograph gedudelt hat. Weil das dem Schlaf nicht dienlich ist, schreibe ich Dir jetzt, dann geht der Brief noch heute abend raus und kommt wahrscheinlich einen Tag früher an als gewöhnlich.

Eine der italienischen Schwestern freute sich so sehr, daß sie nicht mehr arbeiten konnte und nach Hause gehen mußte. Aber ich kann es ihr kaum vorwerfen, da sie in dem eroberten Gebiet lebt. Kannst Du Dir vorstellen, daß der Krieg tatsächlich zu Ende geht? Ich nicht.

Man hat mir mitgeteilt, ich bekäme heute abend noch einen Patienten – einen britischen Soldaten mit Grippe, außerdem ist Miss Sheldon, die *Diretrice* [direttrice], ziemlich krank und bekam heute sogar Morphium. Deshalb habe ich heute abend möglicherweise zu viel zu tun, um Dir schreiben zu können.

Die Dame ist sehr nett, braucht aber viel Aufmerksamkeit. Außerdem wurde mir gesagt, Miss Jessup ginge es besser. Ich tue mein Bestes, um «sie zu heilen, Kid», weil ich hier erst fortkomme, wenn Jessup und Mr. Hough das Krankenhaus verlassen können, und dann werden sie es zu schätzen wissen, amerikanische Schwestern hier zu haben – obwohl wir anfangs nicht mit offenen Armen empfangen worden sind.

Morgen vor drei Wochen bin ich hier eingetroffen und weiß nicht, wo die Zeit geblieben ist. Wenn ich tagsüber schlafe und nachts beschäftigt bin, habe ich das Gefühl, als würde die Zeit davonrasen.

Erzähl mir was von Dir. Liegst Du noch im Bett, und wie krank bist Du eigentlich wirklich? Geben Sie Dir Milch und *Frotta*-Saft [!]?[49] (Wie ich den Füllhalter hasse!) Leidest Du in Wahrheit unter der berüchtigten, seltenen Franzosenkrankheit –?

Falls dem so ist, hast Du mein ganzes Mitgefühl, denn ich glaube, dagegen gibt es immer noch kein Medikament.

A Rivederci, mein Lieber –

Deine
Aggie

5./6. Nov. '18

Ernie, Lieber,
Mr. Houghs Bruder hat mir heute drei Briefe von Dir mitgebracht, und das war wie Weihnachten. Einen – den in dem leuchtend blauen Umschlag – hatte man offensichtlich wegen des Portos zurückgehalten, denn den darauffolgenden hatte ich bereits erhalten.

Jedenfalls gibt es so vieles, worüber ich mit Dir reden will, daß ich wahrscheinlich die Hälfte vergesse, und das ließe sich alles vermeiden, wenn eine persönliche Unterhaltung möglich wäre und sie nicht über große Entfernung hinweg stattfinden müßte. Normalerweise fange ich mit etwas ganz anderem an, als ich eigentlich im Sinne hatte, um dann, nachdem der Brief weggeschickt ist, festzustellen, daß ich vieles vergessen habe.

Zunächst einmal, Lieber, über Dein sogenanntes Geständnis. Ich rede mit Dir darüber, wenn ich zurückkomme – aber mach Dir keine Sorgen – es ist alles in Ordnung.

Es tut mir furchtbar leid, daß J. W. Miller so krank ist. Bitte erzähl ihm, daß ich das gesagt habe und daß ich ernsthaft hoffe, ihn bei unserem Wiedersehen nicht mehr so elend vorzufinden. Es müssen jetzt viele Kranke im Lazarett sein. Jeden Tag wünsche ich, ich wäre dort – in erster Linie Deinetwegen, weil ich das Gefühl habe, Du brauchst mich. Aber Kopf hoch, Kid, Miss Jessup und Mr. Hough stehen beide morgen auf, und ich hoffe wirklich, zu Wochenbeginn hier fertig zu sein. Man sagte mir, daß ich wahrscheinlich ab morgen keinen Nachtdienst mehr zu machen brauche, und das ist schon eine große Entlastung.

Heute habe ich nachgerechnet und festgestellt, daß ich von meinen vier Monaten in Italien drei volle Monate Nachtdienst gemacht habe. Da verschlägt es Dir die Sprache, was? Aber ich kann mich nicht beklagen – Du hast viel Schlimmeres ertragen, als ich mir überhaupt vorstellen kann.

Ich fühle mich jetzt wieder ziemlich gesund, wie ich Dir sicher schon mehrmals gesagt habe. Ich habe Angst, Du könntest denken, ich sei krank – oder irgend solchen Unsinn –, kein angenehmer Gedanke, wie ich aus Erfahrung weiß.

Wahrscheinlich werde ich Dich morgen oder in den nächsten Tagen bitten, Deine Briefe zu reduzieren, damit sie nicht hier eintreffen, wenn ich zurückgefahren bin. Es könnte sein, daß jemand herumschnüffelt. In Mailand werden sie mir fehlen – insbesondere, da ich Dich nicht oft zu Gesicht bekommen werde – weil ich keinen Nachtdienst habe, und ich erinnere mich daran, wie Du vor meiner Abreise explodiert bist. Ich komme fast um vor Sehnsucht nach Dir, selbst wenn Du wie ein Mongole aussiehst[50] – weil Du immer noch und immer mehr, Ernie, mein Geliebter, bist.

Falls ich morgen tatsächlich keinen Nachtdienst habe, fahre ich in die Stadt und mache ein paar Besorgungen, gehe dann Abendessen und übernachte in Miss Jessups *pensione*, wie ich es vergangene Woche vorhatte, als ich früher am Nachmittag nach Hause ging, weil ich Kopfschmerzen hatte. Miss Jessup fürchtet, daß ich mich langweile, und macht die verschiedensten Vorschläge, wie ich mich vergnügen und bilden könnte. Gott sei Dank hat sie ihre Krankheit schnell und gut überstanden. Und Mr. Hough auch. Wenn es ihm besser geht, möchte er mir aus Dankbarkeit Florenz zeigen – aber dann werde ich vermutlich nicht mehr hier sein. Ich hätte gerne einige Tage, um mir die alten Kirchen und Paläste anzusehen, aber das wird wahrscheinlich nicht möglich sein. Gestern sagte ich ihm, daß Miss J. und ich wieder nach Mailand zurückfahren, sobald Miss J. gesund ist und wir ihn der Obhut der ital. R. K.-Schwestern überlassen können. Daraufhin regte er sich furchtbar auf.

Ach, Liebster, ich sehne mich so sehr nach Dir. Ob Du kräftig genug bist, mich bei meiner Rückkehr zu umarmen, Ernie? Ich rate es Dir.

Deine Kid
Aggie

7. Nov. [1918]

Ernie, mein Liebster,
Dein Brief vom vierten (glaube ich wenigstens) kam gestern an, und Du hast mich zu Tode erschreckt mit Deinen wilden Drohungen, daß Du verschwinden wirst, bevor ich nach Mailand zurückkomme.

Lieber Himmel, was hätte das denn für einen Sinn? Capt. Ferguson, der während Capt. Aikins' Abwesenheit für das Krankenhaus hier zuständig ist, hat, wie er sagte, Miss Shaw telegrafiert, ich wäre in drei bis vier Tagen zurück in Mailand. Also fasse ich für alle meine Hoffnungen und Pläne Montag, den elften, ins Auge. Und, wie ich höre, kommt mein Zug um Mitternacht an, wie es in Italien üblich ist, das heißt, ich werde Dich nicht am Bahnhof sehen. Aber ich muß bestimmt noch etwas essen. Anschließend komme ich nach oben in den *quatro piano*, falls Du aufbleiben kannst. Lieber Kid, ich kann es gar nicht erwarten, diesen Ort hier zu verlassen und zurückzukommen. Ich bin jetzt nicht mehr für den Nachtdienst eingeteilt, aber es läuft nicht so gut zwischen dem A. R. C. und dem C. R. I., und ich möchte eigentlich abfahren, bevor ich fuchsteufelswild werde.

Also, der Meister kann sein altes Mädchen am Montag zurückerwarten – mit dem Schnellzug aus Firenze (hoffentlich).

Ich schreibe Dir weiterhin, aber es wäre natürlich besser, wenn Du nicht mehr schreibst, nachdem Du diesen Brief hier bekommen hast, *n'est-ce-pas? Dunque, tesoro mio, quando io le vista, io sono molto contente, per che io non ho domenicato niente. Capito?* [!][51]

Ich schätze, ich kann ein bißchen besser Italienisch schreiben als mein Herr und Meister, dafür kann er es besser sprechen und verstehen.

Auf Wiedersehen bis *domani. Carino.*

Deine Kid –
Agnes

[Padua]
22. Nov. [1918][52]

Ernie, mein Lieber[53],
da sich zum erstenmal eine Gelegenheit bietet, nehme ich meinen kaputten Füller zur Hand, um Dir von meinen ungeheuerlichen Erlebnissen seit meiner Abreise zu berichten. Gott – welch ein Tag – gestern.

Zunächst einmal schien Mr. Barr dem Soldaten nicht gesagt zu haben, daß er zum Zug kommen soll, denn wir warteten vergeblich. Der *facchino* [Träger] wollte nicht warten, und wir hatten sechs Taschen und waren umgeben von lauter Gesindel.

Cavie ging Plätze besetzen, und der *facchino* wollte zurückkommen und sich um unser Gepäck kümmern, nachdem er für einige andere Damen einen Sitzplatz gefunden hatte. Also bewachte ich wie ein kleines Mädchen unseren Berg Gepäck. Unterdessen leerte sich der Bahnsteig allmählich. Der britische Bahnhofsadjutant tauchte schließlich fünf Minuten vor Abfahrt des Zugs auf und bot seine Hilfe an – genau in dem Augenblick, als Cavie nach mir Ausschau hielt, und wir landeten in einem überfüllten Gang und setzten uns auf unsere Taschen – und so verbrachten wir die ganze Nacht.

Wir, oder besser Cavie, unterhielt sich mit einem netten Mann vom Y. M. C. A., während ich zu schlafen versuchte, den Kopf auf meinen Matchsack gebettet. Um neun Uhr morgens kamen wir in Padua an, aber niemand war da, um uns abzuholen – der *facchino* wollte, daß wir unser Gepäck auf einen Handkarren laden und dann mit uns das A. R. C. suchen, aber während unseres Wortwechsels tauchte eine *carozza* [carrozza – Taxi] auf. Der Fahrer brachte uns zum Labor des A. R. C., in dem gerade Unterricht stattfand. Ich ging hinein und fragte nach dem Lazarett, und man schickte uns schließlich eine Straßenecke weiter, wo ich einem Mann vom A. R. C. in die Arme lief, der uns die Adresse gab. Allerdings kannte der Taxifahrer die Straße nicht und mußte sie bei den Passanten erfragen. Nach einer Rundfahrt durch Padua – den alten und den neuen Teil – gelangten wir zum *Magazzino* und zum *Ospedale* und fanden Miss Shaw.[54]

Sie hatte uns ein Auto geschickt, dessen Fahrer, so erfuhren wir später, krank geworden und auf der Straße zusammengebrochen war und bereits den ganzen Vormittag in einem ital. Krankenhaus lag. Wir mußten uns sofort mit zwei anderen Schwestern – Miss Warner und Miss Markley – auf den Weg nach Treviso machen, wo sich die amerikanischen Soldaten befanden – und so waren wir nach dem Mittagessen – ungefähr um zwei – wieder unterwegs, mit Gepäck und allem Drum und Dran.

Treviso war unwahrscheinlich interessant – mit seinen Ruinen und voll von Soldaten. Ich glaube, wir waren die einzigen Frauen in der Stadt. Wir sind direkt zum Lager gefahren und trafen den Maj., der uns angefordert hatte – und uns zu seinem tiefen Bedauern erklärte, es wäre ihm nicht gelungen, von Col. Person die Erlaubnis für unseren Einsatz zu erhalten – obwohl die Soldaten dringend ein wenig Zuwendung brauchten. Er wollte uns die endgültige Entscheidung mitteilen, sobald er von Col. Person gehört habe.

Da standen wir also – sieben an der Zahl – und wir wären willkommen gewesen, nach allem, was man hörte, aber ein Mann ganz oben hatte etwas dagegen, daß die Armeesoldaten von Rotkreuzschwestern betreut würden. Uns blieb nichts anderes übrig, als zum Magazzino in Treviso zu fahren – zu Miss Shaw. Sie nahm die arme Cavie mit zurück nach Padua – weil man 24 Soldaten ins Lazarett eingeliefert hatte und es nur zwei Schwestern gab –, und wir übrigen blieben erst mal, wo wir waren. Miss Markley und ich saßen eingemummt im Auto und versuchten ein paar Stunden zu schlafen, bis man uns zum Abendessen holte. Wir machten einen Spaziergang durch die Stadt (die, so wurde mir erzählt, einen Monat zuvor wie ausgestorben war) – in stockdunkler Nacht, und als wir das einzige Restaurant fanden, war es *«chiuso»* [geschlossen], weil sie nichts zum Essen hatten. Also zurück zum Magazzino – das früher einmal ein Mädchenkonvent gewesen war – zum Abendessen mit Campbell's Soup, aufgewärmt auf einem rußigen kleinen Herd, welchen ein Arditi in Gang hielt, der das nötige Holz mit seinem *«poniardo»* [sic] hackte. Um acht kamen zwei Armeeoffiziere und erklärten uns, sie hätten noch keine Nachricht vom Colonel. Da man uns ohne Erlaubnis der Behörden die Übernachtung im einzigen dreckigen Hotel nicht erlaubte, fuhren wir zurück nach Padua – drei von uns – und sollten in einem Hotel schlafen, da im Ospedale kein Bett mehr frei war – es war voll mit Soldaten. Im Hotel gab es keine Zimmer – doch Miss Shaw wies mir ein Bett im Zimmer der Nachtschwester an – und die beiden anderen fuhren zurück zum Ospedale und schlugen ihr Bett im Büro auf. Ein wildes Leben – aber es gefällt mir.

Heute – (ich bin erst um halb neun aufgewacht) wird man uns sagen, ob wir in Treviso bleiben sollen oder nicht. Wir dürfen gar nicht daran denken, was wir alles tun könnten, wenn es nicht den bürokratischen Kleinkram der Armee gäbe.

Ich konnte gestern nicht schreiben, da ich die meiste Zeit ohne Gepäck dastand, aber wenn ich mich anstrenge, wird es mir bestimmt jeden Tag gelingen. Ernie, mein Junge, – (klingt mütterlich, ist aber nicht so gemeint).

Lieber Kid, ich wünschte, Du wärst hier bei mir.

In Liebe, Deine
Aggie
stanco [müde]

22. November [1918]

Lieber Kid,
nur ein paar Zeilen, weil ich so aufgebracht bin – ich habe den ganzen Tag im Lazarett Verpflegung ausgepackt und weggeräumt. Außerdem trafen 24 weitere Soldaten ein, und wir krempelten alle die Ärmel hoch, bezogen Betten und versorgten sie mit Essen. Miss Crough besorgt die Kocherei ganz allein, da die Italiener das nicht können. Stell Dir mal vor, wir hätten in Mailand die Mahlzeiten kochen sollen! Die armen Patienten! Aber hier gibt es warme Kekse und Essen wie zu Hause.

Domani matino [!] fahren wir noch einmal nach Treviso und bleiben wahrscheinlich dort.

Ich kenne die Adresse noch nicht, aber ich schreibe Dir morgen abend und teile sie Dir mit.

Bitte entschuldige mich jetzt, ich bin sehr müde. Ich habe viele

Kisten geöffnet und bin dabei sehr schmutzig geworden – trotzdem hat es Spaß gemacht.

Immer Deine –
Kid (einsam)

[Treviso][55]
25. Nov. 1918

Kid, Lieber,
ich weiß, daß ich seit einer Ewigkeit nicht mehr geschrieben habe, aber die letzten beiden Tage bin ich nur noch ins Bett gefallen, wenn ich abends vom Dienst kam, und ich hatte nicht einmal mehr die Kraft, Dir zu schreiben. Ein ziemliches Armutszeugnis – nicht wahr?

Ich schrieb Dir, daß wir am Morgen aus Padua aufbrechen, um wieder nach Treviso zu fahren. Nun, gegen elf Uhr vormittags zuckelten wir in einer klapprigen Ambulanz oder so was in der Art los. Cavie und Miss Markley blieben im Lazarett in Padua, denn sie hatten dort mehr Arbeit, als sie bewältigen konnten. Miss Warner und ich machten uns also mit dem gesamten Gepäck, das zum Teil den anderen Schwestern gehörte, und zwei Ölöfen auf die Reise. Der ital. Fahrer kannte die Strecke nicht, und so hatte ich das Vergnügen, ihm nach meiner Erinnerung von der letzten Fahrt den Weg zu zeigen. Als wir ankamen, ach, wie nett, mein Füller ist leer – wurde uns ein hübsches kleines Quartier – mit Dampfheizung, wenn's beliebt – zugewiesen. Am Nachmittag traten wir den Dienst an und stellten fest, daß es Arbeit genug für die nächsten Jahre gab. Zum erstenmal in meinem Leben schlief ich ohne Laken zwischen den Decken – und hätte an jenem Abend auch kein Kopfkissen gehabt, wenn Miss De Long nicht darauf bestanden hätte, daß ich eins mitnehme. Wahrscheinlich hältst Du mich für verrückt, daß ich Dir all meine Abenteuer der letzten Woche erzähle, aber Du sollst wissen, daß die Härten des Krieges nicht spurlos an mir vorübergegangen sind und daß Du das Heldentum nicht gepachtet hast – mein Lieber.

Heute bin ich furchtbar müde, aber Du fehlst mir so sehr, und seit meiner Abreise aus Mailand habe ich nicht das kleinste bißchen Post bekommen. Deshalb muß ich Dir einfach schreiben, auch wenn ich von einem Thema zum anderen springe.

Ich bin wirklich sehr froh, denn ich habe das Gefühl, hier sinnvolle Arbeit zu leisten. Meine Patienten, die armen Jungs, sind dankbar für alles, was man für sie tut. Auf meiner Station sind 32, und einigen geht es sehr schlecht. Du siehst also, hier muß ich mich ein wenig mehr ins Zeug legen als im Nachtdienst in Mailand.

Gut, mir fallen fast die Augen zu. Das würden sie nicht, wenn Du hier wärst, lieber Kid. Ich frage mich, wie lange es dauert, bis mir meine Post hierher nachgeschickt wird. Ein langer Weg, wie Du weißt – zuerst Padua – dann Treviso. Und dann bis zum Lazarett, das ein paar Meilen außerhalb von Treviso liegt.[56] Ich werde versuchen, Dir jeden Abend ein paar Zeilen zu schreiben, auch wenn ich sie nicht gleich aufgeben kann.

In Liebe von
Aggie
Agnes Von Kurowsky – Krankenschwester beim A. R. C.

28. Nov. [1918]
Thanksgiving

Geliebtester –
vor drei Abenden habe ich Dir geschrieben, aber dann trug ich den Brief in der Tasche mit mir herum, bis er ganz zerknittert war. Ich versuchte jemanden zu finden, der ihn in Treviso abschickt, damit er hier nicht durch die Zensur geht. Doch das habe ich jetzt aufgegeben und werde meine Post lieber unten in den Briefkasten werfen, als zu riskieren, daß Du mit doppelter Geschwindigkeit hier anrauschst, um zu sehen, was mir zugestoßen ist.

Das war vielleicht ein fröhliches Thanksgiving heute! Beim Essen machten wir uns den Spaß und überlegten, welche Dinge wir bräuchten, um glücklich zu sein. Und kamen gemeinsam zu dem Ergebnis, daß wir froh sein müssen, jetzt nicht im Hotel Roma in Treviso zu sitzen; oder nicht an der Spanischen Grippe gestorben zu sein. Doch dann berichtete Miss Rittenhouse in allen Einzelheiten, welche guten Sachen für das Abendessen in Mailand geplant waren, und ich wünschte mir nur noch, ich wäre dort.

Gestern bekam ich einen Umschlag mit ganzen drei Briefen von – von dem *medico* [Dr. S.] – ein sehr netter, den ich Dir eines Tages zum Lesen gebe.

Besten Dank für die Bilder. Ich finde sie ziemlich gut, oder nicht? Aber was ist mit dem achten, ich habe nur sieben bekommen. Mein anderer Film wird von einem der Soldaten hier entwickelt – und ich hoffe, daß er ihn mir morgen zurückgibt.

Lieber Kid, eigentlich möchte ich Dir einen richtigen Brief schreiben, aber eines der Mädchen hier redet auf mich ein, und ich kann meine Gedanken nicht ordnen – um Dir all das zu sagen, was mir auf dem Herzen liegt. Nur eines – Du fehlst mir, und ich würde Dich furchtbar gern sehen.

Denke bitte nicht, ich würde mich für Dich schämen – und sage das bloß nicht noch einmal. Ich dachte eigentlich, das hätte ich Dir ein für allemal klargemacht, aber in Deinem letzten Brief hast Du wieder davon gesprochen, und das tut mir weh.

Ich wünschte, ich könnte Dir ein wenig mehr über dieses Lazarett und meine Arbeit erzählen, aber das muß warten, bis wir uns wiedersehen.

Also, *a riverdela, tesoro mio* [!]

Sempre il suo – [!]
Aggie

[Treviso] [57]
30. Nov. 1918

Kid, Lieber [58],
stell Dir vor, wie wunderbar, daß ich eine Minute vom Dienst abzwacken kann, um Dir dies zu schreiben – beim Schein von zwei Petroleumlampen, vielmehr einer – bei der anderen ist der Docht niedergebrannt. Die Aggregate sind alle abgestellt, so daß wir weder Wasser noch Strom haben.

Meine Patienten haben sich von 31 auf 13 vermindert – und auf der Station herrscht ein einziges Durcheinander, denn es gibt keine Laken, so daß die freien Betten nicht gemacht werden können. Aber die restlichen Pat. sind glücklich. Nun, da wir keine schweren Fälle mehr haben, dürfen sie rauchen, und ich lasse den Phonographen spielen.

Ich glaube nicht, daß ich noch lange hierbleiben muß.

Auf der anderen Station, wo die übrigen Schwestern arbeiten, liegen schrecklich kranke Patienten. Ich habe den Jungen verloren, dem es am schlechtesten ging, und war sehr traurig, denn er war ein ganz Lieber, und ich habe tagelang um ihn gekämpft. Eine der Schwestern, Miss Warner, hat die Grippe bekommen, und wir mußten sie heute nach Padua überweisen. Das hier ist kein Ort für kranke Schwestern. Mir selbst geht es gut, und ich habe gar nicht die Zeit, krank zu werden. Ich lebe wie eine Einsiedlerin, sogar noch schlimmer als in Florenz, denn es gibt keine Möglichkeit, nach Treviso zu fahren. Außerdem sind wir bei Dienstende viel zu müde, um was anderes zu tun, als uns gleich schlafenzulegen.

Mit meinem letzten Brief habe ich ganz schön was erlebt. Nachdem ich ihn drei Tage mit mir herumgetragen hatte, schickte ich ihn hier schließlich nach unten zum Zensor, damit er mit der Feldpost herausgeht. Aber der Lieut. brachte ihn mir zurück und teilte mir mit, ich könnte meine Post über Treviso abschicken. Darauf ich, wer bitte fährt nach Treviso, um für mich einen Brief aufzugeben? Nur der Sergeant aus der Messe, und der darf keine Zivilpost mitnehmen – sagte er. Fast wollte ich mich schon mit dem Gedanken abfinden, daß ich Dir in der nächsten Zeit nicht mehr schreiben kann. Aber inzwischen habe ich ein persönliches Arrangement getroffen und hoffe, daß alles klappt.

Du fehlst mir so sehr, mein Lieber! Doch darüber darf ich gar nicht erst anfangen zu sprechen, denn sonst verliere ich meine fröhliche Grundhaltung – aber Du weißt es, nicht wahr, und glaubst mir! Manchmal muß ich bei der Arbeit an Dich denken, und dann vergesse ich fast, was ich gerade tun wollte. Und als ich heute den Capt. auf der Visite begleitete, bekam ich plötzlich Sehnsucht nach Dir, und ich wünschte, wir könnten nach Hause fahren, *subito – insieme – capito* [bald – gemeinsam – kapiert].

Basta!

Aber jetzt muß ich los und die Temp. messen, sonst knallt es morgen früh. Sag nichts über meine Schrift. Ich hasse es, mit dem Füllhalter zu schreiben.

Auf Wiedersehen – in Liebe
Aggie

1. Dezember 1918 [59]

Mein einzig geliebter Kid –
ich hatte eigentlich gedacht, daß ich heute abend zu müde bin für einen Brief, aber mir war klar, ich muß mich zusammenreißen und meiner Mutter schreiben. Und dann kann ich mir gleich Streichhölzer zwischen die Lider klemmen, damit Du wenigstens eine Zeile von mir bekommst und weißt, daß ich immer noch Deine Kid bin. Und danke für die Bilder von Dir und mir, die ich heute bekommen habe – vier Briefe aus Padua, und ich nahm sie mit auf die Station – gemeinsam mit ein paar anderen aus den Staaten. Es war so schön, sie zu lesen – Deine am Schluß –, daß die Patienten meinten, ich hätte wohl einen Brief von meinem «Jungen» bekommen, meinem strahlenden Lächeln nach zu urteilen.

Ganz sicher bist Du der Größte im Liebesbrief-Schreiben, mein alter Ofen, und es ist eine Wonne, sie zu lesen, Mr. Hemings-way.

Wie schön das auch klingt mit der Fahrt nach Madeira, mein Liebling – ich fürchte, wenn Du fährst, willst Du bleiben und bringst es nie zu etwas. Die Atmosphäre an solchen Orten ist ansteckend, so daß man faul und träge wird, und ich könnte es nicht ertragen, daß Du Deinen Ehrgeiz verlierst, lieber Junge. Seit wir uns kennengelernt haben, hast Du Dich spürbar verändert. Oft frage ich mich, ob ich einen schlechten oder einen guten Einfluß auf Dich habe, doch was auch immer, ich trage die Verantwortung und muß deshalb zu Dir stehen.

Manchmal wünschte ich, wir könnten hier drüben heiraten, doch das ist albern, und ich muß mir verbieten, darüber nachzudenken. Aber ich habe ziemliche Angst, dem Doktor zu begegnen und ihm zu sagen, daß ich ihn nicht liebe und nie lieben werde. Ich will versuchen, das Ganze einschlafen zu lassen.

Wie schön, daß Du zu Geld gekommen bist! Aber stelle damit keinen Unsinn an, wie den Duomo zu kaufen, und laß Dir für das Geld keine hübsche, kleine, dicke italienische Ehefrau andrehen. Sieh zu, daß Du es sparen kannst, Kid, um damit Deine Ankunft in *nuevo* York zu feiern. Und was soll das heißen: Ich bin pleite? Ich hocke hier in der Einöde – fern, fern von allen Versuchungen und ohne jede Möglichkeit, einkaufen zu gehen. Also werde ich wohl ebensoviel Geld nach Mailand zurückbringen, wie ich mitgenommen habe, und noch etwas mehr – was zu Weihnachten sicher ganz nett ist.

Einer der Soldaten war so freundlich, einen meiner Filme zu entwickeln, und ich glaube, ein anderer macht heute abend Abzüge davon. Dann kann ich Dir im nächsten [Brief] wahrscheinlich die Filme schicken, damit Du ein paar vernünftige Abzüge anfertigen läßt, denn diese werden wohl nur ein Notbehelf sein. Das von Dir und mir ist sehr *bene* geworden, finde ich.

Gute Nacht, lieber Junge, und sei brav.

Ich fürchte, seit ich nicht mehr da bin, läßt Du im Cova die Puppen tanzen – wirklich – ein richtig wilder Junge.

Deine, allein
Aggie

4. Dez. 1918[60]

Lieber Herr und Meister,
gute Nachrichten heute! Etwa um den 16. des Monats soll dieses Lazarett evakuiert werden. Aber ob ich nach Mailand zurückkomme oder in Padua bleibe, weiß ich noch nicht.[61] Irgendwie würde ich für mein Leben gern zu Weihnachten in meine «Heimatstadt» zurückkehren. Warum wohl?

Ich bin so froh, daß es mit Deiner Genesung vorangeht, so daß wohl auch ein kleiner Kratzer keinen Rückschlag mehr bedeutet. Dann kannst Du mir nicht mehr auflauern und mich erschrecken.

Heute abend bin ich müde – nach meiner Wanderung mit Miss De Graw[62]. Zum erstenmal seit meiner Ankunft war ich tagsüber unterwegs. Wir gingen die Straße entlang und stießen auf Absperrungen aus Maschendraht, Reservegräben und Unterstände aus

Zement. Alles sehr kriegsmäßig und spannend. Kaum zu glauben, daß hier in der Gegend vor einem Monat noch Schlag auf Schlag die Granaten herumgeflogen sind.

Wir versuchten, über die Äcker zurückzukehren – ich vorneweg, querfeldein. Natürlich war es dreckig und voller Schlamm, und jedes Feld war von kleinen Gräben eingefaßt. Wir kamen nicht so voran, wie wir gedacht hatten, aber alles ging gut, bis auf die letzten 50 Meter, bevor wir das Grundstück des Lazaretts erreicht hatten. Dort floß nämlich ein Bach, und weit und breit keine Brücke in Sicht. Schließlich entdeckte ich eine Stelle, wo jemand ein paar Bretter hinübergelegt hatte, und entzückt über meinen Fund machte ich mich an die Überquerung. Nach einer Rutschpartie die glitschige Böschung hinab trat ich auf die Balken und landete im Flußbett! Meine Füße haben ausgesehen, als ich heimkam! Ich muß jetzt hier aufhören und mich ans Schuheputzen machen, sonst kann ich morgen nicht den Dienst antreten, was schrecklich wäre.

Vielen Dank für die Bilder, lieber Junge. Ich kann kaum glauben, daß Du noch der gleiche Junge bist wie zu der Zeit, bevor Du so gründlich zerschossen wurdest. Doch ich mag Dich so, wie Du bist, also alles in Ordnung, nicht wahr?

Der Mann vom Y. M. C. A. hat mir ein Buch von einem gewissen «R. D. Hemingway» zum Lesen gegeben. Irgendeine Verbindung zu dem ehrenwerten Journalisten namens E. M. Hemingway?

Hier sind die Filme, die der Sergeant aus der Röntgen-Abteilung für mich entwickelt hat.

Stell Dir vor, mein Lieber, daß ich Dich umarme und Dir einen Kuß auf Dein linkes Auge drücke

Deine Frau
Aggie

8. Dez. 1918[63]

Lieber, lieber Alter,
Dein Brief wurde mir vorgestern abend von Miss Smith persönlich überbracht, und heute nachmittag kam ein anderer, der ge-

schrieben wurde, kaum daß Du sie abgeschickt hattest. Du bist wirklich zu gut zu mir, und ich schäme mich, daß ich so selten einen Brief an Dich fertigbekomme. Aber, Lieber, es ist wirklich schwer, hier auf der Station zu schreiben, und wenn ich abends Dienstschluß habe, bin ich zu müde, um einen Gedanken zu fassen. Im Augenblick habe ich nicht soviel zu tun – nur vier Schwerkranke – und fünfzehn Patienten, die schon aufstehen können, und zudem hilft mir jetzt eine zweite Schwester. Immer dasselbe – wenn es viel Arbeit gibt, kriegt man keine Unterstützung, und sobald sich die Lage entschärft, ist plötzlich jede Menge Hilfe da. Die Männer lassen den Phonographen spielen, und so ertappe ich mich immer wieder, daß ich etwas schreibe, was ich gar nicht wollte, wie Du an dem Ausgestrichenen siehst.

Auch ich habe so vieles, was ich Dir gern sagen würde. Aber bis jetzt bin ich noch nicht sicher, ob Du meine Briefe auch bekommst, da ich zu solch ungewöhnlichen Mitteln greifen muß, um sie aufzugeben. Der Phonograph spielt: «When you're a long way from home.» Verrückt, nicht, wo all die Jungs krank vor Heimweh sind und Italien satt haben! Aber sie sind ein lustiger Haufen und bringen mich immer zum Lachen – besonders einer, dessen Sprüche man aufschreiben sollte. Ich wünschte, Du könntest ihn hören, wenn er loslegt. Neulich ging er abends aus, war verschwunden und kam erst Viertel vor zwölf zurück. Man meldete ihn, und ich legte beim Captain ein gutes Wort für ihn ein. Seitdem hat er das Gefühl, er hätte es mir zu verdanken, daß er noch einmal davongekommen ist und niemand mehr über die Sache spricht. Er läßt sich einfach nicht davon abbringen.

Eineinhalb Stunden Pause, während ich den Nachmittagstee austeilte. Eine wirklich üppige Mahlzeit – Tee im Glas – auf einem Tablett mit einer Kanne gesüßter Büchsenmilch und diesem Rotkreuz-Zwieback. Die andere Schwester ging mit der Milch und dem Zwieback hinter mir her, und wir rührten den Männern die Milch mit ein und demselben Löffel in den Tee.

Als ich hier ankam, gab es auf der ganzen Station nur drei Gläser. Ich weiß auch nicht, warum ich Dir ständig erzähle, womit ich hier beschäftigt bin, denn eigentlich glaube ich nicht, daß Du

Dich sonderlich für Leute interessierst, die Du nie kennenlernen wirst.

Seit dem Brief von neulich, in dem Du andeutetest, daß Du mich möglicherweise besuchen kommst[64], sehe ich ständig aus dem Fenster und springe immer wieder auf, wenn ich meine, eine kräftige Gestalt in einer schicken englischen Uniform, mit Schiffchen und einem Stock zu sehen. Wirklich seltsam, und so wurde ich schon einige Male fürchterlich enttäuscht.

Inzwischen weiß ich überhaupt nicht mehr, wie lange ich noch hierbleiben muß, denn gestern entdeckten wir einen Fall von Meningitis, was womöglich bedeutet, daß wir hier eine schlimme Epidemie bekommen. Auf meiner Station liegt kein solcher Fall, wenn aber noch einer auftritt, dann muß eventuell das ganze Lazarett unter Quarantäne gestellt werden. Aber mach Dir keine Sorgen um mich, denn offensichtlich steht mir eine gute Fee zur Seite, so daß mir nicht einmal die Grippe etwas anhaben kann.

Wenn Du doch hier wärst und mit mir spazierengehen könntest – das wäre wunderbar, denn das Land ist voller spannender Dinge und sehr reizvoll.

Oh, Kid, ich wünschte, ich könnte einen Blick in die Zukunft werfen und sehen, was die Schicksalsgöttin für uns bereithält. Ich habe den festen Glauben, daß das alte Mädchen es gut mit mir meint. Was den *medico* betrifft, bin ich in Verlegenheit. Den Brief, in dem ich ihm über den *capitano* [Serena] berichtete, hat er noch nicht beantwortet, also schwebe ich im Ungewissen. Aber daß ich ihn mit Nichtachtung strafe, müßte doch eigentlich Zeichen genug sein – und es ist nicht ganz so grausam, wie die nackten Tatsachen schwarz auf weiß lesen zu müssen. Bestimmte Dinge muß die Zeit klären, und das ist einer der Gründe, warum ich in diesem Winter nicht nach Hause fahren möchte.

Ich fürchte nur, daß niemand mehr da ist, der mich dann am Hafen erwartet, denn Du wirst ja wohl auf Deinem Landsitz hokken und Dich von diesem «schrecklichen Krieg» erholen.

[unsigniert]

Die. abend
10. Dez. 1918

Kid, Süßer –[65]
ich hatte gerade zum erstenmal die Möglichkeit, mir die Briefe anzusehen, die Du gestern abend[66] dagelassen hast – und wie ich feststellen muß, hast Du seit meiner Abreise nur zwei von mir bekommen. Das scheint mir unmöglich, denn ich habe eine ganze Anzahl geschrieben. Schließlich habe ich zwei abgeschickt, bevor ich aus Padua abgefahren bin. Es kommt mir immer noch unwirklich vor, daß Du gestern hier warst, und eigentlich habe ich schon wieder das Gefühl, Dich seit Ewigkeiten nicht mehr gesehen zu haben. Ich frage mich, wann Du wohl nach Mailand zurückkehrst und welchen Empfang man Dir dort bereitet.

Gestern abend habe ich diesen Brief begonnen – am 10. –, aber dann mußte ich mit dem Schreiben aufhören, weil Miss Hummel[67] um zwölf den Nachtdienst antreten sollte – und da wir das Zimmer teilen, mußte ich das Licht löschen, damit sie noch ein wenig schlafen konnte. Inzwischen ist also Mittw. nachmittag, und ich sollte eigentlich die Drei-Uhr-Temperatur messen.

Heute morgen erhielt ich eine gute Nachricht. Der Sergeant, der für unseren Komplex zuständig ist, hofft, meine Station bis Sa. schließen zu können, wenn ich die Männer bis dahin auf die Beine kriege. Gestern besuchte uns Miss Shaw, und sie war sehr nett zu mir. Sie sagte, unser Gehalt sei erhöht worden und wir könnten ab Sept. 10 Pro. zusätzlich kriegen, wenn wir nach Hause fahren. Außerdem wollte sie wissen, wann wir unseren Heimaturlaub antreten möchten, da ab Januar noch jeder Monat offen ist. Wenn ich es mir genau überlege – werde ich wohl um den 1. März ersuchen – dann treffe ich im Frühling zu Hause ein – und muß nicht mit der Schnüfflerin fahren. Außerdem sagte sie, wir müßten ein Schiff nehmen, das in Italien ablegt – dürfen also nicht durch Frankreich fahren, was mich schwer enttäuscht – hatte ich doch gehofft, noch einmal nach Paris zu kommen, und sei es auch nur für ein paar Tage. Glaubst Du, wir können irgendwann später noch einmal über den großen Teich fahren? Wenn ja, dann brauche ich mich jetzt nicht so zu bemühen, alles zu sehen.

Übrigens habe ich darüber nachgedacht, was Du wegen Weihnachten gesagt hast, und ich glaube, ein hübsches großes Bild von Dir – ein neues (nicht vom letzten Jahr) – wäre genau das richtige. Mehr möchte ich gar nicht – Herr und Meister. Ist das möglich? Für den Fall, daß Du früher nach Hause fährst als ich, möchte ich einen Ersatz haben, damit ich nicht verzweifle.

Gut, mein Herz, ich würde gern mehr schreiben, aber ich höre auf, denn es gibt noch so viel zu tun. Ich habe keine Briefmarken mehr, werde aber heute noch versuchen, welche aufzutreiben.

Deine Dich immer liebende
Aggie

13. Dez. [1918]

Mein guter alter Knuddelbär[68]
heute nachmittag auf der Station habe ich einen Brief an [Dich] angefangen, hatte jedoch keine Gelegenheit, ihn zu beenden, also weiß der Himmel, wer alles meine Anrede gelesen hat. Aber wozu die Sorgen – aus der Art, wie wir einen Brief anfangen und beenden, erkennt keiner, wer der Verfasser ist. Das klingt, als sollte es niemand wissen, und wahrscheinlich wirst Du sagen, ich schäme mich für Dich – aber das tue ich nicht, und eines Tages werde ich es Dir beweisen.

Ich habe meiner Mutter geschrieben, daß ich mich mit dem Gedanken trage, einen Mann zu heiraten, der jünger ist als ich – aber nicht den Doktor –, also nehme ich an, daß sie mich in ihrer Verzweiflung als leichtes Ding abschreibt. Ich hasse die Vorstellung, daß man mich für flatterhaft hält. Aber sprechen wir nicht von mir. Ich bin es nicht wert – beschäftigen wir uns lieber mit Dir und uns – wie Du es am liebsten tust.

Ich habe keinen Brief mehr bekommen – warum, weiß ich nicht – seit der Zeit vor Deinem Besuch – und Geduld – ist sicher eine große Tugend, aber leider ist es nicht leicht, tugendhaft zu bleiben, wenn man keinen einzigen Brief bekommt. Aber reg Dich nicht auf über meine dummen Reden.

Oh, Kid, ich bin müde und albern. Ersteres wäre ich nicht, wenn Du bei mir wärst – letzteres dafür um so mehr.

Gestern abend haben Miss De Graw und ich gebacken. Ich sechs Kürbiskuchen und sie zwei Torten. Heute sagte einer der Ärzte – nicht zu uns, aber wir konnten es hören –, er versteht nicht, warum die Schwester, die sie gebacken hat, immer noch Witwe ist. Er vermutete wahrscheinlich, daß sie von Mrs. Heilman[69] stammen. Jedenfalls wirst Du nicht verhungern, Deine Zukünftige weiß, wie man einen Mann bekocht.

Ach, mein Guter, ich habe vergessen – nein, versäumt – Dich zu fragen, was Du Dir zu Weihnachten wünschst. Wie die Dinge liegen, fürchte ich, Du bekommst gar nichts, denn ich sehe noch keinen Hoffnungsschimmer, was Mailand betrifft. Trotzdem würde ich es gern wissen.

Gut, Kid, meine Patienten drängen sich hier. Alle reden auf einmal, und ich komme nicht mehr voran, also *addio*

Deine (irgendwann)
Aggie

So. 15. Dez. [1918]

Liebster –[70]
anscheinend ist mir keine Post zugedacht – und es ist noch schlimmer als Du denkst, denn ich bin sicher, daß einige Deiner Briefe verlorengegangen sind. Seit dem Tag vor Deinem Besuch habe ich keinen mehr bekommen, und dabei hast Du mir gesagt, ein paar seien noch unterwegs.

Natürlich würde ich für mein Leben gern wissen, was in Mailand vor sich geht. Es heißt, das Lazarett würde geschlossen und Mac und Brooks seien in Urlaub gefahren – sieht also ganz danach aus, als würde ich nicht dorthin zurückkehren. Besonders, da Cavie mit Miss Shaw an die Piave gefahren ist, um dort ein Lazarett einzurichten. Ich glaube, das habe ich Dir in meinem letzten Brief schon erzählt.

Allmählich zeichnet sich ab, daß wir Weihnachten wohl hier verbringen – und außer Miss De Graw und Miss Smith[71] entdecke ich hier keine verwandte Seele. Es war ein schrecklicher Lapsus, daß Du vor Miss Smith über Miss Rittenhouse geredet hast – sie ist ihre beste Freundin, und ich habe nur noch gezittert.

Aber du warst nicht zu bremsen, nicht einmal dadurch, daß ich Dir auf den Fuß getreten habe. Ich fürchte, Du wirst für den Rest Deines Lebens blaue Flecken haben, wenn ich in Deiner Nähe bin und Du weiterhin so rücksichtslos Deine Meinung äußerst. Doch ich sage mir, wenn Du fehlerlos wärst, würde ich keinen Pfifferling für Dich geben. Vollkommene Menschen sind nicht annähernd so liebenswert, und natürlich hast Du auch ein paar sehr gute Eigenschaften. Aber Du denkst anscheinend, ich sehe immer nur Deine Fehler usw.

Daß Du mir versprochen hast, sofort nach Hause zu fahren, und daß die Jungs immer davon reden, was sie nach ihrer Heimkehr tun werden, daß sie dieses Land so hassen, weißt Du, all das hat bewirkt, daß ich es kaum noch erwarten kann, bis ich selbst zurückfahre. Seltsam, wie die Umstände uns beeinflussen können. Als ich mit Jessup zusammengearbeitet habe, wollte ich die wildesten Sachen anstellen – alles, nur nicht nach Hause fahren –, und wenn Du mit Capt. Gamble zu tun hattest, ging es Dir auch so. Aber ich glaube, wir haben wohl beide unsere Meinung geändert – und die guten alten Etats Unis sehen plötzlich wieder *tres bien* [!] aus in unseren weltmüden Augen.

Gestern abend sind drei Entertainer vom Y. M. C. A. mit Liedern für die Jungs aufgetreten – und es war wirklich gut –, der erste gesellige Abend, seit ich hier angekommen bin.

Wir hätten eigentlich Kuchen backen sollen, aber dann sahen wir uns die Vorstellung an. Gestern haben Miss De Graw und ich einen herrlichen Spaziergang gemacht. Wir gingen durch den Park einer großen Villa hier in der Gegend – der Villa Margarita. Hast Du schon davon gehört? Wir glauben, früher hat sie der Königin gehört, denn bestimmt war das Haus mal ausgesprochen repräsentativ. Sämtliche Wege waren von Büsten gesäumt – Künstler auf der einen – und Musiker auf der anderen Seite – lauter berühmte Leute. Die meisten waren von ihren Sockeln gefallen, und ein alter Kauz hatte eine Dose auf dem Kopf, wie eine Melone. Er sah so lustig aus, daß ich ein Foto von ihm gemacht habe.

Ich muß jetzt zum Mittagessen, und da ich lieber nicht möchte, daß jemand das liest, klebe ich es *subito* zu.

Auf Wiedersehen –
alter Kid, Du Lieber –
Deine
Aggie

16. Dez. [1918]

Kid, Liebster –[72]
Heute kamen neben acht anderen und ein paar Postkarten auch drei Briefe von Dir. Ich war so aufgeregt, daß ich nicht mehr arbeiten konnte, sondern mich gleich hinsetzte, um sie zu lesen – wobei ich mir Deine natürlich bis zum Schluß aufgespart habe.

Zwei trugen die hiesige Adresse, einer ging nach Padua und einer nach Treviso. Auf den letzten beiden habe ich kein Datum gefunden, aber ich glaube, sie sind schon älter.

Was Du schreibst, hat mich irgendwie verblüfft – das mit der Heimreise, meine ich. Und ich hoffe wirklich, daß ich zu Weihnachten nach Mailand kommen kann, sonst wird es ein trauriger Tag – fürchte ich zumindest. Ich habe alles versucht, um herauszubekommen, wo wir dann sein werden, aber bis jetzt ist noch alles offen.

Es ist geplant, die Kranken mit dem Lazarettzug nach Genua zu schicken. Ich habe nur noch zehn Patienten – fünf ans Bett gefesselt – und fünf, die aufstehen dürfen. Wie Du siehst, überarbeite ich mich nicht.

Einmal heißt es, man wird uns bis zum Wochenende nicht mehr brauchen, und dann wieder habe ich Angst, daß meine Patienten bis Weihnachten nicht alle verlegt werden können. Außerdem würde es den Offizieren wohl gefallen, wenn wir blieben, damit es für sie ein bißchen fröhlicher und mehr wie zu Hause ist.

Als wir gestern abend aus dem Kino kamen – halb neun, und ich fast schon am Schlafen – haben Miss De Graw und ich elf (11) Kürbiskuchen gebacken – womit wir bis Mitternacht beschäftigt waren. Ich war halbtot, als ich auf meine durchgelegene Couch fiel, aber heute wird sie mich schon früher sehen.

Ich habe Dir den Brief beigelegt, den ich als Antwort auf mein Schreiben über den *capitano* bekam.[73] Vielleicht verstehst Du jetzt meine Sorge – und auch meine Gewißheit. Außerdem einen Ausschnitt, den mir meine Mutter geschickt hat. So ganz nebenbei teilt sie mir mit, daß ich nicht nach Hause kommen soll, solange ich hier drüben noch interessante Aufgaben finde, weil ich womöglich nie wieder die Gelegenheit dazu haben werde. Aber gleichzeitig wäre sie froh, mich zu sehen. Das ist nun mal ihre Art, durch und durch spartanisch.

Wie ich diesen Füller hasse – er ärgert mich so, daß ich nicht mehr weiterschreiben kann.

Allein Deine Kid
Agnes

19. Dez. 1918

Ernie, Lieber[74],
ich schicke Dir eine ganze Geschichte, die ich aus – lach bitte nicht – Snappy Stories[75] ausgeschnitten habe. Aber irgendwie finde ich sie reizend. Und ich dachte, sie würde Dir auch gefallen.

Ich habe jetzt zwei Tage nicht [geschrieben], weil – vorgestern polierte ich meine Schuhe auf Hochglanz, um nach Venedig zu fahren, und gestern verbrachte ich dort den Tag. Es war zwar recht anstrengend, aber der Mühe wert. Unvergeßlich. Wir standen um fünf Uhr morgens auf, und der Ambulanzwagen nahm uns mit nach Treviso, so daß wir den Zug um zwanzig vor sieben nehmen konnten. Um neun trafen wir in der Stadt der Kanäle ein. Wir besuchten die Kathedrale – den Markusplatz – den Dogenpalast – die Seufzerbrücke – fuhren ein paarmal mit der Gondel, tätigten Einkäufe, gingen essen und kamen um zehn vor sechs wieder zurück. Irgendwas war mir nicht bekommen, und auf der Rückfahrt ging es mir schlecht, aber das warf nur einen leichten Schatten auf einen ansonsten strahlenden Tag. Natürlich würde ich mich lieber daran erinnern, wenn Du bei mir gewesen wärst, aber ich denke, ich darf nicht zu viel erwarten, dann bin ich zufriedener.

Letzte Woche bekam ich einen stattlichen Berg Post, und wie ich hörte, soll zu Weihnachten ein Paket von zu Hause eintreffen, mit dem ich nicht gerechnet habe. Hoffentlich kommt es heil an.

Lieber Kid, wenn dies hier so etwa zu Weihnachten bei Dir eintrifft, stell Dir vor, es sei ein Geschenk von mir (das Du eines Tages noch bekommen wirst) und laß Dir sagen, wie sehr ich Dich liebe und wie gern ich zu unserem gemeinsamen Weihnachtsfest bei Dir wäre. Trotzdem wünsche ich Dir, daß Du glücklich und zufrieden bist.

Natürlich habe ich die Hoffnung nicht aufgegeben, Dich hier oder in Mailand zu sehen. Niemand kann mit Sicherheit sagen, wo wir sein werden, aber bestimmt wird es nicht einfach, hier ein Fest zu feiern. Denn die Jungs und die Offiziere sind schon ganz krank vor Heimweh, und wir haben nicht die Absicht, die Rolle ihrer Ehefrauen und Liebsten einzunehmen, sondern wollen höchstens als Mutter oder Schwester einspringen.

Bis bald, mein Schatz. Ich bete darum, daß ich Dich vor Deiner Abreise noch einmal sehe, aber eigentlich gehe ich davon aus. Wie ich hörte, fährst Du mit Mac, Fisher und Miss Sparrow[76] – die, mit der ich auf der Überfahrt zusammen war.

Einzig Dein
Aggie

20. Dez. [1918][77]

Kid, Lieb(st)er –
irgendwie habe ich das Gefühl, daß dieser [Brief] Dich nicht erreichen wird, denn vielleicht kommst Du ja zu Weihnachten hierher – eventuellerweise –, aber wie dem auch sei, wenn mir danach ist zu schreiben und ich die Zeit habe, sollte ich die Gelegenheit nutzen, denn allzu viele bieten sich nicht.

Wir bemühen uns redlich um eine weihnachtliche Atmosphäre für diese armen Jungen. Das ist nicht leicht, weil sie nicht in Stimmung sind und uns die Möglichkeiten fehlen, das zu ändern.

Was mich betrifft, bin ich nun seit vier Jahren von zu Hause fort und habe immer jemanden gefunden, der mir etwas bedeutet hat und mit dem ich ein wenig Spaß haben konnte – von den Mädchen aus der Schwesternschule, meine ich. Aber dieses Jahr wünschte ich, die ganze Sache wäre schon vorüber – ein selbstsüchtiger Wunsch, ich weiß, obwohl es den anderen ähnlich geht.

Was ist mit Dir? Ich frage mich, woran es liegt, daß ich Deine Briefe nicht regelmäßig erhalte, obwohl Du jetzt direkt ans Lazarett schreibst.

Mein Herz, es gibt nichts Neues, was ich Dir berichten könnte. Ich schreibe Dir nur, weil ich Lust dazu habe, und ich komme mir äußerst dumm vor, daß ich kein interessantes Thema finden kann. Von Venedig habe ich Dir bereits erzählt, nicht wahr? Hast Du es Dir schon mal angesehen? Wenn Du Urlaub hast, solltest Du unbedingt hinfahren.

Heute nachmittag werde ich für die Patienten auf meinem kleinen rußenden Ofen Pfannkuchen backen – ein mühsames Unterfangen. Ein paarmal haben wir in letzter Zeit auch Fudge gekocht; eigentlich geht es ihnen hier genausogut wie zu Hause – jedenfalls fast.

Sei lieb und ärgere Dich nicht, wenn Du hörst, daß ich nicht nach Mailand komme – denn ich fürchte, es sieht ganz danach aus. Damit meine ich, daß Du nicht alle Flüssigkeiten in der Galleria in Dich hineinkippst.[78] Aber eigentlich glaube ich, daß mein kleiner Ratschlag überflüssig ist, denn Du lernst schnell und wirst an Jahren bald zu mir aufgeholt haben – und an Erfahrung und Weisheit.

Deine treue alte Lehrerin
Aggie

Kid, Du fehlst mir immer mehr, und mir graut, wenn ich daran denke, daß Du ohne mich nach Hause fährst. Was ist, wenn sich unsere Gefühle ändern? Unser beider Gefühle, meine ich, und wir unsere wunderschöne Welt verlieren?

21. Dez. 1918[79]

Lieber alter Knabe –
ich schreibe dieser Tage ganz schön regelmäßig, findest Du nicht? Ich bekam einen Deiner Briefe, adressiert nach Padua und datiert vom 11. – hat gerade mal zehn Tage gebraucht. Also nehme ich an, daß es über die Route Treviso und Feldlazarett 331 schneller geht.

So fährst Du also wirklich – zwar will es mir nicht in den Kopf, doch ich glaube, Du tust das richtige. Aber, Kid, ist es nötig, daß Du vorher noch mit Bill Urlaub machst? Ich kann mir vorstellen, daß Dir Deine Familie rät, wenigstens einen Monat Ferien in der von Dir so geliebten Wildnis zu machen. Aber nun zu meinen Neuigkeiten – Miss Shaw war gerade hier und sagte, Cavie hätte sie gebeten, mich weiter die Front hinaufzuschicken, damit ich mit ihr zusammen in einem zerstörten Dorf arbeite, wo sie ein kleines Lazarett mit einer Apotheke einrichtet.[80] Das klingt furchtbar interessant, und ich kann dabei viel lernen, und es ist nur vorübergehend, also bin ich ziemlich froh. Wenn Du nicht in Italien bist, kommt es ohnehin nicht darauf an, wo ich hinfahre – und natürlich ist es weit besser für mich, wenn ich arbeite und keine Zeit zum Grübeln und Sinnieren habe.

Ich fürchte, wir sind ein verrücktes Paar, aber ich bin gerne verrückt, wenn ich dabei so nette Gesellschaft habe.

Allerdings meint Miss Shaw, ich soll irgendwann nach Weihnachten, wenn ich hier nicht mehr gebraucht werde, nach Mailand fahren und meine Sachen holen, bevor unser Lazarett aufgelöst wird.

Zwar fand ich es hier wahnsinnig interessant, doch allmählich bekomme ich den Eindruck, daß ich nicht länger gebraucht werde. Miss De Graw war wundervoll zu mir und scheint es zu bedauern, daß ich fortgehe, um zu Cavie zu fahren. Wirklich ein angenehmes, befriedigendes Gefühl.

Wie ich hörte, wechselt Miss De Long nach Rom – und das bedeutet, daß ich die Stadt eines Tages auch mal sehen werde. Dann bleiben nur noch Neapel und Sizilien übrig, die ich kennenlernen möchte – nach Rom. Ich habe wirklich wahnsinniges Glück – denn in der kurzen Zeit hier drüben habe ich schon die verschiedenartigsten Erfahrungen gemacht.

Inzwischen besitze ich ein Messer der Arditi. Einer der Männer – ein ehemaliger Patient, hörte mich sagen, daß ich mir eines wünsche –, und er schickte es mir aus Treviso. War das nicht nett? Aber es war auch sehr angenehm, für sie zu arbeiten, und ich hatte eine schöne Zeit.

Für Weihnachten sind ein großes Fest und gutes Essen geplant.

Heute abend wollen Miss De Graw und ich Zitronenkuchen für morgen backen.

Ich glaube, für ein paar Tage muß ich mit dem Schreiben jetzt wirklich aussetzen, oder meine Briefe erreichen Dich nicht mehr. Gute Nacht, Liebster

Dein Kid
Aggie

31. Dez. [1918] und ein paar Tage

Lieber Junge:
dies ist der schwierigste Brief, den ich je geschrieben habe, und, bei Gott, gewöhnlich habe ich keine großen Schwierigkeiten, Dir ein paar Zeilen zu schreiben. Allerdings – wenn ich klage, verbreitest Du gleich Weltuntergangsstimmung – und wenn ich *troppo* fröhlich bin, gehst Du meistens in die Luft und läßt so viel Dampf ab, daß konservativere Gemüter konsterniert die Stirn runzeln. So fällt mir als Lösung nur ein zufriedenes Mittelmaß ein (wenn Du weißt, was das ist), und ich werde mir alle Mühe geben, Frohsinn zu verbreiten und gleichzeitig ein wenig niedergedrückt zu wirken. Klingt Dir das zu ausgelassen, Kid? Denn wenn Du es nicht magst, muß ich es natürlich zurücknehmen und ganz normal und vernünftig mit Dir reden.

Ich hoffe, daß alles plötzlich zehnmal heiterer aussieht, wenn Du Deine Heimreise endlich angetreten hast, und Du wirst feststellen, daß vieles, was eben noch wie ein Berg vor Dir lag, plötzlich wieder seine normalen Ausmaße annimmt. Wie sehr wir Dich beneiden, daß Du demnächst in N. Y. eintriffst! Es muß wunderbar sein, die gute alte Stadt wiederzusehen. Ich habe bisher eigentlich keinen Ort kennengelernt, wo ich lieber leben möchte. Stell Dir mal vor, Du müßtest für immer in Venedig wohnen, und sobald Du in den Keller gehst und einmal stolperst, fällst Du in einen Kanal! Oder ständig schimmeln Deine Sachen, wegen des feuchten Klimas. Und ähnliches mehr.

Capt. Moore hat mich heute geneckt, ich sei in italienische Offiziere vernarrt. Brooks sang ein Loblied auf die Briten, aber ich sagte: «Also, letztlich enden wir doch alle wieder bei einem richtigen Amerikaner.» Gewiß, meine Mutter hat einen Ausländer geheiratet, also sollte ich mich nicht allzu laut meiner amer. Wurzeln rühmen – aber ich bin sicher, Du verstehst, was ich meine.

Und nun, lieber Kid, mein Junge, willst Du einen Rat von einer Vorgesetzten annehmen?

Ich würde davon absehen, wenn Du nicht so brav wärst, ihn von mir anzunehmen – meistens jedenfalls. Und nach diesem hier erteile ich Dir keinen mehr – denn ich weiß selbst nur zu gut, wie das ist, wenn man einen Brief voller guter Ratschläge kriegt. Zur Zeit meiner Ausbildung hat meine Mutter sie mir meterweise geschrieben.

1. Gebot: Du sollst nicht Tabak kauen in der Anwesenheit von Damen. Es ist ein schmutziges Laster unt schlichtweck unertreglich [!].

2. Gebot: Du sollst keine bunten Schlipse tragen nach Deiner Rückkehr in die Staaten. Und keine Ausrede, daß sich die italienischen *ufficiali* in ihrer Freizeit nicht zu kleiden wissen. Du hattest ja nicht Befähl [!], ihre Sitten nachzuahmen.

3. Gebot: Du sollst kein Parfum, keine Brennscheren, keine Zahnstocher benutzen. Entscheide Dich einfach, daß Du sie nicht magst – das reicht.

Genuch der Gebote [!]. Was ich sagen wollte, als man mich unterbrochen hat, ist: Wenn es nach mir geht, sollst Du nicht so schwer arbeiten, daß Deine Nerven bloßliegen und Deine Gesundheit Schaden nimmt, Dein wichtigstes Anliegen dieser Tage. Bitte richte Dich nach Deinem gesunden Menschenverstand und fahre mit Bill Smith in Urlaub, wenn Dir danach ist. Ich bin nicht diejenige, die dem einen Riegel vorschiebt, und ganz bestimmt möchte ich nicht für Dein vorzeitiges Ableben verantwortlich sein.

1. Jan. 1919

In gewisser Hinsicht gehe ich ins neue Jahr, wie es sich gehört. Ich schreibe Dir. Ein Zeichen, daß ich das ganze Jahr über schreiben werde – und zwar an Dich. Wenn Du also traurig bist und Dir die Ideen nicht so schnell zufliegen, wie Du gern möchtest, und alles ganz schrecklich und gräßlich aussieht (tschuldigung), denke daran, daß ich mit Dir rechne für mein zukünftiges Leben. Du mußt es gut machen, und lange dauert dieses Gefühl meist auch nicht an. Gib Dir also einen Ruck, richte Dich auf und nimm es mit geballten Fäusten in Angriff.

Soll ich Dir telegrafieren – wo Du auch bist – wenn ich in New York ankomme? Ich nehme an, Dir wird es nicht möglich sein, mich abzuholen. Aber Du wirst ja wohl wissen wollen, wann Du mir schreiben kannst und wohin. Irgendwie zieht es mich gar nicht so sehr in die Heimat zurück. Ich kann Dich ja doch nicht sehen, und die Arbeit zu Hause kommt mir jetzt besonders fade und langweilig vor. Aber da ich Dir nun mal versprochen habe, nicht auf dieser Seite des großen Teichs zu bleiben, muß ich ja wohl fahren.

Dies war das ereignisreichste Jahr meines Lebens. Ich weiß, ich habe mehr erlebt und mehr nette Leute kennengelernt, und ich bin meinem Kid Ernie begegnet, der mir ans Herz gewachsen ist. Was will man mehr?

Ich hatte gerade einen wunderbaren Gedanken. «Stell Dir mal vor – in seinen Briefen ist Ernie nie wütend oder gemein, also besteht für mich in der nächsten Zeit auch kein Grund zur Sorge.» Ist das nicht prima? Aber Du warst gestern abend auch ein ganz Lieber, also beklage ich mich lieber nicht über Dinge, die schon längst der Vergangenheit angehören und vergessen sein sollten – von beiden Seiten natürlich.

Lieber Ernie, für mich bist Du ein wundervoller Junge, und wenn Du ein paar Jahre und ein bißchen an Würde und Gesetztheit zulegst, dann ist das Ergebnis gewiß recht vielversprechend. Ich fürchte nur, daß Dich die *femmes* in Chicago mit ihren Tricks von Deiner Nachtschwester fortlocken. Wäre ich doch mit dem Talent der Ausdruckskraft gesegnet, dann würde ich Dir einen viel längeren und schöneren Brief schreiben. Doch wenn ich auf Papier gefühlsduselig werde, dann geniere ich mich – dumm, nicht wahr? Aber so war ich schon immer und kann nicht plötzlich damit aufhören. Also bitte, lies zwischen den Zeilen und entdecke all die lieben Dinge, die ich nicht in Worte fassen kann.

Ach, Ernie, ich harre der großen Dinge, die Du vollbringen wirst. Sorge und ärgere Dich nicht wegen mir und laß Dir keine Flausen in Deinen einfallsreichen Kopf setzen, sondern mach weiter. Damit erreichst Du mehr, als wenn Du Dich hinhockst und immer nur an mich denkst.

Solltest Du meine Freunde treffen, also Billy Horne, Capo, Brummy und Jenks oder andere – richte ihnen meine Grüße aus und sage ihnen, sie sollen sich in New York bei der Verwaltung des Bellevue-Krankenhauses in der 26th St. Nr. 426 nach mir erkundigen.

Wenn ich nach Hause komme, kannst Du mir über die Trust Dept. National Springs & Trust Co., 15th St. & N. Y. Ave., Washington, D. C. schreiben. Das ist der sicherste Weg, denn meine Adresse in Wash. kenne ich noch nicht.

Nun sage ich auf Wiedersehen, Ernie, Lieber, und gib Dein Bestes für uns beide.

In Liebe
Deine
Aggie

[Mailand]
6. Jan. 1919

Kid, Liebster.[81]
Obwohl Dein letzter Brief noch nicht abgeschickt ist, weil ich keine Briefmarken habe, will ich Dir erneut schreiben. Ich weiß, ich kann Dir gar nicht oft genug schreiben.

Gestern ein Riesentheater am Palazzo Reale, um unseren *Presidente* zu sehen.[82] *Ma Che*, war ja auch ein Anlaß! Zuerst warten wir den ganzen Tag auf diese *biglietti d'invito* [schriftliche Einladungen]. Dann werfen wir uns in Ausgehkluft einschließlich weißer Handschuhe. Feierlich – und furchtbar stolz auf unsere Hände – paradieren wir zum Palazzo – und nähern uns fünf verschiedenen Türen, ehe wir die richtige finden. Livrierte, aufs prächtigste ausstaffierte Knappen säumen die mit Samtteppich ausgelegten Treppen. Während wir die Stufen hinaufschreiten, tritt eine umwerfende Gestalt in Rotgold aus dem Hintergrund hervor, nimmt Schaufel und Besen und beseitigt auch noch die kleinsten Spuren, die unsere gewöhnlichen Füße womöglich versehentlich hinterlassen haben könnten. Zum Mäusemelken – denn schließlich hatte ich meine Schuhe gerade auf Hochglanz poliert. Man schob uns in einen brütend heißen Raum, wo uns die Stuckes [Schreibweise womöglich unkorrekt] und andere aus der amer. Kolonie begrüßten. Da wir in Paradeuniform waren, durften wir natürlich nichts – auch nicht die Handschuhe – ablegen. Und so litten wir für unser Land wie nie zuvor.

Das war der Zeitpunkt, als Mac bissig wurde, und seitdem hat sich nichts daran geändert. Schließlich zischte der Präsident samt Familie vorbei, um seinen Pelz abzulegen. Wieder endloses Warten – diesmal in einem Raum voller Würdenträger und hochrangiger Generäle. Schließlich bilden wir eine Schlange mit Capt. Patrick an der Spitze, und man schubst uns ins Rampenlicht. Aber nein, er ist doch nicht da. Wir warten erneut, bequem an die Leute um uns herum gelehnt. Schließlich gibt es einen neuen Tumult, und ich erhasche einen Blick auf sein Ohr und Mrs. W's Hut. Gefühle überwältigen mich, und für einen Augenblick verliere ich meine Geistesgegenwart. Während die anderen ihre neuen weißen Handschuhe über die Köpfe der Leute in der ersten Reihe strecken, um sie schütteln zu lassen, stellen alle voller Entsetzen fest, daß ich nicht einmal einen Finger erwischt habe. Außer mir über mein Versagen, versuche ich es erneut. Doch dann überrennt mich das Y. M. C. A. in geschlossener Formation, um noch einen letzten Blick zu erhaschen. (Keine Ahnung, wie man das mit den Formationen macht, aber Du müßtest es wissen – schließlich bist Du in dieser Branche.)

Atemlos stürzen wir an die Luft – *fresco* [frisch]. Und nach Hause. Ach, nein, Miss Shaw und ich tranken mit Capt. Eckland Tee, und wieder blieb er zum Abendessen da. Und dann nach dem Abendessen die Aufregung um die Karten für die Scala. Sie schienen gerade mal für die Hälfte von uns zu reichen – deshalb mußte eine Entscheidung getroffen werden, und sie entschlossen sich für die Pässe. Mac, die Arme, mit ihrem britischen, wurde gleich ausgeklammert – und bekam eine Karte mit Miss Bertassi im Olymp geschickt. Ui – da ging der Spaß erst richtig los. Unter Einsatz größter Diplomatie schaffte es Miss Shaw, daß sie mit Capt. Eckland, Miss Larkin[83] und Miss Strycker gehen konnte. Da insgesamt nur vier Plätze zur Verfügung standen und Miss Shaw darauf beharrte, daß Capt. E. an ihrer statt ging, zog ich es in meiner Weisheit und mit dem Hinweis auf meine Erkältung und meinen Husten vor, zu Hause zu bleiben. Nun, schließlich ging Mac hoch, und irgend jemand sagte ihr, Capt. E. habe ihr seinen Platz überlassen, weil sie eine so gutmütige Person sei. *Ma che* – der Kerl ist für mich erledigt – *adesso* [ab sofort]. Aus irgendeinem unerklärlichen Grund ist Mac auf mich wütend und steht auf und verläßt würdevoll den Raum, wenn ich hereinkomme – usw. Ich versuchte, mit dem Nachtzug abzureisen, aber da heute ein *Festo* [festa] ist – Epiphanias –, gab es niemanden, der mir meinen Koffer zum Bahnhof brachte. Also muß ich noch einen Tag warten, von dem ich soviel wie möglich in meinem Zimmer verbringe, um den Spanier [?] nicht weiter aufzuregen.

Mensch, bin ich froh, daß ich nicht vernünftig bin. Bestimmt nimmt das einem viel Spaß im Leben. Und gewiß, man geht oft in die Luft, aber irgendwie kommt man immer wieder auf den Teppich, und so ist am Ende gar nichts passiert.

Ein komisches Gefühl, Dir einen Brief zu schreiben, den Du erst bekommst, wenn die Nachrichten schon überholt sind.

Wahrscheinlich behalte ich die Briefe und gebe sie erst in Padua auf, um den Zensor vom R. K. zu umgehen. Wenn ich mich erst mal in meinem Winterquartier häuslich eingerichtet habe, werde ich Dir jeden Abend ein paar Zeilen schreiben. Ich wünschte, Du wärst gestern bei mir gewesen, aber ich wünschte Dich auch jetzt bei mir, also ist es auch egal, nicht wahr?

Ein Schreiben, das hervorragend zu meinen gegenwärtigen Gefühlen paßt, also sollte ich wohl besser aufhören. Am 12. Jan., Kid, Lieber, fand ich diesen unvollendeten Brief unter meinem Briefpapier. Aber da ich vermute, daß es Dir nichts ausmacht, wenn er später kommt, schicke ich ihn ab.

Dein, nur Deine Kid
Aggie

[Padua]
7. Jan. 1919

Mein Schatz,
trotz meiner Befürchtungen komme ich bisher besser voran, als gedacht – mit meiner Korrespondenz, meine ich. Du weißt, ich wollte Dir kein Versprechen geben, weil ich nicht sicher war, ob ich meinen Schwur auch halten kann.

Jetzt bin ich in Padua – habe gestern abend bei Miss Shaw angefangen. Eigentlich hätte ich erst heute oder morgen eintreffen sollen, weil es wegen des *festa* am Mo. nicht möglich war, meine Sachen zum Bahnhof zu schaffen – aber nach einer halben Stunde Warten ging es dann doch los.

Der dumme Zug fuhr mit zwei Stunden Verspätung ab, um halb drei in der Nacht, und natürlich bekamen wir keinen Sitzplatz. Aber wenigstens konnten wir Deckenrollen und Taschen im Gepäcknetz stapeln, woraufhin sie nachts in regelmäßigen Abständen auf die dicken, schlafenden Offiziere unter ihnen plumpsten. Uns hat das gefreut, saßen wir doch auf zierlichen Koffern, die jeden Augenblick auseinanderzubrechen drohten.

Heute erwartete mich ein ansehnlicher Stapel Post – vier Briefe von Dir – drei aus Sizilien[84] und einer von der Fahrt dort herunter. In der Verwaltung sagte man mir, ich bekäme mehr Post als jeder andere von uns. Das hat auch seinen guten Grund – oder nicht?

Ich frage mich, ob sie sich Sorgen machen, wenn sie einen Teil hier abziehen – zumindest für eine gewisse Zeit. Ich habe vergessen, Dir zu erzählen, daß ich am So. mit Brundi im St. Margherita war – in dem Café, über das Du die Nase gerümpft hast, als ich mit Dir dorthin gehen wollte. Er hat Capt. Serena weder gesehen noch von ihm gehört – und wenn er sich nicht in Mailand blicken ließ, als Präs. Wilson dort war – dann ist der Mann offenbar einfach nicht hier in der Gegend – und fertig.

Es heißt, die Piave führe so viel Wasser, daß man sie nicht mehr überqueren kann. Wie komisch, wenn Cavie und ich auf der anderen Seite von jeglicher Verbindung abgeschnitten wären – wie es im Winter angeblich manchmal wochenlang vorkommt. Aber denke nur an das Geld, das ich dort sparen kann! Dann habe ich jede Menge Zaster für den Urlaub und Klamotten für die Heimreise.

Gute Nacht, mein Lieber. Ich bin müde, da ich gestern nacht auf dem Gang im Zug nicht zum Schlafen kam und heute morgen nur ein kurzes Nickerchen machen konnte.

Ich liebe Dich so wie immer. Und wie steht's mit Dir?

Deine
Aggie

9. Jan. [1919]

Kid, Lieber,
domani matina [! morgen früh] breche ich nach Torre di Mosta auf, und nur der Himmel weiß, wann ich meine Briefe dort aufgeben kann. Jedenfalls versuche ich mein Bestes.

Letzte Nacht habe ich mit dem Schreiben ausgesetzt und besuchte einen Tanzabend im Ospedale – mit einer Art Gesangsaufführung der Jungs. Anschließend wurde getanzt, aber diesmal nicht mit den Männern (denk nur an den Ball der Postbeamten), sondern mit ein paar sehr netten Offizieren.

Ach, gestern war vielleicht ein Tag! Da ich sonst nichts zu tun hatte, fragte ich Miss Shaw, ob ich sie nicht nach Treviso begleiten könnte. Natürlich fing es an zu regnen, und unser Auto hatte keine Planen, worauf wir bei dem Wind und dem Regen bald patschnaß waren und mit lehmverschmierten Gesichtern ankamen. Wir besuchten das Feldlazarett 331, und ich sah zu meiner Freude alle meine alten Patienten wieder. Ich glaube, die Schwestern fahren morgen ab. Und ich traf Jones, den Soldaten, der dem Zahnarzt assistiert. Er hat mir eine pikante Kleinigkeit erzählt, die Dich vielleicht interessieren könnte. Am Tag nach meiner Abreise sprach er mit einem Patienten auf Miss De Graws Station, der sagte, er würde Dich gut kennen und mit Deiner Schwester im Briefwechsel stehen. Sein Name: Bill Hutchins – vom Oberlin-Quartett («Schreibweise ungewiß»).

Bei all dem Regen und den Besorgungen von Miss S. – kamen

wir erst um halb sieben wieder in Padua an. Lieber Himmel, und dieser Schlamm!

Heute war es ziemlich sonnig, deshalb glaube ich nicht, daß die Fahrt morgen auch nur halb so schlimm werden wird.

Ich habe einen Brief von der Schnüfflerin bekommen, den sie am Tag vor Weihnachten geschrieben hat. Zitat: «Ihr Freund ist noch da, tritt aber morgen seine nette Urlaubsreise an. Bitte lach nicht, wenn ich sage, daß er mir sehr fehlen wird. Er ist ein guter Junge und war mir gegenüber immer höflich und rücksichtsvoll. Aber ich bin froh, daß er nach Amerika zurückkehrt, denn ich möchte nicht, daß er hier seine Zeit verschwendet – er ist zu gut dafür!» Wenn das keine Lobrede ist, mein Alter!

Ich war ohnehin schon seit langem dieser Meinung. Da siehst Du, wie gut mein Urteilsvermögen ist.

Heute – bekam ich Deine letzten Briefe von der Küste dort. Vielen Dank für die Bilder, aber ich hätte lieber die Filme, die Du aufgenommen hast. Miss Larkin kann es kaum noch erwarten, daß sie Abzüge von dem Film aus Mailand bekommt, und ich hätte furchtbar gern den Film von mir, damit ich an meine *madre* und Freunde zu Hause ein paar Fotos schicken kann.

Gute Nacht, Knuddelbär. Ich bin ziemlich müde, aber trotz allem bester Dinge.

Deine fröhliche Kid
Agnes

[Torre di Mosta]
12. Jan. [1919]

Lieber Alter –
nur ein Versuch, weil ich gern hören möchte, wie es klingt. Wenn Du mich jetzt sehen könntest, würdest Du lachen. Ich sitze in unserem Lazarett – (eine Station mit elf Plätzen) auf einer Bettkante und habe die Füße auf eine Fußbank gestellt. Wir haben hier ein nettes Sortiment von Patienten – eine Frau mit Lungenentzündung, die so undeutlich spricht, daß ich kein Wort verstehe und ständig die Stationshilfe fragen muß, was sie gesagt hat.

Als nächstes Assunta, ein Kleinkind, das seit Eröffnung des Lazaretts hier und sehr verwöhnt, aber auch furchtbar süß ist. Dann ein kleiner Lümmel, den wir heute in unsere Familie aufnahmen. Er hat eine schlimme Entzündung im Mund und heult ununterbrochen, weil ich ihm nicht erlaube, zu seiner Milch Brot zu essen. Daraufhin weigert er sich, es zu essen. Und dann kommt Ugo – gleichfalls süß. Ihm sind sämtliche Vorderzähne ausgefallen, doch er ist nicht eitel und grinst fröhlich in die Gegend.

Und *Nona* [nonna – Großmutter] – oder Maria, die *Vecchio* [vecchio – Alte], die den ganzen Tag zusammengekauert dahockt, den Schal über den Kopf gezogen. Kannst Du sie Dir vorstellen? Du kennst diesen Typ. Offenbar bewundert sie mich grenzenlos, was mir oft peinlich ist, und sagt, ich sei *troppo giovane* [zu jung] – meinem Aussehen nach höchstens achtzehn. Insgesamt tröstlich, selbst wenn man die Urheberin in Betracht zieht.

Dann haben wir ein hübsches Mädchen von etwa vierzehn Jahren.

Die Mädchen hier sind einfach bemerkenswert. Nirgendwo habe ich schönere und gesündere gesehen – und das ist die Regel. Natürlich haben wir außerdem viele Besucher, die aber allesamt recht höflich sind. Unser Gebäude diente über ein Jahr lang als Hauptquartier und Lazarett für die Österreicher – bestimmt könnten wir im Dunkeln ihre Gespenster sehen. Es heißt, damals waren fünf Generäle hier. Aufregend finde ich das. Sobald ich hier ein paar Leute kenne und mich verständlich machen kann, werde ich jede Menge Fragen stellen. Aber Du wärst auch jetzt schon überrascht, wie gut ich mit meinen italienischen Patienten reden kann, und jeden Tag lerne ich hinzu.

Neben Cavie und mir gibt es hier eine gesetzte amerikanische Sozialarbeiterin, absolut humorlos – Lieut. Rose vom A. R. C., die morgen nach Amerika aufbricht –, einen netten, wenn auch ruhigen ital. Arzt, *tenente*, dessen Namen ich nicht kenne – und zwei ital. Schwestern, die eine ziemlich nett, die andere ein Ekel, wie Cavie sagt. Heute – sie hat eigentlich Nachtdienst – kam sie gegen Mittag hereingeschneit und fing an, mir Befehle zu erteilen, und ehrlich, ich geriet in Wut, genauso wie Mac – wenn ich ihr auch keine Antwort gab. So, nun kennst Du unsere gesamte Familie, obwohl Du wahrscheinlich sagen wirst, daß die Familie Dich nicht interessiert. Würde jedenfalls zu Dir passen – ich kann es fast hören.

Ich merke gerade, welche Dummheit ich begangen habe. Ich habe auf dieser Seite geschrieben, obwohl das andere Blatt noch gar nicht voll ist – *scusi* [Entschuldigung].

Es wird sehr dunkel, und unser einziges Licht stammt von Petroleumlampen. Aber damit sind wir noch glücklicher dran als die Leute aus der Umgebung, denn die haben gar kein Licht. Ich will versuchen, Dir jeden Tag ein wenig zu schreiben und einmal in der Woche die Post aufzugeben. Wird das Ihro 'oheit [?] genügen?

Meine Fahrt von Treviso war äußerst spannend. Wir sind nicht über die Brücke gefahren, die Du mir gezeigt hast – sondern über eine, die Ponte dei Piave oder so was in der Art heißt. Dort mußten wir eine Weile warten, weil uns aus der anderen Richtung eine lange Kolonne mit *camions* [Lastwagen] entgegenkam. Es war Mittagszeit, und ich hörte einen der Soldaten sagen, hoffentlich gehe es schnell voran, weil er hungrig sei. Ich schenkte ihm den Zwieback, den ich für die Mittagsmahlzeit mitgenommen hatte – denn ich hatte schon Schokolade gegessen und keinen Hunger mehr.

Anschließend teilte ich ein paar der Orangen aus, die ich für das Lazarett gekauft hatte, erklärte aber meinem Fahrer, der sie weitergab, daß ich die Zwiebeln und den Kohl noch für die Suppenküche bräuchte. Immer wieder hielt uns jemand an der Straße an und bat uns, ihn mitzunehmen. Wenn es sich um einzelne *soldati* handelte, sagte mein Fahrer: «Spring hinten drauf» –, und hopps. Wenn es jedoch *uffiziali* mit ihrer ganzen Eskorte waren, ließ er sie abblitzen. Auf der anderen Seite des Flusses sah ich so viel Zerstörung – unvorstellbar, daß dies einmal Dörfer gewesen waren. Von dem Schlamm und den schlechten Straßen will ich gar nicht reden – ein paarmal wäre ich fast aus dem *camion* geschleudert worden, wenn er durch tiefe Schlaglöcher fuhr.

In jeder bewohnten Ortschaft, die wir durchquerten, fragte der

Fahrer nach Richtung und Entfernung. Erst waren es fünf Kilometer, dann steigerte es sich stetig bis auf zwanzig, je näher wir kamen.

Bei meiner Ankunft stand ich vor dem erbärmlichsten, dreckigsten Gebäude, das man je gesehen hat. Aber Cavie bereitete mir einen königlichen Empfang, so daß ich mich gleich wie zu Hause fühlte. Sie hat schreckliche Arbeit damit gehabt und wahre Wunder bewirkt. Über das Buch, das Du ihr geschickt hast, hat sie sich sehr gefreut. Meines Wissens nach ist es hier das einzige Stück Literatur. Also spute Dich, schreibe etwas und schicke mir die Sachen, damit ich mich bilde.

Heute abend machen der *sindaco* [Bürgermeister], Priester und andere Würdenträger Lt. Rose ihre Aufwartung. Ich flüchtete mich mit einer Petroleumlampe in das *stanza* [Zimmer], das ich mit drei anderen teile, um zuerst ein paar Zeilen an Dich und dann vielleicht noch einige Briefe an gewöhnliche Sterbliche zu schreiben. Gerade kamen die Hilfen herein, um mir *Buona Sera* zu wünschen. Ist das nicht nett? Ich finde, das ist ein hübscher Brauch. (Klingt kitschig, nicht wahr? Und ich hasse Kitsch – wie Du.)

Unser Haus ist das größte und auffälligste der Stadt. Du kannst es also nicht verfehlen. Davor liegt ein Platz, offensichtlich die Sammelstelle für die Leute, die sich Milch und Suppe abholen – und wenn Du den Schlamm sehen könntest, der ihn zum größten Teil bedeckt – *Ma Che* – was haben wir hier für einen Schlamm!

Nun gute Nacht, lieber Kid. Wie ich mir wünschte, ich könnte in diesem Augenblick bei Dir sein – doch ich weiß, es geht Dir gut. Nur fürchte ich, daß ich demnächst im Itakerjargon schreibe, denn immer öfter ertappe ich mich, daß ich italienisch denke.

A riverdela [!] –
carissimo tenente
Suo [!] *cattiva ragazza* [Dein unartiges Mädchen]
Agnes

21. Jan. [1919][86]

Liebster H. & M.,
gestern bekam ich vier Briefe aus Gibraltar – o Kid, welch freudige Überraschung! Der über meinen Husten reizte mein Zwerchfell so, daß ich mit dem Lachen nicht mehr aufhören konnte, bis Cavie mich fragte, was denn zum Teufel so lustig sei. Darauf las ich ihr ein paar Stellen vor – sorgfältig ausgewählt. Dennoch äußerte sie den Verdacht, daß ich eines Tages wohl noch als Mrs. Hemingstein ende – was ich weder abstritt noch bestätigte – ich beschränkte mich einfach auf ein wissendes Lächeln. Ich glaube, der Doktor wird mir nicht mehr schreiben, denn seit Nov. habe ich nur diesen einen Brief bekommen.

Ich habe hier einen leidenschaftlichen Verehrer. Domenico – vierzehn Jahre alt. Er führt mich, wenn ich mich auf meinen Pilgergang zu den Kranken in der Umgebung mache. Cavie war einige Male richtig verletzt, denn er weigerte sich, sie zu begleiten, bestand jedoch darauf, mit mir zu gehen, sobald er wußte, daß ich an der Reihe war. Außerdem machte er mir abscheuliche österreichische Säbel, Gewehre und Granaten zum Geschenk. Wie ich sie je nach Hause bringen soll, weiß nur der Himmel.

Ich habe das hübsche österreichische Messer, das mir in Treviso geschenkt wurde, an die Küche ausgeliehen, wo damit Zunder geschnitten werden sollte, und jetzt ist es *«rotto»* und als Souvenir nicht mehr zu gebrauchen. Mein Fehler, also kann ich auch nichts sagen.

Gestern war ein schrecklicher Tag. Gleich nach dem Abendessen brachte man uns (in einem Ochsenkarren) vier Kinder, die blutüberströmt waren. So – meinte jedenfalls Cavie – müssen die Verwundeten ausgesehen haben. Sie haben im Garten gespielt und eine Bombe gefunden. Zwei andere Kinder waren auf der Stelle tot, und zwei derjenigen, die man zu uns brachte, sind schwer verwundet; eines hat innere Verletzungen und bei dem anderen sind es die Augen. Wir arbeiteten etwa zweieinhalb Stunden lang wie die Verrückten. Cavie und ich – der ital. Dr. und die ital. Schwester. Gerade als wir sie verbinden wollten, fuhr Bruno, unser kleiner Fahrer, mit einer Ford-Ambulanz vor – der ersten seit meiner Ankunft, weil die anderen alle kaputt sind. Wir nahmen es als Geschenk des Himmels und packten die armen Kleinen hinein, um sie ins Lazarett von S. Stino, etwa fünf Kilometer von hier, zu schaffen.

Gestern abend ging ich dann mit Cavie und Domenico etwa drei Kilometer, um einem kranken Mann, der nicht mehr schlafen kann, eine Morphiumspritze zu geben. Dies ist das wirkliche Leben. Ich finde es aufregend, die Straße entlangzugehen und auf eine dicke Frau zu treffen, die einen Rotkreuz-Bademantel über den Rock gezogen und ihn an der Taille wie ein Überkleid festgezurrt hat. Und daß sich die Leute darum reißen, einem einen Gefallen zu tun. Ich werde mehr verwöhnt denn je. Manchmal glaube ich fast, ein Leben in Italien könnte mir gefallen, doch dann ärgere ich mich wieder und ändere meine Meinung.

Heute war ein prächtiger Tag. Vormittags hatte ich den Ambulanzwagen zur Verfügung und brachte einer kranken Frau etwa eineinhalb Kilometer von hier ein Bett mit Matratze, Bettzeug und Nachtwäsche.

Es machte mir richtig Spaß, alles frisch und sauber für sie herzurichten. Am Nachmittag ging ich in ein anderes Haus in unserem Dorf und versorgte eine von unseren kranken alten Frauen. Ihr einziges Möbelstück ist ein Eisenbett mit Matratze für sie selbst, ihren Sohn und ihr Enkelkind. Dann schlug Bruno einen Ausflug nach S. Stino vor, doch mein Gewissen verbot mir, ohne Anlaß zu fahren. Deshalb überredeten wir Cavie, dem Priester in S. Stino den Karton mit den Sachen zu bringen, um die er gebeten hatte. Straßen sind das hier! Es schleudert einen nach oben und unten und von einer Seite zur anderen, und der arme kleine Ford bricht fast zusammen.

Bruno erzählte übrigens heute, bei meiner Ankunft hätten alle vermutet, ich sei seine Schwester, weil wir uns so ähnlich sähen. Wir werden ein Foto von uns machen lassen, um zu prüfen, ob es stimmt.

Weil ich heute den ersten freien Tag seit meiner Ankunft hatte, konnte ich endlich den Film vollknipsen, den wir in Padua angefangen haben.

Ich machte ein paar Aufnahmen von Luigi, unserem Koch. Er ist ein Unikum, ein perfektes Abbild der Comic-Figur Weary Willies – mit einem schielenden Auge und dem ständigen Lächeln. Cavie meint, wenn man ihn nur einmal «O *poveretti!*» sagen hört, hat sich die Reise nach Italien schon gelohnt. Die Bedienungen haben ihm eine Kochmütze genäht, und dazu noch die Rotkreuz-Uniform – die reinste Augenweide. Er ist so stolz auf unseren neuen Küchenherd, daß er der gesamten Nachbarschaft von seinen wunderbaren Eigenschaften und allem, was man damit machen kann, erzählt. Köstlich, ihm zuzuhören.

Also, mein Kid, stell Dir vor, ich bin glücklich und zufrieden, und mach Dir um mich keine Sorgen, sondern blicke nach vorn. Das Auf und Ab, dem ich ausgesetzt bin, gehört zum wahren Leben und macht mir Spaß. Inzwischen bist Du [«da» ausgestrichen], ich meine zu Hause und mußt einige meiner Briefe bekommen haben oder bald kriegen. Denk an Dein Versprechen, mir Deine Geschichten zu schicken.

Deine Signora Kyde,
Agnes

3. Febr. 1919

Ernie, lieber Kid –
wahrscheinlich hältst Du es inzwischen für eine Standardausrede, wenn ich sage, ich stecke mitten im Durcheinander, aber ehrlich, mein Junge, Torre di Mosta ist mit Abstand der turbulenteste Ort, an dem ich je gewesen bin.

Unsere Familie vergrößert sich ständig, das heißt, es gibt immer mehr Leute, die bekocht sein wollen. Da einige schwer krank sind, heißt es auch mehr Arbeit im Lazarett, und Cavie und ich verzetteln uns ständig, so daß wir irgendwann nicht mehr wissen, was eigentlich unsere Aufgabe ist.

Außerdem kriegen wir immer öfter Gesellschaft. Der kleine tenente, von dem ich schon erzählt habe, bestürmt mich mit seiner Zuneigung – aber keine Angst. Heute schenkte er uns einen Hasen für das Abendessen. Nahrungsmittel scheinen hier den Platz von Blumen und Pralinen einzunehmen.

Jeden Abend kommen meine kleinen Jungen, setzen sich um den Ölofen im *magazzino* und machen auf frischgeschnitzten Rohrflöten Musik, um sich Schokolade und Zigaretten zu verdienen. Sie alle rauchen von zwölf Jahren an wie die Schlote, und ich kann sie einfach nicht von den Zigaretten abbringen, obwohl ich es immer wieder versucht habe.

Gerade jetzt, während ich schreibe, sitzt so ein kleiner Barockengel auf meinem Schoß, und ich halte ihn im Auge – schon wieder zehn Minuten verstrichen. Weiß der Himmel allein, wie dieses konfuse Zeug für Dich klingen mag. Wir haben wunderbares Wetter. Scheint wirklich der sonnige Teil Italiens zu sein, obwohl es – besonders im Augenblick – ziemlich kalt ist.

Die Zukunft ist mir ein Rätsel, und ich habe nicht die geringste Ahnung, wie ich es lösen soll. Ob ich nach Hause fahre oder mich wieder um einen Posten im Ausland bewerbe, ist noch völlig offen. Natürlich gilt das alles nur für die nahe Zukunft, denn ich gehe davon aus, daß Du mir bei der Planung für die darauffolgende Zeit helfen wirst. Cavie war neulich sehr gemein zu mir. Sie bezeichnete mich als flatterhaft – warf mich also in einen Topf mit Brooksie. Aber Du weißt, daß ich nicht so bin, oder?

5. Febr. [1919]

Da kannst Du mal sehen – zwei Tage, seit ich den Brief begonnen habe. Gestern war ich fast die ganze Zeit auf den Beinen, denn wir hatten Gäste zum Abendessen, und anschließend mußte ich mich auf den Weg machen und jemanden, der zwei Kilometer von uns entfernt wohnt, eine Spritze geben. Dann ist eine alte Frau im Lazarett gestorben, und so kam ich erst spät ins Bett. Heute war ein sehr trauriger Tag, denn zwei unserer jungen Patienten – Bruder und Schwester, 14 und 16 Jahre alt – starben an Grippe und Lungenentzündung, wie damals Colter. Da wir alle anderen Patienten nach Hause geschickt hatten, ist das Lazarett heute abend leer. Sobald ich hiermit fertig bin, gehe ich in die Falle, denn morgen fährt unser *camion* mit der Post nach Treviso.

Am Freitag ist seit meiner Ankunft in dieser Stadt ein Monat verstrichen, vier Wochen voller Ereignisse. Das Leben im Ausland gefällt mir mit jedem Tag besser, und wenn mir Miss Conway die Zukunft weissagt, heißt es immer, ich würde noch viel reisen. Wie findest Du die Vorstellung?

Gute Nacht, mein Lieber
Deine verwilderte, aber fröhliche
Aggie

15. Febr. [1919]

Lieber Kid,
wirklich harte Arbeit, einen Brief zu schreiben, wenn Du keinen zu beantworten hast. Geht es Dir auch so?

Die letzten Tage war hier eine Schriftstellerin zu Besuch, ich glaube Mrs. Vorhee oder Vorse. Es heißt, sie schreibt für das *Home Journal*, was Deine Nase wohl rasch in die Höhe steigen läßt. Wie auch immer, sie wollte das Land und uns kennenlernen, um Material zu sammeln. So standen wir unter der ständigen Anspannung, jeden Augenblick etwas über unsere Lieblingsfehler in der Zeitung zu lesen – einfach unerträglich.

Ich war diese Woche für zwei Tage in Padua, fühlte mich jedoch eher erschöpft und schwer wie Blei. Da sie vier Schwestern für nur vier Patienten hatten, stand ihnen relativ viel Zeit zur Verfügung. Sie regten sich furchtbar auf, weil ich darauf beharrte, dorthin zurückzukehren, was ich zu Hause nenne. Ich versprach ihnen jedoch, am Freitag (gestern) mit Cavie wiederzukommen und zu dem großen Abendessen zu gehen, das von der amerikanischen Gesandtschaft unter Gen. Treat zum Valentinstag gegeben wurde. Ein rauschendes Fest. Aber als ich nach Hause kam und sah, wie die Dinge hier standen, ließ ich den Plan «*subito*» wieder fallen.

Der Frau mit Typhus, die wir seit mehr als einem Monat zu Hause betreut haben, ging es plötzlich viel schlechter, so daß wir fast schon bei ihr wohnten. Ich blieb eine Nacht bei ihr, und Cavie gestern nacht. Zudem ist unsere ital. Schwester seit beinahe vier Tagen krank, und dann kam noch Maj. Fabbri, unser Vorgesetzter in dieser Sektion, mit dieser Schriftstellerin zu Besuch.

Für gestern abend hatten sie zwei *tenenti* zu einem ausgesprochen vornehmen *«cino»* [cena – Abendessen] eingeladen. Von Luigi lerne ich jede Menge italienischer Gerichte. Ich hoffe, die schriftstellernde Dame baut ihn in ihre Geschichte über Torre ein. Schließlich könnte man ein ganzes Buch über ihn schreiben. Wir haben hier einen *Capt.* der Arditi, der bei uns vorübergehend übernachtet. Die Frauen mochten ihn, bis sich herausstellte, daß er die Gefangenen schlägt. Die Arditi hier in der Gegend sind die wildesten von allen. Du würdest sie bestimmt bewundern.

Wirklich erstaunlich, welch glückliche Familie wir hier bilden, mit unserem Gemisch aus Italienern, Amerikanern und Engländern. Natürlich müssen wir uns auf italienisch verständigen, weil sie nicht Englisch sprechen können oder wollen. Unser *tenente medico* ist der lustigste und klügste, den ich bisher kennengelernt habe. Er hat einen ausgeprägten Sinn für Humor, und dabei wirkte er anfangs so ruhig und ernst. Aber jetzt hat er sich als ein richtiger Spaßvogel entpuppt. Gestern abend begannen wir eine regelrechte Kissenschlacht – die würdeloseste Vorstellung, der ich in diesem Land je beigewohnt habe.

Cavie muß demnächst nach Rom aufbrechen, um die Leitung des dortigen Lazaretts zu übernehmen, wenn Miss De Long im März abreist. Sobald ich dieses Lazarett geschlossen und an die Italiener übergeben habe, werde ich zu ihr stoßen. Ich habe die Möglichkeit, für ein Jahr in Rom zu bleiben, doch andererseits überlege ich ernstlich, in den Balkan zu gehen – bis jetzt bin ich also noch recht unentschlossen. Mama schrieb mir, ich solle erst zurückkehren, wenn ich mir ganz sicher sei, und nach diesem Leben hier wird mir die Arbeit zu Hause bestimmt sehr langweilig vorkommen. Vielleicht geht es Dir im Augenblick ja ähnlich.

Ich fürchte jedoch, wenn ich noch ein weiteres Jahr in Italien bleibe, mag ich am Ende überhaupt nicht mehr heim, aber – ich habe ein paar Exemplare italienischer Amerikaner kennengelernt, und die sind nicht gerade das, was ich anstrebe.

Ich werde schon wieder unterbrochen, und weil ich den Faden verloren habe, höre ich besser auf.

Herzlichst
Agnes

Torre di Mosta
1. März [1919]

Lieber Kid
heute kam ein ganzes Bündel Briefe von Dir an, doch leider konnte ich sie noch nicht alle lesen. Du solltest mir nicht so oft schreiben. Ich kann da nicht mithalten, so beschäftigt, wie ich bin. Schade, daß Du den Eindruck hast, mir würde es hier nicht gutgehen, denn das stimmt nicht. Ich habe hier die beste Zeit meines jungen Lebens und keinen Mangel an Abenteuern. Und trotz des Schlamms und der Schwierigkeiten, von denen ich früher berichtet habe, mag ich meine Arbeit.

Cavie ist inzwischen nach Rom gefahren und hat mich mit der Leitung des Lazaretts und der Hauswirtschaft zurückgelassen – keine große Sache, doch wir verpflegen mittags etwa 35 bis 45 Menschen, und das ist kein Kinderspiel. Sie – gemeint sind unsere häufigsten Besucher – nennen mich die Directrice, und das macht mich rasend. Unter den ebengenannten Besuchern befindet sich ein ital. Major der Alpini, ein alter Freund unserer italienischen Schwestern. Er war ohne Unterbrechung fünf Jahre an der Front, abgesehen von den 40 Monaten, die er zwischendurch im Lazarett gelegen hat. Ein Arm ist gelähmt, aber das tut der Energie des Mannes keinen Abbruch – 30 Jahre alt und sehr klein. Zwar war er nur eine ganze Woche hier, aber seitdem ist er jedermanns Freund. Außerdem spricht er Englisch, ein großer Vorteil. Dann gibt es hier mehrere *tenenti*, die ich nicht mag, und einige, die ich mag. Neulich kamen abends zwei amerikanische Offiziere aus Oderzo zu Besuch, weil Cavie sie eingeladen hatte. Sie erschienen am Abend nach ihrer Abreise, und ihre erste Frage lautete: «Führen Sie hier ein italienisches Kasino?»

Bitte schicke meiner Mutter keine Patronen, denn ich habe selbst so viele davon, daß ich gar nicht mehr weiß, was ich damit anfangen soll. Vielleicht gibt es ja noch andere, denen Du sie geben willst.

Ich habe eine Leuchtpistole mit vielen Geschossen. Eine unserer schönsten Zerstreuungen – sie nachts im Dunkeln abzufeuern.

Übrigens habe ich mit dem Rauchen angefangen. Hast Du schon Erfahrungen damit? Außerdem habe ich das spannende Spiel 7 ½ gelernt. Kennst Du es? Vor ein paar Abenden habe ich 10 Lire gewonnen. O weh, hier geht es bergab mit mir, und ich verkomme von Tag zu Tag mehr. Eines weiß ich gewiß – ich bin nicht das vollkommene Wesen, das Du in mir siehst.

Aber so wie jetzt war ich schon immer, nur daß es allmählich durchbricht.

Heute abend bin ich furchtbar *cattiva* [unartig], also gute Nacht, Kid, und mach keine Dummheiten, und laß es dir gutgehen

Herzlichst
Aggie[87]

7. März 1919

Ernie, lieber Junge,
ich schreibe dies spätabends, nachdem ich lange nachgedacht habe. Ich fürchte, es wird Dich verletzen, aber ich bin sicher, daß Du darüber hinwegkommst.

Schon eine ganze Weile bevor Du abgereist bist, mußte ich mir einreden, daß uns wirklich eine Liebesbeziehung verbindet. Denn immer hatten wir Meinungsverschiedenheiten, und diese ständigen Streitereien zehrten so an meinen Kräften, daß ich oft einlenkte, um Dich von Verzweiflungstaten abzuhalten.

Jetzt, nachdem ich einige Monate von Dir getrennt war, ist mir klargeworden, daß ich Dich noch immer sehr gern mag, doch weniger wie eine Geliebte, sondern eher wie eine Mutter. Zu sagen, ich bin noch ein Kind*, ist Dein gutes Recht – aber ich bin es nicht, oder bin es von Tag zu Tag weniger.

Ach, Kid (für mich immer noch Kid, jetzt und für alle Zeiten), kannst Du mir eines Tages vergeben, daß ich Dich unabsichtlich hinters Licht geführt habe? Du weißt, ich bin nicht wirklich schlecht und will niemandem etwas Böses antun. Jetzt erkenne ich, wie falsch es war, in den ersten Tagen zuzulassen, daß ich Dir

* Kid (A. d. Ü.)

etwas bedeute, und ich bereue es aus tiefstem Herzen. Aber ich bin nun einmal zu alt und werde es immer sein, das ist die Wahrheit. Ich kann nicht darüber hinwegsehen, daß Du noch ein Junge bist – ein Kind*.

Irgendwie habe ich das Gefühl, daß ich eines Tages sehr stolz auf Dich sein werde, mein lieber Junge, doch so lange kann ich nicht warten, und es wäre falsch, Dich zu irgendeinem Ziel zu drängen.

Auf jener Fahrt von Padua nach Mailand habe ich versucht, Dir klarzumachen, wie ich empfinde, aber Du hast Dich wie ein verwöhntes Kind aufgeführt, und ich brachte es nicht übers Herz, Dir wehzutun. Und jetzt kann ich nur den Mut dazu finden, weil ich weit fort bin.

Außerdem – bitte glaube mir, wenn ich sage, daß es auch mir zu rasch geht – werde ich bald heiraten.[88] Ich hoffe und bete, daß Du mir vergeben kannst, wenn Du darüber nachdenkst – und daß Du großen Erfolg hast und zeigst, was in Dir steckt.

Für immer in Bewunderung und Zuneigung
Deine Freundin
Aggie

22. Dez. 1922

Lieber Kid,
als mich Deine Stimme aus der Vergangenheit erreichte – mußte ich mich erst einmal von der Überraschung erholen. Aber dann hat es mich mehr gefreut als alles auf der Welt. Du weißt, es war ein wenig Bitterkeit zurückgeblieben über die Art und Weise, wie unsere Freundschaft endete, besonders nachdem Mac[89] mir nach meiner Rückkehr Deinen bitterbösen Brief über mich gezeigt hat (gemein war, daß sie ihn zuvor schon dem «Doktor» vorgelesen hatte – von dem Du in jenen fernen Tagen mehr als einmal gehört hast).

Jedenfalls wußte ich immer, daß es letztlich die richtige Entscheidung war, und ich nehme an, Du, der Du nun Hadley hast[90],

* Kid (A. d. Ü.)

siehst das inzwischen auch so. Mach Dir klar, wie uralt ich bin, während ich dies schreibe. Eigentlich müßte sich mein Geist schon längst in Luft aufgelöst und nur eine kleine Rauchwolke hinterlassen haben.

Ach, es gibt soviel zu erzählen, daß ich nicht weiß, wo ich anfangen soll. Die letzten drei Jahre waren voller spannender Dinge. Ich glaube nicht, daß das Leben je langweilig sein wird, solange ich noch etwas mitzureden habe.

Zunächst einmal – um im Schutt [der Vergangenheit] zu graben – kehrte ich trauriger, aber auch klüger aus Italien zurück – und hätte am liebsten auf irgendwas, vor allem aber auf einen ganz bestimmten Jemand eingeschlagen. Das Leben schien keinen Sinn mehr zu haben. Für Amerika war ich verdorben, und als der arme Doc – viel dicker als früher – aufkreuzte, war ich so gemein wie möglich. Er war jedoch wie eine Klette, bis ich zum zweitenmal mit dem Schiff abdampfte, worauf er prompt heiratete. Seitdem schlägt er sich wacker und hat einen kleinen Sohn.

Ich arbeitete sechs Monate in Miss Shaws Tuberkulose-Abtlg., fuhr dann zu einem Besuch nach Hause und traf gerade in New York ein, als sich die nächsten Umwälzungen in Europa abzeichneten. Deshalb teilte man mich für Rußland ein, und im März 1920 fuhr ich los. Meinen Freunden hatte ich vorsichtshalber verschwiegen, daß es nach Rußland ging, denn sie alle waren der Ansicht, daß man dem sicheren Tod als mutmaßlicher Spion ins Auge sah, sobald man sich über die Grenze dieses armen Landes wagte. Doch als ich in Paris eintraf, waren zu meinem Pech die Grenzen Rußlands – insbesondere für weibliche Mitarbeiter der Sozialdienste – geschlossen. Daher ging ich mit zwei anderen Schwestern nach Bukarest, um in der Kinderfürsorge zu arbeiten – obwohl ich auf diesem Gebiet keine Fachkenntnisse besaß. Die Fahrt im Simplon-Express – vielleicht kennst Du ihn ja – werde ich nie vergessen. Ankunft im Mai nach vier Tagen Zugfahrt um halb zwei Uhr nachts – und niemand da, um uns abzuholen, weil in diesem rückständigen Land kein Telegramm ankommt. Keiner sprach Englisch oder auch nur Französisch, vor dem Bahnhof keine Straßenbeleuchtung und nicht einmal ein Taxi. Wir hatten im Zug einen gutaussehenden jungen Rumänen kennengelernt, der sich dann als unser Retter erwies. Wir fanden einen Jungen mit einem kleinen Karren, der unsere Taschen auflud. Dann setzte sich die Karawane in Bewegung. Wir marschierten Meilen durch die stockfinstere Stadt zu dem Hotel, in dem unsere Oberschwester wohnte.

Bukarest nach dem Krieg war und ist kein Ort für Besucher. Man wies uns ab, und wir trotteten zu einem anderen Hotel, in dem es vom Roten Kreuz angemietete Zimmer geben sollte. Doch die waren belegt, und da es beinahe drei Uhr früh war, bettelten wir, bis man uns schließlich eine Dachkammer mit zwei Betten gab. Als kleinste von uns mußte ich die Nacht auf einer durch unsere Reisesäcke verbreiterten Bank verbringen.

Eigentlich wollte ich gar nicht so ausführlich werden, doch bei der Erinnerung an diese schreckliche Nacht lasse ich mich leicht fortreißen. Seitdem schlief ich sogar auf einer Bahnhofsbank und bin in Zügen ohne Licht gefahren – nun, Du weißt ja selbst, wie schlimm es in diesen Ländern oft zugeht. Italien im Krieg war geradezu luxuriös im Vergleich zu dem, was ich nach Kriegsende in Rumänien erlebt habe.

Ich blieb den Sommer über in Bukarest – und fühlte mich ziemlich einsam, da ich mit einem Drachen von Oberschwester zusammenwohnen und -arbeiten mußte. Die anderen Mädchen waren überall verstreut. Mich hatte sie bei sich behalten, weil ich Rumänisch lernte, Französisch sprach und deshalb ziemlich nützlich war.

Im Sept. übergaben wir die Kinderfürsorge an Lady Pagets Einheit von der League of R. C. Soc. und fuhren per Schiff über Constanza und das Schwarze Meer nach Konstantinopel, Athen – durch den Isthmus von Korinth bis nach Neapel. Dort stellte ich zu meiner Überraschung und Erleichterung fest, daß ich bei der Ankunft nicht mehr von dem gleichen Ansturm der Gefühle überwältigt wurde wie bei meinen früheren Besuchen – Neapel ist die Heimatstadt eines gewissen bezaubernden jungen Artillerieoffiziers.[91] Es bereitete mir sehr viel Vergnügen, meiner Freundin und einem Mädchen vom Y. W. C. A. all die schönen Plätze zu zeigen, die ich kannte. Dann ging es – finanziell weitaus entspannter – nach Rom, Florenz, Mailand, in die Schweiz und schließlich nach Paris. Nach einem Aufenthalt von vier Monaten – Okt. bis Febr. – sollten wir gerüchteweise mal hier- und mal dorthin gehen, bis man uns schließlich für einen besonderen Lazarettzug einteilte, der nach Polen geschickt werden sollte (Wir hatten großen Spaß, ihn einzurichten – von den Vorhängen für die Fenster über die Pritschen bis hin zum Tafelsilber – als das amerikanische Rote Kreuz – nachdem es 25 000 Francs für die Ausstattung ausgegeben hatte – feststellte, daß in Polen die Gleise breiter waren, und ihn wieder auseinanderbauen ließ.) Auf besondere Anforderung hin ging ich erneut für das Kinderhilfswerk des Roten Kreuzes nach Rumänien, wo ich mehrere Monate in einer Kleinstadt in den Karpaten unter den Bauern lebte. Wir – meine Freundin und ich – bewohnten eine einfache Bauernkate mit weißgetünchten Wänden, und obwohl wir viel Arbeit hatten, war es ein gutes Leben. Nach einem Sommer in einem Tuberkulose-Sanatorium in Constanza – eine wunderbare Erfahrung – bat ich um meine Entlassung, verbrachte meinen Urlaub in Budapest – Wien (Stadt aller Städte) und Prag und kehrte im Nov. 1921 nach Hause zurück.

Im Januar trat ich meine Stelle als Oberschwester im Nachtdienst beim Bellevue-Krankenhaus an, wo ich es neun Monate aushielt. Als eine Freundin aus Rumänien mit einem Stipendium für die New School of Social Research hier eintraf, mieteten wir gemeinsam ein Apartment von der Größe einer Schuhschachtel, richteten es halbwegs ein, und jetzt versuche ich mein Glück als Privatpflegerin, um auf schnellstem Weg zu Wohlstand – wenn auch nicht zu Ruhm und Ehre – zu kommen.

Letzten Monat erhielt ich ein sehr reizvolles Angebot vom Roten Kreuz, wieder nach Europa zu fahren – entweder nach Warschau – oder nach Sofia –, das ich jedoch abgelehnt habe.

Du kannst sicher sein, daß ich der alten Dame Fortuna noch nie zuvor die kalte Schulter gezeigt habe, wenn sie mir eine Reise vorschlug, doch allmählich beginne ich meine kleine Wohnung zu genießen. Außerdem konnte ich nicht einfach davoneilen und meine rumänische Freundin Christine Golitzi in einem fremden

Land alleinlassen. Das habe ich selbst erlebt, und ich weiß, wie das ist.

Manchmal jedoch, wenn ich mich einsam fühle, mache ich mir Vorhaltungen, daß ich nicht gefahren bin. Ich träume von Paris – der guten alten Stadt, in der ich so viel Zeit zum Herumstreifen hatte. Könnte ich in diesem Augenblick – bei Einbruch der Dämmerung – auf der Place de la Concorde stehen und den kleinen Taxis zusehen, wie sie um die Kurven sausen! Die warmen Lichter und der Springbrunnen der Tuilerien – ach je! Ich habe Heimweh nach dem Geruch der Kastanien an einem kühlen, feuchten Herbsttag – nach der Pruniers, der Savoie (Noel Peters) und meinem kleinen Lieblingsrestaurant hinter der Madeleine – bei Bernard, wo ich jeden Abend crème de chocolat gegessen habe. Aber besser, ich höre jetzt auf, sonst läßt sich das Papier in lauter Mitleid für meinen Kummer noch zu Tränen rühren.

Wenn Du je nach Rumänien fährst, sage mir vorher Bescheid, denn dann schicke ich Dir jede Menge Adressen und Namen.

Europa wird mich immer begeistern – jeder Teil, doch meine erste große Liebe ist und bleibt wohl Italien. Selbst Frankreich verblaßt dagegen. Als ich das erste Mal auf dem Weg nach Bukarest durch Italien fuhr, hängte ich mich von Domodossola an der Schweizer Grenze bis nach Triest aus dem Zugfenster, obwohl es in jener Nacht stockfinster war und ich vom vergangenen Tag jede Menge Ruß in den Augen hatte. Nach unserer Abfahrt aus Padua am frühen Abend war ich zappelig vor lauter Aufregung – ging es doch durch das Veneto – Venedig – entschuldige, daß ich mich schon wieder gehenlasse. Irgendwie macht einen das Alter sentimental.

Es ist so schön, einen guten alten Freund wiederzuhaben, denn wir waren doch gute Freunde, nicht wahr? Wie leid es mir tut, daß ich Deine Frau nicht treffen und kennenlernen konnte. Warst Du im Nov. vor einem Jahr in Paris, als ich mich auch dort aufhielt? Kann ich irgendwie erfahren, wann Dein Buch herauskommt? Wie stolz ich eines nicht so fernen Tages sein werde, wenn ich sage: «Ach ja, Ernest Hemingway. Im Krieg habe ich ihn gut gekannt.» Ich wußte immer, daß Du eines Tages nicht mehr im Hintergrund stehen, sondern etwas Besonderes vollbringen wirst, und es tut gut, wenn man in seiner Einschätzung bestätigt wird.

Darf ich gelegentlich auf eine Zeile von Dir hoffen? Es ist schön, wenn man Freunde hat, und mit jedem Jahr werden sie mir teurer – nur gibt es leider einen großen Verschleiß – einige verschwinden ebenso schnell, wie man neue findet.

Auf Mailand, Padua usw. will ich nicht eingehen – mit Absicht, denn jetzt muß ich aufhören. Doch es war großartig – «unschätzbar», dieses lange Gespräch mit Dir führen zu können – obwohl ich vieles nicht gesagt habe, was ich zu Beginn eigentlich vorhatte.

Meine besten Wünsche an Dich und Hadley – wenn ich sie so nennen darf – und ein kräftiger Händedruck – wie man in Rumänien sagt.

Dein alter Kumpel
Von
(Oh, Entschuldigung, Ag natürlich)

East 27th St. 142
New York

4

Ernest Hemingway

Briefe aus Italien, 1918

EINFÜHRUNG VON HENRY S. VILLARD

Während keiner der Briefe, die Ernest Hemingway an Agnes von Kurowsky schrieb, gefunden werden konnte, wurden einige von denen, die er nach seiner Einlieferung in das Mailänder Lazarett an seine Familie schrieb, von der Lilly Library an der Indiana University der Forschung zugänglich gemacht. Diese Briefe aus Italien sprechen für sich; vierzehn davon sind im folgenden abgedruckt.

Obwohl Ernest ziemlich ausführlich auf seine Erlebnisse im Lazarett eingeht, fällt auf, daß er kaum ein Wort über seine Romanze mit Agnes verliert. In einem Brief an seine Mutter vom 29. August 1918 schreibt Ernest kurz und bündig: «[Ich] habe ... mich wieder verliebt», fügt aber hinzu, sie solle sich keine Sorgen darüber machen, daß er heiratet. Er wird sich – wie er ihr «schon einmal» gesagt hat – nicht einmal verloben. Offensichtlich war die Beziehung dafür noch nicht reif.

Ein Hinweis darauf, wie weit sich die Affäre entwickelt hatte und wieviel Verantwortung er dafür zukünftig zu übernehmen gedachte, findet sich in einem Brief vom 11. November, dem Tag, an dem die Kampfhandlungen zu Ende waren. Er will sich Arbeit suchen, um «Ernie Hemingway ein zufriedenes Leben zu sichern», und wenn man davon ausgeht, daß er sich inzwischen mit Heiratsabsichten trug, erscheint seine Ankündigung nur natürlich, daß er «einige Jahre lang ein vielbeschäftigter Mann» sein werde, bis seine Rente ausreiche und er mit seinen Kindern nach Europa fahren könne, um ihnen die Schlachtfelder zu zeigen.

In einem Brief vom 11. Dezember findet sich noch ein weiterer Hinweis auf die Liebesbeziehung mit Agnes: Hier erwähnt er die Reise nach Treviso, die er unternommen habe, um in einem Feldlazarett «das Mädchen zu besuchen», und unterrichtet außerdem seine Familie davon, daß er die Schiffsreise für den 4. Januar gebucht habe. Ihm wird klar, daß er nach Hause fahren und sich eine Arbeit suchen mußte, statt mit Captain Gamble nach Madeira zu reisen – ein Entschluß, den man wohl Agnes' Einfluß zuschreiben darf. Er muß die Absicht gehabt haben zu heiraten; und Agnes allem Anschein nach ebenfalls, denn sie teilt ihm in ihrem Brief vom 13. Dezember mit, sie habe ihrer Mutter geschrieben, daß sie sich mit dem Gedanken trage, einen jüngeren Mann zu heiraten, aber nicht den Doktor.

Via Manzoni 10
Milano
21. Juli 1918

Liebe Leute:
ich schätze, Brummy [1] hat Euch alles darüber geschrieben, daß es mich erwischt hat. Mir bleibt also nichts mehr zu sagen. Ich hoffe, daß Ihr Euch wegen des Kabels nicht zu viele Sorgen gemacht habt, aber Capt. Bates [2] meinte, es sei besser, wenn Ihr es zuerst von mir erfahrt und nicht aus der Zeitung. Ihr wißt schon, ich bin der erste Amerikaner, der in Italien verwundet wurde, und ich nehme an, daß darüber etwas in den Zeitungen steht. [3]

Das hier ist ein prima Lazarett, und es sind etwa achtzehn amerikanische Schwestern da, die sich um vier Patienten kümmern. Alles ist gut, ich bin wohlauf, und einer der besten Chirurgen [4] in ganz Mailand behandelt meine Wunden. Ein paar Splitter sind noch drin. Eine Kugel im Knie, die auf dem Röntgenbild zu sehen ist. Nach Rücksprache will der Arzt klugerweise warten, bis die Wunde an meinem rechten Knie sauber verheilt ist, bevor er operiert. Dann ist die Kugel ziemlich eingekapselt, und er macht einen sauberen Schnitt und geht seitlich unter die Kniescheibe. Indem er die Wunde erst völlig verheilen läßt, vermeidet er das Risiko einer Entzündung und eines steifen Knies. Klug, meinst Du nicht auch, Dad? Er wird mir zugleich auch eine Kugel aus dem rechten Fuß entfernen.

Wahrscheinlich wird er in etwa einer Woche operieren, da die Wunde sauber verheilt ist und sich nicht entzündet hat. Auf dem Verbandsplatz habe ich gleich zwei Spritzen gegen Tetanus bekommen. Alle anderen Kugeln und Granatsplitter wurden entfernt, und die Wunden an meinem linken Bein heilen gut. Meine Finger sind alle in Ordnung und nicht mehr bandagiert. Nirgends wird etwas zurückbleiben, da keinerlei Knochen zertrümmert sind. Nicht einmal an den Knien. Weder beim linken noch beim rechten ist die Patella in Mitleidenschaft gezogen; in meinem linken Knie war ein Granatsplitter etwa von der Größe der Rolle eines Wälzlagers, aber er wurde entfernt, ich kann das Knie jetzt wieder einwandfrei bewegen und die Wunde ist fast verheilt. Im rechten Knie ist die Kugel von links unter die Kniescheibe eingedrungen und hat sie nicht im geringsten beschädigt. Wenn Ihr diesen Brief erhaltet, hat der Arzt schon operiert und alles ist völlig verheilt, und ich hoffe, Ende August wieder als Fahrer in den Bergen eingesetzt zu werden. Ich habe ein paar schöne Fotos von der Piave und viele andere interessante Aufnahmen. Auch eine Menge herrlicher Souvenirs. Ich war überall in der großen Schlacht und habe österreichische Karabiner und Patronen, deutsche und österreichische Orden, Offizierspistolen, Helme der Boches, ungefähr ein Dutzend Bajonette, Leuchtpistolen, Messer, fast alles, was Ihr Euch vorstellen könnt. Die Menge von Souvenirs, die ich hätte haben können, wurde einzig dadurch beschränkt, daß ich nicht alles tragen konnte, weil dort so viele tote Österreicher und Gefangene lagen, daß der Boden fast ganz schwarz davon war. Es war ein großer Sieg, und er hat der Welt gezeigt, was für wunderbare Kämpfer die Italiener [sind]. Ich erzähle Euch alles, wenn ich Weihnachten nach Hause komme. Zur Zeit ist es hier furchtbar heiß. Ich erhalte regelmäßig Post von Euch. Grüßt alle von mir und seid selbst herzlich gegrüßt.

Ernie

Schreibt weiter an dieselbe Adresse.

A. R. C. Hospital
Milano
29. Juli 1918

Liebe Mom –;
gerade habe ich Deine Briefe vom 2. Juli und vom 22. Juni erhalten. Ein Hurra auf Nonnenknochen [?] und ein dreifach stürmisches [Hurra] *für* Ma und Onkel Georges. Sag Ivory [Marcelline][5], sie soll Sam um meinetwillen im kühlen Licht des Verstandes betrachten, nicht zu sehr in Begeisterung verfallen und immer an Dein altes Sprichwort über die vielen, vielen Meeresbewohner denken, die noch nicht am Haken hängen. Und was hat der Herr Vater auf dem Weg nach Georgia gemacht? Ich hab sein Glückwunschkabel gestern erhalten. Von der Hemingstein-Front gibt es nichts Neues zu berichten. Die neueste Information ist, daß ich das Lazarett am oder um den 1. September herum verlassen werde. Die Wunden verheilen ungewöhnlich gut. Aber im Augenblick spricht alles dafür, daß ich in einem Kilt niemals gut aussehen werde, da meine ollen Knochen ein etwas derangiertes Bild abgeben. Sie sehen ein bißchen verdrossen aus. Ich gleiche schon seit einiger Zeit einer wandelnden Schmiedewerkstatt. Fast alle in Norditalien haben irgendein Souvenir vom verwundeten Stein [Hemingstein]. Mach Dir nichts draus, Maw, während der Meister Holzfäller seine Woche im Schützengraben verbracht hat, ist es ihm gelungen, ein paar leichte Schläge zur Abschrekkung der Österreicher auszuteilen. Zudem konnte ich einen flüchtigen Blick darauf werfen, wie während der großen Schlacht an der Piave ein schöner Batzen Geschichte gemacht wurde, und bin von den Bergen bis zum Meer an der ganzen Front gewesen. O ja, ich mußte, seit ich hier drüben bin, Italienisch sprechen und habe es auf diese Weise ganz selbstverständlich gelernt. Ich kann mich jetzt schon so lange unterhalten, wie mein Gesprächspartner reden will. Ich kenne mich auch schon gut im Französischen aus. Nach meinen Leistungen in Latein mag Dir das komisch vorkommen, aber Sprachen fallen mir kinderleicht. Und ich gebe in Italienisch inzwischen einen ganz passablen Dolmetscher ab. Das Problem ist, daß ich alles übers Hören lerne und es kein bißchen

schreiben kann. Aber es fällt mir leicht, italienische Zeitungen zu lesen.

Mailand ist eine tolle Stadt. Es ist eine der modernsten und lebendigsten Städte Europas.[6] Aber es ist ganz schön heiß. Doch wir bekommen jede Menge kühle Getränke, und man schiebt mein Bett raus auf die Veranda unter die Markise. Von dort können wir die Kuppel des Doms sehen. Sie ist wunderschön. Wie ein großer Wald mitten in der Stadt. Die Säulen scheinen sich in den Himmel zu erheben wie die «raunenden Kiefern und die Schierlingstannen». Aber mir gefällt Notre Dame besser. Man will mich zur Genesung an die Riviera runterschicken, wenn ich erst mal wieder laufen kann, damit ich im September ein bißchen im Meer angeln, Boot fahren und schwimmen kann. Die ganzen Vorteile einer Auslandsreise. Was? Viel besser als darauf zu warten, einberufen zu werden, was, Robert[7]?

Wenn es Dir möglich ist, Mutter, dann möchten wir Dich bitten, uns ein paar Zeitschriften zu schicken. Wir haben nichts Amerikanisches zu lesen. Und frag mal drei von meinen kleinen Schwestern, warum sie mir nicht schreiben!

Also dann gute Nacht, altes Mädchen, und Gott segne Dich. Ich bin ein braver Junge.

Ganz liebe
Grüße.
Ernie

7. August [1918]

Liebe Leute und liebe Ivory –;
Eure Briefe vom 9. und 13. Juli heute erhalten. Ich grüße Euch. Dads Brief vom 13. Juli traf eher ein als der von Ivory vom 5. Juli. Solcherart sind die Wunder des Postwesens.

Gunnar Dahl war einer meiner besten Freunde und hat im ollen Ersatzteam neben mir im Angriff gespielt. Er war wirklich ein prima Kerl. Ich hoffe, Gott gibt mir die Gelegenheit bei ein paar von den deutschen Schweinen, die ihn umgebracht haben. Ich freue mich, daß es Pop bei den Rekruten so gut gefallen hat.

Wenn sie nur annähernd so sind wie die Truppen, die ich in ihrer Freizeit gesehen habe, dann muß er viel zu tun gehabt haben.

Ed. Welch[8], der Sous Chef oder, auf englisch, Second Lieut., zweiter Befehlshaber unserer Abteilung war, fährt nächste Woche heim. Er wohnt in Royes [?] Park und wird, sobald er zu Hause ist, rauskommen, um Euch zu besuchen. Er ist ein prima Kamerad und wird Euch alles über mich und unseren Haufen erzählen. Er ist katholisch, also schießt bloß keinen Bock. Charles Griff, Chef oder Befehlshaber der Abteilung, fährt auch zurück in die Staaten. Er wohnt in N. J., kommt aber vielleicht mal nach Chicago, um Euch zu besuchen. Er und Eddie sind beide gute Kameraden.

Übermorgen soll ich wegen meinem rechten Kniegelenk und meinem rechten Fuß operiert werden.[9] Ich erzähle Euch das alles später. Morgen liege ich seit einem Monat im Bett, und es wird langsam verdammt langweilig. Aber in einem Monat soll ich aufstehen und auf Krücken gehen können. Zur Genesung werde ich an der Riviera sein, wo ich erfreulicherweise ein bißchen schwimmen und fischen kann.

Dann bekomme ich Ende September zwei Wochen «permission» [frz.] oder Urlaub und brauche für die Bahnfahrten nichts zu bezahlen. Also werden Brummy, Jenks[10] und ich wohl nach Neapel und Rom fahren und Süditalien bereisen. Ich habe ganz Norditalien gesehen, und Süditalien muß sich schon von einer schwungvollen Seite zeigen, um es mit dem Norden aufnehmen zu können.

Ihr wärt ganz schön überrascht, mich Italienisch sprechen zu hören. Das kann ich wirklich stundenlang. Ich werde es Euch, wenn ich heimkomme, an den Obstständen vorführen. Auch mein Französisch ist ziemlich perfekt. Ich schreibe jeden Tag etwa einen Brief auf italienisch.

Ich denke, ich bleibe diesen Winter hier. Vielleicht fahre ich nach Mesopotamien. Das hängt alles davon ab, wie kräftig ich mich fühle. Mesopotamien ist im Winter schön. Soll aber im Sommer die Hölle sein. Aber es wäre schön, sich Bagdad, Jerusalem usw. im Winter anzusehen. Wenn ich mich für sechs Monate freiwillig melden kann, gehe ich hin. Aber nicht für ein Jahr. Ein paar von uns gehen vielleicht auch nach Serbien. Ich hätte gern einen serbischen Orden.

Also, laßt es Euch gut gehen, solange Papa nicht da ist, Kinder,

Ganz liebe Grüße
Ernie

PS. Seht Ihr, wir sind in der italienischen und nicht in der amerikanischen Armee. Adressiert meine Post nicht mit Lieut. Sonst wird sie mit der fürs Feldlazarett der amerikanischen Armee verwechselt. Unser Rang ist Soto Tenente, abgekürzt S. Ten. oder Soto Ten. Das ist die italienische Bezeichnung für Second Lieut. Unsere Post hat nichts mit der U. S. Army zu tun. Verwendet auch meine neue italienische Adresse.

American Red X Hospital
Milano
18. August 1918

Liebe Leute,
das schließt Oma und Opa und Tante Grace mit ein. Vielen Dank für die 40 Lire! Ich habe mich sehr darüber gefreut. Meine Güte, das hat einen ganz schönen Wirbel gegeben, daß ich zusammengeschossen wurde! Die *Oak Leaves* [11] und die Konkurrenzblätter sind heute eingetroffen, und da ist mir der Gedanke gekommen, daß Ihr mich vielleicht nicht zu schätzen wußtet, als ich noch im Schoß der Familie weilte. Das ist fast so gut, wie getötet zu werden und den eigenen Nachruf zu lesen.

Wißt Ihr, man sagt, daß an diesem Krieg nichts Komisches ist. Und das stimmt. Ich würde nicht sagen, es ist die Hölle, denn das wurde seit Gen. Shermans Zeiten etwas überstrapaziert, aber etwa achtmal wäre mir die Hölle lieber gewesen. Ziemlich sicher, daß sie keiner Kriegsphase, die ich erlebt habe, gleichkäme. Zum Beispiel: Im Schützengraben während eines Angriffs, wenn eine Granate direkt in eine Gruppe einschlägt, bei der man steht. Granaten sind nicht so schlimm, außer bei Volltreffern. Man riskiert bloß, explodierende Granatsplitter abzukriegen. Aber bei einem

Volltreffer fliegen einem die Kameraden in Fetzen um die Ohren. Das ist wörtlich gemeint. Während der sechs Tage, die ich oben an der Front im Schützengraben verbracht habe, nur 50 m von den Österreichern entfernt, stand ich in dem Ruf, einen Schutzengel zu haben. Dieser Ruf bedeutet nicht viel, es geht darum, wirklich einen zu haben! Ich hoffe, ich habe einen. Das Geräusch hier stammt von meinen Fingerknöcheln, die an das Holz meines Bettkastens klopfen.

Es ist zu schwer, das Papier beidseitig zu beschreiben, also nehme ich ein neues Blatt.

Also, ich kann jetzt die Hand heben und sagen, ich wurde mit Sprenggranaten, Schrapnells und Gas beschossen. Von Minenwerfern, Scharfschützen und Maschinengewehren. Und als zusätzliche Attraktion ein Flugzeug, das die Stellungen mit Maschinengewehrfeuer belegt hat. Es hat nie jemand eine Handgranate nach mir geworfen, aber eine Gewehrgranate ist ziemlich nahe eingeschlagen. Vielleicht kommt die Handgranate ja noch. Bei dem ganzen Schlamassel nur von einem Minenwerfer und einer Maschinengewehrkugel getroffen worden zu sein, während ich nach hinten vorrückte, wie die Iren sagen, war ziemliches Glück. Was?

Die 227 Wunden, die mir der Minenwerfer beigebracht hat, haben im ersten Moment kein bißchen weh getan, bloß haben sich meine Füße so angefühlt, als hätte ich Gummistiefel voll Wasser an. Heißes Wasser. Und meine Kniescheibe hat verrückt gespielt. Die Maschinengewehrkugel hat sich bloß wie der harte Aufprall eines vereisten Schneeballs an meinem Bein angefühlt. Doch sie hat mich umgehauen. Aber ich bin wieder aufgestanden und habe meinen Verwundeten in den Unterstand geschafft. Am Unterstand bin ich irgendwie zusammengebrochen. Der Italiener, den ich geschleppt hatte, hatte meine ganze Jacke vollgeblutet, und meine Hose hat ausgesehen, als hätte jemand Johannisbeergelee darin gekocht und dann Löcher reingestochen, um den Brei rauszulassen. Also der Captain [12], der ein prima Kamerad von mir war, es war sein Unterstand, der sagte: «Armer Hem, er ist bald R. I. P.». In Frieden ruhen heißt das. Wißt Ihr, die haben wegen meiner blutverschmierten Jacke gedacht, man hätte mir durch die Brust geschossen. Aber ich hab sie dazu gebracht, mir Jacke und Hemd auszuziehen. Ich hab kein Unterhemd angehabt, und der olle Körper war noch unversehrt. Dann haben sie gesagt, daß ich wohl überleben werde. Das hat mich wieder etwas aufgeheitert. Ich hab ihm auf italienisch gesagt, daß ich meine Beine sehen will, obwohl ich Angst hatte, sie mir anzuschauen. Also haben wir die Hose ausgezogen, und die ollen Knochen waren immer noch da, aber meine Güte, sie haben schlimm ausgesehen. Sie konnten nicht begreifen, wie ich mit zwei durchschossenen Knien und zwei großen Einschußlöchern in meinem rechten Stiefel 150 m weit gelaufen war und dabei noch jemanden geschleppt hatte. Und mit mehr als zweihundert Fleischwunden. «Ach», habe ich auf italienisch gesagt, «mein Captain, das ist gar nichts. In Amerika machen das alle! Es gilt als ratsam, den Feind nicht merken zu lassen, daß er unsere Ziegen erbeutet hat!»

Die Ziegenrede hat meisterhafte Zungenfertigkeit erfordert, aber ich habe mich verständlich gemacht und bin dann für ein paar Minuten eingeschlafen.

Nachdem ich wieder zu mir gekommen war, haben sie mich auf einer Trage drei Kilometer zurück zu einem Verbandsplatz gebracht. Die Krankenträger mußten übers Gelände gehen, weil man der Straße die «Eingeweide» rausgeschossen hatte. Jedesmal, wenn eine große Granate kam, Huiiiiiii-wusch-bumm, setzten sie mich ab und warfen sich flach auf den Boden. Meine Wunden taten jetzt so weh, als würden 227 kleine Teufel Nägel reinschlagen. Der Verbandsplatz war während des Angriffs geräumt worden, so daß ich zwei Stunden lang in einem Stall mit weggeschossenem Dach lag und auf einen Sanitätswagen wartete. Als er kam, schickte ich ihn die Straße entlang, damit er die Soldaten holte, die vor mir verwundet worden waren. Er kam voll mit Verwundeten zurück, und dann lud man mich ein. Das Granatfeuer war immer noch ziemlich stark, und hinter uns feuerten die ganze Zeit unsere Geschützbatterien, und die großen 250er und 350er sausten mit dem Lärm einer Eisenbahn über uns hinweg in Richtung Österreich. Dann hörten wir die Explosionen hinter den Linien. Dann kam wieder eine große österreichische Granate und dann die krachende Explosion. Aber wir machten ihnen wesentlich mehr Dampf als sie uns. Dann ging eine Batterie Feldgeschütze direkt hinter dem Schuppen los, bumm, bumm, bumm, bumm. Und die 75er oder 149er flogen jaulend zu den österreichischen Linien rüber. Und die ganze Zeit stiegen Leuchtkugeln auf und die Maschinengewehre ratterten wie Nietmaschinen. Tat-a-tat, tat-a-tat.

Nach einer Fahrt von mehreren Kilometern in einem italienischen Sanitätswagen luden sie mich an dem Verbandsplatz ab, wo ich eine Menge Kameraden unter den Sanitätsoffizieren hatte. Sie gaben mir eine Morphiumspritze und eine gegen Tetanus, rasierten mir die Beine und holten mir ungefähr 28 Granatsplitter von der Größe [Zeichnung] [13] bis ungefähr zu der Größe [Zeichnung] [14] aus den Beinen. Sie verbanden mich gut, und alle schüttelten mir die Hände und hätten mich auch noch geküßt, wenn ich sie nicht deswegen aufgezogen hätte. Dann blieb ich noch fünf Tage in einem Feldlazarett und wurde dann in das Kriegslazarett hier transportiert.

Ich habe Euch das Kabel geschickt, damit Ihr Euch keine Sorgen macht. Ich liege jetzt seit einem Monat und zwölf Tagen in dem Lazarett und hoffe, in einem Monat rauszukommen. Der italienische Arzt hat bei meinem rechten Kniegelenk und meinem rechten Fuß tolle Arbeit geleistet. Hat alles mit 28 Stichen genäht und versichert mir, daß ich bald wieder so gut laufen kann wie vorher. Die Wunden sind alle sauber verheilt und haben sich nicht entzündet. Er hat mein rechtes Bein jetzt in eine Gipsschiene gelegt, so daß das Gelenk wieder in Ordnung kommt. Ich habe ein paar schicke Souvenirs, die er bei der letzten Operation rausgeholt hat.

Ich würde mich im Augenblick nicht richtig wohl fühlen, wenn ich keine Schmerzen hätte. Der Arzt will den Gips in einer Woche aufschneiden und mir in zehn Tagen erlauben, auf Krücken zu gehen.

Ich werde wieder laufen lernen müssen.

Ihr habt Euch nach Art Newburn [15] erkundigt. Er war in unserer Abteilung, wurde aber zur II. versetzt. Brummy ist jetzt in unserer Abteilung. Weint nicht, wenn ich Euch erzähle, daß ich in meiner Jugend Poker spielen gelernt habe. Art Newburn hat in dem Irrglauben gelebt, er sei ein guter Pokerspieler. Ich werde nicht auf die traurigen Einzelheiten eingehen, aber ich habe ihn vom Gegenteil überzeugt. Ohne etwas auf der Hand zu haben, habe ich keine neuen Karten verlangt. Habe seinen Eröffnungseinsatz verdoppelt und so geblufft, daß er mir den Pott von 50 Lire überlassen hat. Er hatte drei Asse auf der Hand und hatte Angst, sich meine Karten zeigen zu lassen. Pop, erzähl das mal einem, der sich mit dem Spiel auskennt. Ich glaube, Art hat in einem Brief nach Hause an den *Oak Parker* geschrieben, daß er auf mich aufpassen wird. Also, Pop, von Mann zu Mann, kann man das auf mich aufpassen nennen? Nein, bestimmt nicht. Du siehst also, obwohl der Krieg nicht komisch ist, passiert im Krieg doch eine Menge Komisches. Aber Art hat die italienische Meisterschaft im Hufeisenwerfen gewonnen.

Das ist der längste Brief, den ich je geschrieben habe, und es steht am wenigsten drin. Grüß alle von mir, die sich nach mir erkundigt haben, und wie Ma Pettingill immer sagt: «Laßt uns die heimischen Herdfeuer in Gang halten!»

Gute Nacht und Grüße an alle.

Ernie

Ich habe heute einen Brief von den Helmles erhalten, adressiert an Private Ernest H. – ich bin aber S. Ten. oder Soto Tenente Ernest Hemingway. Das ist mein Rang in der italienischen Armee, und es bedeutet Second Lieut. Ich hoffe, bald Tenente oder First Lieut. zu sein.

Lieber Pop – Deinen Brief vom 23. Juli erhalten. Vielen Dank. Aber Du brauchst die Kohle mehr als ich. Wenn ich irgendwann richtig pleite bin, kable ich. Schicke das ganze Geld, das andere mir schicken, Pop, aber gib *Du* mir keins, solange ich Dir deswegen nicht kable. Das tue ich nur, wenn ich welches brauche.

Alles Liebe, Ernie.

29. Agosto 1918
A. R. C. Hospital
Mailand, Italien

Liebe Mom –;
Ich habe seit einer ganzen Weile nicht geschrieben, weil ich keinen Elan habe. Meinen ollen Knochen geht's gut. Mein linkes Bein ist völlig verheilt, und ich kann es gut anwinkeln, und inzwischen laufe ich auf Krücken in meinem Zimmer und auf dieser Etage des Lazaretts herum. Aber ich kann immer nur ganz kurz laufen, weil ich mich noch unheimlich schwach fühle. Vor ein paar Tagen hat man mir den Gips an meinem rechten [16] Bein abgenommen, und das Bein ist immer noch steif wie ein Brett und tut von den vielen Schnitten ums Kniegelenk und am Fuß furchtbar weh. Aber der Arzt, der Sammarelli heißt, ist der beste Chirurg von ganz Mailand. Er kennt Beck aus New York, der inzwischen verstorben ist, und einen von den Mayos und sagt, daß am Ende alles in Ordnung kommt. Mit dem Gelenk geht es jeden Tag besser, und ich werde es bald bewegen können.

Ich lege ein Bild von mir im Bett bei. Es sieht so aus, als wäre mein linkes Bein amputiert, aber das stimmt nicht, es sieht nur so aus, weil es angewinkelt ist.

Man behandelt mich hier ganz wunderbar. Alle Amerikaner haben einen unheimlichen Wirbel um mich gemacht. Eine gewisse Mrs. Stucke, die schon seit einigen Jahren hier lebt, war ganz unglaublich nett. Hat mir Bücher, Kuchen und Süßigkeiten mitgebracht und besucht mich mit ihrer Tochter ungefähr fünfmal pro Woche. Sie ist prima und schreibt Dir über mich. Dann ist da noch eine gewisse Mrs. Siegel, eine ganz nette alte Jüdin, die oft da war, um mich zu besuchen, und ein gewisser Mr. Englefield, Bruder eines der Lords der Admiralität, der etwa 52 ist. Er war der Jüngere, hat es sich etwa zwanzig Jahre in Italien gut gehen lassen und hat sich meiner angenommen. Er ist ein interessanter Mensch und scheint mich sehr sympathisch zu finden. Er bringt mir alles mit, von Eau de Cologne bis zu den Londoner Zeitungen, und ein prima katholischer Missionsgeistlicher aus Italia, ein richtig guter alter Bursche wie Mark Williams, kommt sehr oft vorbei, um mich zu besuchen, und dann quatschen wir ganz toll miteinander. Und da sind auch noch viele prima Kameraden von mir unter den italienischen Offizieren, die ständig hereinschneien. Einer davon, ein gewisser Tenente Brundi, ist ein berühmter Künstler und will ein Porträt von mir malen. Das wird ein unheimlich schönes Souvenir.

Also, Mom, Du wirst es vielleicht nicht glauben, aber ich kann schon Italienisch wie ein gebürtiger Mailänder. Weißt Du, oben im Schützengraben mußte ich Italienisch sprechen, weil man sich dort nicht anders verständigen konnte. Dadurch habe ich unheimlich viel gelernt und unterhalte mich stundenlang mit den Offizieren auf italienisch. Meine Grammatikkenntnisse sind wohl ziemlich kümmerlich, aber ich habe einen großen Wortschatz.

Ich habe für das Lazarett oft als Dolmetscher fungiert. Wenn irgend jemand reinkommt und niemand verstehen kann, was er will, dann bringt die Schwester ihn an mein Bett, und ich kläre alles. Alle Schwestern sind Amerikanerinnen. Durch diesen Krieg sind wir nicht mehr so mit Dummheit geschlagen. Zum Beispiel Polen und Italiener. Ich finde, die Offiziere dieser beiden Völker sind die großartigsten Männer, die ich je kennengelernt habe. Nach dem Krieg wird es jetzt für mich so etwas wie «Ausländer» nicht mehr geben. Es sollte wirklich egal sein, ob Deine Freunde eine andere Sprache sprechen. Dann muß man diese Sprache eben lernen! Italienisch kann ich ganz gut. Außerdem habe ich ziemlich viel Polnisch gelernt, und mein Französisch ist viel besser geworden. Das ist besser als zehn Jahre College.[17] Ich kann jetzt mehr Französisch und Italienisch, als wenn ich acht Jahre aufs College gegangen wäre, und Ihr müßt Euch nach dem Krieg auf eine Menge Besucher gefaßt machen, denn ich habe viele Kameraden, die mich in Chicago besuchen wollen. Das ist das Beste an diesem ganzen Schlamassel, die Freundschaften, die man schließt. Und wenn man die ganze Zeit dem Tod ins Auge blickt, dann lernt man auch seine wahren Freunde kennen.

Ich weiß noch nicht, wann ich zurückkomme. Vielleicht über Weihnachten, wahrscheinlich aber nicht. Ich kann weder der

Army noch der Navy beitreten, und man würde mich auch nicht einberufen, wenn ich nach Hause käme. Auf einem Auge halbblind und zwei wacklige Beine, da kann ich genausogut hier drüben bleiben und mich noch eine Weile mit dem Konflikt hier abgeben. Außerdem habe ich mich wieder verliebt, Mom. Jetzt krieg's mal nicht gleich mit der Angst und fang an, Dir Sorgen darüber zu machen, daß ich heiraten könnte. Denn das werde ich nicht; das habe ich Dir schon einmal gesagt. Hebe die rechte Hand und schwöre! Also geh nicht gleich an die Decke und kable und schreibe mir. Ich werde mich nicht mal verloben! Laute Jubelrufe. Also schreib nichts von «Gott segne Euch, meine Kinder», nicht in den nächsten drei [?] Jahren.

Du bist ein liebes altes Mädchen und bist immer noch meine Beste! Gib mir einen Kuß. Sehr gut, also mach's gut, Gott segne Dich, und schreib mir oft.

Ich hab zum letztenmal vor ungefähr einer Woche in dem Brief vom 27. Juli von Euch gehört. Schick oft B. L. T. [Freßpakete?]. Die Zeitungen, die Pop geschickt hat, sind angekommen. Zwei Pakete. Bedanke mich herzlich bei ihm. Die beiden Zahlungsanweisungen von Opa und Onkel Ty auch. Ich kaufe diamantenbesetzte Radiumhanteln mit dem Zaster.

Mach's gut, meine Liebe.
Ich liebe Dich
Ernie

11. September 1918
A. R. C. Hospital
Milano

Lieber Dad –;
Deine Briefe vom 6. und 11. August sind heute angekommen. Ich freue mich, daß Du den von Ted [Brumback] bekommen hast und weißt, daß er sich darauf freut, von Dir zu hören. Sobald er erfahren hat, daß ich verwundet bin und hier im Kriegslazarett liege, ist er von der Front hergekommen und hat in Mailand den Brief an Dich geschrieben. Das war, bevor mein Bein geröntgt und operiert wurde, und so weiß ich nicht genau, was er Dir alles darüber

erzählt hat, weil es mir so schlecht ging, daß mir das völlig schnurz war. Doch ich hoffe, es war in Ordnung. Ich habe vor ein paar Tagen einen Brief von ihm von der Front bekommen und es gefällt ihm dort gut. Mutter hat mir geschrieben, daß Ihr beide in den Norden fahrt, und ich weiß, daß Ihr einen schönen Urlaub hattet. Falls Du geangelt hast, schreib mir alles darüber. Dafür hasse ich diesen Krieg. Letztes Jahr um diese Zeit hab ich in der Bucht diese herrlichen Regenbogenforellen gefangen.

Ich liege heute im Bett und werde das Lazarett wohl kaum in den nächsten drei Wochen verlassen. Mit meinen Beinen sieht es ganz wunderbar aus und sie werden am Ende wieder völlig okay sein. Das linke ist schon in Ordnung. Das rechte ist immer noch steif, aber Massage, Sonnenkur und Krankengymnastik lockern das Knie. Mein Arzt, Hauptmann Sammarelli, einer der besten Chirurgen in ganz Italien, fragt mich dauernd, ob ich glaube, daß Du mit den Operationen völlig zufrieden sein wirst. Er sagt, daß seine Arbeit von dem großen Chirurgen Hemingway aus Chicago in Augenschein genommen werden wird, und er will, daß alles perfekt ist. Ist es auch. An meiner Fußsohle ist eine etwa zwanzig Zentimeter lange Narbe und obendrauf ein hübsches kleines Loch. So etwas richten Kupfermantelgeschosse[18] an, wenn sie sich in einen reinbohren. Mein Knie sieht auch schön aus. Ich werde nie einen Kilt tragen können, Pop. Mein linkes Bein, mein linker Oberschenkel und meine linke Körperseite sehen aus wie bei einem alten Pferd, dem ungefähr fünfzig Besitzer ihr Brandzeichen aufgedrückt haben. Das werden alles gute Identifizierungsmerkmale sein.

Ich kann jetzt jeden Tag mit einem Stock oder einer Krücke ein Weilchen die Straße entlanggehen, kann aber am rechten Fuß noch keinen Schuh tragen. Ach ja! Ich wurde zum First Lieutenant ernannt und habe jetzt zwei goldene Streifen auf beiden Ärmeln. Das war eine Überraschung für mich, da ich so etwas nicht erwartet hatte. Also könnt Ihr jetzt meine Post entweder mit First Lieut. oder Tenente adressieren, da ich diesen Rang sowohl beim A. R. C. als auch in der italienischen Armee bekleide. Schätze, ich bin der jüngste First Lieut. in der ganzen Armee. Jedenfalls komme ich mir mit meinen Insignien und dem Schulterriemen zu meinem Sam-Browne-Koppel richtig aufgedonnert vor. Ich habe auch gehört, daß meine silberne *medaglia valore* unterwegs ist und ich sie wahrscheinlich erhalten werde, sobald ich aus dem Lazarett komme. Außerdem ist die Nachricht von der Front eingegangen, daß man mich schon vor meiner Verwundung wohl wegen bodenlosem Leichtsinn im Schützengraben für das Kriegsverdienstkreuz vorgeschlagen hat. Also werde ich vielleicht gleichzeitig mit beiden Orden ausgezeichnet. Das wäre nicht schlecht.

Ich freue mich unheimlich, daß Hop und Bill Smith in der Nähe sein werden, wo Ihr Euch nett um beide kümmern könnt. Sie sind die beiden besten Kameraden, die ich habe, besonders Bill. Also ladet ihn oft zu Euch ein, denn ich weiß, daß Ihr ihn mögen werdet, und er hat soviel für mich getan. Ich werde wohl für eine Weile zum Sanitätsdienst zurückgehen, wenn ich aus dem Lazarett komme, denn die Jungs wollen, daß ich sie besuche, und sie wollen ein großes Fest veranstalten.

Neulich habe ich von allen Jungs in der Abteilung einen langen Brief bekommen. Ich würde gern zum Sanitätsdienst zurückgehen, aber ich werde etwa sechs Monate lang nicht fahren können. Ich werde wahrscheinlich das Kommando eines Versorgungspostens in vorderster Linie in den Bergen übernehmen. Du brauchst Dir jedenfalls keine Sorgen um mich zu machen, denn es ist eindeutig erwiesen, daß mich nichts umbringen kann. Und ich werde immer dahin gehen, wo ich am meisten gebraucht werde, dafür sind wir ja hier. Also, mach's gut, alter Junge,

Dein Dich liebender Sohn
Ernie

PS. Wenn es nicht zuviel verlangt ist, würde ich mir wünschen, daß Du die Sat. Eve Post [*Saturday Evening Post*] für mich abonnierst und sie an meine Adresse hier schicken läßt. Man wird sie mir überallhin nachsenden. An der Front ist man ganz stark auf amerikanische Lektüre angewiesen.

Danke,
Ernie

26. September 1918[19]

Mein lieber Pop.
Wir können von hier aus die Schweiz sehen. Verbringe die Genesungszeit mit ein paar unheimlich netten Italienern. In etwa einem Monat zurück an die Front. Fuß hat Elektroschocks bekommen.

Tenente Ernesto Hemingway:
Croce Rossa Americane

29. September 1918[20]

Liebe Leute –;
Ich bin hier oben in Stresa, einem kleinen Urlaubsort am Lago Maggiore, einem der schönsten Seen in ganz Italien. Ich habe zehn Tage Urlaub vom Lazarett und ruhe mich hier oben aus. Ich habe hier noch vier Tage, bevor ich in das Mailänder Krankenhaus zurückkehren muß, um mein Bein weiter mit Elektroschocks behandeln zu lassen.

Hier ist es herrlich. Das Hotel ist etwa so groß wie das Chicago Beach an der South Side.

Trotz des Krieges ist es hier ziemlich voll mit unheimlich angenehmen Leuten. Es sind mehrere Comtessas oder Comtessen da, und eine davon, Contessa Julia, ist vom Herrn und Meister sehr angetan, und sie nennt mich «lieber Junge» usw.

Auch ein Signor Bellia, einer der reichsten Männer Italiens, ist hier, mit drei schönen Töchtern. Er und Mutter Bellia haben sich meiner angenommen und bezeichnen sich als meine italienischen Eltern. Er ist ein sehr lustiger alter Bursche und sieht ein bißchen wie Opa aus. Sie und ihre Töchter nehmen mich überallhin mit und gestatten mir nicht, auch nur einen Cent auszugeben. Sie haben mich eingeladen, Weihnachten und meine zwei Wochen Urlaub bei ihnen in Turin zu verbringen, und ich denke, ich werde wohl hinfahren. Die Mädchen heißen Ceda, Deonisia und Bianca und lassen meine Sorelli Marcelline, Ursula, Sunny und Carol grüßen. Alle stellen sie mir Fragen zu meinen Schwestern und meinem «piciolo frattelino» [piccolo fratellino – kleiner Bruder] Leicester.

An meinem zweiten Abend hier nahm sich der alte Graf Greeo [Greppi], der im März 100 Jahre alt wird, meiner an und stellte mich ungefähr 150 Leuten vor. Er[21] ist noch sehr gut beisammen, war nie verheiratet, geht um Mitternacht ins Bett und raucht und trinkt Champagner. Er hat mir alles darüber erzählt, wie er mit Maria Theresia, der Gattin Napoleons I., diniert hat [gemeint ist Maria Louise, Tochter Maria Theresias. A. d. Ü.]. Er hat anscheinend mit allen historischen Frauengestalten des letzten Jahrhunderts eine Affäre gehabt und erzählte über alle ausführliche Geschichten. Er nahm mich unter seine Fittiche und verabschiedete mich ganz groß.

Ich hinke noch ziemlich stark, kann aber auf dem See rudern, unter den Bäumen sitzen und der Musik lauschen und mit der Zahnradbahn den Berg rauffahren. Wir sind zum Mattarone raufgefahren und haben den Monte Rosa gesehen. Vom Vorgarten des Hotels kann man die Schweiz sehen. Die Berge nur ein paar Kilometer weit entfernt.

Meine Güte, ich fürchte, ich werde nach diesem Krieg zu nichts nütze sein! Alles, was ich jetzt kenne, ist Krieg! Alles andere kommt mir vor wie ein Traum. Ich spreche den ganzen Tag lang Italienisch und schreibe pro Tag zwei oder drei Briefe auf italienisch. Es fällt mir inzwischen wirklich unheimlich leicht, genauso wie Englisch.

Anfangs kannte ich nur das Italienisch von der Front – die ganze Sprache der Schützengräben und Feldlager. Aber dadurch, daß ich mit solchen Leuten zusammen bin und in Mailand drei Monate mit italienischen Offizieren zusammen war, habe ich inzwischen gelernt, auf italienisch «Konversazzion» zu machen und kann mit großer Leichtigkeit auf italienisch flirten und Komplimente einheimsen.

Ich weiß, daß es Euch oben im Norden gefallen wird, und ich hoffe, daß ich nächsten September zu Hause bin und wir dann alle in den Norden fahren. Aber wahrscheinlich wird daraus nichts. Aber nächste Weihnachten wird alles vorbei sein, und dann wird es nicht mehr genug Deutsche geben, um die Wacht am Rhein zu halten.

Grüße an Euch alle, Oma und Opa, Tante Grace und Familie P. L. Slamd

In Liebe
Ernie

[Mailand]
18. Oktober 1918[22]

Liebe Leute:
Euer Brief vom 24. September mit den Bildern ist heute gekommen, und, liebe Familie, ich habe mich sehr gefreut, von Euch zu hören.[23] Und die Bilder sind unheimlich gut, inzwischen weiß wohl jeder in ganz Italien, daß ich noch einen kleinen Bruder habe. Wenn Dir nur klar wäre, wie sehr wir uns über Bilder freuen, Pop, dann würdest Du oft welche schicken. Von Dir und den Kindern und dem Haus und der Bucht – die lösen immer den größten Jubel aus, und alle sehen sich gern die Bilder der anderen an.

Dad, Du hast angesprochen, wann ich nach Hause komme. Ich würde nicht nach Hause kommen, bevor der Krieg vorbei ist, auch wenn ich in den Staaten fünfzehntausend im Jahr verdienen könnte – nix da, das hier ist der richtige Ort. Beim Roten Kreuz hat man uns allen befohlen, uns nicht in die Listen einzutragen. Es wäre blöd für uns heimzukommen, denn das Rote Kreuz ist eine unentbehrliche Organisation, und man müßte dann bloß noch mehr Männer aus den Staaten holen, um weitermachen zu können. Und außerdem sind wir erst rübergekommen, nachdem man uns alle für den Militärdienst als untauglich eingestuft hat. Ich käme mir wie ein Verbrecher vor, wenn ich jetzt in die Staaten zurückkäme. Ich wurde wegen meinem Auge für untauglich erklärt, bevor ich die Staaten verlassen habe. Jetzt hab ich auch noch ein kaputtes Bein und einen kaputten Fuß, und es gibt auf der ganzen Welt keine Armee mehr, die mich noch nehmen würde. Aber hier drüben kann ich von Nutzen sein, nd [und] ich bleibe solange hier, wie ich noch humpeln kann und es einen Krieg gibt, in den ich humpeln kann. Und der Sanitätsdienst ist nichts für Drückeberger. Wir haben in den letzten zwei Wochen einen Mann durch Tod und einen durch Verwundung verloren. Und wenn man in einer Feldküche an der Front arbeitet, dann geht man das gleiche Risiko ein wie die anderen im Schützengraben, so daß ich mir keine Gewissensbisse darüber mache zu bleiben.

Natürlich würde ich gern heimkommen und Euch alle sehen. Aber ich kann nicht, bevor der Krieg vorbei ist. Doch das wird nicht mehr so furchtbar lange dauern. Ihr müßt Euch keinerlei Sorgen machen, denn es hat sich ziemlich eindeutig erwiesen, daß ich nicht totzukriegen bin. Und Verwundungen spielen keine Rolle. Es wäre mir ziemlich egal, wenn ich noch mal verwundet würde, weil ich halt weiß, wie es ist. Und man kann nur bis zu einem gewissen Grad leiden, aber man verspürt eine unheimliche Genugtuung darüber, verwundet zu sein. Es bedeutet, für eine gute Sache verprügelt zu werden. In diesem Krieg gibt es keine Helden. Wir alle riskieren unseren Kopf, und nur ein paar werden auserwählt, doch das sollte ihnen nicht zu größerer Ehre gereichen. Sie haben bloß Glück gehabt. Ich bin sehr stolz und glücklich, daß ich auserwählt wurde, aber das sollte mir nicht zu größerer Ehre gereichen. Denkt an die unzähligen anderen Jungs, die ihren Kopf riskiert haben. Es ist ganz einfach zu sterben. Ich habe dem Tod ins Auge geblickt, und ich weiß es wirklich. Wenn ich hätte sterben müssen, dann wäre mir das sehr leichtgefallen. Nichts wäre je leichter gewesen. Aber die Leute zu Hause machen sich das nicht klar. Sie leiden viel, viel mehr. Wenn eine Mutter einen Sohn zur Welt bringt, dann muß sie wissen, daß ihr Sohn eines Tages sterben wird, und die Mutter eines Mannes, der für sein Land gestorben ist, sollte die stolzeste Frau der Welt sein, und die glücklichste dazu. Und wieviel besser ist es, im glücklichen, noch nicht desillusionierten Jugendalter zu sterben, wie ein flammendes Licht zu verlöschen als mit ausgemergeltem Körper und zerstörten Illusionen.

Also, liebe olle Familie, macht Euch keine Sorgen um mich! Es ist nicht schlimm, verwundet zu sein, ich weiß das, weil ich es erlebt habe. Und wenn ich sterbe, dann habe ich Glück gehabt.

Hört sich das alles nach dem verrückten, ungestümen Jungen

an, den Ihr vor einem Jahr losgeschickt habt, damit er die Welt kennenlernt? Doch es ist eine tolle olle Welt, und es hat mir alles gut gefallen, und die Chancen, daß ich nach Hause zurückkomme, stehen gut. Aber ich habe mir gedacht, daß ich Euch besser meine Meinung dazu mitteile. In etwa einer Woche schreibe ich Euch einen netten, fröhlichen, blödsinnigen Brief, also laßt Euch von dem hier nicht verdrießen.

Ich liebe Euch alle.
Ernie.

AMERICAN RED CROSS
1. Nov. 1918

Liebe Familie –;
Wieder für ein Weilchen im Bett. Dads und Mutters Brief vom 12. Oktober ist heute gekommen. Außerdem einer von Bill Smith und Frances Coates[24]. Frances erwähnt nichts davon, daß sie verlobt ist, sie denkt wohl, daß ich es nicht weiß. Also, ich erzähle Euch wohl besser, warum ich wieder das Bett hüte. Nichts Schlimmes. An dem Tag, als die Offensive begann, wurde ich vom Lazarett beurlaubt und bin an die Front geeilt. Habe da, wo die schlimmsten Gefechte in den Bergen stattfanden, Tag und Nacht hart gearbeitet und habe Gelbsucht gekriegt. Man fühlt sich elend und sieht aus wie ein Chinese, aber es ist nichts, worüber man sich Sorgen machen müßte. Ich hatte jedenfalls die Genugtuung, bei der Offensive dabeizusein, und kann mich jetzt im Lazarett ausruhen, mich kurieren lassen und die Behandlung meines Beins abschließen. Dann werde ich meine zwei Wochen Urlaub, auf italienisch «licenzia» [licenza – Urlaub], «*permission*» auf französisch, irgendwo in Süditalien nehmen. Werde mir Rom, Neapel, Sizilien und Florenz kurz ansehen und mir jede Menge Schwung für das nächste [Wort unleserlich] an der Front holen. Brummy und ich haben bei der letzten Offensive zusammengearbeitet. Und die Italiener haben der ganzen Welt gezeigt, wozu sie in der Lage sind. Sie haben die tapfersten Truppen von den Alliierten! Selbst für Alpinisten ist die Gebirgslandschaft nahezu unpassierbar, und dennoch kämpfen sie und erobern Stel-

lungen, und wenn Ihr diesen Brief bekommt, werden sie die Österreicher ganz aus Italien verjagt haben. Italien hat die ganze Zeit seinen eigenen Krieg geführt und verdient allergrößte Anerkennung!

Hier wird es jetzt ganz schön kühl und ziemlich regnerisch. Aber ich habe ja meinen alten Plaidmantel und lasse ihn mit ein paar ganz knalligen Knöpfen herrichten. An der Front hatten sie noch nie einen Plaidmantel gesehen, und ich habe ihn die ganze Zeit angehabt. Sie haben gedacht, es ist so eine Art Tarnmantel für Scharfschützen.

Also, ganz liebe Grüße an alle

Ernie.

Via Manzoni 10
Hospital
Milano
11. Nov [1918] 21 Uhr

Liebste Familie –;
Es ist alles vorbei! Und ich schätze, alle sind ziemlich froh. Ich hätte gern die Feiern in den Staaten gesehen, aber die italienische Armee hat bei der letzten Offensive gezeigt, aus welch wunderbarem Holz sie geschnitzt ist. Sie sind großartige Soldaten, und ich liebe sie!

Ich werde noch anderthalb Monate lang physiotherapeutisch an meinem Bein behandelt. Die Vorrichtungen wurden speziell für die Rehabilitation von uns Verstümmelten entworfen, und sie wirken Wunder. Nichts Vergleichbares in den Staaten. Also werde ich meine Behandlung abschließen, und danach wird, wie der Arzt mir mitteilt, mein Bein praktisch genausogut wie vorher sein. Natürlich werde ich nie mehr an einem Wettrennen teilnehmen können oder so was, aber es ist ein gutes, fachmännisch behandeltes Bein. Nach Abschluß meiner Behandlung bin ich von einem italienischen Offizier[25] zu zwei Wochen Jagen und Forellenfischen in der Provinz Abruzzo eingeladen. Er will, daß ich Weihnachten und Neujahr in seinem Landhaus verbringe, und garantiert mir, daß ich schöne Wachteln, Fasane und Kaninchen

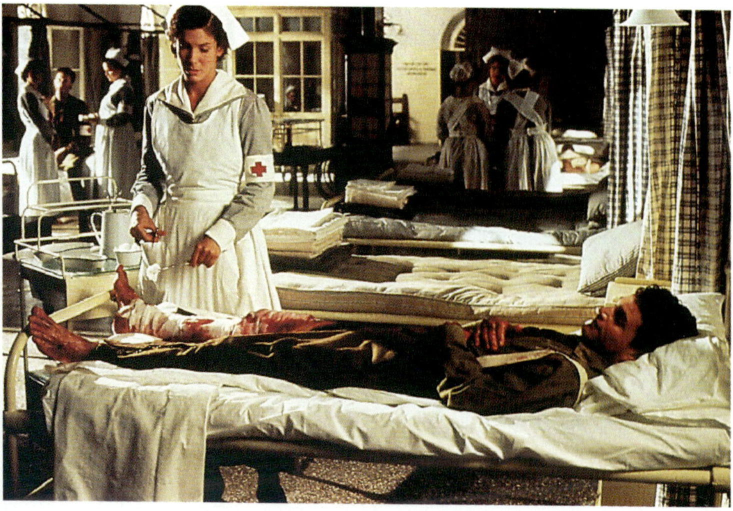

Agnes von Kurowsky (Sandra Bullock) pflegt den verletzten Ernest Hemingway (Chris O'Donnell).

Ernest Hemingway lernt mit Hilfe von Agnes von Kurowsky wieder laufen.

Hemingway und Agnes kommen sich bei einem Ausflug näher.

Henry Villard (Mackenzie Astin), der Hemingway und Agnes begleitet, beobachtet die beiden eifersüchtig.

Hemingway hat Agnes im Lazarett an der Front besucht. Nach einer gemeinsamen Nacht verabschieden sie sich.

Hemingway verläßt Italien und kehrt nach Amerika zurück.

Elsie MacDonald (Ingrid Lacey) und Agnes verbringen das Wochenende in Venedig bei Dr. Domenico Caracciolo.

Agnes sehnt sich nach Hemingway.

Agnes füttert die Tauben auf dem Markusplatz.

Dr. Caracciolo (Emilio Bonucci) macht Agnes einen Heiratsantrag.

Agnes ist jetzt öfter zu Gast bei Dr. Caracciolo und die Familie geht davon aus, daß sie ihn heiraten wird.

Nach Kriegsende ist Agnes wieder in Amerika und sucht Hemingway auf, um ihm ihre Liebe zu gestehen.

schießen kann. Abruzzo ist sehr gebirgig, liegt in Süditalien und wird im Dezember wunderschön sein. Es gibt auch einige gute Forellenflüsse, und Nick behauptet, daß es dort gute Fischplätze gibt. Also werde ich meinen Urlaub dort verbringen. Danach komme ich nach Mailand zurück und zum Roten Kreuz an die Front, und wenn man mich da nicht braucht, komme ich nach Hause. Vielleicht im Februar oder März, doch vermutlich erst im Mai.

Ich kann den Atlantik im Winter nicht leiden![26] Ich trage jetzt zwei Ordensbänder, und mein Chef ist heute von der Front gekommen und hat mir gratuliert und gesagt, daß meine silberne Medaille für die Verwundung alle Formalitäten durchlaufen hätte und in etwa drei Tagen einträfe. Er hat ein Telegramm über mein Kriegsverdienstkreuz, ein Croix D'Guerre, mitgebracht, das ich mir in der letzten Offensive erworben habe. Das Kreuz und die Belobigung liegen jetzt draußen bei der Abteilung, und ich werde sie in ein paar Tagen bekommen. Er hat das Band mitgebracht, das [Skizze] blau-weiß [Skizze] ist. Das Band des Ordens für besondere Verdienste ist grün-weiß-rot und sieht sehr schön aus. Das Band für die silberne Tapferkeitsmedaille ist blau [Skizze] mit einem silbernen Stern.

Man trägt die Ordensbänder in einer Reihe über der linken Brusttasche, und bei mir wird das langsam eine richtige Bahnstrecke. Aber das ist mir etwas peinlich, weil es eine ganze Menge Offiziere gibt, die drei oder vier Jahre dabei waren. Aber andererseits «lasset uns Gott wahrhaft danken für alle Gaben, die wir empfangen werden», was wir immer schnell hersagten, bevor wir uns flach auf den Bauch warfen. Aber im Ernst, in der letzten Offensive bin ich dem großen Abenteuer sehr nahe gekommen und bin persönlich der gleichen Meinung über das Ende des Krieges wie alle anderen auch. Meine Güte, aber es war toll, ihn mit so einem Sieg zu beenden! Und bei Gott, ich werde den ganzen nächsten Sommer fischen gehen, und dann mache ich mir im Herbst ein schönes Leben. Der Sold für einen First Lieut. beträgt 800 Lire im Monat oder ungefähr 160 Dollar. Solange ich im Lazarett liege, erhalte ich das nicht, statt dessen aber nach den ersten vier Wochen 20 Dollar die Woche an Versicherung. Das hat sich jedoch verzögert, und ich habe seit vier Monaten keinen Penny gesehen, total abgebrannt, aber heute wurde die erste Zahlung von 500 Lire überwiesen. Es stehen noch mehr als 1500 aus. Und wenn alles da ist, dann liegt mir die Welt zu Füßen.

Die Zahlung, die ich heute erhalten habe, hat mir geholfen, meine Schulden abzuzahlen, und mir einen kleinen Rest gelassen, der reichen wird, bis alles da ist. Ich glaube nicht, daß Ihr irgendwelche Weihnachtsgeschenke zu mir durchkriegt. Falls also irgendwas von außerhalb der Familie oder irgend jemandem kommt, sorgt dafür, daß sie mir als Geschenk eine Am. Ex.-Zahlungsanweisung schicken. Dann kann ich die Geschenke hier drüben besorgen. So wie die Dinge zur Zeit liegen, ist es[27] zwecklos zu versuchen, ein Weihnachtspaket zu schicken, und außerdem ist es verboten, es sei denn, ich schicke Euch eine Bescheinigung. Und da wir zur italienischen Armee gehören, haben wir keine Bescheinigungen. Ich lege ein paar Bilder bei, die während meiner Genesungszeit gemacht wurden. Ich habe ziemlich regelmäßig von Euch gehört, und ich werde versuchen, Euch etwas öfter zu schreiben. Die Gelbsucht ist überstanden, und ich mache gerade meine alljährliche Mandelentzündung durch, fühle mich also zum Heulen elend. Pop kann nach meiner Rückkehr mit meinen Mandeln experimentieren, wenn er Lust hat. Ich hebe sie für ihn auf. Neulich habe ich nachts, als ich mein Bein abgetastet habe, eine Kugel ausfindig gemacht, aber sie sitzt an einer angenehmen Stelle, und es ist nichts gegen sie einzuwenden. Um exakt zu sein, im Hintern. Also hebe ich sie auf, damit Pop auch eine herausholen kann. Schreibt mir weiter an dieselbe Adresse, und seid alle ganz brav und eßt an Thanksgiving ordentlich für mich mit, und die Chance steht 100 zu 1, daß wir uns im Frühjahr sehen. Ich will jetzt noch was von Italien und Österreich sehen, da ich für einige Jahre nicht hierher zurückkommen werde. Weil ich um den nächsten Herbst herum wieder den richtigen Krieg anfangen werde. Den Krieg, der Ernie Hemingway ein zufriedenes Leben sichern soll, und ich habe vor, es ihnen allen zu zeigen, und werde einige Jahre lang ein vielbeschäftigter Mann sein. Bis dahin haben sich bei meiner Rente ein paar Tausend Lire angesammelt, und dann nehme ich meine Kinder mit nach Europa, damit sie sich die Schlachtfelder ansehen.

Also, dann macht's gut,

ganz liebe Grüße.
Ernie.

[Mailand]
14. Nov. 1918

Lieber Pop –;
Dein Brief vom 21. Oktober und der Scheck über 40 L. sind heute gekommen. Vielen Dank, die konnte ich gut gebrauchen. Es ist erst die Versicherungssumme eines Monats von 509 Lire da. Aber ich habe fast alles darauf verwendet, meine Schulden abzubezahlen. Es stehen noch zwei Zahlungen aus und vielleicht auch noch eine dritte, aber es muß von Rom nach Paris und dann wieder nach Rom gehen und dann zu mir, und das alles im Schneckentempo. Erste Zahlung mehr als drei Monate zu spät. Ich brauche nur noch eine Zahlung, um wieder völlig schuldenfrei zu sein. Bei der dritten werde ich dann aus dem Schneider sein. Die Mandelentzündung ist noch ziemlich schlimm, aber die Gelbsucht hab ich überstanden, und in drei oder vier Tagen wird mein Hals wieder in Ordnung sein. Dann nehme ich in dem großen italienischen Krankenhaus wieder meine Behandlung auf.[28] Ich laufe jeden Nachmittag ungefähr 800 Meter bis dorthin, und die Behandlung dauert etwa anderthalb Stunden, und dann bekomme ich eine gute Massage. Omas großer, bebilderter Thanksgiving-Brief ist heute auch gekommen. Bestell ihr und Opa liebe Grüße und ein herzliches Dankeschön. Als mein Arzt von meinem jüngsten Orden, dem Croix D'guerre, gehört hat, hat er mich trotz Mandelentzündung geküßt. Mein «italienischer Vater», Papa Graf Bellia, hat mir eine große Schachtel herrlicher Pralinen geschickt. Ich war nicht imstande, sie zu essen, aber die Schwestern mögen sie sehr gern. Etwa fünf Kilo schwer die Schachtel, hat

bestimmt 150 Lire gekostet. Er und seine Familie sind richtig lieb zu mir.

Ich habe während der ganzen Zeit im Lazarett und während meiner Genesung keinen Sold bekommen, weil ich das Versicherungsgeld bekommen sollte. Aber die Versicherungssumme brauchte so verdammt lange, daß ich mir zum Leben ein bißchen was borgen mußte.

Aber jetzt, da die erste Zahlung eingegangen ist, wird alles bald da sein, und dann ist alles okay. Ich sehe die Sache so, Pop. Wenn ich loslege, werde ich die nächsten paar Jahre so hart arbeiten müssen, daß vielleicht eine ganze Weile vergeht, bevor ich Europa wiedersehe. Also sollte ich jetzt so viel wie möglich von Italien sehen, solange ich noch hier bin mit dem Privileg, kostenlos mit der Eisenbahn fahren zu dürfen, und wir uns einen Marschbefehl nach überall in Italien ausstellen lassen und all die Privilegien genießen können, die einem Offizier gewährt und von der italienischen Regierung und dem italienischen Volk verliehen werden. Rom und Neapel und Sizilien usw. Es wäre nicht in Ordnung, wenn ich darauf verzichtete. Und Ihr werdet im Mai oder Juni genauso froh sein, mich zu sehen, wie im Februar.

Also in ein paar Monaten, wenn die Behandlung meines Beins abgeschlossen ist. Und der Doktor hat heute gesagt, daß er mir bald die Mandeln rausnehmen wird, also, dann schaue ich mich etwas in Italien um. Auch die Fahrt zu Weihnachten in die Abruzzen wird nett werden, und Graf Bellia will, daß ich ein paar Wochen bei ihnen in Turin verbringe. Er hat jede Menge Zaster und ist ein toller alter Bursche. Die ganze Familie ist prima, und sie behandeln mich genau wie einen Sohn oder wie einen verlorenen Sohn! Ich habe heute die Oak Leaves vom 31. August und Trout and Stream bekommen. Danke. Die Ausgabe der Oak Leaves mit meinem Brief ist noch nicht eingetroffen.

Alles Gute, Pop, und ich freue mich, daß es Dir so gut geht.

Ganz liebe Grüße.
Ernie

Thanksgiving 22.30 Uhr
28. November 1918

Liebe Leute –;
Wir hatten ein sehr gutes Abendessen, und wir haben unten alle Truthahn, Kürbiskuchen und [?] und Beilagen gegessen. Ich habe mir Euer Essen mit den ganzen Leuten vorgestellt, und ich wäre wirklich gern dabeigewesen. Dieses Jahr haben wir zweifellos allen Grund, dankbar zu sein. Ihr fragt Euch vermutlich alle, wann ich nach Hause komme, aber ich weiß es wirklich nicht. Mein Bein muß noch etwa sieben Wochen behandelt werden, wenn es wieder ganz in Ordnung kommen soll.

Dann habe ich so viele Einladungen in verschiedene Gegenden Italiens, daß ich vielleicht einen Monat brauchen werde, um ihnen nachzukommen und das Land zu sehen. Die Bellias wollen, daß ich ein paar Wochen in Turin bleibe. Und ich habe Nick[29] versprochen, in den Abruzzen mit ihm auf die Jagd zu gehen, und es besteht die Möglichkeit, an einer Sauhatz auf Sardinien teilzunehmen.

Dort gibt es wilde Keiler, und man setzt ihnen zu Pferd und mit einem Spieß bewaffnet nach. Man betrachtet das als besonderes Vergnügen. Captain Gamble will, daß ich mit ihm zwei Monate nach Madeira gehe. Dort herrscht ein tropisches Klima, man lebt ganz billig, und es ist wunderschön. Er malt und glaubt, daß wir dem Sauwetter dort entgehen können. Hier ist das Wetter mies. Heute schlimmerer Nebel als in London und vorgestern Schnee. Doch in Süditalien soll das Wetter toll sein. Mein verdammtes Bein ist schlimmer als ein Barometer, es tut bei jedem Temperaturwechsel weh, und ich kann Schnee zwei Tage im voraus spüren. Deshalb denke ich nur ungern an den Winter in Chicago. Ende Jan. dürfte ich ungefähr 1200 oder 1500 Lire haben und kann davon eine schöne Reise machen. Im Moment ist es unmöglich, eine Überfahrt in die Staaten zu bekommen. Alle sitzen fest.

Viele Kameraden aus Chicago aus meiner alten Abteilung sind nach Hause gereist, und sie haben alle versprochen, rauszukommen und Euch zu besuchen. Auch Brummy wird durch die Stadt kommen. Also werdet Ihr, wenn Ihr diesen Brief bekommt, vermutlich einige von ihnen sehen. Es sind Howell Jenkins, Fritz Spiegel, Jerry Flaherty und Lowry Barnett, und sie werden alle rauskommen, um Euch zu besuchen. Sie sind alle gute Kameraden von mir, und Jenks besonders. Sie werden Euch alles über mich erzählen.

Wenn es möglich ist, werde ich nach Trieste und Trento fahren, vielleicht geht das. Die meisten meiner Souvenirs wurden mir gestohlen, aber ein paar schöne hab ich noch. Ich bin mir sicher, daß ich Weihnachten in Mailand sein werde, und würde Euch allen gern Weihnachtsgeschenke schicken, aber bei dem augenblicklichen Durcheinander bei der Post könntet Ihr sicher sein, daß Ihr sie niemals bekommen würdet, also versuche ich einfach, etwas mitzubringen, wenn ich komme.

Wie geht's Euch allen? Ich höre etwa einmal pro Woche von Euch, und gelegentlich kommt die Oak Leaves. Die Grippeepidemie hier ist vorbei. Tausende sind daran gestorben – aber ich habe sie nicht bekommen. Ich hatte bloß Gelbsucht, Mandelentzündung und die Plaut-Vincentsche Angina.

Mein Mädchen ist im Augenblick an der Front, so daß ich hier sehr einsam bin – nur noch drei weitere Amerikaner in der Stadt und nichts zu tun. Ich gehe in die Scala, in die Oper. Habe Aida, Glusmarda, Mose, Barbiere Di Seville und Mephistophele mit Toscanini als Dirigenten gesehen. Werde mir D'Annunzios Lo Nave sua [!] ansehen. Wünschte, sie würden Carmen und La Boheme oder irgendwas Interessantes geben. Ich kenne viele von den Sängern, die in der American Bar rumsitzen. Da gibt es richtige Schokoladenfrappés.

Ich fühle mich jetzt gut, und meinem Knie geht es auch viel besser – ich kann es wieder ganz gut beugen – die Geräte sind sehr gut.

Also tschüß, und nächstes Thanksgiving schreibe ich wieder,

Macht's gut
Ernie

Onkel Ty schreibt und bittet mich, ihm einen «hübschen echten Brief» zu schreiben. Frage mich, wo zum Teufel er glaubt, daß ich meine Sachen abschreibe.

11. Dezember [1918]

Liebe Leute –;

Ich habe die Überfahrt für den 4. Januar über Genua, Neapel und durch die Straße von Gibraltar gebucht. Also sehe ich Euch vielleicht schon, bevor Ihr diesen Brief bekommt. Weiß nicht, wie lange das Schiff braucht, aber dürfte Mitte oder Ende Januar daheim sein.

Eure letzten Briefe waren die vom 12. November. Ich bin gerade von einer tollen Reise zurückgekehrt. Heute ist Mittwoch. Samstag morgen habe ich Mailand verlassen und bin in Lastwagen und Armeefahrzeugen nach Padua gefahren. Habe über Nacht in Verona haltgemacht. Von da ist es eine zwölfstündige Zugfahrt, und ich bin am Sonntag nachmittag in Padua angekommen. Dann habe ich einen Abstecher nach Torreglia gemacht, um dort ein paar britische Offiziere im Artillerielager zu besuchen. Sie haben mir eine herrliche Zeit bereitet, und am Montag morgen habe ich das Jagdpferd des Colonel geritten. Ich reite inzwischen ganz gut und bin prima zurechtgekommen. Wir sind über Zäune und Gräben und alles gesetzt. Dann haben wir am Nachmittag den «Vauxhall»-Dienstwagen genommen, und Lieut. Hey und ich sind etwa 80 Kilometer bis Treviso gefahren, um das Mädchen [Agnes] zu besuchen. Sie arbeitet dort in einem Lazarett. Wir haben sie und eine gewisse Miss Smith, eine Freundin von Hey, abgeholt und sind über das ganze Schlachtfeld gefahren. Sind über die Hängebrücke gegangen und haben die alten österreichischen Schützengräben an der Front und die verminten Häuser von Nervressa [Nervesa] im Mondlicht und im Licht der Suchscheinwerfer gesehen. Das war ein toller Ausflug. Nach unserer Rückkehr hat man uns vieren im Lazarett ein großes Mitternachtsmahl gekocht, und dann sind Hey und ich gegen 1 Uhr wieder nach Torreglio aufgebrochen. Ich habe bei den Briten eine herrliche Zeit verbracht, und sie haben mich fürstlich umsorgt. Wir hatten Pferde, und ich habe die Kanonen gezeigt bekommen, und ein guter Diener hat sich um mich gekümmert. Mit dem Auto sind wir durch die ganze Umgebung gefahren. Es ist die 105. Batterie der Festungsartillerie. Capt. Shepard, der mich eingeladen hat, ist ein berühmter Zeichner bei Punch, vielleicht habt Ihr ein paar von seinen Sachen gesehen. Hey ist Kanadier und ein ziemlich berühmter Ingenieur.

Ich würde gern noch eine Weile hierbleiben und herumziehen, da ich vielleicht lange nicht mehr die Möglichkeit dazu haben werde. Aber ich habe wirklich das Gefühl, daß ich zurückkommen und Euch eine Weile besuchen und mich dann an die Arbeit machen sollte. Eine Weile hatte ich vor, mit Capt. Gamble nach Madeira und auf die Kanaren zu gehen, aber mir ist klar geworden, daß ich, wenn ich dort hingehe und herumziehe, nie mehr nach Hause komme. Dieses Klima und dieses Land schaffen einen, und der Herr hat es anders für mich gefügt, und ich wurde erschaffen, um einer von diesen üblen Schreiberlingen zu werden. Wißt Ihr, ich bin dazu geboren, das Leben zu genießen, aber der Herr hat versäumt, mich mit Geld auf die Welt kommen zu lassen – also muß ich welches verdienen, und je früher, um so besser.

Also

Macht's gut und alles Gute

Ernie

5

James Nagel
Hemingway und das italienische Erbe

Als er am 21. Januar 1919 die Landungsbrücke der *Giuseppe Verdi* herunterkam, wartete bereits ein Reporter der *New York Sun* auf ihn. Ernest Hemingway war gerade vom dramatischsten Erlebnis seines noch jungen Lebens zurückgekehrt. Diesem Erlebnis verdankte er es, daß man ihn irrtümlich zum Helden hochstilisierte. Die Leute wollten mehr darüber hören, und er erzählte es ihnen. In der Geschichte, die am nächsten Tag im Umlauf war, wurde Hemingway als junger Mann dargestellt, der sich in Frankreich dem Roten Kreuz angeschlossen und sich als Folge davon 227 Wunden durch Schrapnellsplitter zugezogen habe, die größtenteils entfernt worden seien, «doch er schleppt immer noch hundert oder mehr davon mit sich herum». Weiter wurde in dem Artikel geschildert, wie Hemingway zuerst von einer österreichischen Granate und dann von Maschinengewehrkugeln getroffen worden sei, «von denen Hemingway eine an der Schulter und eine weitere im rechten Bein erwischte», und wie ihm in Mailand «die Ärzte zweiunddreißig Splitter aus Kopf und Rumpf entfernten ... Des Nichtstuns überdrüssig holte er sich im Oktober die Erlaubnis, wieder an die Front zu gehen, und blieb dort bis zum Waffenstillstand.»[1]

In groben Zügen stimmte diese Geschichte, doch in den näheren Einzelheiten nicht. Sie enthielt irreführende Angaben darüber, wo Hemingway sich dem Roten Kreuz angeschlossen und wie viele Wunden er sich zugezogen hatte, wo er verwundet wurde und was er im Oktober nach Verlassen des Lazaretts unternommen hatte. Und auch einer der wichtigsten Aspekte seiner Dienstzeit in Italien kam darin nicht zur Sprache, nämlich daß er im Lazarett eine Schwester kennengelernt und sich in sie verliebt hatte und daß die beiden vorhatten zu heiraten. Es gab Gründe, zum Beispiel seine Familie, warum Hemingway nicht gewollt haben dürfte, daß seine Liebesaffäre publik wurde, aber es sollte sich noch herausstellen, daß sie in vielerlei Hinsicht eine prägende Erfahrung war. Die Reise nach Italien lieferte ihm letztendlich die Szenerie für zehn seiner frühen Kurzgeschichten und einen der großen Romane in englischer Sprache: *In einem andern Land.*

Das Verhältnis zwischen Hemingways Leben und der Literatur, die daraus erwuchs, ist eine problematische und komplizierte Angelegenheit. Ungeachtet seiner Popularität und einer wahren Flut von Sekundärliteratur über ihn war die Identität der Krankenschwester Agnes von Kurowsky bis 1961 nicht bekannt. Trotz *Hemingway's First War* von Michael S. Reynolds, einer 1976 erschienenen, hervorragenden Hintergrundstudie zu *In einem andern Land*, und einer Reihe von ausführlichen Biographien u. a. von Carlos Baker, Peter Griffin, Kenneth S. Lynn und Jeffrey Meyers[2] bleiben immer noch einige Fragen offen: Wie schwer Hemingways Verwundung war, ob er je der italienischen Armee angehörte (wie er später behauptet hat), welcher Natur seine Liebesaffäre mit Agnes war und welche Orden ihm verliehen wurden. Damit verbunden sind eine ganze Reihe von Sachfragen, beispielsweise in welchem Lazarett er lag, ob er fließend Italienisch sprach, wie er in mehreren Briefen an seine Eltern beteuerte, oder ob man ihm eine Kniescheibe aus Aluminium eingesetzt hatte, wie er seiner Familie erzählte.

Hemingway macht es einem nicht leicht, zu begreifen, was im Krieg wirklich mit ihm passiert ist. Die Vorstellungen der meisten Leute werden von der Geschichte über Frederic Henry und Catherine Barkley beherrscht, die sich im Krieg begegnen und leidenschaftlich ineinander verlieben, um dann in die Schweiz zu flüchten und der Geburt ihres Kindes entgegenzusehen – mit dem Ergebnis, daß Catherine und das Baby im Krankenhaus sterben. Das ist eine überwältigende und ergreifende Tragödie, die in der Erinnerung des Lesers von *In einem andern Land* fortlebt, aber natürlich entspricht sie nicht den wirklichen Ereignissen. Auch

Hemingways Äußerungen von 1919 sind mit Vorsicht zu genießen. Als er im März jenes Jahres zu den Schülern der Oak Park High School sprach, zeichnete er ein romantisches Bild vom Krieg. Diese Version wurde in *Trapeze* veröffentlicht:

> Mehrere Stunden nach Beginn der Gefechte mit dem Feind sah Lieutenant Hemingway, wie man einen verwundeten Hauptmann in einem Ambulanzwagen ins Feldlazarett zurückbrachte.
>
> Man hatte ihn in die Brust geschossen, aber er hatte die Löcher mit Zigaretten zugestopft und weitergekämpft. Auf dem Weg ins Lazarett vertrieb er sich die Zeit damit, Handgranaten in den Straßengraben zu werfen, nur um zu sehen, wie sie explodierten. Das veranschaulicht den Mut dieser Männer.[3]

Weiter hieß es in dem Artikel, Hemingway habe erst als Sanitäter und dann in der italienischen Armee gedient, ein Mythos, der sich hartnäckig gehalten hat. In ähnlich heroischem Tenor wird beschrieben, wie Hemingway verwundet wurde, wie er nach der Explosion der Granate einen Verletzten geschleppt und vom italienischen König persönlich einen Orden verliehen bekommen habe. Inspiriert von dieser Geschichte antwortete die Schülerschaft mit einem Lied:

> Hemingway, wir grüßen dich als Sieger,
> Hemingway, der das Spiel immer gewinnt,
> Hemingway, du hast die Fahne getragen
> Für unser Land, du hast den Ruhm erworben.
> Hemingway, wir grüßen dich als Führer,
> Deine Taten – jede zeigt deinen Mut.
> Hemingway, Hemingway, du hast gesiegt
> – Hemingway!

Das muß für einen jungen Mann, der in der Schule nie ein Held gewesen war, ein Augenblick der Genugtuung gewesen sein.

In Wirklichkeit hat Hemingway beim amerikanischen Roten Kreuz als Ambulanzwagenfahrer gedient. Außerdem war er sechs

Tage lang Chef einer Feldküche, die die italienischen Truppen mit Erfrischungen versorgte. Er kehrte in ein Oak Park zurück, das 2500 seiner Söhne in den Krieg geschickt hatte, von denen 56 beim Armeedienst ums Leben kamen.[4] Es konnte keinen großen Anreiz für ihn haben, die Sache klarzustellen. Theodore Roosevelt, für Hemingway einer der Helden seiner Kindheit, hatte kurz vorher gesagt, daß jeder amerikanische junge Mann seine Pflicht tun solle:

> Lassen wir ihn, wenn er das richtige Alter zum Kämpfen erreicht hat, sein möglichstes tun, um an die Front zu kommen – die Arbeit beim Roten Kreuz, beim Y.M.C.A., als Ambulanzfahrer und ähnliches ist zwar großartig, doch man sollte es den Männern, die nicht im richtigen Alter oder untauglich für den Militärdienst sind, und den Frauen überlassen; kräftigen und gefestigten Männern sollte man die Freiheit lassen, die ihnen gebührende Arbeit an der Front zu verrichten.[5]

Wenn die Schüler der Oak Park High School unbedingt glauben wollten, daß Hemingway Frontkämpfer gewesen war und weder Ambulanzwagen gefahren noch Erfrischungen verteilt hatte, dann ließ er sie eben in dem Glauben.

Die Geschichte, wie Hemingway zum Roten Kreuz kam, beginnt in Oak Park, Illinois, einem Vorort von Chicago. Ernest wurde als Sohn von Dr. Clarence und Grace Hall Hemingway am 21. Juli 1899 geboren und machte am 13. Juni 1917 seinen Abschluß an der High-School. Der Kongreß der Vereinigten Staaten hatte Deutschland am 6. April jenes Jahres den Krieg erklärt, aber Hemingway war noch nicht im Einberufungsalter und zeigte zunächst keinerlei Interesse am Militärdienst. Er verbrachte den Sommer im Landhaus seiner Familie am Walloon Lake in Michigan und beschloß zur Enttäuschung seiner Eltern, nicht aufs College zu gehen. Statt dessen wollte er lieber seinem Interesse am Journalismus folgen. Sein Onkel Tyler lebte in Kansas City und war mit Harry Haskell, einem der Herausgeber des *Kansas City Star*, damals eine der besten Zeitungen Amerikas, befreundet.[6]

Haskell richtete ihm eine Stelle als Jungreporter ein, und Ernest arbeitete dort von Mitte Oktober bis Ende April des darauffolgenden Jahres.[7] Zunächst verfaßte er vor allem Nachrufe, das klassische Leid am Beginn einer Reporterlaufbahn, dann arbeitete er sich zur Leserbriefspalte hoch und wurde schließlich dem «short stop run» zugeteilt, der über die Polizeitätigkeit und das örtliche Krankenhaus berichtete.[8] Anscheinend war er als Reporter erfolgreich, doch bevor er sich weiter hocharbeiten konnte, geschah etwas, durch das sich sein Leben für immer verändern sollte.

Etwa zur gleichen Zeit, als Hemingway in Kansas City eintraf, führten die Österreicher eine Offensive an der italienischen Ostfront durch, und die Italiener erlitten eine vernichtende Niederlage – ein Ereignis, das in seinem Roman *In einem andern Land* eine zentrale Rolle spielen sollte. Die Sanitätseinheiten, die die italienische Armee unterstützten, wurden aufgerieben; es zeichnete sich ab, daß zum Ende des Frühjahrs 1918, wenn die Dienstzeit der meisten Freiwilligen beim amerikanischen Roten Kreuz ablief, in den fünf Abteilungen, die in Italien an der Front eingesetzt waren, ein Mangel an Sanitätswagenfahrern herrschen würde.[9] Das Rote Kreuz initiierte in jenem Frühling eine lebhafte Werbekampagne.

Einer von Hemingways Kollegen beim *Star* hatte schon bei dem Sanitätskorps gedient. Theodore Brumback, Sohn eines Richters in Kansas City, hatte 1915 bei einem Unfall beim Golfspielen an der Cornell University ein Auge verloren und kam für den Militärdienst nicht in Frage. Statt dessen hatte er 1917 vier Monate als Rotkreuzfahrer in Frankreich verbracht. Er war also der richtige Mann, um Hemingway dazu zu ermuntern, sich ebenfalls zu melden.[10]

Hemingway hatte selbst Augenprobleme: er litt an einem eingeschränkten Sehvermögen auf dem linken Auge – und zwar von Geburt an und nicht erst seit einem Unfall beim Boxen, wie manchmal berichtet wird. Dieses Handicap hinderte ihn jedoch nicht daran, sich der 7th Missouri Infantry, einer «Home Guard», anzuschließen, die gebildet worden war, als die Nationalgarde in Kansas City am 5. August 1917 nach Frankreich eingezogen worden war.[11] Im Dezember hatte sich Hemingway dort freiwillig gemeldet, wie er seeinen Eltern nach Hause schrieb:

> Wir haben unsere olivgrünen Wolluniformen und -mäntel für den Winter bekommen, es ist reguläres Armeematerial, und wir tragen das schwarzgoldene Mützenband des Staates Missouri. (Ich mußte dort hingehen und mache jetzt weiter [.]) Unsere Mäntel sind bestimmt gut. Sie entsprechen genau wie die Uniform den Vorschriften und halten verdammt warm. Wenn es in der Baracke, in der wir schlafen, noch viel kälter wird, werde ich meinen auch im Bett tragen müssen. Meine Güte, ich hab noch was Gutes vergessen. Meine Armeestiefel sind eingetroffen, und ich trage sie gerade, damit sie gut und bequem zum Wandern sind. Sie sind toll, und ich bin Dir sehr dankbar dafür, daß Du sie geschickt hast, Dad. Ich habe neulich noch was von der Armee bekommen, was toll ist. Einen Armeepullover. Khakifarbene Wolle. Marge Bump[12] hat ihn mir gestrickt, und er ist prima. Sie und Pudge machen Carl[13] auch einen. Sie haben sich unserer angenommen und versorgen uns mit Stricksachen, aber Carl bekommt seinen Pullover erst, wenn er einberufen wird oder sich freiwillig meldet, doch ich habe meinen wegen des Dienstes schon eher gekriegt.
>
> Jetzt muß ich Lebewohl sagen
> Liebe Grüße an alle
>
> Ernie[14]

Ihrem Wesen entsprechend blieb die Home Guard in Kansas City. Doch der Mangel an Männern in den Sanitätseinheiten des Roten Kreuzes bot Hemingway eine Gelegenheit, am Krieg in Europa teilzunehmen. Wie alle anderen Rekruten benötigte er das Einverständnis seiner Eltern, einen Führerschein und eine ärztliche Untersuchung, der er sich am 13. Mai in New York unterzog.

Ende April 1918 gab er seine Stelle beim *Star* auf und verbrachte einen angenehmen Kurzurlaub in Michigan, bevor er nach Italien aufbrach. Er verließ Oak Park am 11. Mai und traf am nächsten Tag in New York ein. In die reguläre Uniform gekleidet stieß er zu den anderen Männern, die auf die Überfahrt nach Europa warteten. An diesem kurzen Zwischenspiel ist bemerkenswert, daß Hemingway behauptete, er sei der Schauspielerin Mae Marsh, die in *The Birth of a Nation*, D. W. Griffiths Filmepos über den Bürgerkrieg, die Hauptrolle gespielt hatte, begegnet und habe eine Affäre mit ihr gehabt. Am 14. Mai schrieb er aus dem Hotel *Earle* am Washington Square an seine Eltern:

> ... sobald ich meine Offiziersuniform trage, werde ich mich mit der Dame verloben, und für diesen Fall habe ich mir bereits die kleine Kirche um die Ecke näher angeschaut. Wißt Ihr, ich habe schon immer vorgehabt zu heiraten, wenn ich je Offizier werde.[15]

Dale Wilson, ein weiterer Freund beim *Star* in Kansas City, erhielt einen ähnlichen Brief:

> Ich habe Mae schon mehrmals besucht, und bin morgen abend bei ihr zum Essen. Und ich habe jeden einzelnen Cent, den ich besitze, ausgegeben. Miss Marsh meint es ernst, wenn sie sagt, daß sie mich liebt. Ich habe die kleine Kirche um die Ecke vorgeschlagen, aber sie erwiderte, sie sei nicht darauf erpicht, Kriegerwitwe zu werden. Also hab ich die 150 Mäuse, die Pop mir gegeben hat, in einen Ring gesteckt, so daß ich zumindest verlobt bin. Und pleite. Völlig abgebrannt.[16]

Wilson las diese Ausführungen mit Skepsis, aber Hemingways Eltern nahmen sie für bare Münze und waren bestürzt. Ihr Sohn hatte noch nie eine Liebesaffäre gehabt, und es ist sogar fraglich, ob er schon je ein Rendezvous gehabt hatte. Dr. Hemingway schrieb am 18. Mai einen wütenden Brief, um nähere Einzelheiten zu erfahren. Er wollte wissen, ob Ernest sich tatsächlich mit Heiratsabsichten trug, und bat ihn, genauer zu erläutern, was geschehen sei. Sie nahmen die Geschichte ernst, und Hemingways Mutter machte sich offenbar große Sorgen.[17] Jemand, der den Brief ebenfalls ernst nahm, war Peter Griffin, der in *Along With Youth* schreibt, daß Ernest Mae Marsh auf der Party eines Salonlöwen kennengelernt habe und daß sie sich verlobt hätten. Sie war, wie Griffin behauptet, «eine blauäugige Blondine mit einem strahlenden Lächeln und einer wunderbaren Figur». Weiterhin schreibt er, daß «Ernest Mae Marsh, nachdem er New York verlassen hatte, nie wiedersah».[18]

Tatsache ist, daß Hemingway Mae Marsh nie gesehen hatte, wie er in einem Telegramm an seine Eltern gestand. Denn am 19. Mai schrieb Clarence Hemingway wieder an seinen Sohn und teilte ihm mit, sein Scherz habe ihnen fünf schlaflose Nächte bereitet, doch jetzt seien sie erleichtert, die Wahrheit zu kennen. Er schloß den Brief mit dem väterlichen Versprechen, daß niemand anders etwas davon erfahren werde.[19] Aber einer, der schließlich die Wahrheit herausfand, war Dale Wilson, den die Geschichte mit Mae Marsh 1966 immer noch faszinierte. Er rief sie in Kalifornien an:

> «Ja», sagte sie, sie sei 1918 in New York gewesen, sie habe nämlich dort im September jenes Jahres Lee Armes geheiratet, der immer noch ihr Mann sei.
>
> «Sind Sie Ernest Hemingway je begegnet?»
>
> «Nein», sagte sie, «aber das hätte mir gefallen.»[20]

Dieser Vorfall vermittelt einen Eindruck von Hemingways naivem Interesse an Liebesgeschichten – und seiner Bereitschaft, fehlende Erfahrungen durch Erfindungen zu ersetzen.

Hemingway verließ New York am 24. Mai 1918 und fuhr mit einem französischen Schiff, das 1908 vom Stapel gelassen worden war und mit Blick auf amerikanische Touristen den Namen *Chicago* erhalten hatte.[21] C. E. Frazer Clark, der 1917 mit demselben Schiff gefahren war, erinnert sich, daß

> es ein mit Kohle beheizter Dampfer mit Stahlrumpf und einer Doppelschiffsschraube war, der ein vom Bug bis zum Heck reichendes Spardeck zur Meeresbeobachtung und drei darunterliegende Decks besaß. Mit siebzehn Knoten galt er zu sei-

ner Zeit als schnell und mit 10502 Bruttoregistertonnen als ein Schiff mittlerer Größe. Er war mit Funk ausgerüstet und eine verlockende Beute für die deutschen U-Boote.[22]

Weiter berichtet Clark, wie die *Chicago* ein Ausweichmanöver machte, um ihre Fracht aus amerikanischen Freiwilligen auf dem Weg nach Frankreich zu schützen. Ein Jahr später teilte sich Hemingway auf der Überfahrt seine Kajüte mit Frederick Spiegel, einem jungen Mann, der seinen Abschluß an der New Trier High School in Winnetka, Illinois, gleich nördlich von Chicago, gemacht hatte. Auch seine Freunde, Ted Brumback, William Horne und Howell Jenkins waren an Bord. Sie trafen am 1. Juni in Bordeaux ein, nahmen wenig später einen Zug nach Paris und fanden sich bei der Zentrale des Roten Kreuzes an der Place de la Concorde 4 ein, wo sich alle Freiwilligen melden mußten. Er wohnte im *Hôtel Alexandria*, Boulevard Bourdon 29[23], das man den eintreffenden Rotkreuz-Fahrern zugewiesen hatte. Etwa zu der gleichen Zeit, als sie dort eintrafen, begannen die Deutschen, Paris mit der Dicken Berta, ihrem legendären weittragenden Artilleriegeschütz, zu beschießen. Brumback erinnert sich daran, daß er und Ernest in einem Taxi durch die Straßen brausten,[24] um möglichst nah an die Kampfhandlungen heranzukommen. Carlos Baker zitiert aus einem von Brumbacks Briefen, wenn er dieses Ereignis schildert: «Sie wollten es gerade aufgeben und befanden sich auf dem Weg zurück ins Hotel, als eine Granate ‹die Fassade der Madeleine traf und so ein Loch von ein oder zwei Fuß in den Stein riß›. Dies war nun selbst für Ernest nahe genug.»[25]

Der Zug verließ Paris am 6. Juni von der Gare de Lyon und traf am nächsten Tag in Mailand am Bahnhof Garibaldi ein. Die Gruppe meldete sich wie befohlen bei der Zentrale des amerikanischen Roten Kreuzes in der Via Manzoni 10, worauf man sie sofort in den Einsatz schickte: Bei einer Explosion in einer Munitionsfabrik hatte es Tote und Verletzte gegeben, um die sie sich kümmern sollten. In Tod am Nachmittag, 1932, erinnert sich Hemingway:

Zum erstenmal sah ich die Umkehrung des üblichen Geschlechts der Toten nach der Explosion einer Munitionsfabrik, die auf dem Land in der Nähe von Mailand gelegen war. Wir fuhren zu dem Schauplatz der Katastrophe in Lastwagen auf pappelbeschatteten Landstraßen, die von Straßengräben eingefaßt waren, die viel winziges Tierleben bargen, das ich aber wegen der großen Staubwolken, welche die Lastwagen aufwirbelten, nicht genau beobachten konnte. Als wir dorthin kamen, wo die Munitionsfabrik gewesen war, wurden ein paar von uns eingesetzt, die großen Vorräte an Munition zu überwachen, die aus irgendeinem Grunde nicht explodiert waren, während andere eingesetzt wurden, ein Feuer zu löschen, das auf das Gras eines anstoßenden Feldes übergegriffen hatte. Nachdem dieser Auftrag ausgeführt war, bekamen wir den Befehl, die nächste Nachbarschaft und die umliegenden Felder nach Leichen abzusuchen. Wir fanden und trugen eine ganze Anzahl von diesen in eine improvisierte Totenkammer, und ich muß offen gestehen, es war ein Schock, zu entdecken, daß diese Toten Frauen und nicht Männer waren.[26]

Zu dieser Zeit schrieb Hemingway seinen Freunden beim *Kansas City Star* eine Ansichtskarte: «Herrliches Dasein! Habe hier am ersten Tag schon die Feuertaufe empfangen, als eine Munitionsfabrik in die Luft flog. Wir haben die Opfer transportiert, als ob es sich um das General Hospital in Kansas City gehandelt hätte.»[27] Zwei Tage später nahmen sie den Zug nach Vicenza und bestiegen dort Sanitätswagen für die Fahrt zu ihrem Stützpunkt in Schio unweit der Dolomiten. Für Ernest Hemingway begann eines der großen Abenteuer seines Lebens.

DAS ROTE KREUZ IN ITALIEN

Um dieses Erlebnis zu begreifen, benötigt man jedoch etwas Hintergrundwissen über das Rote Kreuz in Italien, seinen Auftrag, seine Ziele und Möglichkeiten sowie über die Aufgaben der Einheiten an der Front und in den Lazaretten in den italienischen

Großstädten, insbesondere in Mailand.[28] Von Anfang an besaß der Sanitätsdienst im Ersten Weltkrieg eine literarische und eine intellektuelle Dimension, die mitunter erstaunlich wirkten. Bis zum Ende des Krieges leisteten John Dos Passos, E. E. Cummings, Harry Crosby, Louis Bromfield, Dashiell Hammett und viele andere Schriftsteller Sanitätsdienst. Einer der frühesten Unterstützer des Sanitätsdienstes war Henry James, der 1914 *The American Volunteer Motor-Ambulance Corps in France* veröffentlichte.[29] James lenkte die Aufmerksamkeit auf die Arbeit Richard Nortons, der das Corps gegründet hatte. Richard Norton, der Sohn von Charles Eliot Norton, hatte 1892 in Harvard graduiert und sich als Archäologe hervorgetan, worauf er Leiter der American School of Classical Studies in Rom geworden war, ein Posten, den er acht Jahre lang bekleidete. Bei Kriegsausbruch stellte er eine Freiwilligentruppe zusammen, die in Frankreich den Verwundeten helfen und die Franzosen von diesen Aufgaben entlasten sollte. Zunächst wurde die Organisation vom britischen Roten Kreuz und der St. John Ambulance geleitet. Die finanziellen Mittel stellten wohlhabende Amerikaner in London zur Verfügung, aber bald kam die Unterstützung auch direkt aus den Vereinigten Staaten. Im Oktober 1914 verfügte die Einheit über fünfzehn Fahrzeuge.[30]

Was Norton anscheinend besonders freute, war, daß seine Fahrer Absolventen der besten Colleges in den Vereinigten Staaten waren. Charles Fenton bemerkte dazu: «... hier war mehr als reiner Snobismus im Spiel, da 1914 die Fähigkeit, ein Automobil zu fahren, in erster Linie der Oberschicht gegeben war; die erforderliche Kenntnis des Französischen blieb, genau wie die nötige Muße, ebenfalls der vornehmen Gesellschaft vorbehalten.»[31] Wenngleich Männer von vielen Universitäten darunter waren, stellte doch Harvard mit 325 Männern, die sich bis Ende des Krieges freiwillig gemeldet hatten, den Löwenanteil; es folgten Yale und Princeton mit 187 bzw. 181.[32] Infolge dieser Struktur kannten sich die jungen Männer schon, bevor sie sich gemeldet hatten, und die Moral der Truppe war hoch.

Ein Jahr nachdem man angefangen hatte, standen der Truppe

60 Sanitätswagen zur Verfügung. Sie wurde offiziell dem Amerikanischen Roten Kreuz angegliedert. Im April 1917, als Amerika in den Krieg eintrat, verfügte man über mehr als hundert Fahrzeuge und die gesamte Einheit war als die «Norton-Abteilung» bekannt. Nach Nortons Tod im August des Jahres übernahm Herman Harjes, der offizielle Vertreter des amerikanischen Roten Kreuzes in Frankreich, das Kommando, und die Einheit legte sich den bekannten Namen «Norton-Harjes» zu.[33] Etwas mehr als die Hälfte der ersten Fahrer, die in Italien Dienst taten, stammten aus der Norton-Harjes Einheit.[34]

Die Sanitätstruppen in Frankreich und später auch in Italien wurden in Abteilungen eingeteilt, eine Strategie, die nicht nur eine effiziente Struktur schuf, sondern auch zur Folge hatte, daß sich zwischen den Männern ein intimes Verhältnis entwickelte. In jeder Abteilung arbeitete ein französischer Lieutenant mit einem amerikanischen Lieutenant, der als *chef* fungierte, und einem *sous-chef*, einem Second Lieutenant, zusammen. Wenn ein Kontingent der Sanitätstruppe nach Italien geschickt wurde, wurde die Organisation samt den französischen Rangbezeichnungen beibehalten.

Das amerikanische Rote Kreuz traf offiziell am 20. Dezember 1917 in Italien ein. In den ersten Tagen stand es unter der Aufsicht von Major Stanton, doch am 1. Januar 1918 übernahm Major Guy Lowell die Leitung. Seine Einschätzung der Lage in Italien finden wir in seinem *Report of the Department of Military Affairs: January to July, 1918.*[35] Im Frühjahr 1918 gab es 135 Santitätswagenfahrer, die in fünf Abteilungen waren. Ihnen standen 104 Sanitätswagen und 25 weitere Fahrzeuge zur Verfügung.

> Die 1. Abteilung wurde mit der Arbeit im Gebirge um den Monte Grappa betraut; die 2. und 3. Abteilung sind an der Piave im Einsatz, während sich die 4. Abteilung, die im April aufgebrochen ist, in den Bergen in der Nähe des Asiago-Plateaus aufhält. Die 5. Abteilung hat im Juni die Arbeit aufgenommen und ist jetzt an der Piave in der Nähe von Montello tätig.[36]

Henry Villard war der 1. Abteilung zugewiesen worden, der fünfzehn Fords für den normalen Dienst und sechs Fiats für die Arbeit im Gebirge zur Verfügung standen. Hemingways 4. Abteilung hatte sechs Fords und siebzehn Fiats. In einem Ford-Sanitätswagen war Platz für drei Schwerverwundete oder fünf Sitzende; die Fiats waren größer und konnten vier Tragen oder vierzehn sitzende Patienten transportieren. Fünfzig Fords waren vom American Poets' Committee gestiftet worden[37], aber die Italiener hielten sie im Gebirge für ungeeignet und wollten lieber, daß die Fahrer die Fiats benutzten.[38]

Die übliche Dienstzeit für diese Männer betrug sechs Monate, obwohl die Jungs von Harvard nur den Sommer über gekommen waren und rechtzeitig zum Wintersemester nach Cambridge zurückkehren würden. Hemingway hatte sich für die üblichen sechs Monate verpflichtet, wie er in einem Brief nach Hause erklärte: «Unsere sechs Monate beginnen mit dem Tag, an dem wir anfangen zu fahren, und so werden wir wohl bis weit in den Winter zu tun haben.»[39] Der Sold eines Fahrers betrug 500 Lire im Monat, etwa 96 Dollar, womit alle Ausgaben abgedeckt werden sollten, außer den Krankenhauskosten (wofür die Fahrer versichert waren). Die Uniformen wurden kostenlos gestellt; allerdings ließen sich viele Fahrer ihre eigene schneidern.

1918 hatten sich die Sanitätsgruppen während der ersten sechs Monate um 70 224 Fälle zu kümmern, davon 10 533 Liegendpatienten und 49 251 Gehfähige. Die Fahrer hatten drei Aufgaben. Die gefährlichste war, die Verwundeten von der Front zu Verbandsplätzen zu befördern, die *smistamento* oder *sanità* genannt wurden. Die zweite Aufgabe bestand darin, die Verwundeten von dort in die Feldlazarette hinter den Linien zu transportieren, und die dritte, sie von den Feldlazaretten zu den Transportsammelstellen der Armee zu bringen, von wo sie mit der Eisenbahn in die geeigneten Krankenhäuser gebracht wurden.[40]

Major Lowell schilderte die Lage:

> Bei der ursprünglichen Besatzung der ersten drei Abteilungen lief die Dienstzeit im Mai ab. Neunzehn von diesen Männern

verpflichteten sich weiter; die Mehrheit der übrigen Leute erklärte sich bereit, ihren Dienst bis zur Ankunft der Neuen unter Captain Utassy fortzusetzen. Dieser war für kurze Zeit nach Amerika zurückgekehrt und hatte dort eine große Anzahl von Männern angeworben. Am 28. Mai kam Captain Utassy mit 37 Anwärtern für diesen Dienst in Mailand an. Am Ende des Monats und im Juni trafen weitere neue Leute ein.[41]

34 von den Neuen waren Harvard-Studenten, die das Semester vorzeitig beendet hatten, um den Sommer beim Sanitätsdienst zu verbringen, darunter auch Henry Villard. Und wirklich, als in Mailand für die Ambulanzfahrer eine Party gegeben wurde, waren 43 der 45 Anwesenden Harvard-Studenten.[42] Hemingway, der kein College besucht hatte, wäre in dieser Gesellschaft die Ausnahme gewesen.

DIE FELDKÜCHEN DES ROTEN KREUZES

Als weitere Hilfe für das italienische Militär hatte das amerikanische Rote Kreuz an der gesamten Front ein Netz von Feldküchen aufgebaut. Jede dieser Einrichtungen stand, für Hemingway-Forscher ein wichtiger Punkt, unter der Leitung eines Lieutenant vom Roten Kreuz, und die Hauptaufgabe bestand darin, Kaffee, Schokolade (besonders beliebt), Marmelade und Suppe auszuteilen. Es gab genug Platz, so daß die Soldaten sich ausruhen konnten, und oft war auch für musikalische Unterhaltung gesorgt. Zur Grundausstattung der Feldküchen gehörten Gitarren und Mandolinen, manchmal auch ein Akkordeon, und alle besaßen Phonographen und Schallplatten mit Unterhaltungsmusik. Eine verfügte als besondere Attraktion sogar über einen Filmprojektor. Die Freiwilligen brachten auch den Soldaten an der Front heißen Kaffee und Erfrischungen. Eine Variante davon war die Feldküche auf Rädern, ein behelfsmäßig hergerichteter Wohnwagen, den man bis dicht an die Linien schaffen konnte. Hemingway befehligte die Feldküche No. 14, als er verwundet wurde.[43]

Nachdem Hemingway sich zu dieser Aufgabe freiwillig gemeldet hatte, kam er unter die Aufsicht von Captain James Gamble, dem Field Inspector der Feldküchen.[44] Gamble, ein Yale-Absolvent von 1904, war sechsunddreißig und verstand es, jungen Männern in Hemingways Alter Respekt einzuflößen.[45] Ted Brumback und Bill Horne meldeten sich ebenfalls freiwillig, zusammen mit Howell C. Jenkins, mit dem ihn eine lange Freundschaft verbinden sollte. Ein nützliches Dokument zum Verständnis der Aufgaben dieser Einheit ist Major Lowells *Report of the Department of Military Affairs*, veröffentlicht vom amerikanischen Roten Kreuz in Italien. Sein Bericht zeigt auf, daß die erste Feldküche im Februar 1918 unter der Leitung von Lt. Edward M. McKey eingerichtet wurde, der am 16. Juni an der Piave fiel. (Deshalb war Hemingway *nicht* der erste Amerikaner, der an der italienischen Front verwundet wurde, wie viele seiner Biographien behauptet haben.) Als Ernest in Italien eintraf, waren siebzehn Einheiten im Einsatz, und selbst eine so einfache Aufgabe wie Verpflegung an die Front zu bringen barg viele Risiken. Wie Major Lowell erläuterte, «mußte man über Straßen innerhalb der Reichweite der österreichischen Artillerie fahren und Abhänge hinaufsteigen, die von zahlreichen Maschinengewehren und Kanonen mit Feuer belegt wurden, um die Verpflegung dorthin zu bringen»[46]. Als Hemingway verwundet wurde, war seine Aufgabe jedoch etwas profaner. Am 22. Juni 1918 schrieb er nach Hause an Ruth Morrison, daß

> ich einen *posto di ricovero* leiten soll. Das heißt, ich teile Schokolade und Zigaretten an die Verwundeten und die Soldaten an der Front aus. Jeden Nachmittag und jeden Morgen packe ich einen Proviantbeutel voll, setze meinen Blechdeckel auf und nehme meine Gasmaske und mache mich auf zu den Schützengräben. Es gefällt mir gut, aber ich hätte gern ein paar Amerikaner hier.[47]

Hemingway trat diese neue Aufgabe genau in dem Augenblick an, als die Italiener eine Offensive gegen die österreichischen Stellungen einleiteten. Die Kämpfe tobten an der ganzen unteren Piave.

HEMINGWAYS VERWUNDUNG

In *At the Hemingways: A Family Portrait* schildert Ernest Hemingways Schwester Marcelline ein Erlebnis an einem Herbstabend im Jahre 1918:

> Marion Vose, meine Klassenkameradin, und ich beschlossen, in der Nähe unserer Schule in Chicago ins Kino zu gehen. Zufällig sahen wir nach dem Hauptfilm eine Wochenschau über die Arbeit des amerikanischen Roten Kreuzes in Italien. Das neue Rotkreuz-Krankenhaus in Mailand wurde beschrieben und gezeigt. Plötzlich tauchte Ernest in dem Stummfilm auf. Er war in Uniform, saß im Rollstuhl auf der Krankenhausveranda und wurde von einer hübschen Krankenschwester geschoben. Über seinen Schoß war eine Wolldecke aus gestrickten Karos gebreitet. Er lächelte in die Kamera und winkte kurz mit einer Krücke. Ich war wahnsinnig aufgeregt.[48]

Das ist eine ergreifende Passage in Marcellines Bericht über ihre Familie, dessen Wahrheitsgehalt nie in Frage gestellt wurde, obwohl man diese spezielle Wochenschau nie ausfindig machen konnte. Ihre Bemerkung über «die Silberplatte, die die italienischen Ärzte ihm in die Kniescheibe eingesetzt hatten», scheint jedoch angesichts der Röntgenaufnahmen, die in Mailand von Hemingways Knie gemacht wurden, nicht zu stimmen, und dieses Märchen ist nur eine weitere Fehlinformation über Hemingways Verwundung.[49] Dieser Wirrwarr könnte außerdem auf den Artikel in der *New York Sun* vom 22. Januar 1919 zurückgehen, laut dem Hemingway nicht nur von einer explodierenden Granate, sondern auch von einem «Hagel von Maschinengewehrkugeln» in der «Schulter und im rechten Bein» getroffen wurde.[50] Mary Harrington wiederholte die Geschichte von der Kniescheibe aus Silber 1946 in einem Artikel des *New York Post Week-End Magazine*.[51]

Seit diesem Zeitpunkt hat es viele sich widersprechende Berichte gegeben, zum Teil mit höchst bedenklichen Schlußfolgerungen. Constance Cappel Montgomery beispielsweise behauptet, daß «man ihn nicht nur in die Beine ... sondern auch durch den Hodensack schoß». Ferner zitiert sie eine ungenannte Krankenschwester mit der Äußerung, daß Dr. Hemingway ihr «von den 237 Schrapnellsplittern (*es waren 227*) in der Leiste seines Sohnes und von den Schmerzen, die ihm das bereitete»[52] erzählt habe. Die Richtigstellung der Anzahl verleiht der Bemerkung etwas mehr Genauigkeit, und doch war ihre Schilderung der Verwundung nicht exakt.

Die Hemingway-Forschung hat die Verwirrung noch vergrößert. Charles A. Fenton schreibt in *The Apprenticeship of Ernest Hemingway*, daß Hemingway «unmittelbar nachdem er ein italienisches Gewehr ergriffen und begonnen hatte, zu den österreichischen Linien hinüberzufeuern, verwundet» worden sei – womit sich die Frage stellt, was zum Zeitpunkt der Verwundung geschehen ist.[53] Biographen aus jüngerer Zeit hatten ihre eigenen Ansichten. Jeffrey Meyers, der sich bei seiner Arbeit unkritisch auf einige von Hemingways Briefen stützt, geht näher auf das «Hodensack»-Thema ein:

> Abgesehen von den beträchtlichen Verletzungen an Beinen und Knien zog Hemingway sich eine weitere bedeutende Wunde zu. Er behauptete, er sei zweimal durch den Hodensack geschossen worden und müsse seine Hoden – die unversehrt geblieben seien – auf ein Kissen betten.[54]

Kenneth S. Lynn ist nicht so direkt, aber auch er deutet an, daß es bei der Wunde um die Geschlechtsteile ging. Allerdings stellt er den Hergang der Verletzung in Frage und kommt zu dem Schluß, daß «Hemingways Gerede von Verletzungen durch Maschinengewehrfeuer ... unglaubhaft klingt». Lynn stützt seine Aussage über die Art der Verwundung einfach mit einem Zitat aus *In einem andern Land*, was unter Hemingways Biographen allgemeine Praxis ist.[55]

Ein weiteres Gebiet, über das viel spekuliert wurde, ist das Thema «Kriegsneurose», ein Leiden, das Hemingway später seiner Figur Nick Adams «zuschrieb», in geringerem Ausmaß auch Frederic Henry und einer Reihe von anderen Figuren. Tatsächlich ist das ganze Thema der kriegsbedingten psychischen Schäden eines der Hauptmotive in Hemingways Werk, und vielleicht erscheint es den Forschern deshalb naheliegend, einen biographischen Hintergrund zu vermuten. Constance Cappel Montgomery zitiert eine Äußerung von Dr. Guy C. Conkle aus Boyne City, Michigan, einem Arzt, der Hemingway behandelte: «Ernest hatte eine schwere Kriegsneurose, als er im Sommer 1919 zur Behandlung kam ... Ernest hatte Schrapnellsplitter in beiden Beinen ... Ernest war kräftig und in guter Verfassung, bis auf seine Kriegsverletzungen und deren Nachwirkungen.»[56] Montgomery berichtet weiterhin, daß «Ernest lange nicht im Dunkeln schlafen konnte, da er nachts verwundet worden war»[57]. Malcolm Cowley wird mit der Behauptung zitiert, Hemingway habe entdeckt, «daß er unter einer Kriegsneurose litt und fühlte sich wie ein Feigling»[58]. Denis Brian führt den Gedanken fort, indem er schreibt, daß Hemingway «bis an die Grenze des Nervenzusammenbruchs an einer sogenannten Kriegsneurose litt»[59].

Agnes von Kurowsky, die praktisch jeden Tag mit Hemingway zu tun hatte, und Henry Villard, der im August 1918 im Zimmer neben ihm lag und lange Gespräche mit ihm führte, nahmen keinerlei Anzeichen einer Kriegsneurose wahr. Sie haben ihn vielmehr als fast immer gutgelaunt in Erinnerung. Agnes sagte später, daß sie «ihn während seines Lazarettaufenthalts nie deprimiert erlebte. Er machte sich Sorgen um sein Bein. Ich erinnere mich, daß er sich fragte, ob man sein Bein retten könne.»[60] Agnes erinnerte sich auch nicht an eine Kopfwunde. Auch in Hemingways Briefen nach Hause finden sich keinerlei Anzeichen für eine seelische Krankheit. Michael Reynolds gibt in dieser Angelegenheit einen klugen Hinweis. Er schreibt, daß «Dr. Conklin[61] in Boyne City von den Auswirkungen des Krieges nicht viel gesehen hatte. Wenn er glaubte, Ernest habe eine Kriegsneurose, dann lag das daran, daß Hemingway es ihn glauben machen wollte.»[62] In den Akten des American Red Cross Hospital in Mailand sind keine Fälle von Kriegsneurose aufgeführt, und auch Agnes konnte sich später an keinen einzigen erinnern.

Natürlich gab es im Ersten Weltkrieg zahlreiche Fälle von Kriegsneurose. Das *Red Cross Bulletin* vom 20. Oktober 1918 berichtete, daß man in der Heimat eine neue Station eingerichtet habe, «eine besondere psychiatrische Abteilung mit vierzig Schwestern, alle spezialisiert auf Nervenkrankheiten und Depressionen, um Opfer einer Kriegsneurose zu versorgen»[63]. Es ist durchaus möglich, daß Hemingway von solchen Fällen gehört hatte, während er sich in Italien aufhielt, und sie als faszinierende Metapher für den kulturellen Zusammenbruch empfand, die die westliche Zivilisation gerade erlebt hatte. Es ist aber auch möglich, daß er darüber in einer der medizinischen Fachzeitschriften seines Vaters gelesen hatte, da das *American Medical Association Journal* und andere 1919 solche Artikel brachten.[64]

Im Gefolge so vieler Spekulationen und Interpretationen läßt sich kaum noch ermitteln, was wirklich bei Hemingways Verwundung geschah und die endgültige «Wahrheit» wird wohl nie ans Licht kommen. Die «maßgebende» Darstellung, falls es so etwas geben sollte, wurde von Samuel Shaw formuliert:

> Hemingway wurde bei einem Angriff der Österreicher mit Minenwerfern und Maschinengewehren schwer verwundet. Er zog sich an beiden Beinen zahlreiche Wunden zu, wobei der schwerste Schaden von einer Maschinengewehrkugel im rechten Knie angerichtet wurde. Trotz seiner schweren Verletzung gelang es ihm, einen verwundeten italienischen Soldaten in Sicherheit zu bringen. Für seine mutige Tat wurden ihm die Silberne Tapferkeitsmedaille und das Croce di Guerra verliehen, und man beförderte ihn zum Oberleutnant in der regulären italienischen Armee.[65]

Diese Formulierung enthält alle wesentlichen umstrittenen Punkte: ob Hemingway bei dem Vorfall ein «Held» war und jemanden weggeschleppt oder irgendeine andere außergewöhnliche Tat vollbracht hat; ob er von Maschinengewehrkugeln getroffen wurde (die von Schrapnellsplittern verursachten Wunden sind unumstritten); welche Orden er erhielt; und ob er jemals offiziell in irgendeiner Funktion der italienischen Armee angehörte.

Zunächst läßt sich einmal nachweisen, daß Hemingway um den 10. Juni 1918 herum in Schio eintraf und sich im ersten Stock einer Wollspinnerei direkt an einem Fluß, in dem die Männer schwimmen gingen, ein Zimmer nahm. Drei Kilometer entfernt lagen die Ausläufer der Dolomiten mit dem imposanten Monte Pasubio. An der Front war wenig los. Seit dem vorangegangenen Oktober, als die deutsch-österreichischen Streitkräfte durch Norditalien über den Tagliamento bis zur Piave vorgerückt waren, hatten die Italiener ihre Stellungen halten können, vor allem im Gebiet der 4. Abteilung. Die italienischen Einheiten hatten ihre Stellungen in den Bergen befestigt und waren entschlossen, sie zu verteidigen.[66] Obwohl es in jenem Juni in anderen Gegenden zu einer großen österreichischen Offensive kam, blieb es in Hemingways Frontabschnitt verhältnismäßig ruhig. Infolgedessen meldete sich Hemingway nach etwa zweiwöchiger Untätigkeit freiwillig zu einem anderen Rotkreuzdienst für die italienische Armee, nämlich zu den Feldkücheneinheiten. Das war der Dienst, den Hemingway versah, als er verwundet wurde: Er fuhr keinen Sanitätswagen.

Der Vorfall ereignete sich am 8. Juli 1918 bei Fossalta di Piave. Hemingway leitete genau an der Stelle eine Feldküche, wo Lt. McKey im Juni gefallen war. Dieses Gebiet lag innerhalb der Reichweite österreichischer Minenwerfer und Angriffe waren nichts Ungewöhnliches. In seinem Brief vom 18. August erinnert sich Hemingway, daß er erst sechs Tage an der Front gewesen war, als es ihn erwischte. Zu keinem Zeitpunkt kämpfte er selbst im Krieg, und an Rotkreuzangehörige wurden keine Schußwaffen ausgegeben. Obwohl ein Foto von Hemingway mit Gewehr auf einem Fahrrad existiert, gibt es keinerlei Anhaltspunkte dafür, daß er die Waffe je abfeuerte. Wahrscheinlich tat er, als es ihn erwischte, genau wie Lt. McKey bloß seine Pflicht: Er teilte Kaffee und Schokolade aus und brachte Verpflegung an die Front.

Guy Lowell berichtete, daß «E. M. Hemingway während so eines Einsatzes durch die Explosion einer Granate verwundet wurde, die etwa einen Meter von ihm entfernt einschlug, einen Soldaten tötete, der zwischen ihm und dem Aufschlagpunkt stand, und andere verwundete»[67]. Am 5. August 1918 schrieb Lowell in *The Red Cross Bulletin*, daß

> der Freiwillige F. M. Hemingway [sic!] aus Kansas City, ein Sanitätswagenfahrer der Abteilung No. 4, der kürzlich verwundet wurde, während er Hilfsgüter an die Soldaten in den Schützengräben austeilte, der völligen Genesung entgegengeht. Er wurde von einem Sprenggeschoß aus einem Minenwerfer verwundet und zog sich 237 Wunden in den Beinen zu. Bis auf zehn davon waren alle nur oberflächlich. Er wurde für sein Verhalten belobigt, da er nach seiner eigenen Verwundung einen verwundeten Italiener noch ziemlich weit an einen Ort geschleppt hatte, wo diesem geholfen werden konnte.[68]

Diese Geschichte wurde auch in der Pariser Ausgabe des *Bulletin* vom 14. September 1918 verbreitet. Am 7. Dezember 1918 druckte die italienische Ausgabe des *Bulletin* noch einen weiteren Bericht über Hemingway:

> Obwohl Lieutenant Ernest M. Hemingway aus Oak Park, Illinois, an 237 Stellen verwundet wurde, brachte er noch einen hilflosen Kameraden in Sicherheit, bevor er zusammenbrach. Er soll die Silberne Tapferkeitsmedaille, die zweithöchste Auszeichnung des italienischen Oberkommandos, verliehen bekommen. Er schreibt: «Die Wunden von dem Minenwerfer haben kein bißchen weh getan, und die Maschinengewehrkugel hat sich bloß wie der Aufprall eines vereisten Schneeballs an meinem Bein angefühlt. Ich bin aufgestanden und habe meinen Verwundeten zum Unterstand geschafft.»[69]

Obwohl man sich der Fakten nicht völlig sicher sein kann, bleiben sich einige Punkte in den unterschiedlichen Darstellungen stets gleich: daß Hemingway sich an der Front befand, als er von einer Granatexplosion getroffen wurde; daß er ungefähr 237 Wunden hatte (es kann durchaus problematisch sein zu bestimmen, was eine Wunde darstellt, wenn Splitter von unterschiedlicher Größe und Form jemandem in die Beine dringen); daß er einem anderen Verwundeten Hilfe leistete; daß er zusätzlich von Maschinengewehrkugeln getroffen wurde.

Kenneth Lynn ist nicht der einzige Forscher, der den Vorfall mit dem Maschinengewehr anzweifelt, und diese Episode klingt tatsächlich wie eine typische Heldengeschichte aus dem Krieg. Die Röntgenaufnahmen von Hemingways Beinen und die Maschinengewehrkugel in seiner Geldbörse scheinen die Darstellung jedoch zu stützen. Auf einer Röntgenaufnahme ist ein metallener Gegenstand zu sehen, der in Hemingways rechtem Knie steckt. Die Kniescheibe, die sich über dem Gegenstand befand, wenn das Knie gebeugt war, ist nicht beschädigt, und es sind auch keinerlei Knochen gebrochen. Der Fremdkörper entspricht genau einer Ansicht der Kugel. Eine weitere Röntgenaufnahme zeigt, daß nicht nur eine Maschinengewehrkugel in Hemingways rechtem Fuß steckte, sondern daß sie auch den Knochen in seinem großen Zeh zertrümmert hatte[70]. Dies erklärt, warum er im Sommer und im Herbst 1918 mit dem Fuß Probleme hatte. Fast zwanzig Jahre später schrieb Schwester Elsie MacDonald in einem Brief an Ernest:

> Erinnerst Du Dich an den Sonntag, als Du zum Abendessen ausgegangen bist und darauf bestanden hast, Deinen Stiefel anzuziehen, und daran, wie ich gezogen und gezerrt habe, um ihn anzubekommen, und wie böse Du auf mich warst, weil ich Dir gesagt habe, Du sollst Slipper anziehen, weil Du mit dem alten Stiefel an Deinem schlimmen Fuß einfach nicht laufen konntest, und wie Du es Dir dann doch anders überlegt hast und in Dein Zimmer zurückgeschlichen bist, den Stiefel ausgezogen, Deinen armen schlimmen Fuß in Deine bequemen Slipper gesteckt hast

und zu Deinem Abendessen gegangen bist, aber den Schwestern hast Du gesagt, sie sollen es mir nicht erzählen, weil wir uns wegen dem Stiefel und dem Slipper so heftig gestritten hatten.[71]

Die Anhaltspunkte deuten stark darauf hin, daß Hemingway sich die Geschichte mit dem Maschinengewehr nicht ausgedacht hat, um als Held zu erscheinen. Was seine Fußverletzung betrifft, so waren seine Wunden tatsächlich noch schlimmer als er berichtete. Andererseits lassen die Röntgenaufnahmen die Geschichte der Kniescheibe aus Silber (manchmal ist sie auch aus Aluminium) wenig glaubhaft erscheinen.

Nach seiner Verwundung hat man Hemingway anscheinend ins Feldlazarett 62 in Villa Toso, Casier (Provinz Treviso) transportiert.[72] Dort blieb er, wie er in einem Brief schrieb, fünf Tage lang. Dann hat man ihn bestimmt in einem Ambulanzwagen zu einem Bahnhof gebracht, vermutlich nach Mestre, und von da mit dem Zug zum American Red Cross Hospital in Mailand, wo er am frühen Morgen des 17. Juli eintraf. Hemingway ging nach seiner Operation den ganzen Herbst 1918 hindurch täglich zu seiner physiotherapeutischen Behandlung ins Ospedale Maggiore, aber er hat dort nie als Patient gelegen.

Henry Villard nahm lange Zeit an, daß Schwester Anna Scanlon Ernest in das Lazarett aufgenommen hatte, und am 20. Juli schrieb Agnes in ihr Tagebuch: «Hemingway – der die Ehre hat, der erste amerik. Verwundete in Italien zu sein. [Damit hatte sie unrecht.] In seinen Knien stecken Schrapnells, außerdem hat er sehr viele Fleischwunden.» Elsie MacDonalds Briefe enthüllen, daß sie es war, die Hemingway für die Röntgenaufnahmen ins Misericordia-Krankenhaus[73] brachte, und daß Hemingway darauf bestand, daß während der Untersuchung Italienisch gesprochen werde.[74]

Ted Brumback besuchte Hemingway bald nach seiner Ankunft in Mailand im Lazarett und schrieb Hemingways Eltern, um ihnen mitzuteilen, was passiert war. Sein Brief, der in Marcelline Hemingway Sanfords *At the Hemingways* abgedruckt ist, klingt so optimistisch und zuversichtlich, wie man es sich von einem Freund wünschen würde. Er deutet an, daß Hemingway «in ein paar Wochen» genesen würde, eine unrealistische Einschätzung, da Hemingway immer noch einen Stock benutzte, als er sechs Monate später zu Hause ankam. Brumback beschrieb auch die Art der Verwundung:

> Obwohl mehr als zweihundert Granatsplitter in seinem Körper steckten, sitzt keiner davon oberhalb des Hüftgelenks. Nur ein paar von den Splittern waren so groß, daß sie tief eindringen konnten, und am schlimmsten davon sind zwei im Knie und zwei im rechten Fuß.

Er erinnerte sich auch daran, wie Hemingway sich freiwillig zum Feldküchendienst an der Piave gemeldet hatte. Unzufrieden mit der üblichen Vorgehensweise schlug Hemingway vor, für den Transport der Erfrischungen zu den Männern sein Fahrrad zu benutzen. Das tat er sechs Tage lang. Am siebten erwischte es ihn, während er gerade Schokolade austeilte. Brumback schildert den Vorfall:

> Durch die Wucht der Explosion wurde er bewußtlos und unter einem Erdhaufen begraben. Zwischen Ernest und der Granate befand sich ein Italiener. Der war sofort tot, während einem anderen, der ein paar Schritte weit weg stand, beide Beine abgerissen wurden.
>
> Ein dritter Italiener war ebenfalls schwer verwundet, und den lud sich Ernest, nachdem er das Bewußtsein wiedererlangt hatte, auf den Rücken und schleppte ihn zum Verbandsplatz.

In dieser Darstellung wird keinerlei Maschinengewehrfeuer erwähnt, obwohl die Geschichte in anderer Hinsicht den Schilderungen im *Red Cross Bulletin* ähnelt. Brumback spricht auch von leichten Wunden an Hemingways Fingern, die ihn am Schreiben hinderten. Trotz dieses Problems fügte Hemingway ein Postskriptum an: «Eltern, mir geht's prima, und ich sende Euch noch ganz liebe Grüße. Ich bin auch nicht annähernd der Teufelskerl, als den Brummy mich hinstellt.»[75]

Hemingways briefliche Äußerungen zu seinen Wunden und den Fortschritten bei seiner Genesung sind äußerst aufschlußreich. Es bleibt unverständlich, daß er in dem Brief vom 21. Juli behauptet, er sei «der erste Amerikaner, der in Italien verwundet wurde». Da Hemingway in derselben Gegend Dienst tat, in der Lt. McKey gefallen war, hatte er bestimmt von dem Vorfall gehört. Vielleicht glaubte er, daß seiner Verwundung größere Bedeutung beigemessen würde, wenn er als der erste galt. Er spricht auch von einer Kugel in seinem rechten Fuß, einer Verletzung, der Hemingways Biographen keine Beachtung schenken. In diesem Brief wird angedeutet, daß Hemingway wahrscheinlich sowohl an den Händen als auch am linken Knie oberflächliche Verletzungen hatte, beides erhärtet durch Fotos, die im Lazarett gemacht wurden. Am wichtigsten aber ist die darin enthaltene Bestätigung, daß die Kniescheibe in seinem rechten Knie nicht beschädigt, mithin auch keine Metallprothese erforderlich war.

In seinem Brief vom 7. August kündigt Hemingway an, daß er «übermorgen» operiert werde. Tatsächlich wurde die Operation jedoch um einen weiteren Tag verschoben. Agnes von Kurowskys Tagebuch gibt eindeutig den 10. August als Tag der Operation an, ein Datum, das durch einen Eintrag in dem unveröffentlichten Tagebuch von Henry Villard bestätigt wird:

> Habe mich nachmittags angezogen und einen Spaziergang gemacht, verbunden mit ein paar Besorgungen. Es ist wirklich ein gutes Gefühl, sich wieder mal bewegen zu können.
>
> Hemingway wurde am frühen Morgen operiert.[76]

1926 schrieb Elsie MacDonald an Hemingway:

> Denk an den Morgen, an dem Du operiert wurdest und Dr. Samerelli [sic!] Dir gesagt hat, daß ich, falls Du nicht durchkommst, Deinen ganzen noch ausstehenden Sold, die Versicherung und die Trophäe eines blutigen Stiefels von der Front erhalte.

Meine Güte, Junge, mir sind an diesem Morgen die Tränen in die Augen gestiegen, und am nächsten Morgen konnte ich nicht schnell genug zum Rotkreuzbüro kommen, um Deinem Dad ein Kabel zu schicken und ihm mitzuteilen, daß es Dir gut geht.

In seinem Brief vom 18. August, eine Woche nach der Operation, äußert sich Ernest am ausführlichsten über seine Verwundung. Seine Erklärung, er sei «von einem Minenwerfer und einer Maschinengewehrkugel getroffen worden ... während ich nach hinten vorrückte», ist ebenfalls von Interesse, obwohl die einzelne «Kugel» irritierend erscheint. Er gibt die Anzahl der Wunden mit 227 an, die in den Berichten des Roten Kreuzes auf 237 erhöht wird. Ernests Behauptung, er habe, nachdem er von Maschinengewehrkugeln verwundet worden war, einem verletzten Soldaten geholfen und dabei 150 Meter zurückgelegt, kann nicht mit Sicherheit bestätigt werden. Daß er gleich nachdem er von dem Minenwerfer getroffen worden war, Hilfe geleistet hat, wird von anderen Darstellungen untermauert. Das gilt insbesondere für die Behauptung, daß Hemingway die Krankenträger bat, ein paar von den anderen zu holen, bevor man ihn zum Sanitätswagen brachte. Außerdem weist er auf einen fünftägigen Aufenthalt in einem Feldlazarett hin. Von besonderem Interesse ist der Ton dieses Briefes, der mehr als einen Monat nach der Verwundung und eine Woche nach der Operation geschrieben wurde; es gibt darin keinen Hinweis auf seelischen Schock, geistige Verwirrung oder emotionale Störungen.

Hemingway geht in seinen Zeilen vom 11. September auf einen Brief ein, den sein Vater am 11. August schrieb, nachdem er durch Elsie MacDonalds Kabel erfahren hatte, daß Ernest sich gut von der Operation erhole. In diesem Brief nennt Hemingway auch den Namen des behandelnden Arztes, Dr. Sammarelli, und schildert die Fortschritte bei seiner Genesung. Dieses Thema taucht auch in Ernests anderen Briefen nach Hause ständig auf.

Im Verlauf von Hemingways Genesung besuchten ihn viele seiner Freunde, vor allem Jim Gamble, Robert Bates (Inspekteur der

Sanitätswagen des Roten Kreuzes) und Meade Detweiler (Vertreter des amerikanischen Roten Kreuzes in Mailand).[77] Während bei Hemingways Ankunft am 17. Juli nur vier Patienten in dem Lazarett lagen, kamen bald mehr, darunter auch Henry Villard und Bill Horne, der dort im August drei Wochen verbrachte, weil er an Gastroenteritis litt.[78]

DAS AMERICAN RED CROSS HOSPITAL

Hemingway wurde ins American Red Cross Hospital in der Mailänder Innenstadt unweit von der Zentrale des Roten Kreuzes in der Via Manzoni 15 gebracht. Über den genauen Standort des Lazaretts hat beträchtliche Verwirrung geherrscht. Carlos Baker gibt als Adresse Via Alessandro Manzoni 10 an, was nicht richtig ist.[79] Vielleicht hat er an die Zentrale des Roten Kreuzes gedacht, denn die Schwestern im Lazarett benutzten bei ihrer Korrespondenz das Briefpapier der Hauptverwaltung. Reynolds nennt als Adresse Via Bochetto 3 [80], die etwas fehlerhafte Version von Via Bocchetto 3, die manchmal auf dem Briefpapier von La Croce Rossa Americana aufgedruckt ist. In seinen *Instructions and Information for Red Cross Workers in France* nennt Herbert Clarke dies als Adresse des Mailänder Büros des amerikanischen Roten Kreuzes in Italien – und nicht die des Lazaretts.[81] Charlotte M. Heilman, eine der Schwestern, benutzte diese Adresse in ihren Briefen. Vielleicht war es ja praktischer, sich die Post dorthin schicken zu lassen.

Agnes jedoch gibt in ihrem Tagebucheintrag vom 15. Juli Via Cesare Cantù 4 als Adresse an. Ein Brief, den sie erhielt und dessen Umschlag noch existiert, trug diese Anschrift.[82] Diese Adresse wird in einem Brief von Sara E. Shaw vom 11. Juli 1918 bestätigt.[83] Die Leiterin des Lazaretts dürfte die richtige Adresse wohl gekannt haben. Es ist aber auch möglich, daß es mehrere Eingänge gab, da das Gebäude auf einer Seite an der Via Bocchetto und auf der anderen an der Via Cesare Cantù liegt. Die Via Manzoni, nicht weit entfernt, befindet sich auf der anderen Seite einer Hauptverkehrsstraße, der Via Dante, die zum Duomo führt. Geht man die Via Manzoni etwa 1500 Meter hinauf, gelangt man zum Stadtpark. Das Ospedale Maggiore, wo Hemingway laut Jeffrey Meyers untergebracht war, ist noch weiter entfernt.[84]

Es scheint unzweifelhaft, daß Hemingway Patient im American Red Cross Hospital in der Cesare Cantù 4 war, aber die physiotherapeutische Behandlung erhielt er in der größeren Einrichtung, dem Ospedale Maggiore. Vor seiner Operation brachte man Hemingway für die Röntgenaufnahmen ins Misericordia-Krankenhaus.[85] Agnes war dem Rotkreuzkrankenhaus zugeteilt, aber als sie in Mailand eintraf, war es noch nicht in Betrieb. Folglich meldete sie sich am 8. Juli zum Dienst und betreute Lt. Rochefort (sie schreibt «Rochfort»), einem amerikanischen Patienten, im italienischen Krankenhaus. Am 16. Juli brachte sie ihre persönliche Habe ins Rotkreuzgebäude, arbeitete aber bis zum 29. Juli, als sie ihren Patienten verlegen konnte, weiter im italienischen Krankenhaus. Das neue Rotkreuzkrankenhaus hatte am 17. Juli, dem Tag von Hemingways Ankunft, offiziell seine Pforten geöffnet.[86]

Es handelte sich um mehr als nur ein Lazarett, da es auch als Ausbildungszentrum und als Einsatzzentrale für alle Rotkreuzschwestern in Italien diente. Major Joseph Collins, der ärztliche Leiter des amerikanischen Roten Kreuzes in Italien, beschrieb die Funktionen der neuen Einrichtung:

> Vorbereitung von Verbänden, Vorführung ihres Gebrauchs, Fürsorgearbeit im Krankenhaus, Heilbehandlung und öffentliche Gesundheitspflege sowie die Arbeit einer Gemeindeschwester gehörten zu den Gebieten, denen man sich dort widmete. Außerdem wurden dort unsere amerikanischen Streitkräfte versorgt, weshalb man im Zusammenhang damit ein kleines, aber gut ausgestattetes Lazarett in Betrieb genommen hatte.[87]

Sara Shaw war somit nicht nur für die Rotkreuzschwestern in Mailand verantwortlich, sondern für die Schwestern in ganz Italien, was erklärt, daß sie Agnes an verschiedene Einsatzorte schicken konnte.

Collins umreißt die Situation in Mailand weiter:

> Das erste American Red Cross Hospital wurde in Mailand in einem Gebäude eingerichtet, das vorher als Pension genutzt worden war und dessen Zimmer und Mobiliar sich bei einer Nutzung als Lazarett leicht verwenden ließen. Gewisse Umgestaltungs- und Verschönerungsarbeiten mußten vorgenommen werden; die Verwendung von reichlich frischer weißer Farbe und preisgünstiger Kretonnebezüge in leuchtenden Farben für die Möbel sowie weiterer eleganter Möbelstücke aus Amerika dienten dazu, die Zimmer komfortabel und zugleich reizvoll zu gestalten.
>
> Insgesamt gibt es zwei Stockwerke, von denen das obere für Patienten und das untere als Schwesternheim genutzt wird. Das eigentliche Lazarett besteht aus sechzehn großen, gut lüftbaren Schlafzimmern, welche auf einer Seite in einen Korridor führen, der von Glastüren und Fenstern umgeben ist und als Wintergarten dient, und auf der anderen Seite auf breite Terrassen. Außerdem gibt es im oberen Stockwerk einen kleinen, aber gut ausgestatteten Operationssaal mit idealen Beleuchtungsverhältnissen, einen Narkoseraum, eine Diätküche, ein Büro, Toiletten und Badezimmer. Alle Zimmer haben Verbindungstüren, was ermöglicht, sie jederzeit zu lüften und sich auch für die pflegerischen Arbeiten als zweckmäßig erweist. Alles ist so angelegt, daß die Kapazität des Lazaretts im Notfall leicht und bequem erhöht werden kann.[88]

In dieser Beschreibung wird nicht erwähnt, daß es sich bei den zwei Stockwerken, die das Lazarett einnahm, um den zweiten und dritten Stock des Gebäudes handelte und nicht um die unteren beiden. Alle Zimmer hatten Verbindungstüren, die, wenn gewünscht, auch offenstanden, so daß die Patienten sich miteinander unterhalten konnten und an einem Sommertag ein leichter

Wind durchziehen konnte. Mit anderen Worten, man war selten ungestört genug für eine Affäre, auch wenn die Beteiligten noch so sehr darauf aus waren. Ein an Hemingway im Lazarett adressierter Briefumschlag enthüllt, daß er in Zimmer 106 im dritten Stock lag; Henry Villard lag im Nebenzimmer.[89]

Collins beschreibt im folgenden noch ein paar Örtlichkeiten im Lazarett. Im Stockwerk der Schwestern befanden sich zehn Zimmer und eine große Bibliothek, dazu Mehrzweckräume, ein Büro, ein Eßzimmer und eine Küche. In der Bibliothek gab es sowohl einen Phonographen als auch ein Klavier zur Unterhaltung von Patienten und Schwestern. Die Aufnahme- und Entlassungsunterlagen zeigen, daß das Lazarett im Juni 1918 sieben Patienten aufnahm (möglicherweise wurden sie von Rotkreuz-Personal in anderen Einrichtungen betreut), im Juli wieder sieben (darunter auch Hemingway), zweiundzwanzig im August, dreizehn im September und zwölf im Oktober. Die Schwestern waren nicht überlastet und es blieb ihnen genug Zeit, um wie Agnes auf befristete Zuweisung in anderen Kliniken zu arbeiten. Die meisten dieser Patienten hatten Malaria oder Grippe, da in jenem Sommer Epidemien grassierten; vier sind mit Gelbsucht aufgeführt (Henry Villard war einer davon); drei, darunter auch Hemingway, waren verwundet; und es gab einen Fall von Geistesstörung: Agnes' Patient, Lt. Rochefort, der sich immer noch von einem Schädelbruch nach einem Straßenbahnunfall erholte und geistig verwirrt, aber nicht geisteskrank war. Agnes erinnerte sich später, daß er alle Leute zwanzigmal am Tag grüßte und sich jedesmal nach ihrem Befinden erkundigte.[90] Nur zwei chirurgische Eingriffe sind aufgeführt (der an Hemingway war einer davon), und beides waren leichte Operationen. Es gab keine Fälle von Kriegsneurose.[91]

In diesem Lazarett trafen Ernest, Agnes und Henry erstmals zusammen, und man sollte die jeweiligen Dokumente im Hinblick darauf betrachten, was diese Personen in Italien taten, was sie antrieb und welche Folge von Ereignissen sie zusammengeführt hatte. Es ist ein Glücksfall für Literaturhistoriker und Biographen, daß ihre Briefe und Tagebücher erhalten geblieben sind, denn sie vermitteln ein Bild der damaligen Zeit, an dem sich Hemingways Prosa über dieselben Schauplätze und Ereignisse messen läßt.

HENRY S. VILLARD: ROTKREUZFAHRER IN ITALIEN

In *Exile's Return*, seinem Bericht über die Zeit des Ersten Weltkriegs und die Jahre in Paris, erinnert sich Malcolm Cowley daran, daß «unsere Professoren im Winter 1916/17 aufhörten, von der internationalen Republik der Literaten zu sprechen, und Patriotismus zu predigen begannen».[92] Der junge Henry Villard, der im Herbst 1917 nach Harvard kam, hatte sich dieses Gedankengut bereits zu eigen gemacht, und er beschäftigte sich im Laufe des Studienjahres zunehmend mit der Frage, wie er nach Europa gelangen und seinen Beitrag zu den Kriegsanstrengungen leisten konnte, solange noch Zeit dazu blieb. Da das Einberufungsalter bei zwanzig Jahren und neun Monaten lag, hatte Villard guten Grund zu der Vermutung, daß schon alles vorbei sein würde, bevor er ins «richtige» Alter kam. (Villard, der am 30. März 1900 in New York City als Sohn des Anwalts Harold Garrison Villard und seiner Frau Mariquita Serrano Villard geboren wurde, sollte bald der jüngste Sanitätswagenfahrer in ganz Italien sein.) Im Gegensatz zu Agnes und Ernest war er schon in Europa gewesen und kannte Paris gut. Doch der Krieg bot Gelegenheit zu Abenteuern, und die wollte er sich nicht entgehen lassen.

Villards Tagebuch und die Briefe an seine Familie, beides unveröffentlicht, dokumentieren die Ereignisse, die zu seinem Dienst in Italien führten. In einem Brief aus Harvard vom 24. April 1918 scheint er das Thema seinen Eltern gegenüber erstmals angeschnitten zu haben:

> Ich habe mir spontan etwas überlegt, seit ich [aus New York] zurück bin, und ich will Euch eine Frage stellen, über die Ihr sorgfältig nachdenken solltet. Wie stehen Eurer Meinung nach

die Chancen für mich, diesen Sommer irgendeinen Job beim Staat zu bekommen? ... Ich würde gern das College auf der Stelle verlassen und ... vermutlich im Herbst hierher zurückkehren. Ich würde bloß einen Monat Arbeit verlieren, oder sogar noch weniger, und dennoch das Jahr anerkannt bekommen, da ich entweder an den vorgezogenen Prüfungen, die jetzt durchgeführt werden, teilnehmen oder mir die Note für meine diesjährigen Arbeiten als Abschlußnote anrechnen lassen könnte. Bitte laßt mich so bald wie möglich wissen, was Ihr davon haltet und wie die Aussichten stehen.

Im folgenden erwähnte er zwei Freunde, die zur Navy gingen, und einen weiteren, der sich im Auftrag des Secret Service in Dänemark aufhielt. Er bekannte, daß er im Hauptfach von Englisch auf romanische Sprachen umsteigen wolle, wobei sein besonderes Interesse dem Französischen und dem Spanischen gelte. Dann berichtete er, er habe mit seinem ROTC-Regiment im Fresh Pond-Zentrum exerziert. Sein nächster Brief deutet darauf hin, daß die Antwort seiner Eltern nicht gerade ermutigend ausfiel.[93]

Am 29. April rief er sie vom Copley Plaza aus an und schlug den Rotkreuzsanitätsdienst als Möglichkeit vor. Trotz anfänglicher Unterstützung lehnten sie dieses Ansinnen am nächsten Tag in einem Telegramm ab. Da die Einwilligung der Eltern dazu erforderlich war, beeilte er sich in einem Brief vom 30. April, seine Bitte zu wiederholen:

Ich weiß nicht, warum Ihr mir nicht erlaubt, zum Roten Kreuz zu gehen, aber bevor ich den Gedanken fallenlasse, würde ich Euch die Situation gern etwas näher erläutern, als das am Telefon möglich war.

Bis letzten Samstag nahm das amerikanische Rote Kreuz nur ältere Männer für den Dienst in Italien, aber an jenem Tag kam eine Order des Kriegsministeriums, die eine Spezialeinheit aus jungen Burschen unterhalb des Einberufungsalters (von achtzehn bis zwanzig Jahre und vier Monate) genehmigte. Fünfzig oder hundert – ich weiß nicht genau, wie viele – werden aus Harvard genommen, und sobald das bekannt wurde, gingen die ersten Bewerbungen ein. Die Nachricht verbreitete sich wie ein Lauffeuer, und sobald ich gestern davon erfuhr, eilte ich in die Stadt und setzte meinen Namen auf die Warteliste. Das ist eine außerordentliche Gelegenheit, die so schnell nicht wiederkommt. Es bedeutet folgendes: Wir würden in etwa zwei Wochen oder etwas später mit dem Schiff wahrscheinlich nach Südfrankreich fahren und von da mit der Eisenbahn nach Italien; ich weiß nicht, wie die Chancen stehen, nach Nordfrankreich und von dort nach Italien zu fahren. Sobald wir in Italien wären, würden wir Verwundete von den Verbandsplätzen zu den Lazaretten transportieren. In drei oder allerhöchstens sechs Monaten würde man uns entlassen und nach Hause schicken. Das ist *verbindlich zugesichert*, so daß ich im Herbst auf jeden Fall wieder aufs College gehen werde. Hinter dem ganzen Plan steckt die Absicht, jetzt Freiwillige wie uns hinüberfahren zu lassen, bevor die amerikanische Armee im Sommer nach Italien verlegt wird, die Arbeit des Roten Kreuzes in der Zwischenzeit in Gang zu halten. Danach *wollen sie uns nicht weiter beschäftigen* und werden *nicht* zulassen, daß wir in irgendeiner Funktion dableiben, da man, wie es heißt, «keine Touristen dahaben will». Also wären wir wahrscheinlich im August oder September, allerspätestens aber im Oktober wieder hier. (Natürlich würden wir nur für den vereinbarten Zeitraum dienen und NICHT bis zum Ende des Krieges dabeisein.) Was unsere Sicherheit angeht, so besteht *nicht die geringste Gefahr*, da wir nicht im Feuer stehen, sondern bloß hinter den Linien Verwundete von einem Posten zum anderen transportieren.

Da er mit dem Brief eine Absicht verfolgte, spielte Villard natürlich sowohl die Rolle der Ambulanzwagenfahrer wie auch die damit verbundenen Risiken herunter. Im Rest seines Briefes erläutert er die besonderen Umstände in Harvard im Frühjahr 1918: Für die Männer, die nach Europa aufbrachen, gab es eine Reihe von vorgezogenen Prüfungen:

Ein Haufen prima Burschen fahren, die besten Burschen ihres Jahrgangs (sie machen praktisch alle 1921 ihren Abschluß), und

> Dutzende davon zählen zu meinen besten Freunden. Der Verantwortliche sagte uns gestern abend, er wolle nur die besten Leute aus Harvard, und die bekommt er auf jeden Fall. Ihr könnt Euch vorstellen, wie tief enttäuscht ich heute morgen war, als ich Euer Telegramm bekommen habe, wo doch all die anderen herumrennen und einander zur Einwilligung ihrer Eltern gratulieren.

Die Begeisterung für den Sanitätsdienst, die Henry in diesem Brief an den Tag legt, läßt sich schwerlich überbieten:

> Ich finde es unbegreiflich, wie Ihr diese Gelegenheit ungenutzt verstreichen lassen könnt – ein Sommer von großer Bedeutung, mit dem Wissen, daß ich tatsächlich etwas tue, und der Garantie, daß ich am Ende des Sommers zurückkehre, das volle Jahr anerkannt bekomme, wenn ich jetzt gehe, mit all meinen Freunden zusammen bin und mich nicht in die geringste Gefahr begebe. Es ist wirklich kaum zu glauben, daß sich mir eine so außergewöhnliche Gelegenheit bietet.

Er verbreitet sich weiter über dieses Thema, versichert, daß in Europa günstiges Wetter herrsche, droht, daß er sich freiwillig zur Navy melden würde, wenn sie ihm den Rotkreuzdienst verböten, und beteuert erneut, daß ihm in Italien keinerlei Gefahr drohe. Die Antwort kam schnell, denn am nächsten Morgen standen seine Eltern um 8 Uhr vor seiner Tür, verbrachten den Tag bei ihrem Sohn, während er sich einer ärztlichen Untersuchung unterzog, und füllten die letzten Papiere fürs Rote Kreuz aus. Nach einem späten Mittagessen brachte er sie zum 16-Uhr-Zug.

Aber es gab noch ein letztes Hindernis. Während die schwierigen Verhandlungen innerhalb der Familie Villard weitergingen, verabschiedete die Fakultät des College of Arts and Sciences in Harvard am 30. April 1918 ihre eigene Resolution:

> Angesichts der veränderten Bedingungen beim Militärdienst, die sich aus dem Kriegseintritt der Vereinigten Staaten ergeben,

glaubt diese Fakultät, daß die Erhaltung der Ressourcen unseres Landes zur Fortsetzung des Krieges erfordert, daß die Studenten, außer in Ausnahmefällen, unbeirrt in der treuen Erfüllung ihrer Collegepflichten fortfahren sollten, bis sie das Alter von zwanzig Jahren und neun Monaten erreichen, bevor sie die reguläre Offiziersausbildung antreten.

Rektor A. Lawrence Lowell schickte am folgenden Tag eine Kopie dieses Dokuments an Henrys Vater.[94] Die Harvard-Studenten müssen ziemlich schnell von diesem Schachzug erfahren haben, denn bereits am 3. Mai schrieb Henry an seine Eltern: «Vielleicht werdet ihr ein Rundschreiben von Rekt. Lowell über das vorzeitige Verlassen des College erhalten, aber schenkt ihm keinerlei Beachtung.» Er fügte hinzu, daß ein Sommer in Italien seiner Ausbildung nicht schaden werde, daß der Enkel des früheren Rektors Eliot auch gehe und daß er endgültig vom Roten Kreuz angenommen worden sei und am 11. Mai fahre. Henry erklärte weiterhin: «Es werden jetzt nur vierzig aus Harvard genommen, da man das Kontingent im Westen vervollständigen will.» (Einer von den jungen Männern in der Westgruppe war Ernest Hemingway.) Es ist klar, daß Villards Taktik aufgegangen war, und er schloß seinen Brief mit den Worten: «Ich finde es toll von Euch, daß Ihr mich gehen laßt, und ich kann Euch gar nicht genug danken. Ganz liebe Grüße von Harry.»

Von da an ging alles ganz schnell. Am 2. Mai war Villard immer noch im ungewissen darüber gewesen, ob man ihn nach Italien schicken würde, bis sein Kommilitone Charles A. Page vorbeikam und ihm mitteilte, daß sie angenommen worden seien und daß er Henrys Gruppenführer werde. Die folgenden Tage waren mit hektischen Vorbereitungen für die Abreise ausgefüllt, man ließ sich fotografieren und absolvierte im Eiltempo Abschlußprüfungen, einschließlich jener beim R. O. T. C. *-Kurs in Militärwesen. Von besonderer Bedeutung war der Führerschein, den man im Sanitätsdienst brauchte. Villard versicherte der Kraft-

* Reserve Officers' Training Corps (A. d. Ü.)

fahrzeugstelle, daß er gerade fahren lerne, worauf man ihm ein vorläufiges Exemplar ausstellte. Außerdem blieb noch Zeit für Verabredungen, für ein Konzert der Boston Pops und für *Charleys Tante*, einen Schwank, den die Henry Jewett Players in Boston aufführten.

Am 8. Mai wurde von den Harvard-Studenten, die nach Italien gingen, ein Gruppenfoto gemacht, sie wurden gegen Typhus geimpft und erkundigten sich nach Uniformen. Am nächsten Tag gab Henry seine R. O. T. C-Ausrüstung zurück. Am Freitag, dem 10. Mai, machte er um 14 Uhr seine Abschlußprüfung in Französisch II und bestieg dann den 17-Uhr-Zug nach New York. Am Samstag bestellte er Uniformen und beantragte nochmals einen Paß; der, den er in Cambridge beantragt hatte, war vor seiner Abreise nicht mehr fertig geworden. Am Sonntag wurde er gegen Pocken geimpft und beriet sich mit Charlie Page darüber, was er nach Italien mitnehmen solle. Am Montag standen weitere Erledigungen fürs Rote Kreuz, seine Visa, der Kauf seiner Ausrüstung und der Abschied von seiner Familie an: «Habe den Rest des Abends bis 1 Uhr gepackt», schrieb er in sein Tagebuch. Schließlich gingen Villard und seine Freunde drei Tage später als geplant an Bord der *La Lorraine*, die kurz vor Mittag den New Yorker Hafen verließ. Villard hielt in seinem Tagebuch fest: «Anscheinend habe ich noch gar nicht richtig begriffen, daß diese Sache erst vor zwei Wochen begonnen hat und daß ich nun wirklich in Uniform nach Europa unterwegs bin.»

Auf der Überfahrt wurde viel musiziert, man veranstaltete Konzerte, sang gemeinsam und sonnte sich an Deck. Die Männer mußten weitere Impfungen über sich ergehen lassen, aber es gab auch Frühstück im Bett, Klavier- und Banjomusik (wobei Henry das Banjo spielte) und Pokerpartien an den Abenden. In seinem Brief nach Hause vom 19. Mai berichtet Henry, daß «die meisten Passagiere andere Rotkreuzangehörige, Y. M. C. A.-Mitglieder oder Armeeoffiziere sind, während das Zwischendeck ganz mit amerikanischen Soldaten belegt ist». Er klagt über die Quartiere und das Essen der Soldaten unten, berichtet aber, daß er eine «gute Außenkabine» habe und daß «das Essen, das wir bekommen, lecker und sehr abwechslungsreich ist, wenngleich es weder Butter noch Zucker gibt». Genau wie Agnes hatte Henry mit Sprachschwierigkeiten zu kämpfen: «Mir war nie klar, wie wenig Französisch ich kann, bevor ich auf dieses Schiff geraten bin, da natürlich die gesamte Crew aus Franzosen besteht.» Er berichtet, daß sie bis zum 22. Mai die Schiffe, denen sie sich anschließen sollten, nicht gesichtet hätten: «Heute morgen um 5 Uhr haben wir unser Geleitschiff gefunden – einen ganz schmucken französischen Zerstörer. Das Meer sieht aus wie Glas, und der Himmel hat eine düstere Farbe wie Blei. Wir ändern alle paar Minuten unseren Kurs. Morgen sollen wir Bordeaux erreichen. Wenn dieser Brief ankommt, dann wißt Ihr, daß ich eingetroffen bin.» Am Donnerstag, dem 23. Mai, fügt er ein Postskriptum an: «Wir sind heute am frühen Morgen angekommen und müssen den ganzen Tag in Gesellschaft von Zollbeamten an der Flußmündung verbringen. Alle wohlauf.» In seinem Tagebuch stehen weitere Einzelheiten, die er seinen Eltern nicht mitteilte, zum Beispiel, daß ständig das Verhalten bei Seenot geübt wurde, daß die Pokerpartien bis Mitternacht andauerten, daß er an einem Abend zwei Gläser Champagner, drei Cocktails und zwei Gin Fizz trank.

Nach der Zollabfertigung am 23. Mai wurden sie flußaufwärts nach Bordeaux gebracht und trafen dort am frühen Abend ein. Villard und einige seiner Freunde aßen im *Hôtel de France* zu Abend und nahmen dann den 22-Uhr-Zug nach Paris. Rotkreuzangehörige erhielten keine Schlafwagenabteile, und die Männer mußten die ganze Nacht im Sitzen zubringen. Villard traf um 8 Uhr morgens in Paris ein, stieg im *Hôtel Palais d'Orsay* ab und trug sich, den Vorschriften gemäß, in die Liste im Hauptquartier des Roten Kreuzes ein. An jenem Abend aßen Henry und seine Freunde im *Chinese Umbrella* zu Abend und gingen in die Folies-Bergère: «Nicht nur eine dürftige musikalische Darbietung, sondern auch das Derbste und Anzüglichste, was ich je gesehen habe.» Am nächsten Tag meldeten sie sich im Hauptquartier des Roten Kreuzes, wurden aber für jenen Tag fortgeschickt. Sie mußten allerdings das Hotel wechseln und in das billigere *Hôtel Métropolitain* umziehen, um sich dem Spesenetat des Roten Kreuzes anzupassen. Am Sonntag, dem 26. Mai, fuhren Henry und seine Freunde nach Versailles, besichtigten das Schloß und aßen im Café *Maxim* zu Abend, «wo zwei Frauenzimmer ihr Bestes taten, um mit mir Bekanntschaft zu schließen. Eine von ihnen saß neben mir auf einer dieser langen, mit Leder bezogenen Bänke und liebkoste mich alle paar Augenblicke. Sie sah ziemlich gut aus, aber die Situation war, um es milde zu sagen, unangenehm.» Am Montag wurde Paris von der Dicken Berta beschossen («es war nicht sonderlich aufregend»), und die jungen Männer besorgten sich die erforderlichen Visa, fuhren mit dem Gepäckwagen zur Gare de Lyon und machten sich auf den Weg nach Italien.

Villard berichtet, wie sie mit der Bahn nach Modane fuhren, wo sie nach Turin umstiegen, dort den 18.30-Uhr-Zug nach Mailand nahmen und um Mitternacht ankamen. Villard und Charlie stiegen im Hotel *Continental* ab, «ziemlich nobel», und meldeten sich am nächsten Morgen bei Major Lowell in der Zentrale des Roten Kreuzes. Die Neuen wurden aufgeteilt, wobei die meisten von Henrys Freunden in Abteilung 1 kamen. An jenem Abend gab man für sie ein Abendessen mit Liedern und Ansprachen. Am nächsten Morgen, dem 30. Mai, bestiegen die Männer einen Frühzug, kamen am Spätnachmittag in Vicenza an und fuhren mit einem Fiat-Lastwagen nach Bassano: «Unser Hauptquartier ist eine alte Villa vor der Stadt in wunderbarer Lage – am Fuß der Berge und an einem Fluß. Alles ist viel schöner, als ich es mir je vorgestellt habe.» Henry war jetzt Sanitätswagenfahrer in Italien. Seine Reise verlief ganz ähnlich wie die, die Ernest und Agnes bald darauf machten, mit beinahe identischen Kommentaren zu der unbequemen Zugfahrt von Bordeaux nach Paris, dem Zauber der französischen Hauptstadt, der Beschießung durch die Dicke Berta. Keiner hat das jedoch so detailliert aufgezeichnet wie Villard, und während er in seinem Tagebuch Fakten und Namen nennt, geht er in seinem Bericht auch auf seine damaligen Gefühle und seine im Rückblick gewonnene Einschätzung dieser Jugenderlebnisse ein.

Villards Bericht setzt in Mailand ein und begleitet ihn von seinen Erlebnissen als Sanitätswagenfahrer bis zu seiner Genesung von der Gelbsucht im American Red Cross Hospital. Er umfaßt die

Zeit zwischen dem 1. August, als Henry mit dem Zug aus Vicenza in Mailand eintraf, und dem 23. August, als er zum Dienst an die Front zurückkehrte. (Zu diesem Zeitpunkt traf sich Agnes natürlich noch mit Hauptmann Serena, und ihre Beziehung zu Hemingway war rein freundschaftlicher Natur.) In Villards Briefen nach Hause erwähnt er weder seine Krankheit noch das Lazarett, da er seine Eltern nicht beunruhigen wollte. Seine Betrachtungen sind von Bedeutung, da sie ein intimes Bild von den Erlebnissen eines typischen Rotkreuzfreiwilligen vermitteln und sowohl Agnes als auch Hemingway genau in der Zeit zeichnen, als sie sich ineinander verliebten. Mit einem Blick fürs Detail beschreibt Villard, wie es ist, an der Front einen Sanitätswagen zu fahren, Verstümmelte zu Notoperationen zu schleppen, die Höhen und Tiefen des Rotkreuzdienstes im Ausland durchzumachen. Von besonderer Bedeutung ist seine Erinnerung an den Schock beim ersten Anblick von Verwundeten: «Keiner von uns Amerikanern, jung wie wir waren, blieb davon unberührt, und ich wußte, daß diese Erfahrung auch bei Ernie einen tiefen Eindruck hinterlassen hatte.» Diese Szenen in seinem Bericht sind dramatisch, und dennoch bewahren sie auch einen Sinn für die gewöhnliche Realität, indem sie die Erfahrungen an der Front mit den alltäglichen Verrichtungen in Kasinos und Logierhäusern und Badeerlebnissen am Fluß vermischen. Daß Villard seinen Bericht mit Agnes' Lebensgeschichte nach ihrer Rückkehr aus Italien fortsetzt und ihr Leben bis zu seinem Besuch 1976 in Florida und ihrem Tod mit 92 im Jahre 1984 weiter verfolgt, setzt einen anrührenden Schlußpunkt unter seine Geschichte.

AGNES VON KUROWSKY

Agnes fuhr am 15. Juni 1918 mit dem Dampfer *La Lorraine* nach Europa. Sie gehörte einer Gruppe von Bellevue-Schwestern an, die sich freiwillig zum Dienst in Italien gemeldet hatten. Im Alter von sechsundzwanzig ließ sie sich auf ihr erstes Europa-Abenteuer ein, durch das ihr Name nicht in die Annalen der Krankenpflege, sondern in die amerikanische Literaturgeschichte eingehen sollte.

Man wußte fast nichts über die Identität von Hemingways Krankenschwester in Mailand, bevor Leicester Hemingway 1961 *Mein Bruder Ernest* veröffentlichte.[95] Selbst dann wurde sie kaum beachtet, obwohl Carlos Baker in *Hemingway. Die Geschichte eines abenteuerlichen Lebens* 1969 kurz auf sie einging. Niemand schenkte ihr größere Aufmerksamkeit, bis Michael S. Reynolds 1976 seine bahnbrechende Untersuchung *Hemingway's First War: The Making of A Farewell to Arms* veröffentlichte. Aber auch danach hat sich die Forschung kaum mit ihr beschäftigt. Was bekannt ist, trägt jedoch zur Antwort auf die Frage bei, was ihr dieses Erlebnis bedeutet haben könnte und warum sie sich in Hinblick auf Beruf und Liebe so und nicht anders verhalten hat.

Agnes wurde am 5. Januar 1892 in Germantown, Pennsylvania, geboren. Ihr Vater Paul Moritz Julius von Kurowsky war erst zwei Jahre zuvor aus dem deutschen Königsberg nach Amerika gekommen; seine Vorfahren waren Polen, Russen und Deutsche. Rasch wurde er in den Vereinigten Staaten eingebürgert. Agnes wurde nach ihrer Mutter Agnes Theodosia Holabird benannt. Sie war die Tochter von Samuel B. Holabird, Quartermaster General der U.S. Army während der Phase der Rekonstruktion.[96] Ihre Eltern hatten sich in Washington, D.C., kennengelernt, wo ihr Vater an der Berlitz-Schule Sprachen unterrichtete. Die Familie zog oft um, nach Alaska und dann nach Vancouver, aber Agnes betrachtete Washington als ihre Heimatstadt. Sie besuchte das Fairmont Seminary und absolvierte eine Ausbildung in der öffentlichen Bibliothek, bevor sie 1910 Bibliothekarin in der Katalogabteilung wurde. Nebenher hatte sie Privatunterricht in Französisch erhalten, obwohl sie später schrieb: «Dann ging ich aufs Fairmont Seminary. Ich hatte im vorangegangenen Jahr den Kurs für das zweite Jahr Französisch belegt, so daß ich in den Kurs fürs dritte Jahr ging, obwohl ich mit den anderen nicht mithalten konnte. Also warf ich alles hin und weinte.»[97]

Entgegen dem Bild, das Michael Reynolds zeichnet, hatte Agnes Schwierigkeiten mit Sprachen[98], sprach nur einigermaßen Französisch, ein bißchen Deutsch und beherrschte, wie ihr Tagebuch und ihre Briefe zeigen, während ihres Aufenthalts in Italien zu keiner Zeit richtig Italienisch. Am 2. Juli hielt sie in ihrem Tagebuch fest: «Erstaunlich, wie gut wir zurechtkommen, ohne die Sprache zu verstehen.» Fast zwei Monate später, am 26. August, schrieb sie: «Ich kam mir vor wie eine Schaufensterpuppe – mit einem Haufen italienischer Krankenschwestern, und ich konnte in ihrer Sprache nicht mal Pup zu ihnen sagen.» Obwohl sie jeden Tag mit der Sprache in Berührung kam und ein paar Stunden Unterricht nahm, schrieb sie am 16. Oktober an Hemingway: «Sie sprechen Italienisch in rasendem Tempo, das heißt natürlich, ich bin zum Schweigen verurteilt.» Im November jedoch scheint es ihr eine Freude zu sein, Ernest zu schreiben: «Ich schätze, ich kann ein bißchen besser Italienisch schreiben als mein Herr und Meister, dafür kann er es besser sprechen und verstehen.»[99] In seinen eigenen Briefen rühmt sich Hemingway oft seiner wachsenden italienischen Sprachkenntnisse.[100]

1914 beschloß Agnes, ihre Stelle in der Bibliothek aufzugeben, und meldete sich im Alter von zweiundzwanzig für die Krankenpflegeausbildung an der Bellevue Nurses Training School in New York an. Nach der Abschlußprüfung am 24. April 1917 nahm sie eine Stelle an der School of Nursing, Long Island College Hospital, in Brooklyn an und wurde am 1. Oktober 1917 im Staat New York staatlich geprüfte Krankenschwester. Bei ihrer Bewerbung für den Dienst beim amerikanischen Roten Kreuz vom 13. Januar 1918 gab sie ihr Alter mit sechsundzwanzig, ihre Größe mit 1,72 m und ihr Gewicht mit 60 kg an und beschrieb ihre allgemeine Statur als «gut entwickelt, gutgenährt». Wie die Fotos von ihr zeigen, war sie in jeder Hinsicht körperlich attraktiv, und wer sie damals kannte, erinnert sich daran, daß sie eine entsprechende Ausstrahlung hatte. Sie war intelligent und interessiert, warmherzig und hilfsbereit, besaß viel Humor und eine große Abenteuerlust. Als sie sich für den Rotkreuzdienst bewarb, wohnte sie in einem Apartment in New York und war noch nie in Europa gewesen.

Am 15. Juni 1918, als ihr Schiff im Hafen im New York ablegte, ließ sie einen geheimnisvollen Dr. S. zurück, den sie «Daddy» nennt. Sie vermittelt den Eindruck, daß zwischen ihnen eine feste Bindung bestand. Es gibt jedoch in ihrem Tagebuch oder ihren Briefen keinen Hinweis darauf, daß sie jemals offiziell verlobt waren. Auf der Überfahrt nach Bordeaux flirtete Agnes, ohne viel Zeit zu verlieren, mit den jungen Offizieren an Bord, insbesondere mit einem gewissen Leutnant Collins, einem belgischen Offizier, der aus dem Urlaub zurückkehrte. Er beschäftigte sie noch einige Tage, bei der Ankunft in Bordeaux am 24. Juni und der Fahrt nach Paris in jener Nacht. Am 27. Juni kam sie in Mailand an und übernachtete im Hotel *Manin*, weil das Rotkreuzkrankenhaus noch nicht in Betrieb war.

Die Schwestern im Lazarett kamen fast alle aus dem Bellevue, so auch Sara Shaw, die Leiterin der Rotkreuzschwestern in Italien, und Katherine C. DeLong, die in dem New Yorker Krankenhaus Oberschwester gewesen war. Agnes hatte die Ausbildung zusammen mit zwei anderen Schwestern abgeschlossen, die auch in Mailand waren, Ruth Brooks und Loretta Cavanaugh. Brooks war dafür berüchtigt, daß sie gern flirtete, während Agnes darauf bedacht war, niemals in diesen Ruf zu gelangen. Cavanaugh wurde durch Hemingway und Agnes als «Sis Cavie» bekannt.[101] Elsie MacDonald, eine Schottin, die in England ausgebildet worden war, war für den Operationssaal zuständig und half, Hemingway auf seine Operation vorzubereiten. Bekannt unter dem Namen «Mac», war sie anscheinend bemüht, Hemingway während seines Lazarettaufenthalts zu disziplinieren, schrieb ihm aber später nach den Erlebnissen in Mailand mehr als zwei Jahrzehnte lang warmherzige, freundschaftliche Briefe. Neben anderen Schwestern sind noch Ruth Fisher, Caroline Sparrow, Elsie Jessup und Mabel Fletcher in die Geschichte von Agnes und Hemingway verwickelt. Agnes war nicht abgekapselt in einem fremden Land, als sie in Mailand Dienst tat; die meisten Frauen, mit denen sie zusammen war, waren nicht nur Amerikanerinnen, sondern hatten einander bereits im Bellevue gekannt, bevor sie ihren Dienst in Italien antraten.[102]

Bei ihrer Ankunft in Mailand dachte Agnes noch an Collins, aber drei Tage später, während eines kurzen Urlaubs, begegnete sie Hauptmann Enrico Serena bei einer Feier am Lago Maggiore. Das *Red Cross Bulletin* brachte einen Artikel über das Ereignis und wies darauf hin, daß die Veranstaltung den Italienern die Gelegenheit geben sollte, sich für die Hilfe des amerikanischen Roten Kreuzes zu bedanken: «Der Präfekt des Königs, Signore Canzio Garibaldi, Hauptmann Serena, Major Hereford und Captain Bywater sprachen. Die ganze Gegend war aus diesem Anlaß *en fête*.»[103] Hauptmann Serena machte Agnes den Hof, bis ihn etwa zwei Monate später familiäre Verpflichtungen zwangen, Mailand zu verlassen. Nach seiner Abreise begann sie sofort, sich mit «Kid» Hemingway zu verabreden, der sich gerade von der Operation an seinem rechten Bein erholte.

Ihre Romanze mit Hemingway machte rasch Fortschritte: Am 25. August, dem Tag vor Serenas Abreise, schrieb sie in ihr Tagebuch, daß Ernest in sie verliebt sei. Eine knappe Woche später, am 31. August, gingen sie zusammen essen, und am 11. September schenkte sie ihm, anscheinend zur Festigung ihrer Beziehung, einen Ring. Nur einen Monat später wurde Agnes jedoch in das American Hospital for Italian Wounded in Florenz versetzt, um einen gewissen Mr. Hough zu pflegen, der an einer Grippe litt. Die Trennung warf eine Reihe von Problemen auf. Zwar verließ Agnes Florenz schon am 11. November, nach nur zehn Tagen, wurde jedoch in ein Armeelazarett in Treviso versetzt. Danach sah sie Ernest, trotz häufiger Bemerkungen zum Thema Heirat in ihren Briefen, nur noch einmal, am 9. Dezember, als er zu einem eintägigen Besuch kam. Nach Hemingways Abreise nach New York am 4. Januar wurde Agnes einem Lazarett in Torre di Mosta zugeteilt, und irgendwann nach dem 10. Januar begann sie eine neue Romanze mit einem jungen italienischen Artillerie-Leutnant. Diese Entwicklung führte zur Beendigung ihrer Beziehung mit Hemingway in dem Trennungsbrief vom 7. März 1919.

Es ist ein Glück, daß 1918 in Italien überhaupt jemand Tagebuch führte, denn die Vorschriften beim Roten Kreuz sollten das eigentlich verhindern:

> Alle Diensttuenden müssen sich mit den Zensurvorschriften des Amerikanischen Expeditionskorps gründlich vertraut machen. Darin wird grundsätzlich untersagt, einen Ortsnamen oder den Namen einer Gegend in Zusammenhang mit jeglicher militärischen Organisation in Briefen, Ansichtskarten, Tagebüchern oder sonstigen Schriftstücken zu erwähnen.[104]

Die Vorschriften für Briefe waren ähnlich restriktiv: «Jeglicher Schriftverkehr mit Personen, die mit dem amerikanischen Expeditionskorps in Verbindung stehen, ist von der Person, die in der Abteilung oder dem Büro dazu ermächtigt wurde, mit dem Vermerk ‹dienstlich› zu versehen und unverschlossen in den Korb für ausgehende Post zu legen.»[105] Auch das fotografieren war überall in der Nähe des Kriegsgebiets verboten. Trotzdem führten sowohl Agnes als auch Henry Villard ein persönliches Tagebuch, schrieb Agnes mehrmals in der Woche Briefe an Hemingway und sandte sie ab, ohne sich an den vorgeschriebenen Dienstweg zu halten. Auch finden sich zahlreiche Fotos, darunter auch einige von der Front, in den Sammelalben von Agnes und Henry. Amerikanischen Rotkreuzschwestern war es überdies untersagt, ernsthafte Liebesbeziehungen einzugehen oder auch nur den Besuch eines einzelnen Herrn zu empfangen. Folglich gab Agnes sich aus Angst, nach Hause geschickt zu werden, alle Mühe, ihre Beziehung mit Hemingway zu verschleiern; sie verschickte sogar Ansichtskarten, die ein rein freundschaftliches Verhältnis zwischen ihnen suggerierten. Solche Schreiben waren offenbar für die Öffentlichkeit bestimmt. Im Tagebuch gibt es keine solchen Verschleierungen.[106]

Das Tagebuch beginnt am 12. Juni 1918, und Agnes, damals noch in New York, macht sich Sorgen über das Abschlußexamen ihres *amant*, eines jungen Arztes, den sie «Daddy» nennt. Es endet am 20. Oktober in Florenz: Agnes ist von Hemingway getrennt und erkundet eine neue, faszinierende Stadt. Zwischen diesen beiden Zeitpunkten liegt für sie eine Welt voller Leben: Man erkennt, daß sie sich selbst gerade erst entdeckt, sich gerade erst ihrer Möglichkeiten in Liebesangelegenheiten bewußt wird, daß ihr manchmal fast schwindlig wird, wenn sie daran denkt, daß Männer sie attraktiv finden. Und das tun viele, und auch sie achtet genau auf jedes Zeichen von Interesse seitens der jungen Männer, denen sie auf ihrer Italien-Reise begegnet.

Diese Gedanken beschäftigen sie in den Monaten, in denen sie Tagebuch führt, aber das ist nicht alles, was sie interessiert. Sie ist eindeutig mit Leib und Seele Krankenschwester, brennt darauf, den Dienst aufzunehmen, und hat den Ehrgeiz, gute Arbeit zu leisten. Viele ihrer Tagebucheintragungen zeugen von ihrer idealistischen Einstellung gegenüber ihrem Beruf, und schließlich war sie mehr als ein Jahrzehnt ihres Lebens in Rotkreuzkrankenhäusern in Italien, Rumänien und auf Haiti tätig. Oft sind ihre Aufzeichnungen trotz ihrer Kürze ergreifend, zum Beispiel, wenn sie den Tod von Lt. Colter dokumentiert, der stirbt, während sie sich um ihn kümmert, und um den sie weint, ohne sich zu schämen. Ein weiteres Thema ist das Abenteuer des Reisens, die Erfahrung mit neuen Sprachen und Gebräuchen, fremden Küchen, Läden und romantischen Schauplätzen. Agnes, so vermutet man schon ganz früh bei der Lektüre ihres Tagebuchs, scheint mehr bekommen zu haben, als sie erwartet hatte.

All das, einschließlich der Romanze, bezieht sich auf etwas, was vielleicht die immer gegenwärtigen, zentralen Themen des Tagebuches sind: ihre stetige Entwicklung und Veränderung, wie sie die Welt sieht, was andere von ihr halten, was für Möglichkeiten sie hat, Fragen, die nur deshalb bemerkenswert sind, weil sie schon sechsundzwanzig war, als sie nach Italien kam. Vielleicht ist es das erregende Gefühl ihrer Identitätsfindung, das sich mit der endlosen Reihe von Namen junger Männer verbindet, die offenbar mit ihr geflirtet, ihren Blick erwidert oder sie zum Essen eingeladen haben – von Dr. S. in New York und den belgischen Offizieren auf der Überfahrt nach Europa bis zu dem schneidigen, einäugigen Hauptmann Serena, der bald, nur zwei Wochen nachdem sie New York verlassen hatte, als leidenschaftlicher und manchmal furchterregender Freier in ihrem Tagebuch auftaucht. Am 22. Juli schrieb sie: «Diese ungestüme italienische Art zu flirten ist mir wirklich unheimlich. Er erklärt mir, wie sehr er mich liebt, und wenn ich sage, ich dich aber nicht, verschlägt es ihm kurz die Sprache, und dann geht es von vorne los.» Eine Woche später notierte sie: «Zwei Briefe heute abend – einer von Daddy und einer von meinem Belgier. Allmählich weiß ich nicht mehr, was ich davon halten soll. Praktisch drei Jahre lang gab es nichts an Gefühlen, keine Romanze und kaum Aufmerksamkeit, und plötzlich, in den letzten paar Monaten, bin ich in drei ernste Affären verwickelt, und das nicht einmal durch eigenes Verschulden.» Ein paar Tage später schrieb sie: «Dieser Monat war in mancher Hinsicht faszinierend. Habe meinen Gefühlen ziemlich freien Lauf gelassen.»

Als Serena Mailand verließ, wurde er auf der Stelle durch den gutaussehenden und charmanten «Kid» ersetzt, der nun ihr Gefühlsleben beherrschte, ein junger Mann namens Hemingway, der an der Piave verwundet worden war. Das Tagebuch bricht mitten in der Romanze ab, als sie nach Florenz versetzt wird. Anschließend hält sie ihre Erlebnisse in den Briefen an Hemingway fest.

Sein ganzes Leben lang schrieb Hemingway über seine Erlebnisse in Italien, immer mit einem Gefühl von Verlust und Wehmut, weil ihn diese Frau zurückgewiesen hatte. Wenn man sich vor Augen führt, wie tief sie sich auf die Liebesaffäre eingelassen hatte, dann sind ihre damalige «Entwicklung» in Liebesdingen, ihre Motive, Erwartungen und Enttäuschungen wesentlich für das Verständnis dessen, was mit Hemingway geschah und was es für ihn bedeutete. Es war der harte Anfang seines schwierigen Liebeslebens. Agnes wurde jedoch anscheinend eher von Abenteuer- und Entdeckungslust getrieben als von dem Wunsch, jemanden zu benutzen oder zu verletzen. Auch wenn sie am Anfang ihres Tagebuches fasziniert feststellt, sie sei, was Liebesdinge betrifft, aus ihrem «Dornröschenschlaf erwacht», so zeigt sich doch am Ende des Tagebuchs, daß die Beziehung zu Hemingway für sie im Mittelpunkt steht. Sie zeigt sich bekümmert darüber, daß er manchmal eifersüchtig oder gereizt ist, und sie macht sich Gedanken über sein jugendliches Alter, aber sie scheint sich emotional fest mit ihm verbunden zu fühlen.

AGNES VON KUROWSKYS BRIEFE

Agnes beendete die Beziehung in ihrem Trennungsbrief vom 7. März 1919, einem von 52 Briefen, die sie an Ernest schrieb. Sie beginnen am 25. September 1918, als Agnes aus Mailand an den in Stresa Urlaub machenden Hemingway schreibt, und sie enden am 7. März mit dem Brief der Zurückweisung. Allerdings gibt es noch einen letzten Brief vom 22. Dezember 1922, anscheinend die Antwort auf einen Brief von Hemingway, der zu diesem Zeitpunkt schon verheiratet ist und in Paris lebt. Es gibt keinen Hinweis darauf, daß Hemingway jenen Brief je beantwortet hat, und die beiden haben einander auch nie wiedergesehen.

An den Briefen ist bemerkenswert, daß sie sich im Ton so stark vom Tagebuch unterscheiden. Während im Tagebuch gefühlsmäßige Zurückhaltung dominiert, wirken die Briefe geradezu überschwenglich; wo im Tagebuch Verwirrung und Ungewißheit herrschen, ist in den Briefen häufig vom Heiraten und von einem gemeinsamen Leben die Rede. Oft unterschreibt Agnes ihre Briefe mit «Mrs. Kid» oder «Mrs. Hemingstein». Dieser Unterschied liegt zum Teil darin begründet, daß die meisten Briefe später geschrieben wurden (nur die neun Briefe vom 25. September bis zum 20. Oktober überschneiden sich mit dem Tagebuch). Aber das erklärt nicht alles. Die Tagebucheinträge zeigen, wie sie ihre Chancen in der Liebe abwägt und das neue Lebensgefühl erforscht, das sich gerade bei ihr entwickelt. Die Briefe deuten darauf hin, daß Agnes wußte, was Ernest hören wollte, und sie sind voll zärtlicher Worte. Außerdem enthalten sie Anspielungen auf die Aufmerksamkeiten anderer Männer, auf Schwierigkeiten bei der Beendigung früherer Romanzen und Überlegungen, welche Beziehungen ihr offenstehen könnten, wenn sie noch frei wäre. Agnes nimmt nie ein Blatt vor den Mund, wenn sie ihr Interesse an möglichen anderen Bindungen verrät. Für den jungen Hemingway, der sich erstmals ernsthaft um eine Frau bemühte, wurde diese Bindung anscheinend immer ernsthafter. In dem gesamten italienischen Material gibt es keinerlei Hinweis darauf, daß er je in seiner Liebe zu ihr schwankte.

Die Hauptthemen in Agnes' Briefen sind dieselben wie im Tagebuch: die Pflege der Kranken und die Situation in ihren Kriegslazaretten; die Erkundung Italiens (ihre Fahrten nach Florenz, Venedig und an andere Orte werden ausführlich geschildert); ihre Beziehung mit Hemingway sowie die Liebesbeteuerungen und Anspielungen auf die Probleme, die schließlich zum Bruch führten. Die Chronologie der Ereignisse ist aufschlußreich. Nur zwei Wochen nach seiner Operation am 10. August gestand Hemingway seine Liebe zu Agnes. Bevor Enrico Serena am 26. August Italien verläßt, schreibt sie in ihrem Tagebuch nur wenig über Hemingway, doch dann scheint sich ihr Interesse an ihm schnell zu entwickeln. Am 31. August gingen sie gemeinsam essen, und am 11. September schenkte sie ihm den Ring. Am 26. September, als sie ihren zweiten Brief an ihn schrieb, waren sie bereits so eng miteinander verbunden, daß sie bekennt: «Hätte ich heute nicht alle Hände voll zu tun gehabt, wäre ich mir so einsam vorgekommen, daß ich sicherlich geweint hätte.» Am 8. Oktober schrieb sie ihm, obwohl sie sich beide im selben Gebäude aufhielten, und deutete mit den Worten einer Liebenden ihren Wunsch nach dauerhafter Bindung an. Der nächste Brief stammt vom 15. Oktober, dem Tag, an dem Agnes von Mailand nach Florenz aufbrach. In den folgenden drei Wochen schrieb sie ihm über zwanzigmal.

Diese Briefe enthalten nicht nur Schilderungen ihrer Erlebnisse, sondern auch Liebesbekenntnisse von fast pubertärer Verspieltheit. Einmal schreibt sie zum Beispiel, Hemingway sei das «Licht in meinem Dasein». Man sollte sich daran erinnern, daß

Agnes sechsundzwanzig und Hemingway erst neunzehn war. Es gibt auch Hinweise auf mögliche Probleme. Die Beinamen, die Agnes Hemingway ständig gab, haben alle mit seinem Alter zu tun: Sie redet ihn oft als «Kid», «Bambino», «mein Junge» oder – die Umkehrung des gleichen Gedankens – als *«Maestro Antico»* an. Wie der Trennungsbrief zeigt, war der siebenjährige Altersunterschied zwischen ihnen ein Grund dafür, daß sie ihn abwies.

Sie erkennt auch, daß er unbeherrscht, manchmal auch sarkastisch ist und grundsätzlich kein Blatt vor den Mund nimmt. Diese Eigenschaften werden häufig erwähnt. Auch gibt es von Anfang an Hinweise auf eine gewisse Unbeständigkeit in ihrer Beziehung: «Also habe keine Angst, daß ich Deiner müde werde», schreibt sie am 17. Oktober. Immer wieder kündigt sie an, sie werde Dr. S. in New York den Laufpaß geben, doch sie ringt sich nie dazu durch, einen eindeutigen Abschiedsbrief zu schreiben. Nur eine Woche nach ihrer Abreise aus Mailand schrieb sie Hemingway: «Du hast kein Mitleid mit ihm; solltest Du aber.» Diese Briefe gehen weiter bis zum 7. November, als Hemingway und Agnes wieder in Mailand vereint sind, und dann klafft in ihrer Korrespondenz eine zweiwöchige Lücke.

Agnes schrieb Hemingway zum erstenmal wieder am 22. November, als sie nach Treviso geschickt wurde, um im Feldlazarett 331 zu arbeiten. Dort blieb sie bis zum Ende des Jahres. Durch die beiden gemeinsam verbrachten Wochen scheint sich die Liebesbeziehung vertieft zu haben, denn in den Briefen ist jetzt nicht mehr nur von Liebe die Rede, sondern auch von Heirat. Die Briefe aus Treviso sind in dieser Hinsicht hochinteressant, denn Agnes beschäftigt sich weiter mit den früheren Problemen und spricht auch ein neues Thema an: Am 1. Dezember schreibt sie: «Manchmal wünschte ich, wir könnten hier drüben heiraten.» Sowohl aus Agnes' Briefen an Ernest als auch aus seinen Briefen nach Hause geht hervor, daß er am 9. Dezember nach Treviso kam, um sie zu besuchen, ein kurzes Zwischenspiel, durch das ihre Bindung offenbar weiter gefestigt wurde. Ein paar Tage später, am 13. Dezember, schreibt sie ihm: «Ich habe meiner Mutter geschrieben, daß ich mich mit dem Gedanken trage, einen Mann zu heiraten, der jünger ist als ich – aber nicht den Doktor – also nehme ich an, daß sie mich in ihrer Verzweiflung als leichtes Ding abschreibt. Ich hasse die Vorstellung, daß man mich für flatterhaft hält.» Am 9. Dezember 1918 sahen sie sich zum letztenmal in ihrem Leben. Jahre später erinnerte sich Agnes in einem Interview: «Hemingway kam, um mich dort zu besuchen ... und die Männer lachten sich tot über ihn ... Sie fanden ihn zum Schießen. Er kam mit seinem Stock und seinen ganzen Orden rein, und diese amerikanischen Landser, die brüllten einfach vor Lachen.»[107]

Selbst als die Beziehung enger wird, gibt es Hinweise auf Schwierigkeiten. Agnes hält es für nötig, Hemingway zu versichern, daß sie sich seiner nicht schäme. Dr. S. und Serena werden häufig erwähnt, genauso wie eine Menge andere Männer, für die sie sich unter anderen Umständen vielleicht interessiert hätte. Am 16. Dezember schickte sie Ernest taktloserweise einen Brief von Dr. S. an sie, in dem der Doktor zu später Stunde auf die Nachricht antwortet, daß sie sich mit Serena getroffen habe. Am 20. Dezember kommt ihr erneut eine schreckliche Möglichkeit in den Sinn: «Was ist, wenn sich unsere Gefühle ändern? Unser beider Gefühle, meine ich, und wir unsere wunderschöne Welt verlieren?» Denkt man an die darauffolgenden Ereignisse, stellt sich die Frage, ob sich ihre Gefühle vielleicht schon zu diesem Zeitpunkt «geändert» hatten. Da Hemingway auf Urlaub in Sizilien ist, wird die Korrespondenz für zehn Tage unterbrochen.

Sie beginnt wieder am 31. Dezember. Da die Post zwischen Mailand und Treviso im allgemeinen zehn Tage lang unterwegs war, sollte dieser Brief Hemingway erst in Oak Park erreichen. Er fuhr am 4. Januar mit dem Schiff nach New York. Im Brief vom 31. Dezember und in ihrer restlichen Korrespondenz während der nächsten drei Monate mehren sich die Anzeichen für ein Ende ihrer Beziehung. Am 31. Dezember schreibt sie: «Capt. Moore hat mich heute geneckt, ich sei in italienische Offiziere vernarrt.» Wenn sich der hitzige Hemingway noch nicht über diese Äußerung wunderte, dann hätte ihn doch der folgende Satz stutzig machen müssen: «... für mich bist Du ein wundervoller Junge, und wenn Du ein paar Jahre und ein bißchen an Würde und Gesetztheit zulegst, dann ist das Ergebnis gewiß recht vielversprechend» (1. Januar 1919). Junge Damen pflegen nämlich nur vielversprechende junge Herren zu heiraten.

Im Januar gab es einen weiteren Wechsel für Agnes, als sie in das Lazarett in Torre di Mosta ging, um dort italienische Kinder zu pflegen. Loretta Cavanaugh («Cavie») leitete diese neue Einrichtung. Auf dem Weg dorthin machte Agnes einen kurzen Abstecher nach Mailand, wo sie Präsident Woodrow Wilson sah, der nach Kriegsende durch das siegreiche Italien reiste. Allerdings konnte sie in der Menschenmenge nur «sein Ohr und Mrs. W's Hut» erspähen.[108] Als sie am 10. Januar in Torre di Mosta ankommt, wandelt sich der Ton ihrer Briefe. Hier begegnet sie Domenico Caracciolo, einem Artillerieoffizier bei den Arditi. Am 21. Januar erwähnt sie, daß sie einen neuen Verehrer habe, Domenico, aber sie behauptet, er sei erst vierzehn. Obwohl sie darauf anspielt, «Mrs. Hemingstein» zu werden, ist sie eindeutig verwirrt, wie sie am 3. Februar offen eingesteht: «Der kleine tenente, von dem ich schon erzählt habe, bestürmt mich mit seiner Zuneigung – aber keine Angst.» Es muß Hemingway aufgefallen sein, daß sie seit zwei Wochen nicht mehr geschrieben hatte. Um so aufschlußreicher erscheint es, wenn sie hinzusetzt: «Die Zukunft ist mir ein Rätsel.» In ihrem Brief vom 15. Februar geht sie ausführlich auf ihre Pflegetätigkeit ein, gewiß ein verständliches Anliegen, aber wohl kaum das, was Hemingway hören wollte. Dann, am 1. März, deutet sie an, daß sie sich in seiner Abwesenheit verändert habe – sie habe sich angewöhnt, zu rauchen und zu spielen: «Eines weiß ich gewiß – ich bin nicht das vollkommene Wesen, das Du in mir siehst.» Daß sie ihren Brief mit «herzlichst» unterschreibt, dürfte ebenfalls auf eine Veränderung ihrer Gefühle hingedeutet haben.

Trotz dieser Alarmzeichen deuten alle biographischen Anhaltspunkte darauf hin, daß Hemingway auf den Brief vom 7. März nicht vorbereitet war. Von Anfang bis Ende muß der Inhalt für ihn niederschmetternd gewesen sein. Er beginnt mit «Ernie, lieber Junge» und steckt voller Anspielungen auf seine Jugend und ihren Altersunterschied. Agnes schreibt ihm, ihr sei «klargeworden, daß ich Dich noch immer sehr gern mag, doch weniger wie eine Geliebte, sondern eher wie eine Mutter»; dann läßt sie die Bemerkung folgen: «Aber ich bin nun einmal zu alt und werde es immer sein, das ist die Wahrheit. Ich kann nicht darüber hinwegsehen, daß Du noch ein Junge bist – ein Kind.» Zwei weitere Äußerungen sind besonders schmerzhaft. Ihre Bemerkung, sie habe «das Gefühl, daß ich eines Tages sehr stolz auf Dich sein werde, mein lieber Junge, doch so lange kann ich nicht warten, und es wäre falsch, Dich zu irgendeinem Ziel zu drängen», ist herablassend und beleidigend. Es erscheint nur allzu begreiflich, daß Hemingway diesen Brief nie jemandem zeigte und selbst seine engsten Freunde glauben machte, daß er vernichtet worden sei. Doch der entscheidende Schlag kam erst im letzten Absatz: «Außerdem – bitte glaub mir, wenn ich sage, daß es auch mir zu rasch geht – werde ich wohl heiraten.» Entgegen allen Spekulationen über den Brief werden weder der Name des Mannes, den sie heiraten will, noch ihre Beweggründe, Lebensumstände oder Zukunftspläne erwähnt. Dank anderer Zeugnisse wissen wir jedoch, daß es sich um Domenico Caracciolo, den Erben eines italienischen Herzogtums, handelte und daß Agnes damit rechnete, in die königliche Familie einzuheiraten und den Rest ihres Lebens in Italien zu verbringen. Lange Zeit später erinnerte sie sich: «Ich glaube, ich war in Torre di Mosto [!] ... Dort bin ich Caracciolo begegnet. Er war sehr liebenswürdig, ein liebenswürdiger, netter Mensch, viel interessanter für mich als der neunzehnjährige Hemingway ... Damals war ich sowieso sehr wankelmütig.»[109]

Die Ironie von all dem liegt darin, daß Hemingway schließlich Hadley Richardson heiratete, eine Frau, die noch älter als Agnes war – was diese nicht wußte, als sie den Brief vom 22. Dezember 1922 schrieb. In ihrer Bemerkung, daß sich alles zum Besten gewendet habe und daß er bedenken solle, «wie uralt ich bin, während ich dies schreibe», liegt eine besondere Ironie. Auch ihre Erinnerungen an die Zeit nach dem Trennungsbrief sind interessant, besonders die Bemerkung, daß sie, nachdem sie selbst zurückgewiesen worden war[110], «trauriger, aber auch klüger» aus Italien zurückgekehrt sei und sich dann noch einmal mit dem «armen Doc» oder Daddy getroffen habe, der ihr offenbar auch noch nach drei zwischenzeitlichen Beziehungen hörig war. Schließlich habe sie auch ihm den Laufpaß gegeben. Diese Betrachtungen über ihre Gefühle und die Bemerkungen übers Reisen sowie über ihre gute Freundschaft in den alten Zeiten scheinen Hemingway nicht zu einer Antwort angeregt zu haben. Somit stellt dieser Brief, soweit das heute bekannt ist, das Ende ihrer Korrespondenz und ihrer Beziehung dar. Agnes erinnerte sich Jahre später: «Ich war überrascht, von ihm zu hören, aber ich schrieb, ich sei erfreut, einen alten Freund zurückgewonnen zu haben, und wie stolz ich eines Tages darauf sein würde, sagen zu können, daß ich ihn einst gut gekannt hätte. Ich habe nie wieder von ihm gehört.»[111]

Agnes' Tagebuch und ihre Briefe sind so bemerkenswert, weil sie nicht nur Daten und Orte nennen (wenngleich auch dies nützlich ist), sondern auch persönliche Gefühle, Hoffnungen und Ängste zum Ausdruck bringen. Das Tagebuch verrät viel über ihren Charakter, ihre Wandlung zu einem neuen, unternehmungslustigeren Menschen. Alles andere als weltklug, entwikkelte und veränderte sie sich immer noch, zeigte ein beinahe pubertäres Interesse an Männern und machte sich Sorgen darüber, was ihre Mutter wohl von ihren Liebesaffären halten mochte. In ihren Briefen stellt sie sich so dar, wie sie von Hemingway gesehen werden wollte, und man gewinnt den Eindruck, daß sie die ganze Überschwenglichkeit und Flatterhaftigkeit eines koketten jungen Mädchens besaß.

Wenngleich nur indirekt verraten das Tagebuch und die Briefe aber auch viel über Ernest, über seine kraftvolle und impulsive Persönlicheit, darüber, wie andere Leute auf ihn reagierten (nicht immer mit Bewunderung), sowie über seinen ansteckenden Humor und seine gute Laune. Die Menschen, die ihn im Lazarett jeden Tag sahen, erlebten ihn fast immer fröhlich, ein Eindruck, der im Widerspruch zu der weitverbreiteten Meinung steht, daß er sich eine Kriegsneurose zugezogen und deshalb sein ganzes Leben lang mit Depressionen und Neurosen zu kämpfen hatte. Zu diesen Vermutungen läßt sich jetzt sagen, daß sie jeglicher Grundlage entbehren. Daß solche Krankheitsbilder in Hemingways Prosa über den Ersten Weltkrieg vorkommen, steht auf einem ganz anderen Blatt.

Solche Informationen finden sich häufig in Agnes' Tagebuch und in ihren Briefen und verleihen ihnen eine Bedeutung, die weit über die darin aufgezeichneten Ereignisse und Gespräche hinausgeht. All das wirft natürlich ein besonderes Licht auf die Phantasie eines jungen Mannes, der einmal als Schriftsteller mit erstaunlicher Kraft und großem handwerklichem Können gelten sollte und seine Erlebnisse in Italien dazu nutzte, einen der bemerkenswertesten Romane in englischer Sprache zu verfassen.

HEMINGWAYS BRIEFE

Die vierzehn Briefe von Ernest Hemingway an seine Familie in Oak Park sind in vielerlei Hinsicht von Bedeutung. Da zuvor erst vier davon veröffentlicht worden waren, ist dieses Bündel von Briefen eine wertvolle neue Informationsquelle über Hemingways Handeln und Denken, seinen Gemütszustand und sein Verhältnis zu der Familie in dieser schwierigen Phase seines Lebens. Man darf diese Korrespondenz jedoch nicht unkritisch lesen, denn sie verbirgt genausoviel, wie sie preisgibt. Selten verleiht er darin Gefühlen wie Angst und Sorge, Schmerz oder Ärger Ausdruck. Die Briefe übermitteln nur, was Hemingway seine Eltern wissen lassen will (er schreibt beispielsweise fast nichts über seine Liebesaffäre mit Agnes und erwähnt an keiner Stelle ihren Namen). Er möchte erreichen, daß sie seine Erlebnisse durch seine Brille sehen. Weiterhin findet man hier all die idealistischen Ansichten zu Krieg und Opferbereitschaft und Pflicht, die er ein Jahrzehnt später in seiner Prosa in Frage stellen sollte. Sie zeigen einen naiven und idealistischen jungen Mann, der kurz nach seiner Ankunft in Italien verwundet wurde und während seines sechsmonatigen Lazarettaufenthalts in Mailand rasch erwachsen wurde.

Der erste Brief wird am 21. Juli geschrieben, etwa zwei Wochen nachdem Hemingway verwundet worden war. Nach anfänglicher Behandlung in einem Feldlazarett wurde er in das neue Lazarett für Rotkreuzfreiwillige in Mailand verlegt. Agnes erwähnt Hemingway in ihrem Tagebuch erstmals am 20. Juli. Die beiden waren sich also bereits begegnet, als er seinen ersten Brief schrieb, obwohl Agnes erst am 29. Juli ihren regulären Dienst dort antrat. In den zwei Briefen vom Juli geht er kurz auf seine Verwundung und die bevorstehende Operation ein. Sie vermitteln eine Zuneigung zu seiner Familie, die in späteren Jahren für Hemingway untypisch ist. Er beschreibt nüchtern seine Wunden und sucht den ärztlichen Rat seines Vaters. Die Briefe deuten auch darauf hin, daß er die Rolle des Mannes von Welt genießt, der sich über die europäischen Städte (zu diesem Zeitpunkt war er nur kurz in Paris und Mailand gewesen), über Atlantiküberquerungen (er hatte erst eine mitgemacht) und über seine Fremdsprachenkenntnisse (er lernte gerade Italienisch, sollte es aber nie fließend sprechen) ausläßt.[112] Es wird deutlich, daß dies trotz seiner Wunden *das* Abenteuer seines noch jungen Lebens war, und er war davon begeistert.

Der Brief vom 18. August ist von zentraler Bedeutung: Erstmals erzählt er seinen Eltern Einzelheiten über seine Verwundung, daß er erst sechs Tage lang an der Front gewesen sei, daß er gerade «nach hinten vorrückte», als es ihn erwischt habe, daß er sowohl durch Schrapnellsplitter als auch durch Maschinengewehrfeuer verwundet worden sei, daß er einem anderen Verwundeten geholfen, ihn vielleicht auch geschleppt und dann jegliche Hilfe abgelehnt habe, bevor man sich nicht um die anderen Männer gekümmert hatte. Es ist auch von Bedeutung, daß er erwähnt, Jim Gamble sei dagewesen, als er verwundet wurde, denn Gamble verfaßte den offiziellen Bericht fürs Rote Kreuz über den Vorfall. Diesen Brief, bei weitem der wichtigste von allen, schrieb Hemingway acht Tage nach der Operation an seinem rechten Knie und Fuß. Wie Agnes festhält, wußte er bis zur Operation nicht, ob sein Bein gerettet werden könne. Als er diesen Brief schrieb, war er sich seiner Genesung gewiß.

Angesichts der Mae Marsh-Episode vor seiner Abreise aus New York ist es verständlich, daß er bei der Schilderung seiner neuen Beziehung sehr zurückhaltend ist. Am 29. August schrieb er nach Hause, daß er sich wieder verliebt habe. Er geht nicht allzusehr ins Detail, stellt nur die Ernsthaftigkeit der Beziehung in Abrede, eindeutig eine für die Familie bestimmte Information. Am nächsten Tag verließ er das Lazarett auf Krücken, und am Tag darauf führte er Agnes zum Abendessen aus, was er jedoch in seinen Briefen mit keinem Wort erwähnt.

In den folgenden Briefen berichtet Hemingway von seiner Genesung im September, seiner Freude über die Orden, die ihm verliehen werden, seiner Beförderung zum First Lieutenant und seinem Urlaub in Stresa mit John Miller. Dort hat er nicht nur Graf Emanuele Greppi (in dem Roman *In einem andern Land* wird daraus Graf Greffi), sondern auch die Familie Bellia kennengelernt, die ihm während seines restlichen Italien-Aufenthalts freundschaftlich verbunden blieb. Agnes' Tagebuch belegt, daß Hemingway Mailand am 24. September verließ und nicht erst am 5. Oktober zurückkehrte, wie Peter Griffin behauptet[113], sondern schon am 30. September. Demnach hat er den zehntägigen Urlaub, den man ihm gewährt hatte, vorzeitig abgebrochen. Später gingen in Stresa Gerüchte über eine Liebesaffäre zwischen Hemingway und Graf Bellias Tochter Bianca um. Wenn man bedenkt, daß Hemingway den Ring trug, den Agnes ihm geschenkt hatte, und sich erst kurz zuvor zu einer Liebe bekannt hatte, die ihn viele Monate, wenn nicht gar Jahre beschäftigte, dann erscheint so ein Flirt eher unwahrscheinlich. Interessant ist allerdings, daß Agnes zwei Wochen nach Ernests Rückkehr ihm aus Florenz schreibt: «Ich habe nicht einmal irgendwelche Bellias entdeckt, die mir die Zeit vertreiben helfen», was zumindest auf einen Hauch von Eifersucht hindeutet.[114]

Zurück in Mailand schreibt Hemingway am 18. Oktober, um den Nutzen des Rotkreuzdienstes in Italien zu verteidigen. Er erklärt, daß er sich entschieden habe, für die Dauer des Krieges in

Europa zu bleiben. Klarer als sonst wiederholt er, daß er nicht in der regulären Armee dienen werde und könne. Seine Bemerkungen über die Gefahren des Rotkreuzdienstes, darüber, daß es einfach sei zu sterben, daß man das eigene Leben zum Opfer bringe und daß eine Mutter darauf stolz sein sollte, einen Sohn im Kampf zu verlieren, spiegeln alle den romantischen Idealismus der Jugend wider. Da ist nur wenig von Kriegsmüdigkeit, Zynismus oder den «Separatfrieden»-Motiven zu spüren, die Hemingways reife Prosa durchziehen, und es findet sich auch nirgends ein Anzeichen von Kriegsneurose oder seelischem Schock.

Tatsächlich war Hemingways Verzweiflung Mitte Oktober von ganz anderer Natur, denn am 15. Oktober hatte man Agnes nach Florenz geschickt und die beiden in einem wichtigen Stadium ihrer Liebesbeziehung getrennt. Hemingway kehrte am 24. Oktober kurz an die Front zurück, wobei er immer noch stark hinkte und am Stock ging, was noch viele Monate so blieb. Er kam rechtzeitig, um die Offensive am Monte Grappa mitzuerleben, kehrte aber bald darauf mit einer Gelbsuchterkrankung, Gegenstand seines Briefes vom 1. November, nach Mailand zurück. Als er am 11. November das nächste Mal schrieb, war der Krieg schon vorbei, und die Thematik seiner Briefe verändert sich: Jetzt geht es um den «Krieg, der Ernie Hemingway ein zufriedenes Leben sichern soll». Er schreibt über seine Orden und Auszeichnungen, seine Reisepläne in Italien und seine Zukunftsaussichten. Seine Bindung an Agnes, ihre Heiratspläne, der Umstand, daß er einen Job braucht, um Frau und Familie zu ernähren, werden in seiner Korrespondenz mit keinem Wort erwähnt. Statt dessen spricht er von seinen Freunden, die vor ihm nach Hause zurückkehren, weil er im Krankenhaus immer noch physiotherapeutisch behandelt wird. In seinem letzten Brief nach Hause, am 11. Dezember, nennt er nicht nur das Datum seiner Überfahrt, sondern erwähnt auch, daß er in Treviso war, um «das Mädchen» zu besuchen. Ihre Beziehung stand zu der Zeit in voller Blüte, wie ihre Aufzeichnungen zeigen: Am 1. Dezember sprach sie in einem Brief an ihn vom Heiraten; am 9. Dezember machte er seinen Besuch; am 13. Dezember teilte sie ihm mit, sie habe ihrer Mutter geschrieben, daß sie einen jüngeren Mann heiraten wolle. Hemingway hatte allen Grund zu der Annahme, daß eine feste Bindung zwischen ihnen bestand, daß er eine gemeinsame Zukunft mit ihr planen konnte, und doch sollte er sie nie wiedersehen.

HEMINGWAY UND DIE ITALIENISCHE ARMEE

In einer Rezension von *Männer ohne Frauen* behauptete 1927 ein Journalist von *Time*: «... der Schriftsteller Hemingway war in der Schule Footballstar und Boxer. Im Krieg diente er bei den italienischen Arditi, wo er fast der Jüngste war, und wurde schwer verwundet.»[115] Keine dieser Behauptungen scheint zu stimmen. Hemingway war sein ganzes Leben lang ein ziemlich unbeholfener Sportler und schaffte es nicht, in die Football-Schulmannschaft zu kommen. Es gibt auch keinerlei Belege dafür, daß er einer Boxmannschaft angehörte. Viele seiner Biographen, darunter auch Samuel Shaw, berichten, Hemingway sei «in der regulären italienischen Armee zum Oberleutnant befördert» worden.[116] Die Vorstellung, Hemingway habe eine Zeitlang in der italienischen Armee gedient, war so weit verbreitet, daß sie inzwischen als Tatsache gilt. Charles A. Fenton behauptete 1954 in *The Apprenticeship of Ernest Hemingway*, es sei «Hemingway ein paar Wochen nach dem Ende seines Genesungsurlaubs im Frühherbst gelungen, in die italienische Infanterie aufgenommen zu werden. Dort diente er den Oktober hindurch bis zum Waffenstillstand im November.»[117] Diese Ansicht taucht an maßgeblicher Stelle auf, auf den Umschlägen von Hemingways Romanen und in den Kommentaren einiger der besten Wissenschaftler, darunter auch Malcolm Cowley, Philip Young und Robert Penn Warren.[118]

Diese Berichte entsprechen einfach nicht der Wahrheit, wie Bill Horne ein paar Jahre später an Hemingways ältere Schwester schreiben sollte. Horne schrieb, daß Hemingway kein Offizier der italienischen Armee gewesen sei und daß das «einer dieser Mythen sei, die sich um schillernde und berühmte Persönlichkeiten ranken». Weiter schreibt er:

> ...als wir bei der Abteilung IV eintrafen (in Schio, Provinzia Veneto, am Ausladebahnhof nördlich von Vicenza, wo die vom Monte Pasubio herunterführenden Pässe auslaufen), sagte man uns, daß wir Sanitätswagenfahrer *alle in der italienischen Armee ehrenhalber als Oberleutnants gälten.* Was daran stimmte, weiß ich nicht – aber es erscheint durchaus sinnvoll. Es gestattete uns, in der Offiziersmesse zu essen, wenn wir bei den italienischen Truppen an der Front «auf Posten» waren. Das haben wir immer gemacht. Es half uns, mit unseren Sanitätswagen auf den Straßen die Vorfahrt durchzusetzen, was uns zustand. Es sorgte dafür, daß wir an den Treibstoffdepots der Armee bevorzugt behandelt wurden. Natürlich waren wir immer in denselben Restaurants, Bars und anderen Vergnügungsstätten willkommen, in die die *italienischen Offiziere gingen* und die *einfachen italienischen Soldaten nicht.*[119]

Das Schlüsselwort ist «ehrenhalber». Da den Italienern an einer amerikanischen Beteiligung an den Kriegsanstrengungen gelegen war, erwiesen sie den Freiwilligen, die Sanitätswagen fuhren und in Feldküchen Dienst taten, jeden Gefallen.

Hemingway gehörte immer nur dem Roten Kreuz an, er war nie bei irgendeiner Armee und kämpfte nie an der Front. Man hätte einen Wechsel zur kämpfenden Truppe auch nie unterstützt, selbst wenn er dazu körperlich imstande gewesen wäre. Am 20. August 1918, als Hemingway im Lazarett lag und sich von seiner Operation erholte, brachte das *Red Cross Bulletin* einen Appell von Präsident Woodrow Wilson, daß die Rotkreuzangehörigen auf ihrem Posten bleiben sollten, «bis man sie ausdrücklich zu einer anderen und eindeutig wichtigeren Aufgabe aufruft»[120]. Hemingways Brief nach Hause vom 18. Oktober zeigt, daß er diesen Gedanken akzeptiert hat:

Beim Roten Kreuz hat man uns allen befohlen, uns nicht in die Listen einzutragen. Es wäre blöd für uns heimzukommen, denn das Rote Kreuz ist eine unentbehrliche Organisation, und man müßte dann bloß noch mehr Männer aus den Staaten holen, um weitermachen zu können. Und außerdem sind wir erst rübergekommen, nachdem man uns alle für den Militärdienst als untauglich eingestuft hat ... Ich wurde wegen meinem Auge für untauglich erklärt, bevor ich die Staaten verlassen habe. Jetzt hab ich auch noch ein kaputtes Bein und einen kaputten Fuß, und es gibt auf der ganzen Welt keine Armee mehr, die mich noch nehmen würde.

Allein dieser Brief sollte einen Schlußstrich unter den weitverbreiteten Mythos ziehen, daß Hemingway der italienischen Armee angehörte.[121]

Außerdem läßt die Chronologie seiner Italien-Erlebnisse keine Zeit für einen Wechsel in den Armeedienst. Er tat zwei Wochen in Schio als Sanitätswagenfahrer Dienst und dann bei einer Feldkücheneinheit an der Piave, wo er verwundet wurde. Nachdem er im Oktober aus dem Lazarett entlassen wurde, ging er wieder an die Front, hinkend und am Stock. Dort blieb er nur einen Tag lang, da er an Gelbsucht erkrankte und nach Mailand ins Lazarett zurückkehrte. Er lag im Lazarett, als am 3. November der Waffenstillstand geschlossen wurde, und hatte keine Möglichkeit, an die Front zurückzukehren. Auch hätte seine körperliche Verfassung das nicht zugelassen: Wie sein Brief vom 14. November zeigt, wurde er auch nach dem Waffenstillstand weiter physiotherapeutisch behandelt. Seine offiziellen Entlassungspapiere, am 31. Dezember 1918 von Robert Perkins in Rom unterzeichnet, weisen eindeutig auf reinen Rotkreuzdienst hin:

Hiermit bestätige ich, daß Lieut. E. M. Hemingway seine Dienstzeit bei der Italienischen Kommission des amerikanischen Roten Kreuzes beendet hat. Lieut. Hemingway hat die Funktion eines Sanitätswagenfahrers gewissenhaft und tüchtig versehen und wird hiermit ehrenhaft aus dem Dienst des amerikanischen Roten Kreuzes entlassen.[122]

Die Fotos von ihm zu Hause in Oak Park zeigen, daß er in den ersten Monaten des Jahres 1919 noch einen Stock benutzte. Tatsächlich zeigt ihn noch ein 1920 aufgenommenes Foto kurz vor seiner Abreise nach Toronto mit einem Stock. Viele Jahre später sollte Agnes von Kurowsky sagen: «Die Leute denken, daß er in der italienischen Armee war, weil er mit einem italienischen Umhang nach Hause kam, aber das stimmt nicht. Er war nie in der Armee.»[123]

HEMINGWAYS ORDEN

Edwin Wells behauptet in seinem Bericht über Hemingways Rede in der Oak Park High School im März 1919, Hemingway sei «die höchste Auszeichnung verliehen [worden], die der italienische Staat zu vergeben hat», und der Orden sei ihm «vom italienischen König persönlich» überreicht worden».[124] Leicester Hemingway berichtet in der Biographie über seinen Bruder, Ernest habe «eine silberne und eine bronzene Medaille bekommen ... Die silberne hatte ihm der König von Italien überreicht.» An späterer Stelle in seinem Buch widerspricht sich Leicester selbst und schreibt, daß Ernest die «Silberne Tapferkeitsmedaille» in Chicago von General Diaz überreicht worden sei, der die italienischen Streitkräfte bis zum Sieg befehligt hatte.[125] In einer neueren Biographie übernimmt der Autor Jeffrey Meyers Leicesters Darstellung und schreibt: «Die italienische Medaglia d'Argento al Valore wurde Hemingway bei einem Bankett in Chicago von General Armando Diaz feierlich überreicht.»[126] Tatsächlich erhielt Hemingway seinen Orden in Oak Park mit der Post, und weder der italienische König noch General Diaz waren anwesend.[127]

Interessant sind hier Hemingways Äußerungen in seinen Briefen nach Hause. Am 11. September schrieb er, daß er bald die «silberne *medaglia valore*» und vielleicht ein «Kriegsverdienstkreuz» erhalten werde, und beide Voraussagen erfüllten sich. (Die Orden selbst befinden sich, zusammen mit den dazugehörigen Belobigungen, in der John F. Kennedy Library.) Am 11. November hatte Hemingway zwar die Ordensbänder, aber noch nicht die Orden selbst erhalten, die erst einige Jahre später eintrafen. Hemingway erwähnte die Sache drei Tage später erneut in einem Brief: «Als mein Arzt von meinem jüngsten Orden, dem Croix D'guerre, gehört hat, hat er mich trotz Mandelentzündung geküßt.»

Die amtlichen Unterlagen stützen Hemingways Äußerungen. Laut einem Dokument, das vom 10. November 1918 datiert, wurde Hemingway mit «la Croce al Merito di Guerra», dem Kriegsverdienstkreuz, ausgezeichnet. Beigefügt ist eine formelle Erklärung vom 18. Dezember 1918, in der die Auszeichnung «Hemingnay M. Ernest» (sic!) zugesprochen wird. Die silberne Medaille brauchte länger. Ein Dokument belegt, daß der italienische König am 4. Januar 1920 die Anordnung erließ, Hemingway mit der «silbernen Tapferkeitsmedaille» auszuzeichnen. Darin ist folgende Erklärung enthalten:

> Als Offizier des amerikanischen Roten Kreuzes mit dem Auftrag, den kämpfenden Truppen Hilfsgüter zu bringen, zeigte er Mut und Selbstverleugnung. Schwer verwundet durch zahlreiche feindliche Granatsplitter, leistete er, bevor er sich selbst versorgen ließ, italienischen Soldaten, die durch dieselbe Explosion noch schwerere Verletzungen als er erlitten hatten, mit bewundernswerter Kameradschaftlichkeit großmütig Hilfe und ließ sich nicht wegtragen, bevor man letztere abtransportiert hatte.

Außerdem steht auf diesem Dokument die Anmerkung «Fossalta (Piave), 8. Juli 1918». Trotz des Datums auf der Anordnung wurde das Dokument erst am 15. März 1921 ausgestellt und Hemingway erst am 4. April 1922 zugeschickt.[128]

Diese beiden Orden waren für Rotkreuzfreiwillige an der italienischen Front nichts Außergewöhnliches. Hemingways Andeutung, daß er das Kriegsverdienstkreuz «wegen bodenlosem Leichtsinn im Schützengraben» bekam, ist etwas irreführend. Wie Robert Lewis nachgewiesen hat, wurde die silberne Medaille fast allen Verwundeten verliehen; mit dem Kriegsverdienstkreuz «wurden alle ausgezeichnet, die in Kampfhandlungen verwickelt waren (analog zu den Kriegsmedaillen der U. S. Army)»[129]. Tatsächlich berichtete das *Red Cross Bulletin* am 20. Juli 1918 in einem Artikel darüber, daß in Abteilung 3 der Sanitätstruppen alle für ihren Dienst während der österreichischen Offensive im Juni das Kriegsverdienstkreuz erhielten.[130]

Am 5. August 1918 berichtete das *Red Cross Bulletin*, daß der König von Italien am 28. Juli eine Reihe von Amerikanern in Abteilung 2 der Sanitätstruppen ausgezeichnet habe, darunter J. P. Gillespie, A. R. Collinson, F. J. Agate, R. C. Cory und Hemingways Freund John W. Miller. Sie alle erhielten die silberne Tapferkeitsmedaille.[131] Hemingway wußte wohl, daß man Lt. McKey die silberne Medaille postum verliehen hatte, da das *Red Cross Bulletin* am 20. August, als Hemingway noch im Lazarett lag, davon berichtete.[132] In seinem *Report of the Department of Military Affairs* führte Guy Lowell 50 Rotkreuzfreiwillige auf, die ausgezeichnet worden waren. Einige von ihnen lagen zusammen mit Hemingway in Mailand im Lazarett, darunter M. D. Detweiler, Edward E. Allen und John Miller (mit dem Hemingway in Stresa Urlaub machte).[133]

SCHLUSS

Als Hemingway nach Oak Park zurückkam, wurden die Geschichten, die er über den Krieg erzählte, oft ausgeschmückt, romantisch verklärt und aufgebauscht wie die von Krebs erfundenen Erlebnisse in der Story *Soldaten zu Haus*. So behauptete er gegenüber der Lokalzeitung, dem *Oak Parker*, daß er von 32 Kugeln vom Kaliber 45 getroffen worden sei und daß man 28 davon ohne Betäubung entfernt habe. In einem Fragebogen, den man an heimgekehrte Kriegsteilnehmer sandte, gab er an, er sei Oberleutnant der italienischen Armee gewesen, habe bei der 690. Infanteriebrigade Anacona gedient und in der Piave-Offensive, am Monte Grappa und bei Vittorio Veneto gekämpft. Bei einem

Vortrag in Oak Park erklärte er, daß die Rotkreuzangehörigen ihre Revolver weggeworfen hätten, um die Versuchung zum Selbstmord zu verringern. Michael Reynolds schreibt: «An Rotkreuzangehörige, die Schokolade austeilten, wurden keine Revolver ausgegeben, aber es verlieh der Geschichte eine authentische Note.»[134] Man kommt zwangsläufig zu dem Schluß, daß nicht nur Hemingways Prosa oft wenig mit seinen wirklichen Erlebnissen zu tun hat, sondern daß auch seine öffentlichen Erklärungen, Briefe und persönlichen Kommentare mit Vorsicht zu genießen sind.

Das betrifft sowohl seine Kriegsabenteuer als auch sein Privatleben. Ein Beispiel dafür ist Ernests Reise von Mailand nach Sizilien im Dezember 1918, um Jim Gamble zu besuchen. Seine offiziellen Reisepapiere zeigen, daß er berechtigt war, Mailand am 15. Dezember zu verlassen; sie waren sechzehn Tage gültig. Jim Gamble hatte ihn in einem Brief vom 11. Dezember eingeladen und mitgeteilt, daß er für ein paar Monate das Haus eines englischen Künstlers gemietet habe. Gamble war für den Feldküchendienst verantwortlich gewesen, als Hemingway verwundet wurde. Er hatte sich mit dem jüngeren Mann angefreundet und ihn oft im Lazarett besucht. Hemingway nahm die Einladung an, fuhr nach Taormina in Urlaub und kehrte rechtzeitig nach Mailand zurück, um sich auf die Heimreise vorzubereiten. Alles deutet darauf hin, daß es eine ganz gewöhnliche Reise war, eine Begegnung zwischen Freunden, ein ruhiger Urlaub in Süditalien.

Doch das ist offenbar nicht die Geschichte, die er nach seiner Rückkehr nach Mailand erzählte. Sein Freund Chink Dorman-Smith, später unter dem Namen Edward Eric Dorman-O'Gowan bekannt, erinnert sich daran, daß Hemingway behauptet habe, er sei verwundet worden, als er die Arditi bei einem Angriff am Monte Grappa angeführt habe. Von Sizilien habe er nichts gesehen «‹außer der Aussicht, die sich von seinem Schlafzimmerfenster aus bot; denn in dem ersten kleinen Hotel, in dem er abstieg, hatte die Wirtin seine Kleider versteckt und ihn eine Woche bei sich behalten. Das Essen, das sie ihm brachte, war ausgezeichnet und sie voller Liebe: Hem konnte sich über nichts beklagen, nur von dem Land hatte er sehr wenig gesehen›» – und Jim Gamble überhaupt nicht.[135] Aber Gambles Briefe an Hemingway zeigen eindeutig, daß er wie geplant ankam und sie den gemeinsamen Urlaub genossen. Gamble schrieb in einem Brief vom 16. April 1919: «Nach Deiner Abreise habe ich praktisch niemanden mehr gesehen, der Englisch spricht.»[136]

Hemingway hatte sich die Liebesaffäre mit Mae Marsh in New York, die erotische Episode mit einer Wirtin in Sizilien und aller Wahrscheinlichkeit nach auch die sexuelle Affäre mit Agnes nur ausgedacht. Die Frage, ob Ernest und Agnes je Sex miteinander hatten, ist über jeden anzüglichen Klatsch hinaus von Bedeutung, denn sie steht in Zusammenhang mit dem Schaffensprozeß bei seinem Werk. Daß Hemingways Prosa über den Ersten Weltkrieg voll und ganz ausgearbeitete Liebesgeschichten vorführt, hat viele Biographen zu der Annahme verleitet, es handle sich dabei buchstäblich um die Übertragung von Leben in Kunst. Hemingways Äußerungen in den folgenden Jahren deuten ebenfalls auf eine ausgereifte sexuelle Beziehung mit Agnes hin. Chink Dorman-Smith teilte 1961 Carlos Baker mit, daß Hemingway dies ihm gegenüber angedeutet habe: «Sie war eine lebenslustige, reizende Person, von der Hem sagte, es sei nur für eine ausgebildete Schwester möglich, mit einem Mann zu schlafen, dessen eines Bein geschient sei.»[137] Anscheinend erhielt Bill Horne von Hemingway ein paar Briefe mit ähnlichen Andeutungen, wie Peter Griffin behauptet: «Diese Briefe zeigen ganz deutlich, daß Ernest leidenschaftlich in Kurowsky verliebt war, daß sie miteinander schliefen und daß Hemingway am Boden zerstört war, als sie ihn zurückwies, und nach dieser Zurückweisung erstmals wie Hemingway zu schreiben begann.»[138] Eine vorsichtigere Formulierung wäre gewesen, in Hemingways Briefen *habe gestanden*, daß sie miteinander schliefen. Griffin geht auch davon aus, daß Hemingway als Jugendlicher sexuelle Erfahrungen mit den Indianermädchen am Lake Walloon gemacht habe und daß er (wobei Griffin *Die Sturmfluten des Frühlings* für bare Münze nimmt) einen besonders wollüstigen Abend in Paris erlebt habe.[139]

In *Along With Youth* interpretiert Griffin Agnes' Briefe als klaren Hinweis auf eine «Affäre» zwischen ihnen.[140] Er stützt sich dabei vor allem auf den Brief vom 16. Oktober, in dem Agnes schreibt: «Als ich gestern das Paar im Zug sah, wünschte ich die ganze Zeit, Du würdest neben mir sitzen, damit ich meinen Kopf an dieses Plätzchen legen – Du weißt schon, die Mulde für mein Gesicht – und in Deinen Armen einschlafen könnte.»[141] Es bedarf schon einiger Phantasie, um diese Äußerung als Beweis für sexuellen Verkehr heranzuziehen. Kenneth Lynn geht sogar noch weiter und glaubt, die Häufigkeit ihres Geschlechtsverkehrs und die Stellungen, die den Liebenden bei ihren Treffen am besten gefielen, zu kennen:

> Ihr Liebesspiel vollzog sich über Wochen fast unverändert. Wenn es dunkel wurde, lag er entweder auf dem Rücken in seinem Bett oder in einem Sessel auf dem Balkon vor seinem Zimmer, sein Gipsbein auf einen zweiten Sessel gestützt. Da er das Bein nicht bewegen konnte, wird er bei ihren Umarmungen vermutlich unten gelegen haben. In späteren Jahren sollte es Hinweise darauf geben, daß er diese Stellung mochte – aus Gründen, die nur nach und nach ans Licht kamen.[142]

Es wird sofort klar, daß Lynn keine schlüssigen Beweise für seine Behauptungen hat; er stellt Spekulationen an, die sich auf Gerüchte und Hemingways Prosa stützen, formuliert eine psychologische These und betrachtet seine Vermutungen schließlich als gesicherte Fakten. Agnes' Tagebuch, Villards Bericht, die Erinnerungen seiner Freunde und die damaligen gesellschaftlichen Verhältnisse legen eine ganz andere Interpretation nahe: daß Ernest und Agnes noch sexuell unbedarft waren und ihre Liebesaffäre nicht über das Petting-Stadium hinausging. Lewis Clarahan, Hemingways Freund aus High School-Zeiten, erinnerte sich, daß Ernest «sich auf der High School nicht mit Mädchen verabredete. Er verzichtete einfach darauf. Er hatte vier Schwestern, so daß er den Umgang mit Mädchen gewohnt war, aber er hatte einfach keine Lust, sich zu verabreden.»[143] Junge Männer, die sich nicht mit Mädchen verabreden, machen wenig sexuelle Eroberungen.

Agnes' Tagebuch läßt stark darauf schließen, daß sie nicht auf sexuelle Abenteuer aus war. Am 19. September, eine Woche nachdem sie Hemingway ihren Ring geschenkt hatte, hielt sie fest: «Gestern abend habe ich mich schrecklich geärgert. Als ich zum Dienst kam, erwischte ich Fisher, wie sie mit Lewis auf einer Chaiselongue auf dem Balkon ein Schäferstündchen abhielt ... Hem. schnaubte vor Wut – und es war so ordinär. Ich kam einfach nicht darüber hinweg.» So reagiert wohl kaum eine Frau, die gerade selbst eine Affäre hat. Und obwohl ihr Tagebuch ein starkes Interesse an Männern und Verabredungen und romantischen Träumen verrät, gibt es keinerlei Hinweis, daß sie die sexuelle Erfahrung einer erwachsenen Frau besitzt.

Der Eintrag vom 12. Juni, der von dem Abschiedsessen mit Daddy in New York berichtet, deutet lediglich darauf hin, daß ihr Doktor etwas zudringlich gewesen sein könnte, denn sie schreibt, sie habe einen «schlechten Eindruck von ihm» gehabt. Es gibt wohl keinen Hinweis darauf, daß sie Sex mit Dr. S. hatte. Aus dem Flirt auf dem Schiff mit Adjutant Collins spricht eindeutig eine pubertäre Verliebtheit: «Vor lauter Enttäuschung fehlen mir die Worte. Kein M. Collins mehr, und ich muß die Mädchen verlassen, die ich so ins Herz geschlossen habe!» schreibt sie am 25. Juni. In Mailand ist Agnes von Schwester Brooks' Unternehmungsgeist fasziniert, schreibt aber am 2. Juli: «Was die Romanzen angeht, kann sie natürlich viel mehr beitragen, weil sie schon von jeher für Liebeleien offen war, während ich erst vor kurzem aus meinem Dornröschenschlaf erwacht bin.» Was in ihrem Tagebuch einer Affäre am nächsten kommt, ist die Beziehung zu Enrico Serena, aber ihre Eintragungen deuten nicht auf Sex hin. Am 13. Juli schreibt sie: «Es ist wirklich urkomisch, er versucht, mir die Hand zu küssen, und ich werde wütend und verschwinde im Zimmer meines Patienten, und dann küßt der mir die Hand. Das muß an der Luft hier in Italien liegen.» Handküsse sind nicht die direkten Vorboten eines Koitus. Agnes scheint jederzeit auf Schicklichkeit bedacht zu sein: «Heute, im kleinen Ankleidezimmer, wo ich mich aufhalte, wenn Mr. Rochfort [!] schläft – der Capitano [Serena] hat mich nicht erschreckt, aber hätte es vielleicht, wenn nicht jemand in der Nähe gewesen wäre», schreibt sie am 23. Juli. Selbst dieses Werben scheint ihr zuviel zu sein, und am 26. August, als Serena Mailand verläßt, hält sie fest: «Diese leidige Sache hätte ich hinter mir, Gott sei Dank!»

Die Einträge über andere Männer sind von einer ähnlichen Prüderie geprägt. Am 12. August schreibt sie: «Mr. Seeley – unser ältester Patient (nicht, was das Alter betrifft) neigt zu romantischen Anwandlungen. Er war heute nacht auf der Jagd nach Sternschnuppen – daher mußte ich mich ruhig, aber bestimmt empfehlen. Genug gesagt!» Auch das Interesse von Mr. Michels an ihr beschreibt sie am 21. August auf eine Art und Weise, die eher schulmädchenhafte Faszination als die Gelassenheit einer erfahrenen Frau widerspiegelt. Daß sie es als nötig erachtet, einen Abschiedskuß mit ihm am 30. August mit der Bemerkung zu kommentieren, sie habe sich dabei nicht geschämt, zeigt eine ähnliche Naivität.

In ihren Tagebüchern über die Liebesaffäre mit Hemingway findet sich nicht der geringste Hinweis auf eine intime Beziehung. Dabei umfaßt das Tagebuch Ernests gesamte Genesung von der Operation an, genau die Zeit, auf die sich Lynns phantasievolle Spekulationen beziehen. Das Tagebuch begleitet die Romanze von Hemingways Liebesgeständnis am 25. August bis zu ihrem gemeinsamen Abendessen und dem Ring, den sie ihm schenkt. Die anzüglichste Bemerkung betrifft die Haarnadel, die Elsie MacDonald am 7. September unter Hemingways Kissen entdeckte, aber allein die Tatsache, daß sie darüber entsetzt ist, legt nahe, daß es wenig zu verbergen gab. Auch in ihren Briefen herrscht ein unschuldiger Ton, obwohl eine Äußerung vom 21./22. Oktober («... ich denke jeden Tag daran, wie schön es wäre, wieder Deine Umarmung zu spüren») darauf hindeutet, daß sie sich leidenschaftlich umarmten. In den letzten Jahren ihres Lebens sagte Agnes: «Ich glaube, Hemingway und ich waren damals ganz unbedarft, alle beide. Er auch. Wir waren alle ziemlich unbedarft.»[144] Henry Villards Verlegenheit angesichts der Aufmerksamkeiten der jungen Damen in Frankreich ist ein Beleg für den puritanischen Geist jener Zeit. Und William Stanfield jr.,

Agnes' Ehemann, erklärte: «Agnes hatte weder bei Hemingway noch bei dem italienischen Offizier ernsthafte sexuelle Absichten. Ich glaube, sie hatte in dieser Hinsicht bei keinem Mann ernstere Absichten, bevor sie etwa 30, 32 Jahre alt war. Zu dieser Zeit war sie in New York, und diese Sache in Europa lag schon lange zurück.»[145]

Wie seine Erfahrungen in der Liebe bauschte Hemingway auch seine Kriegserlebnisse auf, seine Verwundung, die Schlachten, die er miterlebt hatte, die seelischen Erschütterungen, deren Zeuge er geworden war. Warum er das tat weiß nur er allein, doch diese Übertreibungen waren unnötig, denn die wahre Geschichte ist in vielerlei Hinsicht ergreifender und dramatischer. Er hatte sich freiwillig zu einem gefährlichen Dienst gemeldet, war schwer verwundet worden und hatte zur Genesung mehrere Monate in einem Mailänder Lazarett zugebracht. Dort hatte er sich zum erstenmal verliebt, hatte erwogen, Agnes zu heiraten, und war nach Hause zurückgekehrt, um sich eine Arbeit zu suchen. Statt im Sommer 1919 zu heiraten, war er im März durch einen Brief abgewiesen worden, und diese Erfahrung hatte ihn tief verletzt, so tief, daß er sein ganzes Leben lang darüber schrieb. Seinem Freund Bill Horne gestand er nach Erhalt des Briefes: «Ach, Bill, ich kann keine Witze darüber reißen, und ich kann auch nicht verbittert sein, denn ich bin einfach am Boden zerstört.» Vielleicht um das Gesicht zu wahren, gab er der Beziehung einen sexuellen Anstrich und schrieb: «Man schläft mit einem Mädchen, und dann geht man weg. Sie braucht jemanden, mit dem sie schlafen kann. Und wenn der Richtige auftaucht, hat man Pech gehabt.»[146] Noch Jahre später, nachdem er schon Agnes' Brief von 1922 erhalten hatte, äußerte Hemingway gegenüber Lincoln Steffens in Paris, daß «er für die Schwester aus Italien alles aufgeben würde, wenn sie wieder in sein Leben träte»[147].

In dem 1935 veröffentlichten Buch *Die grünen Hügel Afrikas* schrieb Hemingway,

> … was doch das Erlebnis eines Krieges für ein großer Vorteil für einen Schriftsteller ist. Krieg war eines der größten Themen und bestimmt eines der schwierigsten, um wahrhaft darüber zu schreiben, und jene Schriftsteller, die keinen miterlebt hatten, waren immer sehr neidisch und suchten den Anschein zu erwekken, als sei er ein unwichtiges oder anomales oder krankhaftes Thema, während er tatsächlich etwas durch nichts zu Ersetzendes ist, was ihnen entgangen war.[148]

Aber Hemingway war nur kurz an der Front, gehörte nicht zu den Kombattanten und verbrachte den größten Teil seines Italien-Aufenthalts im Lazarett. Dies prägt auch die Thematik seiner Prosa. Der größte Teil der Handlung von *In einem andern Land* spielt hinter der Front, und der Krieg tritt im Verlauf des Romans allmählich gegenüber der Liebesgeschichte in den Hintergrund. In *Über den Fluß und in die Wälder* besucht Colonel Cantwell Italien nach dem Zweiten Weltkrieg, erinnert sich an den Ersten Weltkrieg und besucht den Ort, wo er verwundet wurde. In den meisten Geschichten geht es um das Lazarett in Mailand, um desillusionierte Soldaten, die an die Front zurückkehren, um die psychologischen Auswirkungen einer Verwundung oder den Verlust einer Frau. Obwohl Hemingway vieles erfunden und für seine Materialsammlung Zeitungen und Bücher gelesen hat, konzentrierte er sich auf die Aspekte des Krieges, die er aus erster Hand kannte.

Am Anfang seiner schriftstellerischen Laufbahn schrieb er ein Gedicht mit dem Titel *Killed Piave – July 8 – 1918*, wobei er auf Ort und Datum seiner eigenen Verwundung Bezug nahm. Bis zu seinem Tod 1961 arbeitete er an *Paris – ein Fest fürs Leben*, und in diesem Erinnerungsbuch entsinnt er sich, was Gertrude Stein über das Schicksal der «Verlorenen Generation» gesagt hatte:

> Aber an jenem Abend auf dem Heimweg dachte ich an den jungen Mann in der Garage und ob er wohl jemals in einem dieser Vehikel, als sie zu Krankenwagen umgebaut waren, abtransportiert worden war. Ich erinnere mich, wie ihnen die Bremsen

ausschmorten, wenn sie die Bergstraßen mit einer vollen Ladung Verwundeter hinunterfuhren, mit einem niedrigeren Gang bremsten und schließlich den Rückwärtsgang einlegten, und wie die letzten leer über die Bergkante gefahren wurden, so daß sie durch große Fiats mit einer guten Kulissenschaltung und Scheibenbremsen ersetzt werden konnten.[149]

Es besteht kein Zweifel, daß ihm sein Italien-Aufenthalt während seiner gesamten schriftstellerischen Karriere als Materialquelle diente und er fast alle Aspekte davon in seinem Werk verarbeitete.

Das trifft besonders auf seine Liebesbeziehung mit Agnes, seine Zurückweisung durch sie und seinen Schmerz und seine Verlustgefühle zu. Diese Themen tauchen schon sehr früh in seinem Werk auf, selbst in einem witzigen Artikel von 1920 für den *Toronto Star*, wo er die alten Bleistiftstummel und Straßenbahnfahrkarten in der Tasche eines Reporters beschreibt. In diese Tasche steckte er auch «eine Sammlung von Briefen seiner Freundin, der noch nicht klar geworden ist, daß sie jemand anderen heiraten wird»[150]. Das erste Prosawerk, in dem er diese Thematik aufgreift, ist die einige Jahre später erschienene Story *Eine sehr kurze Geschichte*. Sie handelt von einem Soldaten in einem Lazarett in Padua, um den sich eine Schwester namens *Luz* kümmert. Luz hat Nachtdienst, die beiden verlieben sich ineinander und wollen heiraten. Er kehrt an die Front zurück, und

> ... Luz schrieb ihm viele Briefe, die er erst nach dem Waffenstillstand bekam. Ein Bündel von fünfzehn kam auf einmal an der Front an, und er ordnete sie nach Daten und las sie alle, einen nach dem andern. Sie berichteten alle vom Lazarett, und wie sehr sie ihn liebte, und wie es unmöglich sei, ohne ihn auszukommen, und wie schrecklich sie ihn nachts vermisse.[151]

Als der Krieg vorbei ist, kehrt er nach Hause zurück, um sich einen Job zu suchen, damit sie heiraten können. Doch sie verliebt sich in einen Major der Arditi und schickt dem Protagonisten einen Brief, worin sie ihn mit den Worten abweist,

> ...daß ihre ganze Geschichte doch nur eine Kinderangelegenheit gewesen sei. Es täte ihr leid, und sie wisse, daß er es wahrscheinlich nicht verstehen würde, aber sicher würde er ihr eines Tages verzeihen und dankbar sein, und sie hoffe – ganz unverhofft – im Frühjahr zu heiraten. [S. 125]

Es besteht kein Zweifel über den autobiographischen Hintergrund der Geschichte: Der Name der Schwester lautete «Ag», als die Geschichte zunächst als Kapitel 10 von *In unserer Zeit* veröffentlicht wurde. In einem Brief an Maxwell Perkins vom 12. Juli 1938 erläuterte Hemingway, warum er ihren Namen geändert habe: «Es sollte im Buch bei Luz bleiben. Ag ist verleumderisch. Die Kurzform von Agnes.»[152] Jahre später, in der Erzählung *Schnee auf dem Kilimandscharo*, hat sein Protagonist

> ...ihr, der ersten, der, die ihn verlassen hatte, einen Brief geschrieben, in dem er ihr sagte, daß er es nie hätte abtöten können ... Wie ihm, als er einmal glaubte, sie vor dem Régence zu sehen, inwendig ganz schwach und übel geworden sei, und daß er einer Frau, die ihr in irgendeiner Art ähnelte, den Boulevard entlang gefolgt sei, angsterfüllt, sie möge es nicht sein, voller Angst, das Gefühl, das es ihm gab, zu verlieren. [S. 61]

Der Brief wird im Jahre 1922 verfaßt.

Eine weitere Story, in der er seine Erfahrungen in Italien verarbeitet, ist *So, wie du niemals sein wirst*, eine seiner besten Stories. Darin wird erzählt, wie Nick Adams, nachdem er von seiner Verwundung in Fossalta während seines Dienstes am Unterlauf der Piave genesen ist, an die Front zurückkehrt. Nick tut in einer Feldküche Dienst und versorgt die Soldaten mit Zigaretten, Ansichtskarten und Schokolade. Er trägt eine neue Uniform, angefertigt von einem Schneider namens Spagnolini (der Hemingways Uniform anfertigte), und er hat die Bänder und die Papiere für seine Orden, aber noch nicht die Orden selbst erhalten. Anders als Hemingway leidet Nick jedoch an einer Kriegsneurose und ist dem Wahnsinn nahe (S. 352f.). Der Konflikt ist psychologischer Natur und zeigt die emotionalen Auswirkungen der Grausamkeit des Krieges.

Eine verwandte Story ist *Müde bin ich, geh zur Ruh* (der Titel beruht ironischerweise auf einem Gutenachtgebet – es geht darin um Schlaflosigkeit). Genau wie Hemingway weilt Nick in Schio, aber erst nach seiner Verwundung. Seine Gedanken geraten außer Kontrolle, und nachts findet der Schlaflose Trost in der Erinnerung an die Zeit, als er noch ein Junge war und im Fluß Forellen angelte. Nick ist Journalist und will nach dem Krieg wieder zu einer Zeitung gehen. Bei dem Konflikt, den er mit seinem Freund John erörtert, geht es um die Frage, ob er heiraten soll. Der Schluß dieser als Rückblick angelegten Erzählung zeigt, daß er es nicht getan hat:

> Er besuchte mich einige Monate später in Mailand im Lazarett und war sehr außer sich, weil ich noch nicht verheiratet war, und ich weiß, daß er außer sich wäre, wenn er wüßte, daß ich bis heute noch immer unverheiratet bin. Er ging nach Amerika zurück und dachte sehr positiv über die Ehe und war davon überzeugt, daß sie alles ins Lot bringen würde. [S. 315]

Ein ähnliches Thema steht im Mittelpunkt der Erzählung *In einem andern Land*, worin der namenlose Protagonist von seiner Physiotherapie in einem Mailänder Krankenhaus erzählt. In der Erzählung finden sich zahlreiche Einzelheiten über die Stadt. Der Ich-Erzähler schildert, wie er zur Behandlung von seinem Lazarett zu dem alten italienischen Krankenhaus geht und dabei am Café *Cova* neben der Scala vorbeikommt; er berichtet über seine Orden und über seine Probleme mit der italienischen Grammatik. Erneut geht es ums Heiraten, und zwar in seinem Gespräch mit einem italienischen Major:

> «Was wollen Sie machen, wenn der Krieg aus ist, falls er je aus ist?» fragte er mich. «Antworten Sie grammatikalisch richtig.»
>
> «Ich werde nach Amerika fahren.»

«Sind Sie verheiratet?»

«Nein, aber ich wünsche es mir.»

«Was für ein Narr Sie sind», sagte er. Er schien sehr aufgebracht. «Ein Mann soll nicht heiraten.» [S. 230]

Im weiteren Verlauf des Gesprächs bekennt der Major, daß seine Frau gerade gestorben sei, und läßt den Tränen freien Lauf. Charakteristischerweise werden der Krieg und seine Auswirkungen mit der Liebe und dem Gefühl des Verlustes, den vorherrschenden Themen in Hemingways Italien-Prosa, verknüpft.

Das bedeutendste Werk, das auf Hemingways Erlebnissen in Italien basiert, ist der Roman *In einem andern Land.* Er enthält einige bekannte biographische Elemente: Ein Sanitätswagenfahrer wird verwundet und in ein Mailänder Lazarett gebracht, wo er sich in eine Schwester verliebt. Er kehrt an die Front zurück und verliert seine Geliebte am Ende, da sie in der Schweiz bei der Geburt ihres Kindes stirbt[153] Das Faszinierende an dem Roman sind jedoch nicht so sehr die Parallelen zu Hemingways Erlebnissen, sondern die äußerst bedeutsamen Unterschiede.

Hemingway traf 1918 in Italien ein und leistete gerade zwei Wochen Dienst als Sanitätswagenfahrer Dienst während einer Zeit, in der an der Front relativ wenig geschah. Nachdem er nur sechs Tage lang Erfrischungen an die italienischen Soldaten ausgeteilt hatte, wurde er verwundet und erlebte eine Romanze mit Agnes, bei der es nicht zu Intimitäten kam. All diese Elemente wurden im Roman umgestaltet. Zunächst einmal ist Frederic Henry viel älter, als Hemingway damals war, und er weilt schon seit 1915 in Italien. Folglich gehört er der italienischen Armee an, denn das amerikanische Rote Kreuz traf erst Dezember 1917 ein. Indem er die Zeit zurückdreht, kann Hemingway den verheerenden Rückzug von Caporetto im Herbst 1917 schildern, eine ungeordnete Flucht, bei der italienische Soldaten ihre eigenen Leute erschossen, als diese versuchten, die Flußbrücken zu überqueren. Dieser Umstand liefert nicht nur die Rechtfertigung für Frederics Fahnenflucht, sondern ermöglicht es auch, daß der Roman in einem Moment völliger Verzweiflung endet: Frederic verliert

Catherine zu einer Zeit, als es für Italien im Krieg schlecht steht. Somit läuft alles auf eine totale Niederlage hinaus. Hemingway dagegen verließ Italien nach dem siegreichen Ende des Krieges, in der Erwartung eines Lebens zusammen mit Agnes.[154] – Eine Analogie zu dem erwähnten Muster bildet Frederics Weg: Nach seinem starken Engagement in der Armee und der Kameradschaft mit den anderen Offizieren werden alle anderen Bindungen weitgehend durch die Beziehung mit Catherine verdrängt; am Ende stehen ihr Tod und sein einsamer Marsch im Regen nach Hause. Die unaufhaltsame Entwicklung hin zu Verlust und Vereinsamung verleiht dem Roman viel von seiner emotionalen Kraft.

Von biographischem Interesse ist der Umstand, daß Hemingway seinen Protagonisten selbst den Roman im Rückblick erzählen läßt. Hinweise im Buch und die frühen Entwürfe des Manuskripts deuten darauf hin, daß Hemingway, der sich in seinem 1928 verfaßten Roman mit den Ereignissen des Ersten Weltkriegs auseinandersetzte, Frederic Henry genausoviel Abstand zu den Erlebnissen haben läßt. So konnte sich Hemingway nicht nur auf die Ereignisse in Mailand und seine Erinnerung an das Ende seiner Beziehung mit Agnes, sondern auch auf kürzer zurückliegende Erfahrungen stützen: etwa den Selbstmord seines Vaters, seine Scheidung von Hadley und den gleichzeitigen Verlust seines Sohnes Bumby sowie den Umstand, daß Pauline und ihr gemeinsamer Sohn Patrick bei der Geburt beinahe gestorben wären. Dieser von starken Emotionen geprägte biographische Hintergrund verleiht dem Roman eine einzigartige Kraft.[155] Die rückblickende Erzählperspektive weist darauf hin, daß Frederic zehn Jahre um Catherine getrauert hat, daß in seinem Leben niemand an ihre Stelle getreten ist und daß er sich immer noch nicht mit dem seinerzeit erlittenen Verlust abgefunden hat. In dem Roman geht es also weniger um äußerliche Beschreibungen, sondern eher um Frederics Seelenzustände. Die erzählerische Ausgangssituation macht es erforderlich, daß Catherine nur in Frederics Erinnerung vorkommt, und es ist klar, daß er sie idealisiert hat. Gleichzeitig spricht er schonungslos von seinen eigenen Schwächen, davon, wie er versuchte, sie sexuell auszunutzen, als er sie kennenlernte, davon, wie stark und aufopfernd sie war und wie schlecht er sie behandelte. Die Sprache, die er verwendet, wirkt äußerst beherrscht und deutet darauf hin, daß er die Emotionen, die beim Erzählen der Geschichte in ihm aufsteigen, kaum ertragen kann. *In einem andern Land* wird in Wirklichkeit von einem Mann erzählt, der das Gefühl hat, daß ihm nichts auf der Welt geblieben ist, nichts außer den Erinnerungen an das schmerzlichste und bedeutsamste Ereignis seines Lebens.[156]

Die einzige Möglichkeit, die Vergangenheit wieder heraufzubeschwören, lag für Hemingway in seiner Kunst. Es sei sinnlos, an die alten Orte zurückzukehren, schrieb er, nachdem er 1922 mit Hadley in Italien gewesen war: «Es ist, als ginge man in das kahle Dämmerlicht eines Theaters und sähe wo die Putzfrauen bei der Arbeit. Ich weiß Bescheid, denn ich habe gerade meine alte Front besucht.»[157] Sie fuhren in die Gegend des «Schio Country Clubs» hinauf, wo Hemingway Sanitätswagenfahrer gewesen war, dann nach Mestre hinüber, wo man ihn nach seiner Verwundung in einen Zug nach Mailand gesteckt hatte, und kamen schließlich nach Fossalta, wo er verwundet worden war. Aber es war sinnlos, alles hatte sich verändert:

> Ich stieg den Grashang und oben die abgesunkene Straße hinauf, wo sich die Unterstände befunden hatten, um auf die Piave zu schauen, und blickte einen flachen Hang hinab zu dem blauen Fluß ... Am anderen Ufer, an der Stelle, wo sich gerade noch innerhalb der österreichischen Linien die beiden Trümmerhaufen befunden hatten, standen zwei neue Häuser.

Die Trümmer des Dorfes hatten für ihn einst eine Würde besessen, «als wäre es für etwas gestorben. Es war für etwas gestorben, und es würde etwas Besseres kommen. Alles war ein Teil des großen Opfers. Jetzt ist da nur noch die neue, häßliche Sinnlosigkeit von allem.» Er stellte fest, daß kein Weg zurückführte. Aber das war letztendlich auch unnötig, denn er fing viel von der Vergangenheit in seiner Prosa ein, stellte die verlorengegangene Würde durch die Reinheit seiner Kunst und die Tiefe seiner Gefühle wieder her und bewahrte damit die Erinnerung an Schio und Fossalta und Mailand und Agnes von Kurowsky für alle Zeit.

Anmerkungen

KAPITEL 1

1 Dieser Essay ist eine leicht veränderte Fassung des Artikels «Red Cross Driver in Italy: A Memoir of the First World War», den Henry Villard privat verteilte. Vgl. insbesondere S. 107–41.

2 Das Interview wurde ursprünglich im *Oak Parker* veröffentlicht. Zitiert nach Carlos Baker: *Hemingway*, München, Wien, Zürich 1971, S. 75.

3 Henry Villard wurde am 30. März 1900 geboren.

4 Ernest Hemingway: *In einem andern Land*, Reinbek 1977, S. 86.

5 Ernest Hemingway: «Al Receives Another Letter» in *Ciao* (Juni 1918), S. 2.

6 Vgl. Charlotte M. Heilman, Brief an Mr. Durfree, 11. November 1952. Der Brief befindet sich in der Hemingway Collection der John F. Kennedy Library in Boston.

7 «Reines Wasser, frischer Wein,
schöne Feigen, steifer Schwanz.»
Fica ist ein derber Ausdruck für Vagina, daher das Wortspiel.

8 Da Haiti unter amerikanischer Besatzung stand, war der Posten des Finanzberaters mit einem Amerikaner besetzt.

9 Commander K. S. Melhorn, Medizinisches Korps der U. S.-Marine

10 Das Bild aus dem Reisepaß wie auch die anderen Fotografien sind im vorliegenden Buch abgebildet.

1 Henry Villard fand zwischen Agnes' Papieren folgendes Gedicht zum Bellevue-Krankenhaus, das «zweifelsohne ihre Empfindungen gegenüber dem Beruf ausdrückt, der ihr zur Lebensaufgabe werden sollte und der möglicherweise auch zur Entwicklung ihres Charakters beigetragen hat».

Bellevue spricht

Ich stehe am Ufer des Flusses
Und Salzluft weht vor meine Tür
Von den Häfen so weit, die seit langer Zeit
Schicken stets ihre Söhne zu mir.
Hin zu mir von den Schiffen der Meere,
Daß ich heile sie von ihrer Pein,
Doch sobald sie genesen, als ob nichts gewesen,
Schiffen sie sich sofort wieder ein.
So steh ich am Rande des Stromes,
Viel reißender noch als die See.
Wer beladen mit Plagen vom Sturm hergetragen
Den erlös ich von Krankheit und Weh.
Doch so manchen quält Schuld mehr als Fieber,
Und so manchen plagt Trauer, nicht Wunden;
Herr, drum gib mir die Kraft, die alleine nur schafft
Daß in Körper und Geist sie gesunden.

Hyla S. Watters, M. D.

2 Der Inhalt von Agnes' Tagebuch wurde im Wortlaut übertragen. Ihre Rechtschreib- und Grammatikfehler wie auch ihr unbekümmerter Umgang mit der Interpunktion wurden in der englischen Ausgabe nicht korrigiert. Allerdings wurden jeweils am Satzende Punkte gesetzt, die Agnes durchgehend weggelassen hat. Agnes ersetzte im gesamten Text das Wort «mit» durch den Buchstaben «c» und das Wort «ohne» durch den Buchstaben «s». Zur Leseerleichterung stehen an Stelle der Buchstaben die entsprechenden Worte. Außerdem wurde die unterschiedliche Schreibweise der Zeitangaben vereinheitlicht. Agnes' Einträge waren zuweilen so ausführlich, daß sie den Raum, der für zwei Tage

vorgesehen war, mit den Notizen eines Tages füllte. Daher sind die Datumsangaben nicht immer verläßlich. Unter dem 27. August bemerkt sie zum Beispiel, sie hätte seit sieben Tagen nichts mehr notiert, der Raum für die Eintragungen einer Woche ist jedoch vollgeschrieben.

3 Mit «Daddy» war ein Arzt im Bellevue-Krankenhaus in New York gemeint, in dem Agnes ihre Schwesternausbildung absolviert hatte. In ihrem Tagebuch verschweigt sie seinen Namen, spricht jedoch mehrmals von Dr. S. oder dem «Doktor». In den Akten des Bellevue (einem Lehrkrankenhaus, dessen Ärzteschaft sich aus Medizinern des Krankenhauses und Medizinalassistenten mehrerer Universitäten New Yorks zusammensetzt) fand sich kein Hinweis auf seine Identität. Bezeichnenderweise beendet Agnes ihre Beziehung zu ihm auch während ihrer Romanzen mit Hemingway und Domenico Caracciolo nicht.

4 Henry Villard berichtet, daß «Agnes mit der *La Lorraine* nach Italien gereist war, demselben Schiff, auf dem ich einen Monat zuvor die Überfahrt zurückgelegt hatte. Das mit Geschützen mit einem Kaliber von 75 mm ausgerüstete und sorgfältig gegen die im Atlantik patrouillierenden U-Boote getarnte schnelle Postschiff hatte einen Schornstein, der die für ein Dampfschiff typischen dicken Rauchwolken ausstieß. Auf der Gangway bekamen die Passagiere ein wichtiges Mitteilungsblatt ausgehändigt: ‹Es ist allgemein bekannt, daß in Gefahrensituationen auf See von der an Bord vorhandenen Lebensrettungsausrüstung nicht ausreichend Gebrauch gemacht wird. Die Todesfälle ließen sich erheblich reduzieren, wenn die Passagiere Ruhe bewahren und den Anordnungen der Schiffsoffiziere Folge leisten.› Daher würden die Reisenden eindringlich gebeten, ‹sich für den Fall einer Havarie mit den allgemeinen Vorschriften auf See vertraut zu machen›. Als der Dampfer auf dem Hudson dem Meer entgegensteuerte, dürften sich Agnes und alle anderen Rotkreuzangehörigen, die auf dem Weg ins Kriegsgebiet waren, gefragt haben, wann sie die Freiheitsstatue wiedersehen würden. Nach der Ankunft in Frankreich durfte jeder Passagier eine Postkarte verschicken mit den Worten: ‹Das Schiff, auf dem ich die Überfahrt unternommen habe, ist heil angekommen.›»

5 Der Ärger mit dem Reisepaß wurde möglicherweise durch den

deutschen Namen «Agnes von Kurowsky» verursacht. Auch später kam es deswegen immer wieder zu Schwierigkeiten.

6 Henry Villard erinnert sich, daß «die nächtliche Zugfahrt im Sitzen zu den Schrecknissen des Krieges gehörte, denen jeder ausgesetzt war, der die Reise nach Italien über Bordeaux und Paris machen mußte. Bei Zweite-Klasse-Fahrkarten war der Luxus eines *wagon lit* nicht inbegriffen. Die Abteile waren unterschiedlich dicht besetzt. Es war bekannt, daß Kleinwüchsige sich zum Schlafen in die Gepäckablagen über den Sitzbänken legten.»

7 Hemingway war nicht der erste Patient.

8 Mehrere Hemingway-Biographen vertreten die Ansicht, Agnes habe fließend Italienisch gesprochen. Wie aus ihrem Tagebuch zu ersehen ist, war dem nicht so. Auf ihrer Überfahrt hatte sie einige Stunden Italienisch-Unterricht gehabt, aber sie fühlte sich während ihres Aufenthalts wohler mit Französisch.

9 Enrico Serena war *capitano* bei den Alpini-Truppen der italienischen Armee. Bevor er Mailand verlassen mußte, um seine kranke Mutter zu pflegen, nahm er Agnes' Aufmerksamkeit erheblich in Anspruch, wie aus ihrem Tagebuch ersichtlich wird. Hemingways Romanze mit Agnes beginnt erst nach Serenas Abreise. 1971 erinnert sich Agnes: «Capitano Serena war ein faszinierender Mensch. Er sprach Englisch. Ich brauchte mir keine Gedanken wegen meines Italienisch zu machen. Er war sehr geistreich und ein guter Unterhalter.» Vgl. Michael Reynolds, *Hemingway's First War: The Making of «A Farewell to Arms»* (Princeton Univ. Press, 1976), S. 197.

10 Henry Villard erinnert sich, daß das «Hôtel Du Nord zu einem der einfachen italienischen Hotels zählte, die sich in der Nähe des Hauptbahnhofs befanden. Seine *trattoria* [Restaurant] war angeblich besser als die der anderen Hotels.»

11 Laut Villard war «die überdachte Galleria Vittorio Emanuele, die die Piazza del Duomo mit der Piazza della Scala verbindet, ein beliebter Treffpunkt, der eine starke Anziehung auf Schwestern, Patienten und deren Freunde ausübte. In Form eines Lateinischen Kreuzes angelegt, mit einem achteckigen Zentrum, über dem sich eine hohe Glaskuppel wölbte, war sie wohl das großzügigste und schönste Bauwerk dieser Art in Europa. Die eleganten Geschäfte und Cafés florierten selbst während des Krieges.

12 Diese Adresse ist für die genaue Lagebestimmung des amerikanischen Rotkreuzlazaretts wichtig.

13 Am 20. Juli wird Hemingway zum erstenmal im Tagebuch erwähnt, wahrscheinlich weil Agnes immer noch dem Ospedale Maggiore zugewiesen war. Da sie jedoch ein Zimmer im Rotkreuzlazarett hatte, ist sie dort gewiß den wenigen Patienten begegnet.

14 Damit hat Agnes natürlich unrecht, da Lt. McKey am 16. Juni während des Feldküchendienstes ums Leben kam.

15 Hemingway wurde am 21. Juli 1899 geboren.

16 Coles van B. Seeley aus Newark, N. J., wurde verwundet, als er versuchte, eine Granate als Souvenir einzustecken.

17 Bis zu ihrer Abreise aus Mailand war Agnes nun dem Rotkreuzlazarett zugewiesen, wo sie Hemingway täglich sah.

18 Henry Villard erinnert sich, daß Flugzeuge und ein silbriges, aluminiumfarbenes Luftschiff regelmäßige Patrouillenflüge über die Stadt unternahmen, sehr zur Erbauung der Patienten und Schwestern.

19 Laut Henry Villard war die Familie Pirelli eine der angesehensten Familien Mailands. Ihr gehörte die Firma, die auch heute noch Gummireifen herstellt.

20 Agnes verwandte für die Beschreibung Hemingways fast durchgehend kindliche Bezeichnungen. Was anfangs den Charakter einer Neckerei hatte, trug schließlich zum Ende ihrer Romanze bei.

21 Herbert S. Darling jr. hatte mit Henry Villard in der Sektion 1 Dienst getan. Er stammte aus Brookline, Mass., und wurde «June» (für junior) genannt. Villard erinnert sich, daß auch er wegen Hepatitis behandelt wurde.

22 Da Agnes hier noch von «Mr. Hemingway» spricht ist anzunehmen, daß vor dem 10. August, dem Tag seiner Operation, keine Liebesbeziehung zwischen ihnen bestand.

23 William D. Horne jr. hatte 1913 seinen Abschluß in Princeton gemacht. Nachdem er ursprünglich mit Hemingway in der Sektion 4 Dienst getan hatte, meldete er sich freiwillig zum Feldküchendienst. Später wohnte er mit Hemingway in Chicago zusammen. Villard erinnert sich, daß er «mit einer mysteriösen Erkrankung der inneren Organe im Lazarett eingeliefert worden

war, die als ‹subakute Enteritis› diagnostiziert wurde, eine Form von Ruhr, die an der Front häufig auftrat».

24 Henry Villard gab dazu folgende Erläuterungen: «Mir war nicht bewußt, daß ich auf Agnes zynisch wirkte, aber ich glaube, sie hat ihre Meinung geändert, als wir uns näher kennenlernten.»

25 Henry Villard berichtet, daß «Edward E. Allen ein Kommilitone aus dem Jahrgang 1921 von Harvard war und zur sogenannten ‹Harvard-Einheit› gehörte. Sie bestand aus noch nicht wehrpflichtigen Studenten, die sich zum Sanitätsdienst gemeldet hatten. Offensichtlich war Allens Einstand im Lazarett durch diesen Vorfall gründlich mißglückt, und es gelang ihm nie mehr, sich Agnes' Achtung zu erwerben.»

26 John W. Miller jr. aus Minnesota war gleichfalls an der Piave verwundet worden. Er und Hemingway schlossen Freundschaft und fuhren Ende September nach Stresa in Urlaub.

27 Normalerweise begann im Lazarett um 22 Uhr die Nachtruhe.

28 Henry Villard glaubt nicht, daß der Vorfall mit der Haarnadel auf eine sexuelle Beziehung zwischen Hemingway und Agnes hindeutet: «Zwar kann kein Zweifel daran bestehen, daß Ernie und Agnes einander ihre Zuneigung ausdrückten, doch innerhalb der beschränkten Möglichkeiten des Lazaretts können die Dinge nicht sehr weit gediehen sein. Daß die Haarnadel einer Schwester ins Bett eines Patienten gelangt, heißt nicht unbedingt, daß ein anderer Teil ihres Körpers ihr folgt.»

29 Henry Villard erinnert sich, daß «die Aussprache des Namens ‹Seeley› für uns einen Bezug zu der nördlich von Venedig gelegenen Region Caposile herstellte, die oft in den Kriegskommuniqués erwähnt wurde. Die Ähnlichkeit zwischen Seeley und dem italienischen *sile* führte zu dem Spitznamen ‹Capo›.»

30 Auf dem Foto von Hemingway in seiner neuen Uniform ist der Ring deutlich zu erkennen. Agnes' Geschenk läßt vermuten, daß ihre Beziehung enger wurde.

31 Wie Henry Villard sich erinnert, «war es nicht ungewöhnlich, daß eine Fledermaus durch die offenen Fenster ins Zimmer flatterte. Rund um Mailands berühmten *duomo*, der in unserer Nähe lag, waren Fledermäuse fast ebenso häufig wie Tauben.» Hemingway griff den Vorfall mit der Fledermaus in *In einem andern Land* auf.

32 Henry Villard berichtet, eines der «größten Vergnügen für Patienten des Lazaretts bestand darin, in einem so beliebten Lokal wie dem Campari in der Galleria *gelati* (Eis) zu essen. Oft ging man auch in das gleichfalls in der Galleria gelegene Biffi oder aber in das Restaurant Cova in der Via San Giuseppe nahe der Scala. Es hatte einen Garten und war berühmt für seine Sherry Flips und seinen *café* oder die *chocolate lattet frappé*, die fast so gut war wie ein Milchshake.»

33 Henry Villard erklärt, daß «Wein im Schwesternheim in der unteren Etage nicht verboten war, und wenn Nichtpatienten zu Besuch kamen, sprach man dem Alkohol reichlich zu. Die Flieger konnten ordentlich was vertragen.»

34 Laut Henry Villard war der Fahrstuhl einer der wenigen Orte im Lazarett, wo sich zwei Menschen unbeobachtet umarmen konnten.

35 Das Rote Kreuz hatte ein weiteres Büro in Taormina; deshalb wurden die Schwester zuweilen nach Sizilien versetzt.

36 Leider wurden Hemingways Briefe bisher nicht aufgefunden, wenn sie überhaupt noch existieren.

37 «Heute haben wir drei Flieger aufgenommen» steht am Ende des Raums für den 29. September. Agnes begann den Eintrag jedoch mit «Ein äußerst anstrengender Tag». Es scheint unwahrscheinlich, daß sie den Begriff «heute» zweimal benutzt, um damit die Ereignisse ein und desselben Tages zu schildern, besonders da der Satz im Raum für den 30. September fortgesetzt wird.

38 Ein Lt. Colter ist in den Listen der Ambulanzfahrer des Roten Kreuzes für das Jahr 1918 nicht aufgeführt, also muß er in einem anderen Dienstbereich tätig gewesen sein. Im Jahre 1918 gab es eine Grippeepidemie, der Lt. Colter womöglich zum Opfer fiel. Agnes bezeichnet sie später als «Spanisches Fieber».

39 Agnes' unkorrekte Wiedergabe von «Viva la Pace», ein Hoch auf den Frieden. Ihr Italienisch war ebenso fehlerhaft wie das von Hemingway.

40 Elsie Jessup war eine englische Krankenschwester, die zuvor in Serbien im Einsatz gewesen war. Sie ist deshalb wichtig, als sich viele Einzelheiten ihrer Lebensgeschichte mit der von Catherine Barkley in *In einem andern Land* decken.

41 Schwüler Südostwind.

42 Obwohl das Wort «wirklich» im Raum für den 20. Oktober steht, hatte Agnes es womöglich als abschließenden Gedanken zu ihrem vorhergegangenen Bericht über Miss Jessup niedergeschrieben.

KAPITEL 3

1 Vgl. Reynolds: *Hemingway's First War*, S. 209.
2 Hemingway war am Vortag, dem 24. September, zu seinem Genesungsurlaub nach Stresa abgereist und kehrte am 30. September zurück. Diese Briefe sagen viel über den Stand ihrer Beziehung aus, bevor Agnes nach Florenz beordert wurde.
3 Der Briefumschlag ist adressiert an Lieut. Ernesto H. Hemingway, Hotel Stresa, Stresa, Lago Maggiore, Italien. Der undatierte Brief wurde am 25. September abgestempelt. Agnes hat ihn wahrscheinlich ein oder zwei Tage zuvor geschrieben.
4 Wasser und Tinte haben den Brief teilweise unleserlich gemacht.
5 Das Datum ist mit anderer Handschrift geschrieben.
6 Der Briefumschlag ist adressiert an: Tenente E. M. Hemingway, Hotel Stresa, Lago Maggiore, Italien.
7 Agnes' Briefe sind in der englischen Ausgabe abgesehen von einigen Abweichungen originalgetreu wiedergegeben. Agnes ist mit der Interpunktion am Ende eines Satzes nicht konsequent und verwendet zuweilen an Stelle anderer Satzzeichen einen Gedankenstrich oder einen Bindestrich. Ihre Gedankenstriche sind beibehalten worden. Man hat sie nur dort durch einen Punkt ersetzt, wo sie eindeutig das Satzende erkennen lassen. Andere Textabweichungen sind in Klammern angemerkt oder erscheinen unter den Anmerkungen am Ende des Buches.
8 Katherine DeLong.
9 Miller war natürlich zusammen mit Hemingway in Stresa.
10 Der Brief trägt kein Datum, aber die Erwähnung der «Demonstration in der vergangenen Nacht» scheint sich auf das irreführende Waffenstillstandsgerücht zu beziehen, das am 7. Oktober großen Tumult auslöste. Da auf dem Brief die Absenderadresse mit Mailand angegeben ist, wurde er sicherlich vor Agnes' Abreise am 15. Oktober nach Florenz verfaßt. Sie schrieb ihn auf Briefpapier des amerikanischen Roten Kreuzes.

11 Hemingway hatte sich während seines Aufenthalts vom 24. bis zum 30. September in Stresa mit der Familie Bellia angefreundet, zu der drei Töchter in Hemingways Alter zählten. Möglicherweise gab es damals bereits Gerüchte über Hemingway und Bianca Bellia. Sie wurden aber erst viele Jahre später bekannt.

12 Datum nicht in Agnes' Handschrift.

13 Agnes schreibt auf Papier mit dem Briefkopf des Ospedale Territoriale No. 10, dem amerikanischen Krankenhaus für italienische Verwundete, Via di Camerata, 6, Florenz.

14 Der Umschlag war an Hemingway im Britisch-Amerikanischen Offiziersclub Mailand adressiert.

15 Henry Villard erinnert sich, daß der «allgegenwärtige zweimotorige Bomber in Doppeldeckerbauweise, der in den Caproni-Werken in der Nähe von Mailand gefertigt wurde, Italiens wichtigster Beitrag zum Luftkrieg war».

16 Adressiert an Lieutenant E. M. Hemingway, c/o Amerikanisches Rotes Kreuz, Via Manzoni Nr. 10, Italien. Poststempel vom 18. Oktober 1918, Florenz.

17 Adressiert an Hemingway im Britisch-Amerikanischen Offiziersclub, Mailand,

18 Agnes' Tagebuch endet am 20. Oktober. Aus den nun folgenden Briefen erfahren wir von ihren weiteren Erlebnissen.

19 Adressiert an Hemingway im Britisch-Amerikanischen Offiziersclub, Mailand.

20 In Italien herrschte während des Kriegs Papiermangel, und das *Red Cross Bulletin* erließ Appelle, sparsam damit umzugehen, insbesondere bei der privaten Korrespondenz.

21 Henry Villard vermutet, daß «sich Agnes' zärtliche Zuneigung zu dem abwesenden Hemingway durch den langweiligen, einsamen Nachtdienst verstärkte».

22 Adressiert an Lieut. E. M. Hemingway, c/o Amerikanisches Rotes Kreuz, Via Manzoni Nr. 10, Mailand.

23 Agnes besuchte die üblichen touristischen Sehenswürdigkeiten. hier den Ponte Vecchio, eine mittelalterliche Brücke, die über den Arno führt und auf der sich zahllose kleine Läden befinden.

24 Natürlich hatte Agnes nach einem Ring gesucht, da sie ihren am 11. September Hemingway geschenkt hatte, was aus ihrem Tagebuch ersichtlich wird.

25 Henry Villard erinnert sich, daß «Agnes' Interesse, Florenz kennenzulernen, ihrer Abenteuerlust entsprach; mehr als einmal hatte sie betont, daß sie sich stets von neuen Orten angezogen fühlte, insbesondere im Ausland».

26 Postkarte aus Florenz an Hemingway, c/o Amerikanisches Rotes Kreuz, Via Manzoni Nr. 10, Mailand, vom 22. Oktober 1918, mit der Ansicht von «Firenze – Uffizi e Palazzo Vecchio».

27 William Tandy aus Seattle gehörte zur Sektion 5 des Sanitätsdienstes.

28 Adressiert an Lieut. E. M. Hemingway, c/o Amerikanisches Rotes Kreuz, Mailand, Italien. Laut einem Vermerk auf dem Umschlag war der Brief zur Sektion 4 weitergeleitet worden. Hemingway war aus dem Lazarett entlassen worden und an die Front zurückgekehrt.

29 An Hemingway, Via Manzoni Nr. 10, Mailand.

30 Katherine DeLong.

31 An Tenente Ernesto M. Hemingway, c/o Croce Rossa Americano, 10 Via Manzoni, Milano.

32 Man beachte die Parallelen zwischen Miss Jessup und Catherine Barkley in *In einem andern Land*. Sie ist auch Engländerin und hat einen Geliebten verloren.

33 An Hemingway, c/o Amerikanisches Rotes Kreuz, Mailand.

34 Das französische Wort *froufrou* bedeutet rascheln oder knistern, ein Geräusch, wie es möglicherweise ihr Schreibpapier verursachte.

35 An Lieut. Ernest M. Hemingway, c/o Amerikanisches Rotes Kreuz, Via Manzoni Nr. 10, Mailand. Vermerk auf dem Umschlag: «Section 4, Auto Ambulanza Amer».

36 Agnes täuschte sich hinsichtlich der Dauer ihres Aufenthalts in Florenz. Sie kehrte erst am 11. November zurück nach Mailand, dem Tag, an dem der allgemeine Waffenstillstand ausgerufen wurde.

37 Dieser Brief wurde vermutlich im selben Umschlag mit dem Brief vom 26. Oktober abgeschickt.

38 Umschlag adressiert an Mr. Ernest M. Hemingway. Section 4, Auto-Ambulance, c/o Amerikanisches Rotes Kreuz, Via Manzoni Nr. 10, Mailand.

39 Diese Bemerkung ist ein weiterer Hinweis darauf, daß Heming-

way tatsächlich nach seiner Entlassung aus dem Lazarett in Mailand an die Front zurückkehrte. Sein Aufenthalt dort war jedoch nur von kurzer Dauer, und bestimmt hinkte er und ging die ganze Zeit am Stock, da er auch anschließend einen benutzte. Tatsächlich mußte er sich wegen des Knies weitere zwei Monate einer Physiotherapie unterziehen.

40 Obwohl die Identität von Dr. S. nicht bekannt ist, wissen wir, daß er im Juni 1918 seinen Abschluß gemacht und einige Jahre später geheiratet hatte, wie aus Agnes' Brief an Hemingway vom 22. Dezember 1922 hervorgeht.

41 Adressiert an Hemingway, Via Manzoni Nr. 10, Mailand.

42 Wie Henry Villard sich erinnert, wurde «die Sektion 4 des Sanitätsdienstes in Schio eingerichtet, einem Dorf auf der Hochfläche der Sieben Gemeinden. Die Sektion 1 am Fuße des Monte Grappa war somit Teil des Eckpfeilers der italienischen Verteidigungsfront. Die Sektion 2 befand sich in Roncade an der gewundenen Piave, Sektion 3 bei Casale Sul Sile, gleichfalls an der Piave. Später wurde eine 5. Sektion in Fanzolo stationiert, in der Nähe des strategisch wichtigen Montellorückens, einem knapp zwölf Kilometer langen Gebirgskamm mit Wäldern und Bauernhöfen, wo die Piave die Alpenregion verläßt und die Ebene erreicht.»

43 Adressiert an Hemingway in der Via Manzoni Nr. 10.

44 Hemingway befand sich wieder im Lazarett wegen einer Hepatiserkrankung.

45 Zu diesem Zeitpunkt hatte Agnes seit ihrer Abreise aus Mailand 16 Briefe und eine Postkarte geschrieben.

46 An Hemingway, c/o Amerikanisches Rotes Kreuz, Mailand.

47 Agnes bezog sich auf das Ende der Kämpfe zwischen Österreich und Italien am folgenden Tag, 3. November 1918.

48 An Hemingway, c/o Amerikanisches Rotes Kreuz, Via Manzoni Nr. 10, Mailand.

49 Der italienische Begriff *frotta* bedeutet «viel». Agnes meint wahrscheinlich *frutta*, «Obstsaft».

50 Hemingway hatte sich eine infektiöse Hepatitis zugezogen, durch die sich die Haut gelb färbte, ein Symptom, das als Gelbsucht bekannt war. Die Männer in Mailand nannten die Erkrankung selbst oft Gelbsucht.

51 Ironischerweise ist Agnes' Orthographie und Grammatik völlig fehlerhaft, obwohl sie im folgenden Satz ihre Italienisch-Kenntnisse lobt. Der Satz lautet übersetzt: «Aber, mein Liebling, Dich zu sehen macht mich glücklich, weil ich mich an alles erinnere. Verstehst Du?»

52 Agnes war vom 11. bis zum 21. November in Mailand, daher die Unterbrechung in der Korrespondenz. Ihre Reise am 21. November führte sie offensichtlich von Mailand über Padua nach Treviso und anschließend zurück nach Padua.

53 Adressiert an Lieut. Ernest Hemingway, c/o Amer. Rotes Kreuz, Via Manzoni Nr. 10, Mailand.

54 Sara Shaw, Oberschwester des Krankenhauses.

55 Agnes ist schließlich in Treviso eingetroffen.

56 Laut Henry Villard «lag das Lazarett in Dosson an der Hauptstraße zwischen Treviso und Mestre. Das zukünftige Feldlazarett 331 der amerikanischen Expeditionstruppen befand sich in einem prächtigen Gebäude, bekannt als Villa Reali. Es wurde in Betrieb genommen, als zu Beginn des Oktobers 1918 die ersten Fälle der Grippeepidemie auftraten. Im gleichen Gebiet gab es noch zwei weitere amerikanische Lazarette: Basislazarett 102 in Vicenza und eines in Padua für schwere Fälle und Infektionskrankheiten.»

57 Agnes schreibt jetzt auf dem Briefpapier des Y. M. C. A.

58 An Hemingway in der Via Manzoni Nr. 10.

59 Der Absender lautet: «Von A. V. Kurowsky, F. H. [Feldlazarett] 331, U. S. Army». Umschlag adressiert an: «Lieut. E. M. Hemingway, c/o Amer. Rotes Kreuz, 10 Via Manzoni, Mailand».

60 Geschrieben auf Army- und Navy-Briefpapier des Y. M. C. A.; adressiert an Hemingway, Via Manzoni Nr. 10.

61 Tatsächlich blieb Agnes bis etwa zum 5. Januar 1919 in Treviso. Anschließend fuhr sie kurz nach Mailand und für vier Tage nach Padua, bevor sie am 10. Januar zu ihrer Dienststelle in Torre di Mosta aufbrach.

62 Della C. DeGraw, die das Lazarett in Genua geleitet hatte, kam über Rom und Padua nach Treviso, weil die Grippeepidemie Hilfe von auswärts nötig machte.

63 Geschrieben auf Y. M. C. A.-Briefpapier und adressiert an Hemingway, c/o Amerikanisches Rotes Kreuz, Mailand.

64 Tatsächlich traf Hemingway am folgenden Tag, dem 9. Dezember 1918, in Treviso ein, wie Agnes in ihrem Brief vom 11. Dezember schreibt.

65 An Hemingway, c/o Amerikanisches Rotes Kreuz, Mailand. Oben auf der ersten Seite schreibt Agnes: «Bist Du immer noch am Überlegen? Ich erwarte, bald Deine Entscheidung zu hören.»

66 Hemingway war am Tag zuvor, dem 9. Dezember, in Treviso gewesen.

67 Marguerite Hummel arebeitete gemeinsam mit Agnes im Lazarett von Treviso. Im Januar kehrte sie in die USA zurück.

68 An Hemingway, c/o Croce Rossa Americano, Milano.

69 Charlotte Anne Miller Heilman, eine Witwe, die sich auf Tuberkulosepatienten spezialisiert hatte.

70 An Hemingway, c/o Amerikanisches Rotes Kreuz, Mailand.

71 Gertrude Smith hatte in einem Lazarett für Flüchtlinge in Rimini gearbeitet, bevor sie im November nach Treviso versetzt wurde.

72 An Hemingway, c/o Amerikanisches Rotes Kreuz, Mailand.

73 Dieser Brief stammt offensichtlich von Dr. S. und ist wohl eine Antwort auf Agnes' Schreiben, in dem sie ihm ihr Rendezvous mit *capitano* Serena gesteht.

74 Auf Y. M. C. A.-Briefpapier an Lieut. Hemingway, c/o Croce Rossa Americano, Mailand.

75 Henry Villard berichtet: «... eines der beliebtesten und gewagtesten Schundblätter in jenen relativ unschuldigen Tagen war *Snappy Stories*. Nach den heutigen Maßstäben würde man es als recht harmlos bezeichnen.»

76 Gemeint sind hier Elsie MacDonald, Ruth Fisher (die von Mailand nach Rom versetzt worden war) und Caroline Sparrow (die Oberschwester des Lazaretts in Rom).

77 Auf Y. M. C. A.-Briefpapier.

78 Agnes äußerte oft ihre Sorge über Hemingways Alkoholkonsum, der offenbar beträchtlich gewesen sein muß.

79 Auf Y. M. C. A.-Briefpapier und adressiert an Tenente E. M. Hemingway, c/o Croce Rossa Americano, Via Manzoni 10, Mailand. Hemingway war offenbar bereits abgereiste, als der Brief eintraf. Er wurde ihm nach Oak Park, Illinois, in die North Kenilworth Avenue 600 nachgesandt.

80 In Torre di Mosta. Agnes fuhr am 10. Januar dorthin.

81 Adressiert an «Lieut. E.M. Hemingway, 600 N. Kenilworth Ave., Oak Park, Illinois, USA» Alle ihre weiteren Briefe gingen an dieselbe Anschrift.
82 Bevor Agnes nach Padua fuhr, hatte sie die Gelegenheit, Präsident Wilson zu sehen.
83 Anne Larkin leitete auf Sizilien ein Heim für Flüchtlingskinder, bevor sie Anfang Januar nach Mailand versetzt wurde.
84 Hemingway war im September mit Jim Gamble nach Sizilien gefahren.
85 Von A. V. Kurowsy, c/o Amer. Rotes Kreuz, Padua, Italien.
86 Von A. V. Kurowsy, c/o Amer. Rotes Kreuz, Padua, Italien.
87 Kurz nach diesem Brief sandte Agnes Hemingway in Oak Park eine auffällige Postkarte. Der Text lautet: «Ich dachte, dies würde Dich interessieren. Es stammt von einem ital. Artillerieoffizier, für den ich es nach Amerika schicken soll. Agnes.»
88 Agnes wollte sich mit Domenico Caracciolo, dem Sproß eines italienischen Grafengeschlechts, vermählen. Die Einwände seiner Familie setzten ihrer Beziehung ein Ende.
89 Hemingway führte seinen Briefwechsel mit Elsie MacDonald bis in die dreißiger Jahre fort.
90 Hemingway und Hadley Richardson heirateten am 3. September 1921.
91 Domenico Caracciolo stammte aus Neapel.

KAPITEL 4

1 Theodore Brumback, mit dem sich Hemingway dem Sanitätskorps angeschlossen hatte.
2 Robert W. Bates aus Boston war Leiter des Field Service for the Ambulance Corps.
3 Hemingway kann nur dann als der erste Verwundete gelten, wenn man den Tod von Edward McKey am 16. Juni unberücksichtigt läßt. Hemingway wurde an der Piave-Front verwundet, wo auch McKey gefallen war.
4 Dr. M. Sammarelli.
5 Die Familie Hemingway liebte Spitznamen, eine Gewohnheit, die Ernest sein ganzes Leben lang beibehielt. Sein Name für Marcelline lautete «Ivory».

6 Hemingway war zu diesem Zeitpunkt wohl kaum ein Kenner europäischer Städte. Er war in Bordeaux angekommen, hatte eine kurze Zeit in Paris verbracht und war, außer an der Front, nur in Mailand gewesen. Ihm gefällt eindeutig sein neuer Status als gebildeter und weitgereister Mann von Welt.

7 Der Name «Robert» ist nicht eindeutig zu entziffern.

8 Edward J. Welch junior.

9 Die Operation fand am 10. August statt.

10 Howell G. Jenkins.

11 Die Lokalzeitung in Hemingways Heimatstadt Oak Park, Illinois.

12 Captain James Gamble, Chef der Feldkücheneinheiten.

13 An dieser Stelle zeichnete Hemingway eine Figur von etwa 2,5 cm Länge.

14 An dieser Stelle zeichnete Hemingway ein Quadrat von knapp 2 cm Seitenlänge.

15 Arthur C. Newburn stammte ebenfalls aus Oak Park.

16 Hemingway hatte zunächst «linken» geschrieben. Er wurde an beiden Beinen verwundet, aber es war das rechte, das operiert wurde und in einem Gipsverband lag.

17 Möglicherweise hat Hemingway diesen Punkt betont, weil seine Eltern darüber betrübt waren, daß er nicht aufs College gehen wollte.

18 Hemingway hatte zunächst «Stahl» geschrieben, das Wort anschließend durchgestrichen und «Kupfer» eingefügt. Die Kugel, die sich in seiner Geldbörse fand, hat offensichtlich einen Stahlmantel.

19 Der Briefkopf deutet darauf hin, daß Hemingway aus dem «Grand Hôtel et des Iles Borromées, Stresa» geschrieben hat. Er war mit John Miller nach Stresa in Urlaub gefahren.

20 Auch dieser Brief ist mit dem Briefkopf des Grand Hôtel in Stresa versehen.

21 Der Satz begann ursprünglich mit «Da er». Hemingway hat «Da» gestrichen.

22 Veröffentlicht im *Oak Parker* (16. November 1918), S. 6 f.

23 Das ist der erste Brief, den Hemingway während seines Lazarettaufenthalts auf der Schreibmaschine getippt hat. Beim Tippen läßt er immer etwas Raum zwischen dem letzten Buchstaben

eines Satzes und dem Punkt, manchmal auch zwischen dem letzten Buchstaben eines Wortes und dem Komma, das darauf folgt. Diese Zwischenräume wurden in der Abschrift des Briefes weggelassen, um das Lesen zu erleichtern.

24 Mit Frances Coates, einer Klassenkameradin in Oak Park, hatte Hemingway 1916 einen Flirt.

25 Vermutlich Nick Neroni.

26 Bis zu diesem Zeitpunkt hatte Hemingway den Atlantik noch nie im Winter erlebt.

27 «Nahezu» gestrichen.

28 Hemingway ging zu seiner Behandlung ins Ospedale Maggiore.

29 Nick Neroni.

KAPITEL 5

1 Vgl. «Has 227 Wounds, but is Looking for Job», in: Matthew J. Bruccoli (Hg.): *Conversations with Ernest Hemingway*, Jackson 1986, S. 1f. Neuabdruck aus der *New York Sun* (22. Januar 1919), S. 8.

2 Vgl. Reynolds: *Hemingway's First War*; Baker: *Hemingway. Die Geschichte eines abenteuerlichen Lebens*; Peter Griffin: *Along With Youth: Hemingway. The Early Years*, New York 1985; Kenneth S. Lynn: *Hemingway. Eine Biographie*, Reinbek 1989; Jeffrey Meyers: *Hemingway: A Biography*, New York 1985.

3 *Conversations*, S. 3f. Neuabdruck aus *Trapeze*, der Zeitschrift der Oak Park High School (21. März 1919), S. 1 und 3. Das Lied für Hemingway steht in *Conversations*, S. 5.

4 Vgl. Michael Reynolds: *The Young Hemingway*, New York 1986, S. 45. Reynolds' Darstellung von Hemingways Leben in Oak Park ist die beste Schilderung dieser Zeit.

5 Zitiert nach Reynolds: *The Young Hemingway*, S. 23.

6 Vgl. Griffin, S. 37. Griffins Buch ist bei vielen Fragen nützlich, aber er betrachtet die Prosawerke als autobiographische Zeugnisse, weshalb Vorbehalte angebracht sind.

7 Vgl. Griffin, S. 41.

8 Vgl. Dale Wilson: «Hemingway in Kansas City», in: *Fitzgerald/Hemingway Annual* (1976), S. 211–216. Wilson war ebenfalls Reporter bei der Zeitung.

9 Vgl. die Darstellung von William Horne in «Young Hemingway: A Panel», in: *Fitzgerald/Hemingway Annual* (1972), S. 120. Die Bemerkungen fielen im Dezember 1971 bei einem Treffen der Modern Language Association in Chicago.

10 Vgl. Griffin, S. 51, und Lynn, S. 85.

11 Für die Informationen über Hemingways Dienst in der Home Guard bin ich Michael Culver: «The ‹Short-Stop Run›: Hemingway in Kansas City», in: *Hemingway Review* 2, Nr. 1 (1982), S. 79, zu Dank verpflichtet. Griffin nennt in *Along With Youth* den 5. November 1917 als Datum, an dem Hemingway sich freiwillig meldete (S. 51). Reynolds schreibt in *The Young Hemingway*, daß er erst im Januar 1918 in die Home Guard aufgenommen worden sei (S. 45). Laut einem unveröffentlichten Brief, den Hemingway am 6. Dezember 1917 an seine Eltern schrieb, hatte er zu diesem Zeitpunkt gerade seine Uniform erhalten und gehörte der Einheit vermutlich bereits an. Hemingways Brief befindet sich in der Handschriftensammlung der Lilly Library der Indiana University.

12 Marjorie Bump war ein Mädchen, das Hemingway in den Sommern am Walloon Lake kennengelernt hatte. Der Spitzname ihrer Schwester lautete «Pudge».

13 Carl Edgar war ein Freund Hemingways aus der Gegend am Walloon Lake in Michigan, der zu diesem Zeitpunkt in Kansas City arbeitete.

14 Vgl. Ernest Hemingway an «Dear Dad and Mother», 6. Dezember 1917, in der Handschriftensammlung der Lilly Library der Indiana University.

15 Vgl. Hemingways Brief in Carlos Baker (Hg.): *Ernest Hemingway: Selected Letters 1917–1961*, New York 1981, S. 7. Dieses Buch wird im folgenden als *Letters* zitiert.

16 Vgl. *Letters*, S. 8.

17 Clarence Hemingway an Ernest Hemingway, 18. Mai 1918, in der Handschriftensammlung der Lilly Library.

18 Griffin, S. 57.

19 Clarence Hemingway an Ernest Hemingway, 19. Mai 1918, in der Handschriftensammlung der Lilly Library, Indiana University. Clarence adressierte diesen Brief an Leo Skelly, Red Cross Superintendent, 222 Fourth Avenue, New York.

20 Wilson: «Hemingway in Kansas City», S. 216.

21 Frederick Spiegel, der sich auf der Fahrt nach Bordeaux mit Hemingway die Kajüte teilte, gibt als Abreisedatum den 24. Mai an. Vgl. «Young Hemingway: A Panel», S. 114. Griffin nennt dafür in *Along With Youth*, S. 62, den 21. Mai. Hemingways Schwester schreibt, er sei am 28. Mai gefahren. Vgl. Marcelline Hemingway Sanford: *At the Hemingways: A Family Portrait*, Boston 1962, S. 159. Bezüglich des genauen Datums gibt es noch weitere einander widersprechende Angaben.

22 Col. C. E. Frazer Clark: «This is the Way it Was on the *Chicago* and At the Front: 1917 War Letters», in: *Fitzgerald/Hemingway Annual* (1970), S. 153.

23 Vgl. Herbert Clarke: Instructions and Information for Red Cross Workers in France, Paris 1918, S. 4, 10 und 25. Diese Ausgabe der Dienstvorschrift kam am 1. April 1918 heraus.

24 Für die Darstellung dieses Erlebnisses vgl. Baker: *Die Geschichte eines abenteuerlichen Lebens*, S. 54.

25 Baker: *Die Geschichte eines abenteuerlichen Lebens*, S. 54.

26 Ernest Hemingway: *Tod am Nachmittag*, Reinbek 1994, S. 116f.

27 Zitiert nach Baker: *Die Geschichte eines abenteuerlichen Lebens*, S. 55.

28 Zu diesen Fragen siehe Charles A. Fentons ausgezeichneten Aufsatz: «Ambulance Drivers in France and Italy: 1914–1918», in: *American Quarterly* 3 (1951), S. 326–343.

29 Henry James: *The American Volunteer Motor-Ambulance Corps in France*, London 1914. In dieser Sache bin ich Fenton: «Ambulance Drivers», S. 327–331, zu Dank verpflichtet.

30 Meine Darstellung an dieser Stelle lehnt sich eng an Fenton: «Ambulance Drivers», S. 328, an.

31 Fenton: «Ambulance Drivers», S. 328.

32 Vgl. Fenton: «Ambulance Drivers», S. 337f.

33 Eine weitere Sanitätseinheit, der American Ambulance Field Service, wurde von A. Piatt Andrew organisiert. Er war in Harvard Professor für Wirtschaftswissenschaften gewesen und Ende 1914 als Sanitätswagenfahrer nach Frankreich gekommen. Vgl. Fenton: «Ambulance Drivers», S. 329–331, zur Geschichte dieser Einheit.

34 Vgl. Reynolds: *Hemingway's First War*, S. 161 f.

35 Vgl. Guy Lowell: *Report of the Department of Military Affairs: January to July, 1918*, Rom 1918, S. 3. Meine Darstellung der Lage in Italien stützt sich in starkem Maße auf dieses Dokument.

36 Lowell: *Report*, S. 6.

37 Lowell: *Report*, S. 11.

38 Vgl. John Howard Lawson: «No Man's Land», in: *Lost Generation Journal* 5, Nr. 2 (1977/78), S. 12 f. und 20.

39 *Letters*, S. 10.

40 Vgl. Lowell: *Report*, S. 7–9.

41 Lowell: *Report*, S. 10.

42 Vgl. Guy Lowell: «Military Affairs», in: *Red Cross Bulletin* (20. Juni 1918), S. 1; (5. September 1918), S. 5.

43 Meine Schilderung des Feldküchendienstes stützt sich auf die offizielle Darstellung von Lowell: *Report*, S. 11–16. In diesem Dokument ist Hemingway als Verantwortlicher für Feldküche No. 14 aufgeführt; deshalb wäre er für eine Beförderung zum First Lieutenant beim amerikanischen Roten Kreuz in Frage gekommen.

44 Vgl. C. E. Frazer Clark junior: «American Red Cross Reports on the Wounding of Lieutenant Ernest M. Hemingway – 1918», in: *Fitzgerald/Hemingway Annual* (1974), S. 132.

45 Vgl. Griffin, S. 76.

46 Lowell: *Report*, S. 19.

47 *Letters*, S. 11.

48 Sanford, S. 171.

49 Vgl. Sanford, S. 170 f.

50 Zitiert nach: *Conversations*, S. 1.

51 Vgl. Mary Harrington: «They Call Him Papa», in: *New York Post Week-End Magazine* (28. Dezember 1946), S. 3.

52 Constance Cappel Montgomery: *Hemingway in Michigan*, Waitsfield 1977, S. 117.

53 Charles A. Fenton: *The Apprenticeship of Ernest Hemingway: The Early Years*, New York 1958, S. 66.

54 Vgl. Meyers: *Hemingway*, S. 33.

55 Vgl. Lynn, S. 98, 103 und 494.

56 Vgl. Montgomery, S. 118.

57 Montgomery, S. 16 f.

58 Malcolm Cowley wird zitiert nach Denis Brian: *The True Gen: An Intimate Portrait of Ernest Hemingway by Those Who Knew Him*, New York 1988, S. 297.

59 Brian, S. 317.

60 Agnes wird zitiert nach Michael S. Reynolds: «The Agnes Tapes: A Farewell to Catherine Barkley», in: *Fitzgerald/Hemingway Annual* (1979), S. 269 und 271. Dieser Aufsatz wird im folgenden als «The Agnes Tapes» zitiert.

61 Montgomery gibt den Namen als Dr. Guy C. Conkle an; Reynolds schreibt Dr. Guy Conklin. Da beide in Boyne City praktizieren, muß es sich um denselben Mann handeln.

62 Reynolds: *The Young Hemingway*, S. 69.

63 Vgl. *Red Cross Bulletin* (20. Oktober 1918), S. 6.

64 In diesem Punkt bin ich Reynolds: *The Young Hemingway*, S. 47, zu Dank verpflichtet.

65 Samuel Shaw: *Ernest Hemingway*, New York 1973, S. 19.

66 Vgl. Fenton: *The Apprenticeship of Ernest Hemingway*, S. 61.

67 Lowell: *Report*, S. 14.

68 Guy Lowell: «Department of Military Affairs», in: *Red Cross Bulletin* 1, Nr. 4 (5. August 1918), S. 6.

69 Vgl. *Red Cross Bulletin* (7. Dezember 1918), S. 3. Diese Ausgabe brachte auch ein Foto von Hemingway im Beiwagen eines Motorrads.

70 Für die Erläuterung dieser Röntgenaufnahmen möchte ich mich bei Dr. med. Carl C. Spector, einem orthopädischen Chirurgen am Newton-Wellesley Hospital in Newton, Massachusetts, bedanken.

71 Elsie MacDonald an Ernest Hemingway, 23. Mai 1937. Der Brief befindet sich in der Hemingway Collection der John F. Kennedy Library in Boston. Auch alle anderen Briefe von ihr an Hemingway, die in diesem Essay zitiert werden, gehören zu dieser Sammlung.

72 Diese Information verdanke ich den Nachforschungen Giovanni Cecchins, der sie mir brieflich übermittelte.

73 In verschiedenen Dokumenten wird der Name dieses Krankenhauses unterschiedlich geschrieben. Elsie MacDonald schreibt «Mercicordia».

74 Vgl. Elsie MacDonald an Ernest Hemingway, 20. Januar 1928.

75 Vgl. Sanford, S. 161 f.

76 Vgl. das unveröffentlichte Tagebuch von Henry Villard in der Boston University Library, Eintrag vom 10. August 1918.

77 Vgl. Baker: *Die Geschichte eines abenteuerlichen Lebens*, S. 64.

78 In bezug auf Hemingways Verwundung ist auch Robert W. Lewis' Aufsatz «Hemingway in Italy: Making It Up», in: *Journal of Modern Literature* 9 (1982), S. 209–236, aufschlußreich. Ich schulde Lewis Dank für den fruchtbaren Gedankenaustausch über Hemingways Verwundung.

79 Vgl. Baker: *Die Geschichte eines abenteuerlichen Lebens*, S. 61. Es gab mindestens zwei Sätze Briefpapier für die Zentrale des amerikanischen Roten Kreuzes in Mailand, einen mit Via Manzoni 10 und einen anderen mit Via Manzoni 15 als Adresse. Vielleicht haben die beiden Adressen unterschiedliche Abteilungen des Roten Kreuzes bezeichnet.

80 Vgl. Reynolds: *Hemingway's First War*, S. 173.

81 Clarke, S. 26.

82 Er befindet sich bei den Agnes von Kurowsky-Papieren in der Kennedy Library.

83 Vgl. Sara E. Shaw an Miss Noyes, 11. Juli 1918, in der Hemingway Collection der Kennedy Library.

84 Vgl. Meyers: *Hemingway*, S. 36.

85 Vgl. Elsie MacDonald an Ernest Hemingway, 20. Januar 1928.

86 Vgl. Agnes' Tagebucheinträge vom 8. und 16. Juli.

87 Joseph Collins: *Report of the Department of Medical Affairs*, Rom 1918, S. 39.

88 Collins, S. 42.

89 In diesem Punkt bin ich Waring Jones zu Dank verpflichtet, der mich seine Sammlung von Agnes von Kurowsky-Papieren einsehen ließ. Der Umschlag war zwischen ihre Unterlagen geraten. Vorher herrschte Unklarheit darüber, in welchem Zimmer Hemingway lag.

90 «The Agnes Tapes», S. 272. Darin erinnert sich Agnes irrtümlicherweise, daß an dem Unfall ein Lastwagen beteiligt gewesen sei. Ihr damaliger Tagebucheintrag dürfte genauer sein.

91 Vgl. Collins, S. 38–45.

92 Malcolm Cowley: *Exile's Return: A Literary Odyssey of the 1920s*, New York 1951, S. 36.

93 Diese und weitere Einzelheiten von Henry Villards Erlebnissen verdanke ich seinem Tagebuch und seinen Briefen, beides unveröffentlicht. Diese Dokumente befinden sich in der Boston University Library. Da sie nicht paginiert sind, muß bei Verweisen darauf das Datum angegeben werden.

94 Der Brief war adressiert an Harold G. Villard, Esquire, 205 West 57th Street, New York City.

95 Vgl. Leicester Hemingway: *Mein Bruder Ernest*, Reinbek 1962.

96 Vgl. Baker: *Die Geschichte eines abenteuerlichen Lebens*.

97 «The Agnes Tapes», S. 256. Grundlegende Informationen über Agnes' Leben verdanke ich auch Reynolds: *Hemingway's First War*, S. 183–189.

98 Reynolds stellt Agnes als eine «äußerst sprachbegabte» Frau dar, die rasch Italienisch lernte. Vgl. *Ernest Hemingway's First War*, S. 180.

99 In diesem Zusammenhang ist es interessant, zu erwähnen, daß Bill Horne am 23. Februar 1919 Hemingway einen Brief auf italienisch schrieb.

100 Vgl. Hemingways Briefe vom 29. Juli, vom 7. August, vom 29. August und vom 29. September.

101 Carlos Baker beschäftigt sich in *Die Geschichte eines abenteuerlichen Lebens*, S. 61–63, mit den Krankenschwestern in Mailand.

102 Reynolds befaßt sich in *Hemingway's First War*, S. 179, unter etwas anderen Gesichtspunkten mit den Krankenschwestern in Mailand.

103 Vgl. *Red Cross Bulletin* 1 (5. Juli 1918), S. 2.

104 Vgl. Clarke, S. 20. Man hatte nicht die Zeit, um noch ein gesondertes Bündel von Vorschriften in Italien zu veröffentlichen, und es wurden auch keine solchen Dokumente gefunden.

105 Clarke, S. 21.

106 Die Tagebucheintragungen befinden sich in einem schwarzen Buch mit der Aufschrift «Agenda 1918». Der Titel im Innern des Buchs, das der Verlag in Druck gegeben hat, lautet «Memoriale di Gabinetto per 1918». Agnes hat «Beginn 12. Juni» hinzugesetzt.

107 Agnes' Äußerungen stehen in «The Agnes Tapes», S. 261.

108 Das *Red Cross Bulletin* vom 15. Januar 1919 berichtet, daß

Präsident Wilson am 3. Januar in Rom eintraf und mit König Victor Emanuel III. in einer Kutsche durch die Straßen der Stadt fuhr (S. 1). Der nächste Halt auf der Reise des Präsidenten war anscheinend Mailand.

109 «The Agnes Tapes», S. 263.

110 Bernice Kert zufolge kam Agnes am 9. Juli 1919 mit der S. S. *Re d'Italia* nach Hause. Vgl. *Die Frauen Hemingways*, München 1984, S. 51.

111 Agnes wird zitiert nach Brian, S. 35.

112 Gianfranco Ivancich erzählte mir im Juni 1986 in der Villa Micheli, daß Hemingway sein ganzes Leben lang nur ein paar Worte Italienisch gesprochen habe.

113 Vgl. Griffin, S. 89.

114 Vgl. Agnes' Brief vom 17. Oktober 1918.

115 Vgl. die Rezension von *Männer ohne Frauen*, in: *Time* (24. Oktober 1927), S. 38.

116 Shaw, S. 19.

117 Fenton: *Apprenticeship of Ernest Hemingway*, S. 69.

118 Vgl. Lynn, S. 106.

119 Bill Hornes Brief wird zitiert nach Sanford, S. 180.

120 *Red Cross Bulletin* (20. August 1918), S. 3.

121 Jeffrey Meyers zeigt sich besonders geneigt, Hemingways irreführende Behauptungen über seinen Dienst bei den Arditi zu dokumentieren. Vgl. *Hemingway*, S. 39.

122 Dieses Dokument befindet sich in der Hemingway Collection der Kennedy Library.

123 Vgl. « The Agnes Tapes», S. 267.

124 Vgl. Edwin Wells: «Hemingway Speaks to High School», in: *Conversations*, S. 4. Neuabdruck aus *Trapeze*, der Oak Park High School (21. März 1919), S. 1 und 3.

125 Vgl. Leicester Hemingway: *Mein Bruder Ernest*, S. 52.

126 Meyers: *Hemingway*, S. 61.

127 Vgl. Reynolds: *The Young Hemingway*, S. 257.

128 Alle diese Dokumente befinden sich in der Hemingway Collection der Kennedy Library.

129 Vgl. Lewis: «Hemingway in Italy: Making It Up», S. 224. Ich bin Lewis für seine ausgezeichnete Untersuchung zu Hemingways Orden zu Dank verpflichtet.

130 Vgl. *Red Cross Bulletin* (20. Juli 1918), S. 7.
131 Vgl. *Red Cross Bulletin* (5. August 1918), S. 6.
132 Vgl. *Red Cross Bulletin* (20. August 1918), S. 5.
133 Lowell: *Report*, S. 29 f.
134 Vgl. Reynolds: *The Young Hemingway*, S. 57. Ich bin Reynolds, S. 55–57, für die Kommentare zu Hemingways Schilderung seines Dienstes nach seiner Rückkehr zu Dank verpflichtet.
135 Vgl. Baker: *Die Geschichte eines abenteuerlichen Lebens*, S. 73. Baker zweifelt die Glaubwürdigkeit von Hemingways Geschichte an. Meyers gibt in *Hemingway*, S. 42 f, eine ähnliche Darstellung. Meyers vermutet, daß zwischen Hemingway und Gamble eine homoerotische Spannung herrschte.
136 Vgl. James Gamble an Ernest Hemingway, 16. April 1919, in der Hemingway Collection der Kennedy Library.
137 Zitiert nach Reynolds: *Hemingway's First War*, S. 181.
138 Zitiert nach Brian, S. 31.
139 Vgl. Griffin, S. 32 und 65.
140 Griffin, S. 239.
141 Vgl. Griffin, S. 93.
142 Lynn, S. 108.
143 Clarahan wird zitiert nach «Young Hemingway: A Panel», S. 140.
144 Vgl. «The Agnes Tapes», S. 265.
145 Vgl. Brian, S. 31.
146 Griffin zitiert Bill Hornes Brief in *Along With Youth*, S. 113.
147 Zitiert nach Kert, S. 154.
148 Ernest Hemingway: *Die grünen Hügel Afrikas*, Reinbek 1996, S. 49 f. (rororo 647).
149 Ernest Hemingway: *Paris – ein Fest fürs Leben*, Reinbek 1995, S. 28 f (rororo 1438).
150 Vgl. Ernest Hemingway: «Die Taschen der Reporter», in *Reportagen 1920–1924*. Hg. von William White. Reinbek 1990, S. 66 (rororo 12700).
151 Ernest Hemingway: *Eine sehr kurze Geschichte*, in: Ernest Hemingway: *Die Stories*, Reinbek 1995, S. 124. Alle Zitate aus Hemingways Stories beziehen sich auf diese Ausgabe.
152 Vgl. *Letters*, S. 469.

153 Ernest Hemingway: *In einem andern Land,* Reinbek 1995. Alle Angaben beziehen sich auf diese Ausgabe. Der Roman erschien erstmals 1929.

154 Für meine Erörterung dieser Angelegenheit bin ich Reynolds: *Hemingway's First War* zu tiefstem Dank verpflichtet; vgl. besonders S. 46. Reynolds liefert in seiner Studie einen ausgezeichneten Vergleich zwischen Hemingways Leben und dem Roman, der mich stark beeinflußt hat. Als nützlich erweist sich auch Bernhard Oldsey: *Hemingway's Hidden Craft: The Writing of «A Farewell to Arms»*, University Park 1979, S. 37–54.

155 Die beste Erörterung über die Bezüge zwischen Hemingways biographischer Situation im Jahre 1928 und dem Roman liefert Millicent Bell: «*A Farewell to Arms*: Pseudoautobiography and Personal Metaphor», in: James Nagel (Hg.): Ernest Hemingway: *The Writer in Context*, Madison 1984, S. 107–128.

156 Zur Weiterentwicklung dieser Gedanken vgl. James Nagel: «Catherine Barkley and Retrospective Narration in *A Farewell to Arms*», in: Linda W. Wagner (Hg.): *Ernest Hemingway: Six Decades of Criticism* , East Lansing 1987, S. 171–185.

157 Ernest Hemingway: «Ein Veteran besucht die alte Front», in: *Reportagen 1920–1924*. S. 157. Hemingways Artikel erschien ursprünglich am 22. Juli 1922.

Bibliographie

BAKER, CARLOS: **Hemingway. Die Geschichte eines abenteuerlichen Lebens**; Edition Praeger, München, Wien, Zürich 1971

–, HG.: **Ernest Hemingway. Ausgewählte Briefe 1917–1961. Glücklich wie die Könige**; Rowohlt, Reinbek 1984

BAKEWELL, CHARLES M.: **The Story of the American Red Cross in Italy**; MacMillan, New York 1920

BELL, MILLICENT: «*A Farewell to Arms:* Pseudoautobiography and Personal Metaphor» in: **Ernest Hemingway: The Writer in Context**; hg. v. James Nagel; Univ. of Wisconsin Press, Madison 1984

BENSON, JACKSON J.: «Ernest Hemingway as Short Story Writer» in: **The Short Stories of Ernest Hemingway: Critical Views**; hg. v. Jackson J. Benson; Duke Univ. Press, Durham 1975

–: «Patterns of Connection and Their Development in Hemingway's *In Our Time*». **Rendezvous** 5 (Winter 1970)

BRENNER, GERRY: **Concealments in Hemingway's Works**; Ohio State Univ. Press, Columbus 1983

BRIAN, DENIS: **The True Gen: An Intimate Portrait of Ernest Hemingway by Those Who Knew Him**; Grove Press, New York 1988

BRUCCOLI, MATTHEW J., HG.: **Conversations with Ernest Hemingway**; Univ. Press of Mississippi, Jackson 1986

CECCHIN, GIOVANNI: **Hemingway, G.M. Trevelyan e il Friuli: Alle Origini di Addio alle Armi**; Comme di Lignano Sabbiadoro, Lignano 1986

CLARK, COL. C. E. FRAZER: «This is the Way It Was on the **Chicago** and At the Front: 1917 War Letters» in: **Fitzgerald/Hemingway Annual** (1970), S. 153–168

CLARK, C. E. FRAZER JR.: «American Red Cross Reports on the Wounding of Lieutenant Ernest M. Hemingway – 1918» in: **Fitzgerald/Hemingway Annual** (1974), S. 131–136

CLARKE, HERBERT: **Instructions and Informations for Red Cross Workers in France**; American Red Cross in France, Paris 1918 Ausgabe v. 1. April 1918

COLLINS, JOSEPH: **Report of the Department of Medical Affairs**; American Red Cross, Rom 1918

COWLEY, MALCOLM: **Exile's Return: A Literary Odyssey of the 1920s**; Viking, New York 1951

CULVER, MICHAEL: «The ‹Short-Stop Run›: Hemingway in Kansas City» in: **Hemingway Review** 2, Nr. 1 (1982), S. 77–80

DAVIDSON, ARNOLD E.: «The Dantean Perspective in Hemingway's **A Farewell to Arms**» in: **Journal of Narrative Technique** 3 (1973), S. 121–130

DEMARR, MARY JEAN: «Hemingway's Narrative Methods» in: **Indiana English Journal** 4 (1970), S. 31–36

DOCTOROW, E. L.: «Braver Than We Thought» in: **The New York Times Book Review** (18. Mai 1986), S. 44–45

DONALDSON, SCOTT: **By Force of Will: The Life and Art of Ernest Hemingway**; Viking, New York 1977

–: «Frederic Henry's Escape and the Pose of Passivity» in: **Hemingway: A Revaluation**; hg. v. Donald R. Noble; Whitston, Troy 1983, S. 165 bis 185

DOS PASSOS, JOHN: **One Man's Initiation, 1917**; Cornell Univ. Press, Ithaca 1969

EDMONDS, DALE: «**When** Does Frederic Henry Narrate **A Farewell to Arms**?» in: **Notes on Modern American Literature** 4 (1980), Ziffer 14

FENTON, CHARLES A.: «Ambulance Drivers in France and Italy: 1914–1918» in: **American Quarterly** 3 (1951), S. 326–343

–: **The Apprenticeship of Ernest Hemingway: The Early Years**; Mentor, New York 1961

FICKEN, CARL: «Point of View in the Nick Adams Stories» in: **The Short Stories of Ernest Hemingway: Critical Views**; hg. v. Jackson J. Benson, Duke Univ. Press, Durham 1975, S. 93–112; Nachdruck aus dem **Fitzgerald/Hemingway Annual** (1971), S. 212–235

GREBSTEIN, SHELDON NORMAN: **Hemingway's Craft**; Southern Illinois Univ. Press, Carbondale 1973

GREEN, JAMES L.: «Symbolic Sentences in ‹Big Two-Hearted River›» in: **Modern Fiction Studies** 14 (1968), S. 307–312

GRIFFIN, PETER: **Along With Youth: Hemingway, The Early Years**; Oxford, New York 1985

HARRINGTON, MARY: «They Call Him Papa» in: **New York Post Week-End Magazine** (28. Dezember 1946), S. 3

HEMINGWAY, ERNEST: «Al Receives Another Letter» in: **Ciao** (Juni 1918), S. 2

–: Reportagen 1920–1924, hg. v. William White; Rowohlt, Reinbek 1990 (rororo 12700).

–: **Die grünen Hügel Afrikas**; Rowohlt, Hamburg 1954

–: **In einem andern Land**; Rowohlt, Hamburg 1946

–: «Introduction» zu: **Men At War**; Bramhall House, New York 1979

–: **Paris – ein Fest fürs Leben**; Rowohlt, Reinbek 1965

–: Die Stories; Rowohlt, Reinbek 1983 [Neuausg.]

–: **Die Sturmfluten des Frühlings**; Rowohlt, Hamburg 1957

–: **Tod am Nachmittag**; Rowohlt, Hamburg 1957

HEMINGWAY, LEICESTER: **Mein Bruder Ernest**; Rowohlt, Reinbek 1962

HEMINGWAY, LORIAN: «Ernest Hemingway's Farewell To Art» in: **Rolling Stone** (5. Juni 1986), S. 41–42, 72

HEMINGWAY, MARY WELSH: **Wie es war**; Rowohlt, Reinbek 1977

JAMES, HENRY: **The American Volunteer Motor-Ambulance Corps in France**; Macmillan, London 1914

KERT, BERNICE: **Die Frauen Hemingways**; Lev Roitman Verlag, München 1984

KOENIG, RHODA: «Adam and Eve on a Raft» in: **New York** 19 (12. Mai 1986), S. 134, 137

LAWSON, JOHN HOWARD: «No Man's Land» in: **Lost Generation Journal** 5, Nr. 2 (1977/78), S. 12–13, 20

LEVIN, HARRY: «Observations on the Style of Ernest Hemingway» in: **Kenyon Review** 13 (1982), S. 581–609

LEWIS, ROBERT W.: «Hemingway in Italy: Making It Up» in: **Journal of Modern Literature** 9 (1982), S. 209–236

–: **Hemingway on Love**; Univ. of Texas Press, Austin 1965

LOWELL, GUY: «Department of Military Affairs» in: **Red Cross Bulletin** (15. Aug. 1918), S. 7

–: «Department of Military Affairs» in: **Red Cross Bulletin** 1, Nr. 4 (5. Aug. 1918), S. 6

–: «Military Affairs» in: **Red Cross Bulletin** (20. Juni 1918), S. 1

–: «Military Affairs» in: **Red Cross Bulletin** (5. September 1918), S. 5

–: **Report of the Department of Military Affairs: January to July, 1918**; American Red Cross, Rom 1919

–: **Report of the Department of Military Affairs**; American Red Cross, Rom 1919

LYNN, KENNETH S.: **Hemingway. Eine Biographie**; Rowohlt, Reinbek 1989

MEYERS, JEFFREY: **Hemingway: A Biography**; Harper & Row, New York 1985

–: «Tonsorial» in: **National Review** 38 (23. Mai 1986), S. 44–46

MILLER, MADELAINE HEMINGWAY: **Ernie: Hemingway's Sister ‹Sunny› Remembers**; Crow, New York 1975

MONTGOMERY, CONSTANCE CAPPEL: **Hemingway in Michigan**; Vermont Crossroads Press, Waitsfield 1977

NAGEL, JAMES: «Catherine Barkley and Retrospective Narration in A Farewell To Arms» in: **Ernest Hemingway: Six Decades of Criticism**; hg. v. Linda W. Wagner, Michigan State Univ. Press, East Lansing 1987, S. 171–185

–, HG.: **Ernest Hemingway: The Writer in Context**; Univ. of Wisconsin Press, Madison 1984

OLDSEY, BERNARD: **Hemingway's Hidden Craft: The Writing of «A Farewell to Arms»**; Pennsylvania State Univ. Press, University Park 1979
PLIMPTON, GEORGE: «An Interview with Ernest Hemingway» in: **Ernest Hemingway: Five Decades of Criticism**; hg. v. Linda Welshimer Wagner, Michigan State Univ. Press, East Lansing 1974, S. 21–38; Nachdruck aus **The Paris Review** 18 (Frühjahr 1959), S. 60–89
Red Cross Bulletin; American Red Cross, Rom, hg. 1918–1919
REYNOLDS, MICHAEL S.: «The Agnes Tapes: A Farewell to Catherine Barkley» in: **Fitzgerald/Hemingway Annual** (1979), S. 251–278
–: **Hemingway's First War: The Making of «A Farewell to Arms»**; Princeton Univ. Press, Princeton 1976
–: **Hemingway's Reading 1910–1940: An Inventory**; Princeton Univ. Press, Princeton 1981
–: **The Young Hemingway**; Basil Blackwell, New York 1986
ROSENFELD, PAUL: «Tough Earth» in: **New Republic** 45 (25. November 1925), S. 22–23
SANFORD, MARCELLINE HEMINGWAY: **At the Hemingways: A Family Portrait**; Little, Brown, Boston 1962
SHAW, SAMUEL: **Ernest Hemingway**; Ungar, New York 1973
STOBIE, MARGARET: «Ernest Hemingway, Craftsman» in: **Canadian Forum** 33 (Nov. 1953), S. 179, 181–182
WAGNER, LINDA WELSHIMER: **Hemingway and Faulkner: investors/masters**; Scarecrow, Metuchen 1975
WALDHORN, ARTHUR: **A Reader's Guide to Ernest Hemingway**; Farrar, Straus & Giroux, New York 1972
WEXLER, JOYCE: «E. R. A. for Hemingway: A Feminist Defense of **A Farewell to Arms**» in: **Georgia Review** 35 (1981), S. 111–123
WHITLOW, ROGER: **Cassandra's Daughters: The Women in Hemingway**; Greenwood Press, Westport 1984
WILLIAMS, WIRT: **The Tragic Art of Ernest Hemingway**; Louisiana State Univ. Press, Baton Rouge 1981
WILSON, DALE: «Hemingway in Kansas City» in: **Fitzgerald/Hemingway Annual** (1976), S. 211–216
WILSON, EDMUND: «Letter to the Russians about Hemingway» in: **New Republic** (11. Dez. 1935), S. 135–136
«Young Hemingway: A Panel» in: **Fitzgerald/Hemingway Annual** (1972), S. 113–144

Register

Abruzzen 228 f
Abruzzo 224 f
Agate, J. F. 295
Aiken, Capt. 110, 121 f, 151, 155
Allen, Edward E. 92, 100 f, 103 ff, 106, 115, 295, 316
Andrew, Piatt A. 328
Angelotti, Gen. 26
Armes, Lee 240
Asiago-Plateau 244, 321
Assunta 186
Athen 199

Baba, Hadschi 42
Bagdad 208
Baker, Carlos 55, 259, 272, 297, 311, 327, 328, 331 f
Barnett, Lowry 230
Bassano 17, 21, 25, 31, 40, 55, 270
Bates, Robert W. 204, 258, 324
Belaggio 79 f
Belgien 86, 278
Bellevue-Krankenhaus 47 f, 90, 92, 180, 200, 271, 273 f, 312 f
Bellia 119, 126, 219, 229, 288, 319
Bellia, Graf 219, 227 f, 288
Bellia, Bianca 219, 288, 319
Bernstein, Louis 97, 116
Bertassi, Miss 181
Bologna 82, 99
Bordeaux 241, 269 f, 274, 325, 328
Boston 268
Brackett, Mr. 103, 104 f, 109
Brenta 21
Brescia 91
Brian, Denis 250, 330, 333
Bromfield, Louis 243
Brooks, Ruth (Brooksie) 47, 59, 75, 77 ff, 81 f, 92, 99 ff, 103, 108 f, 135, 150, 170, 177, 192, 274, 299
Bruccoli, Matthew J. 326
Brumback, Theodore (Ted, Brummy) 9, 180, 204, 208, 212, 216, 223, 229, 237, 241, 247, 255 ff, 324
Brundi, Tenente 83, 85 ff, 183, 213
Bukarest 198 ff
Bump, Marjorie (Marge) 238, 327
Bywater, Capt. 76, 275

Caporetto 32 f, 306
Caposile 316
Caracciolo, Domenico 61, 114, 129 ff, 189 ff, 200, 276, 283 f, 313, 324

Cardona 22
Carpenter, George N. 49
Cavanaugh, Loretta (Cavie) 47, 59, 76, 79, 83, 85 ff, 91 ff, 96 f, 99 ff, 103 ff, 115 f, 118, 123, 135, 138, 144, 147, 151, 156 f, 159, 170, 176, 183, 186, 188 ff, 274, 283
Cecchins, Giovanni 330
Chicago 25, 179, 208, 215, 217, 219, 229, 240 f, 248, 293, 315, 327 f
Ciao 35
Clark, Frazer C. E. 240 f, 328 f
Clarke, Herbert 259, 328, 331 f
Coates, Frances 223, 326
Collins, M., Lieut. 73 ff, 274 f, 299, 331
Collins, Joseph, Major 101, 260 f, 331
Colter, Lieut. 105 f, 192, 277, 317
Comer See 77
Como 79
Conkle, Guy C., Dr. 250, 330
Constanza 199 f
Conway, Miss 104, 141, 193
Cooper, Gary 65
Costanzo, R. J. 70
Courcelle 73
Cowley, Malcolm 250, 263, 290, 330 f
Crespano 42
Crosby, Harry 243
Crough, Elena 48, 158
Culver, Michael 327
Cummings, E. E. 243

Dahl, Gunnar 207
Damrosch, Walter 74
Dänemark 264
Darling, Herbert («June»), Lieut. 49, 51, 89, 91 f, 94, 109, 123, 315
DeLong, Katherine C. (die «Schnüfflerin») 38 f, 46, 48, 59, 76, 78 f, 91 f, 96, 98 ff, 103 ff, 107 ff, 114, 116, 118, 120, 132, 134 f, 139, 147, 159, 168, 176, 185, 194, 274, 318, 320
DeGraw, Della C. 164, 170 ff, 176 f, 184, 322
Detweiler, M. D. 295
Diaz, Armando, Gen. 293
Die grünen Hügel Afrikas 301
Domodossola 201
Dorman-Smith, Chink (Edward Eric Dorman-O'Gowan) 296 f
Dos Passos, John 243
Dosson 322

Eckland, Capt. 181 f
Edgar, Carl 238, 327
Eine sehr kurze Geschichte 303
Englefield, Mr. 214
Esengrini, Signorina 81 f

Fabbri, Maj. 193
Fallot, Mlle. 73 f
Fanzolo 321
Fenton, Charles A. 243, 249, 290, 328 ff, 333
Ferguson, Capt. 155
Fielder, Mr. 108, 133
Fisher, Ruth 76, 78, 98 ff, 104 f, 115 f, 174, 274, 299, 323
Fletcher, Mabel 82, 91, 97, 99, 107, 274
Florenz 65, 109 f, 155, 120 ff, 126, 128 f, 131, 134 ff, 138,

154, 162, 200, 223, 275, 277f, 280, 288f, 318ff
Fossalta di Piave 40f, 252, 294, 304, 308f

Gamble, James, Capt. 171, 204, 210, 229, 232, 247, 258, 287, 296f, 324f
Garibaldi, Canzio 76f, 275
Garner, Howard Preston 56f
Genua 54, 98, 105, 172, 231, 322
Gibraltar 189, 231
Greppi, Emanuele, Graf 220, 288
Griffin, Peter 239f, 288, 297, 326ff, 333
Griffith, D. W. 239

Haig, Gen. 52
Haiti 56f, 311
Hamill, Major 81, 85, 95
Hammett, Dashiell 243
Harjes, Herman 244
Harmon, Capt. 103
Harper Fisher, Ruth 48
Harrington, Mary 248, 329
Harvard 17, 49, 243, 245f, 263ff, 266, 316, 328
Harvard Crimson 34
Haskell, Harry 236f
Hayes, Helen 65
Heilman Miller, Charlotte Ann 39, 48, 78ff, 170, 259, 311, 323
Hemingway, Clarence 106, 217, 236, 239, 239f, 249, 287, 307, 327
Hemingway Sanford, Marcelline (Ivory) 206f, 219, 248, 255, 324, 328f, 331, 333
Hemingway, Grace Hall 209, 221, 236
Hemingway, Jack 9
Hemingway, Leicester 59, 219, 293, 332f
Hemingway, Mary 114
Hemingway, Patrick 9
Hemingway, Pauline 307
Hereford, Major 76, 96f, 275
Hey, Lieut. 231f
Holabird, Agnes Theodosia 272
Holabird, Samuel Beckley, Gen. 47, 66, 272
Holdener, Jo 133
Hopkins, Charles 218
Horan, Dr. 100ff
Horne, William D., Lieut. (Bill) 46, 49, 65, 90, 92, 180, 241, 247, 259, 290, 297, 301, 315, 327, 332f
Hough, Lieut. 110f, 122ff, 125, 127ff, 133, 136, 138, 140ff, 146, 148ff, 275
Hummel, Marguerite 168, 323

In einem andern Land 13, 29, 48, 52f, 60, 62, 65, 237, 249f, 272, 302, 305f, 308, 316f
Ivancich, Gianfranco 333

James, Henry 243, 328
Jenkins, Howell G. (Jenks) 180, 208, 230, 241, 247, 325
Jerusalem 208
Jessup, Elsie 65, 77, 110f, 122, 127ff, 130, 133, 135, 137f, 140f, 143, 146ff, 150ff, 153f, 171, 274, 317f, 320
Johnson, Lucius, Dr. 57

Kanaren 232
Kansas City 25, 236 ff, 242, 253, 326 ff
Kansas City Star 34, 236, 242
Kert, Bernice 333
Key West 55, 58, 62
Killed Piave – July 8 – 1918 302
Königsberg 272
Konstantinopel 199
Korinth 199
Kurowsky, Paul Moritz Julius von 272

Lago Maggiore 54, 76, 97, 219, 275, 318
Lake Walloon 236
Lambert, Lieut. 78, 82
Landon, Mr. 78, 108
Larkin, Anne 182, 185, 324
Lauder, Harry 97
Lawson, John Howard 329
LeBlanc, Maurice 124
Lewis, Robert W. 9, 98 ff, 102, 105 f, 114, 294, 299, 331, 333
Lockhove 72
London 229
Lowell, Guy, Major 244 f, 247, 253, 270, 295, 329 f, 334
Lowell, Lawrence A. 267
Luino 76, 80
Lynn, Kenneth S. 249, 254, 298, 300, 326, 329

MacDonald, Elsie (Mac) 23 f, 29 f, 45, 53, 59, 65, 76, 78, 80, 91, 98 ff, 103 ff, 107 ff, 114 ff, 120, 141 f, 149, 151, 170, 174, 181 f, 186, 197, 254 f, 257 f, 274, 300, 323 f, 330 f
MacLeish, Archibald 18
Madeira 163, 204, 229, 232
Mailand 14, 17, 25, 42, 50 f, 59 f, 65, 76, 80, 95, 101, 111, 113, 118, 129 ff, 138, 141 f, 144 ff, 154 f, 158, 160 f, 164, 168, 170, 172, 174 ff, 183, 185, 197, 200, 202, 203 f, 207, 214 f, 216, 219 ff, 220 f, 225, 227, 230 f, 241 ff, 246, 248, 251, 255, 259 ff, 270 ff, 274 f, 278 ff, 287 ff, 292, 295 f, 299 f, 302, 305, 307 ff, 314 ff, 319 ff, 321, 325, 331, 333
Markley, Veta Blanche 48, 105, 157, 159
Marsh, Mae 239 f, 288, 297
Mary 58 f
Maxwell 108, 115
McCaffery 104
McDonough, Major 105
McKee, George H. 66
McKey, Edward Michael, Lieut. 40 f, 247, 252 f, 257, 295, 315, 324
McQueen 97, 107
Melhorn, Commander 57, 311
Mesopotamien 208
Mestre 255, 308, 322
Meyers, Jeffrey 249, 260, 293, 326, 329, 331, 333
Michels, Mr. 94 f, 300
Michigan-See 36
Miller, John W. 96 f, 102 ff, 117, 153, 288, 295, 316, 318, 325
Misericordia-Krankenhaus 255, 260, 330
Modane 75, 270
Monte Grappa 17, 22, 25, 90, 142, 244, 289, 295 f, 321

Monte Pasubio 25, 252
Monte Rosa 220
Montello 244, 321
Montgomery, Constance Cappel 249 f, 329 f
Moore, Capt. 76, 177, 282
Morrison, Ruth 247
Müde bin ich, geh zur Ruh 305
Myles, Beverly 40

Neapel 176, 199 f, 208, 223, 228, 231
Neroni, Nick 225, 229, 326
New York 25, 40, 47, 56, 58, 61, 65, 72, 85, 90, 93, 177, 180, 202, 214, 238, 240, 263, 273 ff, 281 f, 288, 301, 313
New York Evening Post 34
New York Sun 248
New York Times 37
Newburn, Arthur C. (Art) 212 f, 325
Norton, Richard 243 f
Norton-Harjes-Einheit 244
Noyes, Clara B. 57, 331

Oak Park, Illinois 25, 235 f, 238, 253, 282, 286, 293, 295 f, 323 f, 325 f
Oderzo 195
Ospedale Maggiore 23, 80, 86, 88, 91, 93, 227, 255, 260, 315, 326

Padua 106, 156 ff, 162 ff, 168, 172, 175, 182 f, 185, 190, 193, 197, 201 f, 231, 303, 322, 324
Page, Charles A. 267, 268, 270
Palermo 108 f
Paris 18, 25, 75, 87, 168, 198, 200 ff, 227, 241, 263, 269 f, 274, 279, 287, 325
Paris – ein Fest fürs Leben 302
Parker, Oak 295, 325
Patrick, Capt. 181, 307
Pavia 91
Perkins, Maxwell 304
Perkins, Robert 292
Pershing, John 45
Person, Col. 157
Pettingill, Ma 213
Piacenza 120
Piave 22, 25, 39 f, 49, 170, 183, 187, 205 f, 244, 247 f, 256, 278, 292, 295, 304, 308, 316, 321, 324
Pirelli, Signorina 81 f, 87 ff, 93, 315
Polen 200
Port au Prince 56
Prag 200
Princeton 49, 243
Pudge 238, 327

Queen, Mr. 104

Rapallo 53 f
Red Cross Bulletin 12, 27 f, 50, 251, 253, 256, 275, 291, 295, 319, 330, 332 ff
Reno 56
Reynolds, Michael 250, 259, 272, 296, 314, 326, 329 ff
Rhodes, Capt. 92
Richardson, Hadley 198, 202, 284, 307 f, 324
Rimini 323
Rittenhouse, Valeria 48, 160, 170

Rochefort, Lieut. 83 ff, 102, 115, 260, 262, 299
Rom 37, 77, 81, 151, 176, 194 f, 200, 208, 223, 227 f, 243, 322 f, 333
Romano, Alto 42
Roosevelt, Theodore 236
Rose, Lieut. 186, 188
Rumänien 199 ff
Rußland 198

S., Dr. (Daddy, Doktor, Doc) 71 ff, 83, 85 f, 99, 134, 145, 151, 162 f, 167, 169, 189, 198, 204, 274, 277 f, 281 f, 285, 299, 313, 381, 323
Sabatini, Dr. 23, 54
Sammarelli, M., Dr. 50, 204, 214, 217, 257 f, 324
San Bernardo 40
San Siro 51
Scanlon, Anna 48, 255
Schio 25, 242, 252, 291 f, 305, 308 f, 321
Schnee auf dem Kilimandscharo 304
Schweiz 55, 200 f, 219 f, 306
Seeley, Coles van B. (Capo) 29, 84, 90 f, 98 ff, 109, 180, 300, 315 f
Serbien 209
Serena, Enrico, Hauptmann 52 f, 77 f, 80 ff, 82 ff, 87 ff, 133, 167, 171 f, 182 f, 211, 271, 275, 278, 280, 299 f, 314
Shaw, Samuel 251, 290, 330
Shaw, Sara 77, 80, 85, 94, 100, 153 ff, 168, 170, 176, 181 ff, 185, 198, 259 ff, 274, 322, 331
Sheldon, Miss 133, 150, 152
Shepard, Capt. 231
Sherman, Gen. 209
Shoshone River 36
Sizilien 176, 223, 228, 296, 324
Skelly, Leo 327
Sleicher, Miss 73, 75 f, 185
Smith, Bill 176, 178, 218, 223
Smith, Gertrude 165, 170, 231, 323
So, wie du niemals sein wirst 304
Sofia 200
Soldaten zu Haus 295
Sparrow, Caroline 75 f, 78, 80 f, 174, 274, 323
Spector, Carl C. 330
Spiegel, Frederick 230, 241, 328
Stanfield, William 9, 11, 55 f, 58, 60, 67, 70, 300
Stanton, Major 244
Steffens, Lincoln 301
Stein, Gertrude 302
Stino, S. 190
Stresa 54, 97, 102 ff, 150, 219, 279, 288, 295, 316, 318 f, 325
Strickler, Miss 78 f
Stucke, Mrs. 214

Tagliamento 252
Taliedo 28, 51
Tandy, William 100, 102, 107, 132, 320
Taormina 103, 296, 317
Teheran 60
Tod am Nachmittag 241
Torre 194
Torre di Mosta 64, 184, 191, 194, 275, 284, 322 f
Torreglia 231
Trapeze 235

Treat, Gen. 193
Trennungsbrief 12, 197, 275, 279, 281, 283 f
Treviso 51, 64, 157 ff, 162, 172 f, 175 f, 184, 187, 189, 192, 204, 231, 255, 275, 281 f, 289, 322 f
Trient 152
Triest 151, 201, 230
Turin 76, 107, 127, 219, 228 f, 270
Tyler (Onkel) 34, 216, 230, 236

Über den Fluß und in die Wälder 302

Venedig 17, 173, 175, 201, 280, 316
Veneto 201
Verona 87, 231
Vicenza 92, 242, 270 f, 291, 322
Victor Emanuel III., König 333
Villard, Harold G. 332
Villard, Henry Serrano 9, 11 f, 14 f, 17, 20, 24, 26, 69, 91, 113, 203, 245 f, 250, 255, 257, 259, 262 f, 265 ff, 268, 276, 298, 300, 311 ff, 315, 319 ff, 331 f
Vittorio, Veneto 295
Vorhee, Mrs. 193
Vose, Marion 193, 248

Walker, Sam, Lieut. 100, 103, 115, 122
Warehouser, Lieut. 78, 100
Warner, Miss 157, 159, 162
Warren, Robert Penn 290
Warschau 200
Washington 47, 51, 180, 272
Washington Post 56
Welch, Edward 208, 325
Wells, Edwin 293, 333
Wien 200
Williams, Mark 214
Wilson, Dale 239 f, 326
Wilson, Woodrow 18, 107, 180 f, 183, 239 f, 291, 324, 326, 328, 333
Wyoming 36 f

Yale 243, 247
Young, Philip 290

Film und Fernsehen

John Updike
Die Hexen von Eastwick
(rororo 12366)
Updikes amüsanten Roman über Schwarze Magie, eine amerikanische Kleinstadt und drei geschiedene Frauen hat George Miller mit Cher, Susan Sarandron, Michelle Pfeiffer und Jack Nicholson verfilmt.

Hubert Selby
Letzte Ausfahrt Brooklyn
(rororo 1469)
Produzent: Bernd Eichinger
Regie: Uli Edel
Musik: Mark Knopfler

E. Beleites / E. Theophil
Männerpension *Das Buch zum Film von Detlev Buck*
(rororo 13933)
Die ungemein komische Story über zwei Knastbrüder und die Liebe – verfilmt mit Detlef Buck und Til Schweiger in den Hauptrollen.

Dieter Wedel / Sven Böttcher
Held *Roman nach dem Fernsehfilm «Der Schattenmann» von Dieter Wedel*
320 Seiten und 16 Seiten vierfarbige Tafeln. Klappenbroschur
(Wunderlich Verlag)

Oliver Sacks
Awakenings – Zeit des Erwachens
(rororo 8878)
Ein fesselndes Buch – ein mitreißender Film mit Robert De Niro.

Alice Walker
Die Farbe Lila
(rororo neue frau 5427)

rororo Unterhaltung

Boileau / Narcejac
Tote sollten schweigen *Der Roman zum Film «Diabolisch» mit Sharon Stone und Isabelle Adjani*
(rororo 13894)
Das Autorenduo lieferte mit diesem Buch die Vorlage zu einem atemberaubenden Film von Erfolgsproduzent Marvin Worth.

Quentin Tarantino & Allison Anders / Alexandre Rockwell / Robert Rodriguez
Four Rooms *Das Buch zum Film*
(rororo 13955)
Gemeinsam mit drei anderen Regisseuren inszenierte Oskar-Preisträger Quentin Tarantino («Pulp Fiction») diesen furiosen Kultfilm mit Tim Roth, Bruce Willis, Madonna und Antonio Banderas.

Romane und Erzählungen

Peter Høeg
Fräulein Smillas Gespür für Schnee *Roman*
(rororo 13599)
Fräulein Smilla verfolgt die Spuren eines Mörders bis ins Eismeer Grönlands. «Eine aberwitzige Verbindung von Thriller und hoher Literatur.» *Der Spiegel*

Denis Belloc
Suzanne *Roman*
(rororo 13797)
«Suzanne» ist die Geschichte von Bellocs Mutter: Das Schicksal eines Armeleutekinds in schlechten Zeiten. «Denis Belloc ist der Shootingstar der französischen Literatur.» *Tempo*

Ray Loriga
Vom Himmel gefallen *Roman*
(rororo 13903)
Ray Loriga, Jahrgang 1967, lebt in Madrid. In seinem mit Bitterkeit und schwarzem Humor getränkten Roman verfolgen Polizei und Medienmeute einen jugendlichen Killer quer durch Spanien.

Andre Dubus
Ehebruch und anderes *Vier Novellen*
(rororo 13744)
Stimmen vom Mond *Roman*
(rororo 12446)
Sie leben jetzt in Texas *Short Stories*
(rororo 13925)
Zehn klassische Short Stories von Andre Dubus über Menschen, die versuchen, mit aufrechtem Gang das Leben zu bewältigen. «Seine Geschichten sind bewegend und tief empfunden.» *John Irving*

rororo Literatur

Daniel Douglas Wissmann
Dillingers Luftschiff *Roman*
(rororo 13923)
«Dillingers Luftschiff» ist eine romantische Liebesgeschichte und zugleich eine verrückte Komödie voll schrägem Witz, unbekümmert um die Grenzen zwischen Literatur und Unterhaltung.

Michael Frayn
Sonnenlandung *Roman*
(rororo 13920)
«Spritziges, fesselndes, zum Nachdenken anregendes Lesefutter. Kaum ein Roman macht so viel Spaß wie dieser.» *The Times*

Radek Knapp
Franio *Erzählungen*
(rororo 13760)
Die Erzählungen von Radek Knapp wurden als bestes Debüt des Jahres mit dem «aspekte»-Literaturpreis des ZDF ausgezeichnet. «Dieser Autor hat Witz, Pfiff, Humor!»
Marcel Reich-Ranicki

Lebensläufe

Charlotte Chandler
Ich, Fellini *Mit einem Vorwort von Billy Wilder*
(rororo 13774)
«Ich habe nur ein Leben, und das habe ich dir erzählt. Dies ist mein Testament, denn mehr habe ich nicht zu sagen.» *F. Fellini zu C. Chandler*

Werner Fuld
Walter Benjamin
(rororo 12675)
«Ein Versuch, der angesichts der Bedeutung Benjamins wohl längst überfällig war.» *Die Presse, Wien*

Bernard Gavoty
Chopin
(rororo 12706)
«Ich selbst bin immer noch Pole genug, um gegen Chopin den Rest der Musik hinzugeben.» *Friedrich Nietzsche*

Virginia Harrard
Sieben Jahre Fülle *Leben mit Chagall*
(rororo 12364)

Ulrike Leonhardt
Prinz von Baden genannt Kaspar Hauser
(rororo 13039)
«Ulrike Leonhardt scheint das Geheimnis um Kaspar Hauser endgültig gelüftet zu haben.»
Süddeutsche Zeitung

Linde Salber
Tausendundeine Frau *Die Geschichte der Anaïs Nin*
(rororo 13921)
«Mit leiser Ironie, einem lebhaften Temperament und großem analytischen Feingefühl.» *FAZ*

rororo Biographien

Donald A. Prater
Ein klingendes Glas. Das Leben Rainer Maria Rilkes
(rororo 12497)
In diesem Buch wird «ein Mosaik zusammengetragen, das als die genaueste Biographie gelten kann, die heute über Rilke zu schreiben möglich ist». *Neue Zürcher Zeitung*

Carola Stern
Der Text meines Herzens *Das Leben der Rahel Varnhagen*
(rororo 13901)
«Ich möchte mir Flügel wünschen» *Das Leben der Dorothea Schlegel*
336 Seiten. Gebunden

**«Das Leben eines jeden Menschen ist ein von Gotteshand geschriebenes Märchen.»
Hans Christian Andersen**

3285/4